江苏高校品牌专业建设工程项目成果
江苏省高等学校重点专业建设项目成果

LEGAL EDUCATION REVIEW VOL.8
PROMOTING THE NEW ERA'S MODERNIZATION OF
JIANGSU LEGAL EDUCATION

法学教育评论

第八辑

推进新时代江苏法学教育现代化

夏锦文／主编
王艳丽　殷　楠／执行主编

法律出版社
LAW PRESS · CHINA
北京

图书在版编目（CIP）数据

法学教育评论. 第八辑，推进新时代江苏法学教育现代化 / 夏锦文主编；王艳丽，殷楠执行主编. -- 北京：法律出版社，2025. -- ISBN 978-7-5244-0025-7

Ⅰ. D90

中国国家版本馆 CIP 数据核字第 2025C4N765 号

法学教育评论(第八辑)

——推进新时代江苏法学教育现代化

FAXUE JIAOYU PINGLUN (DI-BA JI)

—TUIJIN XINSHIDAI JIANGSU FAXUE JIAOYU XIANDAIHUA

夏锦文 主编

王艳丽
殷　楠 执行主编

策划编辑 肖　越
责任编辑 肖　越
装帧设计 鲍龙卉

出版发行 法律出版社
编辑统筹 法商出版分社
责任校对 王　丰　郭艳萍
责任印制 胡晓雅
经　　销 新华书店

开本 710 毫米×1000 毫米　1/16
印张 25.25　　**字数** 365 千
版本 2025 年 3 月第 1 版
印次 2025 年 3 月第 1 次印刷
印刷 北京新生代彩印制版有限公司

地址:北京市丰台区莲花池西里 7 号(100073)
网址:www.lawpress.com.cn
投稿邮箱:info@lawpress.com.cn
举报盗版邮箱:jbwq@lawpress.com.cn

销售电话:010-83938349
客服电话:010-83938350
咨询电话:010-63939796

书号:ISBN 978-7-5244-0025-7　　**定价**:92.00 元

凡购买本社图书,如有印装错误,我社负责退换。电话:010-83938349

序　言

法学教育是一个国家法治建设的基础性工程,其主旨在于培养治国理政和从事法律职业的优秀人才。党的二十大报告明确指出:“必须更好发挥法治固根本、稳预期、利长远的保障作用,在法治轨道上全面建设社会主义现代化国家”,而这离不开一支高素质的法治人才队伍支撑。2023 年 2 月 26 日,中共中央办公厅、国务院办公厅印发《关于加强新时代法学教育和法学理论研究的意见》进一步指出,要“把法学教育和法学理论研究放在党和国家工作大局中谋划和推进。坚持立德树人、德法兼修,努力培养造就更多具有坚定理想信念、强烈家国情怀、扎实法学根底的法治人才”。因此,培养大批高素质法治人才,是坚持全面依法治国,推进法治中国建设的必然要求,也是新时代我国法学教育的重大使命。

改革开放以来,我国法学教育进入一个快速发展的时期,经过四十多年的恢复、改革与发展,逐渐形成了办学层次结构多元、综合素质教育与职业教育相结合、学科部门领域齐全的法学教育体系,基本适应了建设社会主义现代化国家的需要,为全面依法治国和世界法治文明作出了重要贡献。随着法治中国建设的全面推进,市场经济进一步规范化、法治化,社会事务的处理逐步纳入法治轨道,提高法律人才培养质量,培养更多面向社会发展需要的应用型、高层次法律人才,充分发挥法学教育的基础性、先导性作用,为加快建设社会主义法治国家提供强有力的人才保证和智力支撑,成为深化高等法学教育改革的重要内容。

江苏法学教育基础深厚、底蕴悠长。在长期的历史发展中,江苏法学教育始终秉承开放务实的人才培养理念,坚持以社会需求为导向、以实践应用为基础、以能力提升为内容的法学教育模式,培养出大批思想信念坚定、基础理论厚实、知识结构合理、实践能力突出的优秀法治人才。同时,江苏区位优势明显,市场经济发达,社会治理法治化程度较高,也不断催生出体现学科交叉融合、区域法治特色的复合型法律人才培养模式。在此基础上,江苏省法学会法学教育研究会于2012年成立,旨在搭建法学教育领域理论研究、实践交流的高端平台,为推进法学教育改革总结经验、汇聚力量。经过十几年的不断努力,我们已经在卓越法律人才培养机制、法律实践性教学、法学教育与法律职业的融合、“互联网+”时代的法学教育、高素质法治人才培养与法学教育改革等领域取得了重要的研讨成果,形成了一批具有区域特色的法学教育成果。鉴于此,我们在2016年决定出版《法学教育评论》,借此载体,汇理论之共识,传育人之经验,进一步推进法学教育改革创新和法治人才队伍建设,加强法学教育、法学研究和法治实践之间的深入交流,为我国的法学教育事业做出自己的贡献。

我们将始终关注法治人才培养,面向中国法治实践,坚持立德树人、德法兼修的教育理念,聚焦中国法学教育的创新问题、实践问题和发展问题。

所谓创新问题,是指法学教育要具有改革精神和创新思维,体现法治人才培养满足社会发展需要的教育理念。鼓励和提倡结合自身优势、优化已有资源、强化特色发展,实现差异化竞争。高校法学教育要面向法治建设实践,准确把握经济社会发展趋势,积极调整自身的人才培养模式、专业结构设置等内容,培养在职业技能、法律思维、职业伦理等方面契合社会发展需要的法治人才。法学教育应该对这一问题保持高度的关注并予以不断探索,唯有如此,才能提高法治人才培养的竞争优势。

所谓实践问题,是指法学教育在坚持知识教学的同时,要强化实践教学,并处理好二者关系。习近平总书记在视察中国政法大学的讲话中指出,法学学科是实践性很强的学科,法学教育要处理好知识教学和实践教学的关系;要打破高校和社会之间的体制壁垒,将实际工作部门的优质实践教学资源引进高校,加强法学教育与法治实践之间的交流。法学所具有的强烈的职业背景决定了它是一门应用性学科,具有较强的实践性特点,法学教育应该培养应用性、实践性法律人才。法律职业素养的养成、法律语言的掌握、法律思维的形成都是一个培育、积累和训练的实践过程。而法律职业技能如人际沟通能力、法律文书写作能力、鉴别和运用证据能力、发现和适用法律的能力,都必须通过严格的训练才能习得和提升。我们认为,必须要强化法学教育的实践导向,形成完善的实践教学体系,以明确的实践教学规范保证教学效果，提高学生的法学实践能力。同时，也要重视协同创新，强化资源整合意识，通过与法律实务部门合作、资源共享，形成开放性的协同创新机制，突破高校与实务部门之间的壁垒，有效提升法学教育与法律职业之间的契合度，提升法学教育的整体水平。

所谓发展问题，是指要全面关注法学教育在新时代所呈现的规律、面临的挑战以及发展的动向。新时代的法学教育要在体现与时代发展主要命题相同步的人才培养理念的指引下，优化管理制度、办学条件、师资队伍、学科建设以及教学内容和手段等，使其在各方面都有适应新时代要求的跨越式发展。

前述背景与理念为《法学教育评论》出版之宗旨。我们将致力法学教育研究的思想性、前瞻性和实践性，推进理论创新、制度创新和实践创新，促进法学教育研究成果的推广和应用转化，以地方性实践，为我国法学教育汇聚智慧力量，拓展更多的发展空间。

夏锦文

二〇一六年十月初稿

二〇二五年三月修改

目　录

第一部分　习近平法治思想与新时代法学教育

第二部分　新文科背景下的法学教育

第三部分 涉外法治人才培养

第四部分 传统文化与现代法学教育

第五部分 法学教育与课程思政

第六部分　纪检监察与法学教育

第七部分　法学实践教学

第八部分　部门法学教育

第一部分　习近平法治思想与新时代法学教育

“习近平法治思想概论”翻转课堂教学模式构建

刘宏宇　张翠玲　曾姚婷*

摘　要：习近平法治思想是全面依法治国的根本遵循和行动指南，也为推动法学教育高质量发展、培养德才兼备的高素质法治人才提供了根本遵循。“习近平法治思想概论”课程纳入法学专业必修课程体系以来，就如何开展教学、提升教学质效，理论界开展了一系列讨论，但鲜有革新传统教学模式的研究。本文将翻转课堂模式引入“习近平法治思想概论”课程，在分析课程教学难点和问题的基础上，深度整合信息技术和翻转课堂的优势，围绕“课前知识驱动、课中双主体互动、课后延伸性探索”构建“习近平法治思想概论”翻转课堂，将反馈与评价贯穿课前、课中、课后全过程，推动实现课程教学模式创新发展。

关键词：习近平法治思想概论　翻转课堂　课程改革　教学设计

习近平法治思想形成于中国特色社会主义建设的新时代，从全面依法治国伟大实践中产生，习近平法治思想内涵丰富、论述深刻、逻辑严密、系统完备，对法治建设的全过程、各环节基本问题予以深刻回应并指引方向。2021 年 9 月，中央宣传部、中国法学会组织编写的马工程重点教材《习近平法治思想概论》由高等教育出版社出版，同时，“习近平法治思想概论”作为法学专业基础核心课程纳入法学本科教育体系。“习近平法治思想概论”课程对于整个法学教育体系具有价值指引作用，但目前该课程的教学实践处于初始探索阶段，建立一套科学合理、契合新时代要求的教学体系，对于

* 作者简介：刘宏宇，南京审计大学法学院党委书记、纪检监察学院执行院长；张翠玲，南京审计大学国家监察与审计法治研究院研究人员；曾姚婷，南京审计大学国家监察与审计法治研究院研究人员。

实现习近平法治思想由“进课堂”到“进头脑”,培养新时代社会主义法治的忠实崇尚者、自觉遵守者、坚定捍卫者具有重要意义。为了有效回应和解决“习近平法治思想概论”教与学过程中面临的诸多难点,要以大数据时代的信息化、智能化学习为背景,积极回应高校对法学教育教学模式创新的现实需求,探索创新翻转课堂模式在“习近平法治思想概论”课程中的实现路径,全面提升课程教学质效。

一、“习近平法治思想概论”课程教学现状

(一)课程学习难点

一是课程理论凝练度较高,学生理解难度大。习近平法治思想是关于全面依法治国的一系列重要命题和崭新理论,以具有解释力、穿透力的新视野新思维新方法,深化了对中国共产党依法执政规律、社会主义法治建设规律、人类法治文明发展规律的认识,[1]其理论体系博大精深。大学生刚从高中教育转向大学教育,尚未培育成熟的理论理解和分析能力,也未形成能够独立思考的逻辑思维,对于法科学生尤其是法学院大一新生而言,该课程所具备的较高理论凝练度给课程学习带来较大难度。

二是课程贯通法学学科体系,需要学生形成对法学知识结构的基本认知。习近平法治思想是对中国特色社会主义法治体系一系列重大理论和实践问题的总结提炼,所涉法学知识贯通整个法学学科体系。比如“坚持建设中国特色社会主义法治体系”涉及法理学的核心问题,“坚持以人民为中心”涉及宪法学公民基本权利保障相关知识,“坚持全面推进科学立法、严格执法、公正司法、全民守法”涉及立法学、行政法学、诉讼法学等学科知识,“统筹推进国内法治和涉外法治”涉及国际法知识等。对于法学本科新生而言,在尚未建立初步的法学知识框架的情况下,学习“习近平法治思想概论”显然需要更为契合课程逻辑的教学模式。

三是融合多维知识结构,学习挑战性显著增加。习近平法治思想在新时代波澜壮阔的治国理政实践中应运而生。一方面,其涉及国家治理的各个维度,涵盖政治、经济、文化、社会等多元背景知识,这与传统法学学科学

---

〔1〕 参见张文显:《如何讲好〈习近平法治思想概论〉》,载《中国大学教学》2021 年第 9 期。

习路径不同,其不仅涉及法学学科知识,还涉及其他学科知识,对本科生知识面要求较高,需要学生在学习过程中储备丰富的背景资料,对学习形成较大挑战。另一方面,习近平法治思想紧贴时代前沿,凸显时代发展特色。例如,在科学立法方面,强调要关注区块链、人工智能、大数据、物联网、生物基因等新兴领域的立法等。学生要开阔视野,关注时代前沿,了解信息技术等科技发展动向,融合多维知识结构的课程内容,使得学习挑战性显著增加。

(二)教学模式问题分析

首先,教师偏重基础知识的机械性输出,忽视价值引导和精神塑造。"习近平法治思想概论"课程的教学不仅要求学生有较强的学习能力,同时也要求教师具备较强的授课能力。该课程既要求授课教师深入理解习近平法治思想,对学生做到"说理进脑",更要求教师们能够做到"讲情入心"。经调研发现,课程教学实践中,授课教师过多关注习近平法治思想基本内容的知识讲解,而忽视引导学生深入挖掘其中的精神内涵,通过教学过程让学生形成思想认同和情感认同的效果有待提升。在传统教学模式的束缚下,学生的逻辑思维能力、内容梳理能力、总结概括能力、知识运用能力等没有得到很好的提升,仅由教师单方输出知识,达不到理想教学效果。

其次,学生倾向于被动式接受,缺乏学习和互动的自主性。传统法学教学方式侧重于课堂理论讲授和知识传输,这样的教学体系虽然有利于学科知识的系统传授,但对习近平法治思想蕴含的时代性、前沿性和实践性元素展现得不够充分,无法更好地引导学生深入理解习近平法治思想的核心要义。"习近平法治思想概论"课程系法学基础核心课程,大一新生因初次接触法学学科,对法学专业理论课程并没有形成清晰认知,无法抓住知识体系的主旨和要领。同时,很多学生仍受制于高中阶段的学习逻辑,过于依赖教师讲解,缺乏独立的批判性思考,课后复习也是识记性背诵,发散性与拓展性学习欠缺。在这种"单方输出—被动接受"的非互动式教学中,教师无法准确了解学生的学习需求和学习障碍,无法开展精准施教,要想改变这种教学现状,就必须让学生从封闭走向开放,建构师生均具获得感的互动教学范式。[1]

---

〔1〕 参见高江勇:《高质量本科教学的发生——为何需要及何以实现互动式教学》,载《高等教育研究》2020 年第 1 期。

最后,教学方法探索创新不足,制约实际教学效果。“习近平法治思想概论”课程设立时间短,尚处于探索期,大多高校仍沿用法学理论课程的传统教学模式。传统法学教学模式以教师为主体,以教材为中心,以“PPT+板书”为主要形式,课堂信息容量小,信息显示形式较单调,信息化时代的智慧学习工具较少涉及,师生之间没有形成“教与学”的良性互动推进,不利于开阔教师与学生的视野,容易忽视“学生”“实践”“过程”这些实际上对教学效果起到决定性作用的维度。[1] 需要探索创新性教学方法的合理运用,增强教师对学生学习能力、学习方法、价值观塑造的关注度,避免程序化和模式化,促使该课程教学迈向自主性、交互性和智能化。

二、“翻转课堂”嵌入“习近平法治思想概论”课程的必要性

(一)法学教育教学体系革新之需

“习近平法治思想概论”在新时代法学学科体系中具有基础性地位,是法学教学体系中的“第一课”,其教学质效将影响整个法学学科体系和教学体系的发展完善。近年来,法学界出现了大量关于“习近平法治思想”的高质量学理化阐释,这类研究在宏观层面上为该课程的教学提供了理论基础,规划了教学方向,但在研究视角和方法上缺少创新和变革,缺乏整体性视角,[2]而翻转课堂恰好可以弥补这一点。相较于传统课堂,翻转课堂增加了学生对知识理解和应用的关注。虽然很多法学教师寄望于通过翻转课堂培养学生的深度思维能力,如分析、评估与创造能力,但实践中仍会受到传统教学模式的影响与束缚,基本上还是以培养学生的记忆和理解能力为主,尚未完全形成协作交互式教学和知识的渐进式内化,翻转课堂的实际功效并未充分彰显。习近平法治思想走进课堂之后,法学教育界掀起了研究探索课程教学模式的热潮,创新运用翻转课堂,深入探索“习近平法治思想概论”课程的教学理念、模式与具体方法,有助于引领法学学科体系和教学体系革新,提高法学教育教学水平。

---

〔1〕 参见徐清、韩成龙:《“习近平法治思想概论”教学实践的探索与思考》,载《中国大学教学》2022年第7期。

〔2〕 参见徐清:《习近平法治思想概论课程教学的法理内涵与实践路径》,载《中国大学教学》2023年第8期。

（二）贯彻落实新文科发展理念

建设新文科，顺应了大数据时代发展的趋势，有利于进一步推动教育教学发展模式的创新，培养时代复合型、创新型人才，提升国家文化软实力。新文科建设高质量发展应抓好人才培养模式改革和师资队伍两大基础，既要注重培养个性化、思辨化、专业化的人才，创新教育；也要注重培养视野开阔型、前瞻创新型、专业素养深厚型的师资队伍，创新教学。[1] 在高校开设"习近平法治思想概论"课程，不仅是为了引领整个法学学科体系的教育方向，更是为了树立学生们的文化自信，推动我国优秀传统文化的创造性转化与创新性发展。通过翻转课堂创新"习近平法治思想概论"教学模式，既积极回应了创新法学学科建设要求，也契合了新文科建设理念，有利于培养具有文化自信的创新型、复合型法治人才。需要注意的是，创新运用翻转课堂的同时，也要注意其中的局限性，如现代教学媒介的局限、翻转学习方式的局限、师生互动拓深的局限、教育目的延展的局限等。信息化、大数据时代，我国法学教育已进入以质量提升为中心的内涵式发展阶段，法学翻转课堂模式也在不断探索创新。

（三）互联网技术提供创新驱动

近年来，在教育新基建、"双减"政策加持下，教育行业格局发生巨变。以叠加大数据、人工智能、5G等为代表的新一代互联网数字技术的发展和深度应用，不断塑造和改变着传统教育模式。智慧教育在互联网技术的加持下，更加强调构建个性化的教育教学模式，为翻转课堂的教育创新模式提供了必要的技术支持和理念支撑。智慧教育，已然是未来教育发展的趋势。科技为教育提供创新驱动，教育发展促进科技进步，二者相互融合，互相推进。将互联网技术应用于"习近平法治思想概论"课程模式教学，打破传统法学理论课程教学的局限性，为师生创造共同学习的智能化教学环境，更有利于塑造学生的创新性和自主性学习思维。

---

〔1〕 参见张政文、王维国：《新文科建设高质量发展研究》，载《新文科理论与实践》2022年第2期。

三、"习近平法治思想概论"翻转课堂的构建路径

(一)理念塑造:协作学习与渐进式知识内化

协作学习是教育实践中广泛运用的一种教学策略,其强调情境、协作及师生的角色转变,认为学生知识的获取是在教师的协助下,学生个体主动参与各类情境化的实践活动,通过分工协作、互相影响、相互启发,完成知识构建的过程。[1] 对于知识的接受、吸收与内化,不能过于依赖教师讲授,而要充分尊重人类认知学习过程的规律,发挥学习者的主动性,通过互动协作打造更科学合理的学习环境、学习资源以及教学体系。协作学习既符合人类认知学习规律,又能够充分发挥学生主动性,其内在逻辑与翻转课堂的互动性要求相契合,运用小组协作的学习形式进行翻转课堂的重塑,助推学生在学习过程中完成知识内化。[2]

翻转课堂的目标在于让学习者在教学过程中完成知识内化。有学者通过人类神经科学实验,分析发现人类的认知和学习过程是一种"渐进式的知识内化",学习者需要逐步地、反复地加深记忆才能最终理解知识。[3] 翻转课堂中的数字学习资源、小组讨论、互动研讨、探究问题解决方案等多元化的教学内容,能够让学生通过多次知识内化,将在完全理解知识之前产生的具有偏差的概念不断碰撞摩擦,最后掌握"正确概念",这是渐进式知识内化方式的精髓之处。尤其对于复杂、理解难度较大的专业知识,更应该增加知识内化的次数,如果仅局限于课堂过程的形式翻转而忽视知识内化过程的实质,则无法取得良好的预期效果。

(二)课前:知识驱动式自主学习

翻转课堂强调通过课前预习来延展学习空间,提高课堂学习效率。教师作为学习过程的引导者和激励者,每次"习近平法治思想概论"课程开始前合理时间内,可以通过超星智慧教学系统"一平三端"、云班课、雨课堂等

[1] 参见秦岩、张惠锋:《建构主义的协作学习研究》,载《哈尔滨学院学报》2005 年第 7 期。

[2] 参见张金磊、王颖、张宝辉:《翻转课堂教学模式研究》,载《远程教育杂志》2012 年第 4 期。

[3] 参见赵兴龙:《翻转课堂中知识内化过程及教学模式设计》,载《现代远程教育研究》2014 年第 2 期。

网络教学平台向学生公布课程教学计划，确定课堂要讨论的重点选题及内容，围绕课时内容提供拓展性预习资料，向学生们传递明确积极的激励信号，鼓励和提醒学生在课前自主完成相应的预习任务。在信息共享的大数据时代，授课教师可以寻找更为丰富的在线资源作为预习素材，如湘潭大学法学院习近平法治思想教学团队已经录制“习近平法治思想概论”线上课程并正式上线，或者从中国大学慕课 MOOC、微视频等平台中获取优质在线教学资源，将教学场景从单纯的教室这一物理空间转向互联网时代的公共虚拟空间，满足学生对学习“场景”的前端体验。另外，网络教学资源可能由于教学思路和侧重点不同而无法提供完全匹配的课程资源，授课教师也可选择自制教学微视频。为了督促预习和检验成效，授课教师可以尝试在预习阶段设置课前练习环节，该模块题量不宜过多，主要考查学生对课程内容基础知识的掌握程度。同时，还可以基于课程内容和知识体系提出若干思考题，激发学生对中国特色法治理论的学习热情，引导学生自主探索，为课堂研讨铺垫议题。

（三）课中：双主体互动式教学

课堂中的双主体式互动教学模式能够顺应学习者的学习规律，把学生角色定位从传统的单向接收知识转变到主动探索知识，能充分发挥其学习主动性，其独到之处就在于把培养学生的创新能力和实践能力放在了首要位置，拒绝简单堆砌知识，能让学生对习近平法治思想体系形成整体性、系统性认知。习近平法治思想体系博大精深，为了让凝炼度高、概括性强的理论概念更好被学生理解，授课教师还需要引入丰富的案例或构造多样的“场景”来充实课堂内容，做好学理转化，将抽象的概念与现实生活有效链接。在课堂中可依托习近平法治思想丰厚的中国文化和民族精神，深挖中华民族传统的优秀法律文化，在文化自信中参透习近平法治思想的魅力与生机。注重互动讨论与重难点讲解，增加运用研讨式、案例式、情景模拟式等互动式教学方法的课堂，把中国特色社会主义法治建设实践的最新经验和生动案例带进课堂教学，让学生在切身体会思想内涵的同时增强对习近平法治思想的认同感。

翻转课堂的特点之一就是流动性，即打破了静态空间对人们行为、资源获取、互动方式的限制,改变了原本相对封闭的教学生态。[1] 情景式教学也是互动教学的重要内容,“情景”在学习过程中的作用尤为重要。人工智能时代,云计算、大数据、人工智能(AI)等技术正形成合力,不断为法学教育变革提供新的动能。数字时代的法治也应当随时制宜,从有形空间拓展至无形空间,从固定空间拓展至流动空间,从实体空间拓展至虚拟空间。[2] 我们可以借助这些技术来再现不同的场景,使学生身临其境。“习近平法治思想概论”课程可以把基于虚拟现实技术(VR)的红色法治文化资源引入课堂,由教师带领学生参观“红船精神虚拟展厅”“法治文化数字展览馆”“5G + VR 智慧庭审现场”等。技术条件成熟时,还可以创设虚拟教学空间,通过互联网模拟法院、检察院、仲裁庭等,配合推进启发式、探究式、参与式、合作式的案例教学,进一步强化培养学生创新精神与实践能力。同时,为了发展学生的批判和创新性思维,可以开展小组协作模式的课堂讨论。授课教师可以根据“习近平法治思想概论”课程内容,事先准备选题(也可以从预习阶段的思考题中选取),学生们根据兴趣自主选择主题并分成小组,小组规模控制在 3 至 6 人,围绕选题集思广益,表达观点。授课教师可以提供资料检索途径和必要的指导,但要注意保持学生的独立性,尊重学生的主体性,形成教师与学生、学生与学生之间互相尊重的个体协作与互动关系。

(四)课后:延伸性探索 + 反馈与考核

学生经由课堂学习会形成自己的理论认知,可能对某些问题产生探索欲,授课教师应鼓励学生进行延伸性探索。授课教师也可以在课后结合教学内容布置一些启发性的问题,引导学生做课后延伸性探索,内容可涉及时政热点、法治要闻、典型案例等。学生在独立思考探索的过程中,会不断丰富和完善知识体系。课程组教师可以选取学生感兴趣的领域举办读书会、专题研讨会等,鼓励学生选取习近平法治思想中的重要问题作为大学生创新训练项目、社会实践活动的主题,深入开展研究。教学质量监控是检验教学质量的重要措施,应当贯穿整个教学过程,这既影响到教师对课

[1] 参见曲昇霞:《法学翻转课堂中的“场景变革”——以诉讼法教学中场景再造为视角》,载《中共青岛市委党校·青岛行政学院学报》2021 年第 6 期。

[2] 参见周尚君:《习近平法治思想的数字法治观》,载《法学研究》2023 年第 4 期。

堂教学的选择和把握，也影响到学生个人的课堂收获以及考核成绩。教学反馈应当多渠道、常活跃，可以通过发布问卷或者私聊形式不定期进行教学问题反馈收集。要充分运用数据挖掘技术，授课教师可以对学生作业及学情数据进行直观查看、分析。强化对在线学习动态的实时跟踪，及时形成反馈信息，提供一套符合知识掌握循序渐进规律的全程式评价机制，帮助教师适时调整教学策略。

在“习近平法治思想概论”的课程考核方面，传统教学大多以期末理论考试作为考试合格标准，重塑后的翻转课堂应更加注重学生课堂参与度和随机应变、逻辑组织能力，增加过程实践性考核，形成“过程性考核＋结果性考核”的科学评价体系，综合考查学生的实践创新能力和对理论知识的掌握程度。[1] 过程性考核可以依托大数据为教学提供精准科学的效果评价和反馈机制，实时记录学生的预习情况、课堂表现、课后作业正确率等，将其作为过程性考核的组成部分；另外，可以举办小组汇报、演讲、竞赛、辩论等活动，既给予学生们表现自我的机会，也为授课教师提供更多评价依据。至于结果性考核，题型要趋于多样化，主要体现为考核类型的多元化和考核题型的多样化，采用非标答案考题，提高主观题的比例，鼓励学生们思考习近平法治思想的核心要义并发表自己的见解。除了传统的材料分析题、论述题，还可以有选择性地加入法治箴言分析题、法治漫画分析题等新颖题型，力求多样化，以全方位、多角度地考查学生的知识掌握程度和教学质量（见图1）。

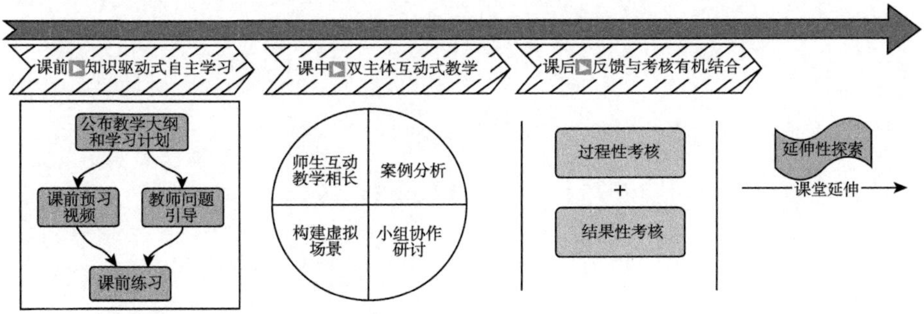

图1　“习近平法治思想概论”翻转课堂构建逻辑

〔1〕 参见陈伟、杨爱民、王敏：《地方高校〈习近平法治思想概论〉课程建设》，载《德州学院学报》2022年第3期。

结　语

党的十八大以来,以习近平同志为核心的党中央在领导全面依法治国、建设法治中国的伟大实践中,从历史和现实相贯通、国际和国内相关联、理论和实际相结合上,深刻回答了新时代为什么全面依法治国、怎样实行全面依法治国等重大问题,提出一系列全面依法治国新理念新思想新战略,形成了习近平法治思想。顺应时代发展,以信息技术为支撑,推动法学翻转课堂转型升级,打造契合"习近平法治思想概论"课程教学需求的翻转课堂,是有效贯彻落实习近平法治思想的内在要求,需要将转型升级后的翻转课堂有机融入课程教学之中。"习近平法治思想概论"课程教学的理论研究、实践探索持续深入将为翻转课堂的完善发展提供更多动力和资源,推动形成智慧化、体系化、操作性强的教学模式,让"学生学"与"教师教"实现良性互动,贯通课前、课中与课后全过程,将课程的理论性、思想性与生动性、趣味性有机结合,提升学生主动学习能力,不断为实现"立德树人、德法兼修、明法笃行"的法治人才培养目标贡献力量。

“习近平法治思想概论”课程翻转互动教学模式研究*

黄雅屏**

摘　要：翻转课堂是我国高等法学教育改革的趋势，切实体现了“以学生为中心”的教学原则，不仅适用于法学本科教学，也适用于“习近平法治思想概论”课程的教学。本文着重研究如何在“习近平法治思想概论”课程中开展翻转课堂这一互动教学模式，最终使高校法学本科生将习近平法治思想内化于心，外化于行。

关键词：“习近平法治思想概论”课程　翻转课堂　法律思维

党的十八大以来，以习近平同志为核心的党中央，立足于中国特殊的国情，深入理解中国特色社会主义法治的规律，在全面依法治国、建设法治中国等方面，创造性地提出了一系列具有原创性、标志性意义的新思想、新思路，即习近平法治思想。习近平法治思想是中国特色社会主义法治道路、中国特色社会主义法治理论和中国特色社会主义法治体系的重要体现，是对“法治中国”建设的明确指示，也是提高高校学生法治实践能力的重要依据。加强大学生的实践能力，就是要使他们自觉尊重和遵守法律，认真维护法治秩序，积极参与法治活动，培养对良法善治的法治认同感，增强大学生的法律意识。要充分利用习近平法治思想，把习近平法治思想“进教材、进课堂、进头脑”的工作落到实处，培育具有法治精神的社会主义建设者和接班人，是高等学校的当务之急。

---

* 基金项目：中央业务费项目 B210207007。

** 作者简介：黄雅屏，河海大学法学院副教授，主授国际私法、习近平法治思想概论。

翻转课堂,也称为“颠倒课堂”,由美国的两位化学老师首创,这种互动式的教学模式,打破了传统课堂教授知识的模式,改变了“先教后学”的传统格局,转换了师生的主体地位,实现了个性化的学习,激发了学生内在的学习动力,提高了学习效率。

翻转课堂切实体现了“以学生为中心”的教学原则,是教育的改革方向。在目前信息化的环境中,由教师提供以教学PPT、教材框架、思维导图、慕课课堂或者教学视频为主要形式的学习资源,实际上就是具体化呈现教师的教案;学生在上课前就已根据各自具体的学习情况完成了对这些教案的学习和观看,不需要老师再在上课的时候展现或者逐字逐句地“照本宣科”;在宝贵的课堂时间里,师生共同进行探索交流,学生作为“主体”进行学习的汇报反馈,谈论学习中的难点,更重要的是和同学探讨学习的体会和困惑,在生活实践中对于该部分知识的运用理解和反思,老师通过答疑解惑,引导学生获得对知识更深层次的理解,以及对知识更深层次的运用。以翻转课堂的形式讲授习近平法治思想,有利于改进传统课堂理论教学,加强法治实践教学,引导学生深入理解习近平法治思想的内涵和实践意义。

一、互动式翻转课堂适用于法学本科的教学

(一)有利于教学效果的提高

法学本科生的培养应该着力于提高学生运用法学及其他知识解决实际法律问题的能力。我国法学本科教育总体上采取的是传统的课堂讲授方式,这种单向的讲授向学生灌输了大量的法律知识、体系、概念、原理,但是不利于学生对于法律知识的理解和吸收,难以培养法律人才所需要的法律解释、法律推理、法律思辨等法律思维能力。

刑法学的学生学习了很多法条、法理和法律相关知识后,仍然很难处理现实中的案例。有这样一个案例就被选为辩论赛选题,令很多高校法学院的学生手足无措。例如,2013年9月21日中午,江西省南昌市某乡镇一居民家中发生两女童在洗衣机内死亡的事故,两人年龄分别是四岁和两岁。据女童奶奶说当时孩子父亲在房间看电视,母亲在烧饭,两个孩子在客厅玩,可能用凳子垫脚爬进了洗衣机。几分钟后母亲发现女儿不见了,

下楼找了近半个小时无所获，后父亲看到阳台洗衣机的指示灯在闪，而孩子母亲并未洗衣，打开洗衣机发现两女儿在其内已死亡。南昌警方为此专门成立了调查组，邀请了公安部、省公安厅有关专家共同参与，后调查结果为两女童死亡排除他杀，符合在洗衣机桶内高速旋转状态下受体位和旋转加速度作用致胸廓运动和心肺功能障碍而死亡。该案中两个女童死亡系意外事件，父母无责任？还是孩子父母未尽到监护职责，应承担责任（是否应负过失致人死亡的刑事责任）？[1]

传统法律课堂虽然也有一些案例分析，但是理论讲授、注释法条以及灌输立法成果仍占据了本科教学过程中的绝大多数时间。有些老师使用的“经典案例”，不仅陈旧，也与现实脱节。这种分析概念、阐释理论、诠释法条的方式，不仅枯燥，而且部分学生觉得只需要背诵即可，部分学生经过了四年法学本科教育，无法进行任何法学前沿问题的研讨，无法进行现实案例分析，更不要说进行模拟法庭的辩论，甚至对案情素材的分析以及卷宗的整理都无法完成。本科毕业生既无法进行刑事案件的阅卷也无法撰写民事案件的起诉状。很多法学本科学生是最后准备司法考试的时候，跟着相应培训老师，感觉又重新学了一遍刑法，重新认识了什么是“正当防卫”和“紧急避险”。

翻转课堂指重新调整课堂内外的时间，将学习的决定权从教师转移至学生。在这种教学模式下，将更加有利于学生的自主学习。首先，翻转课堂运用现代化技术手段，让学生更感兴趣。微视频教学，通过新技术手段，能够使抽象的知识具体化、形象化，帮助学生理解与记忆知识，一定程度上减轻了学生的学习负担，让学习变得轻松起来，提高了学生的学习兴趣。其次，课堂中师生互动、合作学习增多。学生在课堂上提出的不懂的问题，可以由其他学生解决。对于有难度的问题，学生之间可以讨论完成。对于有争议、观点不一致的问题，大家可以运用相应知识，进行辩论或者由教师引领完成。这样的课堂能充分调动学生的积极性，让更多的学生全身心地投入学习活动中来，互动和合作更有效。最后，以知识为核心的导学案，突出学生的“学”而非教师的“教”，先学后教，让提问与合作更有针对性。翻

---

[1] 南京市律协婚家委 2022 年辩论赛选题。

转课堂把知识的传递放在课外,把知识的内化放在课内。无论课内还是课外都突出了学生的自主学习。这种“先学后教”的课堂教学模式是有准备的互动与合作,学生提出的问题更有针对性,更有深度和广度。

(二)有利于法律思维的培养

法学本科学习不同于高中学习,也不同于其他专业的本科学习。例如,一位优秀的家事律师不仅需要对婚姻家事法条、司法解释熟稔于心,在业务处理方面,还需要具备谈案技巧、沟通能力、心理建设,以及一颗理解当事人核心诉求的同理心。家事法律人是一个需要衔接过去、当下与未来,融合社会、伦理与法律,兼具善良、经验与理性的职业群体,需要将知识内化,在实践中反思,对于学生的法治思维、世界观、价值取向要求很高。

法律思维是一个法学本科生应该具备的最基本的专业素养,它不仅包括法律的推理,法条的理解,对法律秩序的尊重和信奉,还要用法律的逻辑思考、分析和解决问题。法学实际上是一门实践性极强的学科,而目前以教师为中心的传统法学课堂,“重理论,重记忆,轻思考,轻实践”,仅学习法学本科生四年的课程很难通过法律职业资格考试,更遑论成为卓越的法律人才。传统的教育模式中,学生缺少思考和感悟的过程,直接听答案,很难培养自己的法律思维能力。

翻转课堂有助于培养学生的自主学习能力、分析能力和综合运用能力。“翻转课堂”不是形式上的课堂内外活动的翻转,而是教学方式的变革,更注重学习者的主动性、参与性、积极性和高阶思维。[1]

(三)有利于学生能动性的提高

翻转课堂不仅重视学生自主的学习,也注重对学生外化表达的训练。在课堂上将学生分组,每组协同合作,积极主动地将课本中的内容与实践相结合,认真思考,发表自己的观点,组员之间相互启发、相互补充,在讨论中提出问题,很多现实中的问题不辩不明,组员在针锋相对的辩论中,反而可以对这个问题有更加深刻的认识。翻转课堂也让法学本科学生勇于表达自己的观点,勇于“站出来”。例如,华东政法大学的几位学生就针对上

---

〔1〕 参见吴英永、胡炜彦:《翻转课堂在法学教学中的应用》,载《中国多媒体与网络教学学报(上旬刊)》2020 年第 3 期。

海迪士尼乐园是否应该禁止游客带食物进场,提起了相关的诉讼;西南政法大学在校生起诉学校疫情期间不正当封校。这都体现了一个法律本科生的实操能力。

翻转课堂小组汇报和展示的过程中,不仅组员可以进行合作,也可以倾听其他小组的观点,比较之下,能够看出自己的优势和不足,还可以相对提出一些问题,并且与之进行探讨。这可以帮助学生更好地吸收知识,并且转化知识进行深层次的理解运用。在竞争的学习环境中,法学本科生往往更加积极主动地争取更好的表现,也有利于我国法学学生未来在职场应对原被告对垒式的庭审实操。

二、互动式翻转课堂适用于"习近平法治思想概论"的教学

2020 年 11 月 16 日召开的中央全面依法治国工作会议,确立了习近平法治思想在全面依法治国工作中的指导地位。2021 年 5 月,教育部办公厅发布了《关于推进习近平法治思想纳入高校法治理论教学体系的通知》和《法学类教学质量国家标准(2021 年版)》,明确要求将"习近平法治思想概论"纳入理论教学体系,于 2021 年秋季学期面向法学专业学生开设。[1] 高校的思想政治理论课是集思想性、政治性、理论性于一体的科学学科。也正因为如此,如何促使学生从被动学习变为主动学习,不仅进课堂、进教材,更要进头脑,成为思想政治理论课教学必须解决的重要问题。

在备课过程中,深入分析了"习近平法治思想概论"的几大特点。

(一)教学内容深入浅出,教学目标设定高

"习近平法治思想概论"这门课,实际上是希望以高质量、高水平的教学指引法律专业本科学生,将习近平法治思想内化于心,外化于行,成为习近平法治思想忠实的信仰者和坚定的传承者,最终成为社会主义法治现代化事业杰出的建设者和卓越的接班人。

这门课程的教学目标是很高的,课程要求理解其理论逻辑、内涵特质、重大意义和蕴含其中的辩证法思想;掌握其基本精神、理论体系和核心内

---

〔1〕 参见陈伟、杨爱民、王敏:《地方高校〈习近平法治思想概论〉课程建设》,载《德州学院学报》2022 年第 3 期。

容,特别是要深刻理解习近平法治思想“十一个坚持”的法理逻辑结构及其功能要义;能够学以致用,自觉主动地采取宣传、宣讲等多种方式弘扬习近平法治思想。但是课程的内容,深入浅出,对于接受了12年基础教育和多年思政教育的高校法学学生而言,理解教材的字面意思并不困难。如果上课花大量的时间宣读教材的内容,不但课程枯燥,学生也较少认真听。

(二)理论与实践结合密切

对于“习近平法治思想概论”这一法学本科教育的核心课程,我们重点研究的应该是如何更好地让学生去接受、理解、学懂、弄通习近平法治思想,并且坚持运用到实践之中。法学院的学生实际上承受着多元价值观的冲击,他们也在积极、自主地回应。目前法学本科生面临着海量的信息冲击,网络社交平台和同龄人之间的交流使其思想更为活跃。法学本科生应该具备主动思考的能力,对一些观点进行质疑和批判。如果在课堂上仅仅是简单直接地向学生灌输正确的价值观,那么学生的兴趣往往并不高涨。只有使其进行独立的思考、讨论,或者对中国现实的法治问题进行客观的评价和反思,才能真正地将习近平法治思想内化于心,外化于行。在此基础上,老师也应当发挥引领作用,引导他们形成对法律观念、法律价值以及法治精神的正确理解,让学生在自我思索中愈加坚定。

在翻转课堂的教学模式下,首先,学生通过线上课堂观看教学视频、做相关课程作业,将提高对课程知识的掌握程度。其次,学生通过在实体课堂亲身参与课堂展示、听取其他学生小组的课堂展示、亲身参与课堂讨论、听取教师的相关点评和讲解等,不仅能较全面、深入掌握思想政治理论课的知识点,而且能够在较大程度上学会对知识点的灵活运用。最后,课后及时反馈与互动,使学生能够进一步把疑难问题学懂弄通,并较好地巩固所学知识。

(三)内容庞杂、知识点繁多

《习近平法治思想概论》一书分为绪论、第一编“习近平法治思想的重要意义”、第二编“习近平法治思想的核心要义”、第三编“习近平法治思想的科学方法”。[1] 其中,第二编“习近平法治思想的核心要义”就包括了11

---

〔1〕 参见张文显:《如何讲好〈习近平法治思想概论〉》,载《中国大学教学》2021年第9期。

个坚持，具体包括坚持党对全面依法治国的领导，坚持以人民为中心，坚持中国特色社会主义法治道路，坚持依宪治国、依宪执政，坚持在法治轨道上推进国家治理体系和治理能力现代化等。其中任何一个坚持都足以作为一个重大的国家社科项目命题，如此庞杂的内容，想要在两个学分的课堂中既体现课程的实践性和应用性，又能把理论讲清讲透，做到入脑入心，这几乎是不可能完成的任务。这么多的知识点，只有在翻转课堂的模式下，才能让学生提前学习和消化。具体而言，互联网技术特别是移动互联网技术的发展，各种传媒手段的日益丰富，现代青年对视频化、电子化的熟悉和喜爱，学生自身学习的主体性增强等主客观因素，促成了线上课堂等新的教学方式的出现，也为翻转课堂这一教学行为创造了条件。“翻转课堂”式教学是对基于印刷术的传统课堂教学结构与教学流程的极大改变，学生的学习更加灵活、主动，参与度更高。可以说，翻转课堂是当代教育发展改革的必然产物。在翻转课堂中，习近平法治思想核心要义中的 11 个坚持可以作为法治理论的命题交给学生进行自主探究，在这个探究的过程中，让学生发挥其主观能动性，让学生知其言，更知其意，知其然，更知其所以然。

三、互动式翻转课堂在习近平法治思想概论教学中的运用

如果采用以前僵化的教学模式、单一的教学手段，学生对于这些课程的参与感、能动性、代入感都不足，简而言之，老师花了很大的精力备了课，但有些学生在非司法考试范围内的课程或思政类课程中，会在课堂上玩手机，唯一关心的只有最后如何考核。一旦听说是闭卷考试就怨声载道，要死记硬背；一旦最后考核的是论文或感想，就在网上随意复制粘贴，甚至都没有认真阅读自己提交的期末论文；如果老师对于论文要求查重，学生就想方设法改头换面，用不同的语句表述，淘宝上甚至有了降重服务。只有通过翻转课堂，让他们分组、分工合作，走上讲台，提出自己对于 11 个坚持的理解及在实践中的运用、反思和疑问，才能真正地让他们去思考习近平法治思想的内核。

笔者有幸在 2021 年 9 月负责了河海大学法学课程中 2 学分的“习近平法治思想概论”一课，由于是第一轮授课，并没有现成的教案和课件可以使用。笔者在教学中就使用了翻转课堂互动式教学模式，取得了很好的效

果,具体如下。

(一)课前自主学习和自测

习近平法治思想发轫于社会主义建设事业的伟大实践,解答了法治中国建设中的实践难题,又在实践中不断反哺和丰富发展习近平法治思想的主要内容,体现了深厚的现实基础、鲜明的实践品格和磅礴的真理力量。[1]

课前,笔者借助学习通、问卷星、微信公众号平台以及学校疫情期间搭建的 QQ 授课平台,给学生拉群,下达学习任务,提供学习资料。在学习任务单中,列明知识点、难点、重点,并进行了概述,然后制作了教材内容对应的 PPT,收集了相关的视频和案例资料,整合了相应的学习资源,其中中央宣传部会同教育部编写制作的《习近平新时代中国特色社会主义思想三十讲》PPT 内容翔实,图文并茂,制作精美,学生配合教材内容学习,收获很大。

(二)课上学生分组汇报和讨论

翻转课堂上,笔者拿出了 32 课时中的 22 课时,用于第二编中的 11 个坚持,每个“坚持”2 课时,把习近平法治思想核心要义中的 11 个坚持作为法治理论的命题交给学生进行自主探究,并把学生分成 11 组,每组 4 到 5 人。每个小组可以自主地决定自己的汇报内容,汇报时间为一个课时。在这一个课时中,大部分小组将汇报内容分为四个部分:第一部分是教材内容的梳理;第二部分是课后思考题的简要回答;第三部分是现实案例或实践分享,可以结合视频,也可以提出问题,如理论如何在实践中运用;第四部分是对于该“坚持”的思考和感悟。一人负责一部分的上台汇报,也可同时展示。在第二个课时,全班对于该章节的内容和实践案例等进行讨论、答疑,并且另外 10 组给该组同学的汇报打分。笔者将每个小组的 10 个打分记录并作为参考。

在课前,教师和各组同学充分沟通,让每组同学都可以结合法学经典案例、时政热点选择恰当的切入点、合适的素材,提升课程的吸引力。在课程讨论的过程中,教师要做到深刻挖掘,以理服人,引导学生真信、真学、真

[1] 参见李滨芬、乔大丽:《习近平法治思想融入高校思政课教学的价值意蕴及实践路径》,载《黑龙江高教研究》2022 年第 8 期。

分享。在“习近平法治思想概论”课程结束近一年以后,2022 年 9 月随着《底线》这一电视连续剧的热播,其中的几个案例成了我们 QQ 群里大家讨论的热点,大家结合习近平法治思想各抒己见。

2019 年 9 月教育部在《关于深化本科教育教学改革全面提高人才培养质量的意见》中提出,要注重学生过程性考核,要将过程性考核和结果性考核有效联合起来,作为学生考核的最终依据。本次课程将小组的汇报、分组研讨作为考核成绩的 40%,课堂中的讨论和发言作为 20%,最后的期末考试作为 40%,而且最后的期末考试采取了开卷的形式,但是考试内容是结合习近平法治思想分析一些现实问题,也有一些来自章节后的思考题。

结　语

综上所述,“翻转课堂”这种以学生为中心,先学后教,注重主动学习、交流合作学习的互动式模式,配合视频、书本知识、课外延伸、案例讨论,使得“习近平法治思想概论”这门课程的教学取得很好的效果,充分利用了课堂时间,让学生将习近平法治思想内化于心,外化于行,能动地进行了学习。这也彰显了习近平法治思想的科学性、先进性、时代性和实践性,增强了法学学生运用学科知识、立场、观点、方法分析和解决现实问题的能力。

警察院校法学理论课程建设与“习近平法治思想概论”课程教学的实践探索和路径选择*

孟卧杰　黎　慈**

摘　要：警察院校法学理论课程建设与教学改革，既面临捍卫意识形态阵地、解析社会主义法治逻辑的时代使命，也需要回应学生疑惑、完成政治任务，为培养法治接棒人才的任务站稳政治立场、履行责任担当。警察院校法学理论课程建设与教学改革面临教师教学、学生学习如何服务法治实践及评价标准缺失等现实困境。需要通过制度设计提升教师研读热情，通过翻转课堂强化学生实践思考能力，结合法治实践鼓励创新开展“习近平法治思想概论”课程建设，以及在教材建设中融会融通贯彻习近平法治思想，尽快建立科学的教学效果评价标准。

关键词：警察院校法学理论课程　课程建设与教学改革　实践探索和路径选择

2021 年 5 月 19 日，教育部办公厅印发了《关于推进习近平法治思想纳入高校法治理论教学体系的通知》，指导各地各高校全面推进习近平法治思想学习教育工作。2023 年 2 月，中共中央办公厅、国务院办公厅印发《关于加强

---

* 基金项目：江苏省法学会 2023 年度重点课题“习近平法治思想指导下法治公安建设研究”（SFH2023A05）；四川省哲学社会科学重点研究基地“社会治理创新研究中心”重点项目“总体国家安全观视域中涉警危机公关研究”（SHZLZD2102），“十四五”江苏省重点学科资助项目、江苏高校“青蓝工程”优秀教学团队资助项目、江苏高校优势学科建设工程资助项目（PAPD）。

** 作者简介：孟卧杰，男，汉族，湖北红安人，教授，法学博士，江苏警官学院现代警务研究中心成果转化部主任，主要从事宪法与行政法学、法治理论与实践、网络社会学等领域的研究。黎慈，女，汉族，湖南长沙人，教授，法学博士，江苏警官学院法律系法律事务研究所所长，主要从事法理学、警察法学等方向的教学科研工作。

新时代法学教育和法学理论研究的意见》指出,“法学教育和法学理论研究承担着为法治中国建设培养高素质法治人才、提供科学理论支撑的光荣使命,在推进全面依法治国中具有重要地位和作用”,并明确要求各地区、各部门结合实际认真贯彻落实,以加强新时代法学教育和法学理论研究。

相较于普通高校的法学理论课程教学活动而言,警察院校的法学理论课程教学活动在人才培养方面有其独特的使命和任务。笔者试图基于警察院校的行业特点、育人使命和时代任务,探索警察院校法学理论课程建设与教学改革的特有实践规律和有效路径依赖。

一、警察院校法学理论课程建设与教学改革的重大任务

教育部专门制定了《关于推进习近平法治思想纳入高校法治理论教学体系的通知》,作出统一部署。警察院校法学理论教学面临更加艰巨的三大任务:学习宣传习近平法治思想、领悟解析习近平法治思想、贯彻践行习近平法治思想。

(一)学习宣传习近平法治思想

首先,学习宣传习近平法治思想,增强警察院校学生的法治观念。通过学习宣传习近平法治思想,可以引导警察院校学生树立正确的法律观念,增强法律意识和法治思维,如此学生在未来走上司法工作岗位后可以做到依法执法、公正司法,维护社会公平正义。

其次,学习宣传习近平法治思想,提高警察院校学生的法律素养。警察院校学生作为预备执法者和维护社会稳定的重要力量,需要具备扎实的法律基础知识和专业能力。警察院校可以通过不断优化教学形式及内容在习近平法治思想理论教学的基础上,帮助学生深入理解法律原理、法律制度,提高法律素养和业务能力,提升执法水平。

最后,学习宣传习近平法治思想,推动警察院校法学理论课程的创新和改革。警察院校可以把习近平法治思想的重大理论创新成果全面有机融入法学教材,聚焦习近平法治思想中的新概念、新判断、新范畴、新理论,[1]不

[1] 参见马怀德:《全面推进习近平法治思想进教材、进课堂、进头脑》,载《中国大学教学》2023年第9期。

断完善法学理论课程体系，加强实践教学和案例分析，培养学生的实践能力和解决问题的能力。

（二）领悟解析习近平法治思想

首先，领悟解析习近平法治思想，明确警察院校人才培养的方向。培育警察院校人才必须坚定政治立场，打牢政治基础，深入领悟和解析习近平法治思想有利于把握习近平法治思想关于法治工作人才培养的核心要义，为探索新时代警察院校法学教育提供重要指引。

其次，领悟解析习近平法治思想，培育警察院校学生的警察职业精神。警察职业精神培育正是“四化”在人才培养中的体现。[1] 领悟和解析习近平法治思想，吃透其中的精神实质，有利于牢记警察的初心和使命，做社会主义法治的坚定捍卫者。

最后，领悟解析习近平法治思想，完善法学课程体系。警察院校是培养警察法治人才的主渠道，法学理论教育作为警察教育的一个重要组成部分，在警察院校人才培养中发挥着重要作用，而且法学课程体系的设置直接决定法学教学的内容。

（三）贯彻践行习近平法治思想

首先，贯彻践行习近平法治思想，要加强警察院校对习近平法治思想的学习和研究，深入理解其核心要义和基本观点。习近平法治思想是警察院校法学理论课程建设与教学改革的根本遵循。贯彻践行习近平法治思想有利于提高警察院校学生对法治的信任与敬畏，增强学生的法治观念和坚守初心使命的政治自觉性，推动警察院校法治教育高质量发展。

其次，贯彻践行习近平法治思想，要将习近平法治思想融入警察院校法学理论课程的教学内容中，使其成为教学的重要组成部分。这有利于培养好能够适应新时代社会主义法治国家需求的警察院校高素质法治人才，提升警察院校学生的实践创新能力和自身的综合应用能力。

最后，贯彻践行习近平法治思想，要积极推动警察院校的教师开展有关习近平法治思想的研究和交流活动，提高教师的理论水平和实践能力。

---

〔1〕 参见魏会卿：《习近平法治思想引领下公安院校大学生警察职业精神培育研究》，载《河南教育（高等教育）》2023 年第 4 期。

二、警察院校法学理论课程建设与教学改革的现实困境

习近平法治思想有着深刻的历史逻辑、理论逻辑与实践逻辑。教师的教学内容设计系统深入化,需要一个长期的积累过程;教学方式的革新和教学手段的丰富,也是一个日久年深的浩大工程。

(一)警察院校法学理论课程教学和课程建设中教师教学效果亟待提升

首先,教师很难置身于公安法治实践中,及时更新教学内容。[1] 教师需要及时了解最新的法律法规、法规政策和司法实践,并将其纳入教学内容;唯有保持时效性和前瞻性的教学内容才能有效提高警察院校学生的兴趣和积极性,并培养警察院校学生的前瞻性思维和解决问题的能力。然而警察院校的教师客观上很难置身于公安法治实践,从而及时更新教学内容。

其次,教师不能采取多元化教学方法,激发学生参与的积极性。为学生提供多元化的学习渠道,将警务技术与法律学习相结合,提高教学效果,实现"培养忠诚卫士、研究现代警务、孵化警务技术、锻造公安铁军"的人才培养目标。

最后,教师不能有效实施评估和反馈,进行学习与交流。不断更新自己的公安业务领域的相关法律知识、教学方法,与其他公安院校教师和专家分享经验,提高教学水平,推动警察院校法学理论课程建设的不断改进。

概言之,警察院校"习近平法治思想概论"课程教学在教学内容的更新、教学效果的提升和行业联动提升等方面遭遇困境,亟待解决,从而全面提升教学效果,实现新时代的重要目标任务。

(二)警察院校法学理论课程建设中学生法治思维和法治意识有待大幅提升

关于如何培育预备警察的法治意识,可以通过问题情境、党法之辩,培育预备警察的政治认同、法治思维和法治意识。

首先,学生还无法做到以能力为导向主动获取知识,没有形成经常思考的习惯和独特的思维方式,并致力于将其转化为生产力。

---

[1] 参见梁迎修:《论加强新时代高水平法学教师队伍建设的路径》,载《中国大学教学》2023 年第 9 期。

其次,警察院校学生欠缺以“中国裁判文书网”等数据库为依托,搜集整理相关司法实践案例的能力。需要建立与“法理学”课程内容相契合的“司法实践案例库”,通过对真实的经典案例的分析,在理论上训练学生的法学思维,探讨具体案例在理论上存在的其他司法判决。

最后,学生还不能通过课下的阅读、讨论及论辩性作业来实现启发式课堂和教学问题导向的学习。学生基本的法治意识和法治思维方式有待养成,在法治系统范畴内提出、分析和尝试解决实践问题的能力有待大幅提升。

(三)警察院校法学理论课程教学与课程建设尚不能服务于国家法治实践

基于肩负保卫人民民主政权和建设现代化法治中国重大使命的政治要求和现实需求,警察院校的“习近平法治思想概论”教学和课程建设需要践行:全过程民主、协商民主、典型执法事例、典型司法案件,习近平法治思想的在立法、执法、司法和全民守法中的指导意义。

首先,尚不能服务于培养适应社会需要的警务人才的需要。作为公安教育的重要组成部分,警察院校法学理论课程的设置和教学应紧密结合我国法治建设的实际情况,不断更新和优化课程设置,以培养出适应社会需要的警务人才。如何通过法学理论课程的教学,提高学生的法律素养和执法能力,使其能够更好地履行职责,为人民群众提供优质的公安服务,还需要探索。

其次,学生的综合素质和实践能力不足。警察院校教学方法和手段方式单一,学生的学习兴趣和参与度不高;同时,警察院校学子参与社会法治宣传、法律援助工作等不够积极。警察院校学子要做到准确表达执法意图,在使用法言法语的基础上,规范日常表达,便于执法对象理解。此外,用词要文明礼貌、简单明晰,充分尊重执法对象营造警民平等沟通的环境,推动社会的法治化进程。[1],推动社会的法治化进程。

最后,法学理论研究和多方合作亟待加强。警察院校法学理论课程的建设应该注重加强法学理论研究,深入探讨法律问题,为国家立法机关、司法机

〔1〕 参见陈钰:《公安民警法治思维现状及其对策研究》,中国人民公安大学2020年度博硕论文。

关等机构提供智力支持,促进我国的法治建设。此外,警察院校可以通过与警察培训机构、法学研究机构的合作,引进先进的法学理论和实践经验,为我国的法治建设提供新的思路和方法;通过引进现代化的警务理念和技术手段,优化警务工作流程,提高警务效能,为国家的法治建设提供安全保障。

(四)警察院校法学理论课程建设中人才培养的评价标准缺失

建立和完善警察院校法学理论课程的教学评价机制,以习近平法治思想为创新公安和警务人才培养机制提供理论路径和实践参考,是警察院校法学理论课程教学在建设现代化法治中国进程中的政治要求、现实需求及使命担当。

首先,评价标准缺失可能导致现代警务人才培养效果难以衡量。警察院校应当制定鲜明的培养目标,统一评价标准,结合培养目标,对学生的学习情况、思维能力、法律应用能力等进行全面评估。

其次,评价标准缺失可能影响新时代公安业务人才培养的实效性。警察院校法学理论课程建设,应与警察实际工作紧密结合,充分借鉴警察实践经验,并邀请相关行业专家和拥有丰富实战经验的基层民警参与课程建设和评价工作。

最后,评价标准缺失可能导致警务人才培养水平的错位。警察院校应该建立并深化持续动态的过程化考核评价制度。过程化考核评价强调教学是一个教师和学生不断参与、持续运动的过程,对学习的整体过程进行点面结合的考核评价,目的是更好地调动学生学习的积极性和主动性,更好地促进学生独立思考能力的培养和对课堂教学内容应用能力的提高〔1〕。

三、紧扣“警察院校姓党”系统推进警察院校法学理论课程建设与教学改革的路径选择

(一)通过制度设计推动教师本身的教学研习研读习近平法治思想的热情

首先,警察院校应建立完善的实施制度体系。警察院校应建立完善的落实习近平法治思想的制度体系,包括教学管理、教师考核评价、学术科研

〔1〕 参见张红晓:《公安院校构建过程性考核评价体系需处理好的四个关系》,载《公安教育》2023 年第 10 期。

等方面的制度，以推动教师对习近平法治思想的学习和研究，及时有效地讲授习近平法治思想的内容，能够讲解教育政策和自身的法治理念，能够积极融入社会主义依法治国的要求，不断塑造学生的法律意识[1]。

其次，警察院校应建立完善的教学质量监控与评估体系和健全的激励机制。警察院校应该建立完善的监督制度体系，以确保教师能够认真履行职责，鼓励教师积极参与教学研习研读习近平法治思想的热情，营造良好的教学研习研读氛围，推动教师本身的教学研习研读热情不断提高。

最后，警察院校应创新习近平法治思想教学制度设计。警察院校可以利用得天独厚的与实务部门联系紧密的机会，关注社会热点问题，将习近平法治思想与现实生活紧密联系起来，组织教师对当前社会热点问题进行深入研究和分析，探讨如何运用习近平法治思想解决现实问题，为培养高素质的警察人才提供有力保障。

（二）以习近平法治思想为指引，结合新时代法治实践创新开展法学理论课程建设

警察院校是社会主义法治人才培养的第一阵地，更需要将习近平法治思想的核心要义和工作要求落实到法治人才培养的全过程各环节，更需要努力成为习近平法治思想的积极践行者。

首先，法学理论课程的教学方法应多元化，并加强教学平台建设。建立线上警务教学平台，邀请研究公安法学的专家或具有丰富实战经验的基层民警，通过直播课堂、录播课程等形式，为警院学生传授经验，打破实体课堂和学习时间的限制，为学生提供独特的学习环境和学习体验，调动学生的学习意愿和主观能动性。

其次，开展法学理论课程建设的过程中要注重法治观念、执法理念的养成。习近平总书记强调新时代的法学教育应当立德树人、德法兼修，培养大批高素质法治人才。[2] 警察院校的学生作为公安法治队伍的储备人

---

[1] 参见费倩倩：《习近平法治思想融入高校思政教育的实现路径》，载《东南大学学报（哲学社会科学版）》2022 年第 2 期。

[2] 《习近平在中国政法大学考察时强调：立德树人德法兼修抓好法治人才培养　励志勤学刻苦磨炼促进青年成长进步》，载中国共产党新闻网，http://dangjian.people.com.cn/GB/n1/2017/0504/c117092-29253516.html。

才,不仅应当具备良好的法学素养,更应当树立尊重保障私权,限制公权的法治观念,将依法行政、执法为民的思想贯彻到日常的生活学习中,通过基本业务知识和法律知识的运用,培养学生要用法律思维解决现实中的执法问题,将法治观念内化于心,外化于行。

最后,应增强法学理论课程内容的跨学科融合,突出警察院校特色。新形式新业态背景下,亟须公安机关回应重大社会关切和最新热点,依法解决,因此对公安法治人才提出扩充知识容量、融合知识交叉等要求,习近平法治思想概论教育需要注重跨学科融合,加强与其他学科的交叉融合,如政治学、社会学、经济学等,通过法律实训、模拟公安实际执法等方式,以培养具有全面素质的警务人才。并且针对不同公安专业,具体法律实训的具体案例的选择和操作上要结合专业特点,既要涉及公安本专业案件情境模拟,也要增加相关法律的综合训练[1]。在实践锻炼和理论知识的应用中,培养符合社会需求的公安法治人才,推动新时代法学教学高质量发展。

(三)法学理论教学及教材建设中融会融通贯彻习近平法治思想

警察院校教师更要努力成为习近平法治思想的有力传播者,即在深入学习的基础上,科学阐述习近平法治思想的理论特征、体系构成、基本内涵和制度意义,推出一批原创性、高质量的研究成果,引领中国法学理论研究的发展和法治文化的繁荣,推动建设中国特色社会主义法学体系、学术体系和话语体系,以此来支撑和夯实法治人才培养体系。

首先,采取多样化的教学方法,系统地传达习近平法治思想的核心要点。习近平总书记强调:“要把新时代中国特色社会主义法治思想落实到各法学学科的教材编写和教学工作中,推动进教材、进课堂、进头脑,努力培养造就更多具有坚定理想信念、强烈家国情怀、扎实法学根底的法治人才。”[2]警察院校教师可以通过案例分析、文献解读等方式,结合习近平法治思想的特点,采用多种教学方法,如讨论、辩论、小组研讨等,激发公安学

---

〔1〕 参见许聪:《加强公安法律实训　培养高素质警务法治人才》,载《延边党校学报》2023年第4期。

〔2〕 习近平:《坚持走中国特色社会主义法治道路　更好推进中国特色社会主义法治体系建设》,载《求是》2022年第4期。

生的思维和创造力，培养警察院校学生的批判性思维和分析问题能力。

其次，强化法治实践的教学内容，潜移默化引导学生自主感受。习近平法治思想强调"法治必须靠实践来推进"。在法学理论教学过程中，可以注重培养公安学生的警务实践能力和法律实践精神[1]。不断增加法治人才培养计划中实践教学的比重，使学生将习近平法治思想运用于现实生活。

最后，引入与习近平法治思想的相关文献和论述，编写和选择与之相符合的教材。结合互联网和多媒体技术，利用新的警务现代教育资源和工具，丰富教材的形式和内容，提高警察院校学生对法学理论的学习效果。

（四）遵循习近平法治思想的指引尽快建立科学的法学理论课程教学效果评价标准

首先，对警察院校学生进行法治素养评估。法治素养是法学教育的重要目标之一，因此，建立科学的法学理论课程教学效果评价标准，应当将法治素养的评估作为重要内容。具体而言，应当关注学生对法律规则、法律原则、法律精神的认知和理解程度，以及运用所学法律知识分析、解决实际问题的能力和对习近平法治思想的理解和应用能力。

其次，对警察院校学生进行创新实践能力评估。创新实践能力作为人才综合素质及能力的重要组成部分，早已融入法学专业领域人才培养的全过程[2]。然而当前学校对学生传统理论知识掌握的考核标准依旧是考试成绩，考试成绩并不能完全衡量学生的在实践中的分析能力、随机应变能力等，易导致学生与实践脱节。高校法治人才需要具备的创新实践能力包括如何在实践中寻找问题、解决问题、运用创新思维完成工作，评估可通过实践考核、案例分析、模拟法庭等方式进行，以检验其创新实践能力。

最后，对警察院校学生定期进行综合素质评价。学生综合素质评价要遵循"可测、可比、简易"的原则，多角度、全方位、科学地设置学生综合素质

---

〔1〕 参见张秋芳：《习近平法治思想引领高校法治人才培养的价值意蕴与实践路径》，载《中共南宁市委党校学报》2022年第6期。

〔2〕 张奇、陈楠楠：《新文科背景下法学专业人才创新实践能力培养探究》，载《西部素质教育》2023年第21期。

评价中的各项指标,完善评价体系;明确评价目的,简化评价方法、评价流程和操作步骤,优化反馈机制。评估学生的学术能力、思维能力和综合素质[1]。包括学术研究能力、批判性思维能力、沟通表达能力等方面的评估。可以通过论文写作、口头报告、团队合作等形式的考核,评估学生的综合素质水平。

---

〔1〕 陆宝萍:《高校学生综合素质评价体系的构建方法研究》,载《教育教学论坛》2023 年第 32 期。

高校法治人才培养目标下的课程思政研究

——以贯彻党的二十大精神为落脚点

胡玉霞*

摘　要：高校法治人才培养的总体目标是培养“德法兼修”的高素质法治人才。高校为提高法治人才培养质量与全方位夯实德育工作，必须构建思政教育与专业传授并重的法治人才培养模式，充分发挥课程思政在育人中的主渠道作用。每位法学专业教师必须坚持以德为本，以贯彻党的二十大精神为落脚点，在课程思政视域下挖掘专业课程的思政融入点，将具体法学课程的专业知识与思政元素深度融合，去层层递进地实现高校法治人才培养目标下的各项思政教学要求。

关键词：法治　人才培养　课程思政　党的二十大精神

党的二十大报告强调“教育、科技、人才是全面建设社会主义现代化国家的基础性、战略性支撑”以及“坚持为党育人、为国育才，全面提高人才自主培养质量”。[1] 2018年教育部、中央政法委员会联合发布《关于坚持德法兼修实施卓越法治人才教育培养计划2.0的意见》，明确提出高校法治人才培养的目标为“培养造就一大批宪法法律的信仰者、公平正义的捍卫者、法治建设的实践者、法治进程的推动者、法治文明的传承者”，即培养“德法兼修”的高素质法治人才。全面做好法治人才的培养既是国家的重

---

* 作者简介：胡玉霞，南京审计大学法学院副教授，研究方向：诉讼法与高等教育。

〔1〕 全文涉及党的二十大的相关内容均出自习近平：《高举中国特色社会主义伟大旗帜　为全面建设社会主义现代化国家而团结奋斗——在中国共产党第二十次全国代表大会上的报告》，载中央人民政府网，https://www.gov.cn/xinwen/2022-10/25/content_5721685.htm。

大现实需要,也是法学教育义不容辞的责任。[1] 高校为提高法治人才培养质量与全方位夯实德育工作,必须在课程思政视域下,以贯彻党的二十大精神为落脚点,深挖思政"基因"和寻找思政"触点",实现法学知识传授、能力培养与价值引领的无缝对接。

一、高校法治人才培养目标下的课程思政要求

党的二十大报告中要求"建设堪当民族复兴重任的高素质干部队伍……坚持德才兼备、以德为先"。同样,高校法治人才培养目标中的"德法兼修"虽然将"德"与"法"并列,"强调了既要有法律专业知识素养又要有道德素养"[2],但"德"在"法"之前。可见,"德"被提高到一个重要的位置。[3] 故高校法治人才培养不仅要求实现"法"的目标(法科学生要掌握扎实的法律专业知识,具备丰富的人文素养、缜密的逻辑思维能力、过硬的分析归纳能力、善辩的口才表达能力、敏捷的临场应变能力、熟练的文字表达能力以及娴熟的解决问题能力),更要求实现"德"的目标(有礼仪、有情操、有人文情怀、有良好的法律信仰、有强烈的敬业精神与高度的社会责任感),方能"建设一支忠于党、忠于国家、忠于人民、忠于法律的社会主义法治工作队伍"[4]。在此总体目标之下,"注重培养法学生的思想道德素养,大力推进中国特色社会主义法治理论进教材进课堂进头脑"[5],层层递进地实现以下各项思政教学要求:

一是积极响应党的二十大报告中"开辟马克思主义中国化时代化新境界"的号召,掌握法学各课程相关的马克思主义法学基本思想和主要论述,深刻领会习近平新时代中国特色社会主义思想的丰富内涵,引导学生从党探索中国特色社会主义的历史发展和伟大实践中认识和把握中国化时代

〔1〕 参见张守文:《法治人才培养的目标与路径》,载《中国高校社会科学》2017 年第 4 期。

〔2〕 刘儒、武中哲:《德法兼修推进卓越法治人才培养的时代意义及实践路径》,载《中国成人教育》2021 年第 23 期。

〔3〕 参见石可涵:《德法兼修的法治人才培养路径研究》,载《安徽工业大学学报(社会科学版)》2019 年第 5 期。

〔4〕 《中共中央关于全面推进依法治国若干重大问题的决定》,载中央人民政府网,https://www.gov.cn/zhengce/2014-10/28/content_2771946.htm。

〔5〕 黄进:《新时代高素质法治人才培养的路径》,载《中国大学教学》2019 年第 6 期。

化的马克思主义的历史必然性，帮助学生深刻理解中国共产党的执政地位与历史使命，引导学生深刻理解我国是如何在中国共产党的领导下实现了党的二十大报告所总结的“马克思主义中国化时代化新的飞跃”，且要习惯于运用马克思主义唯物辩证法和历史唯物主义的世界观、方法论以及法治、人本、实践、批判和历史思维等思维方式将以社会主义核心价值观、党的各项政策纲领和教育方针及中华民族传统优秀法律文化为核心的思政教育贯穿法学专业课程教学的各环节与全过程。

二是将法学专业课程的知识传授置于党的二十大报告中“坚持全面依法治国，推进法治中国建设”的整体战略中来思考，探索法学专业课程与全面依法治国发展战略的关系，结合法学专业课程的经典案例与实践活动，立足中国特色社会主义法治实践，充分挖掘课程知识背后的人性考量、价值关怀与制度定位，突出中国制度的特点和优点，将全面依法治国新理念、新思想、新战略的价值导向与专业实训相融合，培养学生分析与解决现实问题的能力，帮助学生掌握经世致用的法律技能，引导学生全面客观地认识世界和中国发展大势，引导学生对法治中国过程中面临的各种问题和困难予以正面理解和积极思考，使学生在正确认识中国特色和国际横向比较的基础上真正建立起社会主义法律信仰，在小节处能做到法理辩证，在大事上能具有大局意识，使学生拥有区别于西方语境的法治思维，为学生将来从事法律职业和肩负振兴中华的责任打下坚实的基础，使其成为自觉肩负起党的二十大报告中倡导的“全面建设社会主义现代化国家、全面推进中华民族伟大复兴”重要使命的时代新人。

三是在党的二十大报告中“落实立德树人根本任务，培养德智体美劳全面发展的社会主义建设者和接班人”精神的指引下，坚持以习近平新时代中国特色社会主义思想为指导，践行“自由、平等、公正、法治”的社会主义核心价值观，注重培养学生崇高的道德品质、积极向上的人生观以及廉洁自律、严谨科学和崇法尚德的价值观，将诚信、友爱、爱党、爱国内化为学生的基本素养，提升学生的法律职业素养和社会责任感，增强学生的民族自豪感与爱国主义情怀，引导学生把自我价值的实现和国家命运联系在一起，坚定学生坚持“中国特色社会主义法治的道路自信、理论自信、制度自信、文化自信”以及投身社会主义现代化国家建设的理想信念。[1]

二、高校法治人才培养目标下的课程思政融入点

高校教师在讲授法学专业课程与培养学生专业能力的同时,要牢记“课程承载思政,思政寓于课程”[2],采取“以正面引导教育与反面警示教育、专设的课程教育与贯穿全程的渗透教育相结合的方式”[3],有意识地将专业与思政元素深度融合。以下将以贯彻党的二十大精神为落脚点,并以宪法、法理学、中国法制史、刑法、民法、经济法、国际私法这7门法学专业核心课程为例,透析如何寻找法学课程的思政融入点。

在宪法课程中,可以运用马克思主义哲学的历史发展观等原理来分析宪法产生、发展的原因和动力;运用中国特色社会主义理论引导学生深刻理解宪法是对新时代中国特色社会主义新形势和新实践的集中总结,是对党和人民创造的伟大成就和宝贵经验的及时确认,是党和人民共同意志的集中体现,是对全面依法治国起到保驾护航作用的国家根本法;引导学生自觉遵守、维护、运用宪法并弘扬宪法精神,帮助学生树立尊崇宪法的信仰;帮助学生深刻理解中国共产党的执政地位与历史使命,引导学生领悟党的二十大报告中“坚持党的领导、人民当家作主、依法治国有机统一”的要旨,引导学生正确认识时代责任、历史使命以及积极投身到中华民族伟大复兴的伟业中。

在法理学课程中,可以通过回顾马克思主义经典著述,将马克思主义法理观融入基本理念、法律关系和法律本质的教学内容中,将马克思主义阶级分析的方法论融入法律起源的教学内容中,将社会主义核心价值观融入法的价值、法律实施的教学内容中,将增强学生守法意识贯穿于法律责任的教学环节,将增强学生民族自豪感贯穿中国传统法学思想形成的教学环节,将增强学生责任感贯穿于中国社会主义法产生的教学环节;结合法

〔1〕 参见徐祥民、王斐:《习近平“目标法治论”中的法治人才培养理论研究》,载《河南财经政法大学学报》2021年第6期。

〔2〕 冯欣、唐健:《基于“课程思政”的法治人才培养路径——以甘肃政法大学为例》,载《发展》2019年第11期。

〔3〕 周华:《新时代背景下法治人才培养路径探析》,载《重庆第二师范学院学报》2020年第2期。

与民主政治关系的教学内容，帮助学生认识到中国民主政治制度是符合国情的选择，帮助学生理解中国特色社会主义法律体系的形成、特点和内涵；结合法律实施的教学内容，强化学生全面依法治国的理念，引导学生领悟党的二十大报告中提出的“科学立法、严格执法、公正司法、全民守法”以及习近平总书记关于中国特色社会主义法治理论的重要论述的内涵，帮助学生树立良好的法律职业道德，培养学生实现社会主义法治“良法善治”的责任感。

在中国法制史课程中，贯彻党的二十大报告中“把马克思主义基本原理同中国具体实际相结合、同中华优秀传统文化相结合”的要求，可以从历史唯物主义和辩证唯物主义的角度将马克思主义关于国家、法律起源的学说融入中国法制起源和专制社会法律的阶级本质等教学内容中，分析春秋战国时期生产力发展与法律制度变革之间的关系、秦朝厉行法治与政权灭亡的关系以及汉朝文景时期的刑制改革、唐宋的法制思想、元朝法制的民族特色、明代重典治国的方略、中国传统法制集大成者清朝的法律制度等体现出来的治理智慧所彰显的“中华民族伟大的思想创造力和中华法治文明深厚的精神底蕴”〔1〕，继而从生产力与生产关系、经济基础与上层建筑之间的辩证关系来分析近代中国主权丧失以及中国法制发展背后经济、社会等方面的深层次原因，让学生牢记落后就要挨打的历史教训并进一步思考中华民族如何在现代自立于世界民族之林；通过讲解源远流长和博大精深的中华法律文明对朝鲜、日本、越南等周边国家的影响以及中国古代各民族融合发展的历史，让学生了解中国法律文明的多元性，使学生树立正确的法律观和历史观，培养学生的民族自豪感和文化自信。

在刑法课程中，贯彻党的二十大报告中“努力让人民群众在每一个司法案件中感受到公平正义”的精神，可以将塑造学生正确的是非观、荣辱观融入各类犯罪和具体罪名构成要件的教学内容中，将塑造学生诚信观融入作弊类犯罪的教学内容中，将强调保障民生的重要性融入生产、销售伪劣商品罪的教学内容中，将分析打击走私与保障经济发展的关系融入走私犯

〔1〕 苗连营、郎志恒：《习近平法治思想关于法治人才培养的原创性理论贡献及其实践展开》，载《中国大学教学》2022 年第 8 期。

罪的教学内容中,将强调国家金融安全保障的重要性融入货币犯罪、洗钱犯罪和金融诈骗犯罪的教学内容中,将分析税收与国家财政的关系融入危害税收征管犯罪的教学内容中,将强调反腐败法治化和国家监察体制改革的意义融入贪污贿赂犯罪的教学内容中,将分析合同与市场经济的关系融入合同诈骗犯罪的教学内容中,将分析知识产权保护的意义融入侵犯知识产权犯罪的教学内容中,将强调国家安全、网络安全的重要性融入网络电信犯罪的教学内容中;结合各类犯罪的教学内容,引导学生正确认识社会变迁与刑事犯罪变化的关系;通过对重大争议刑事个案的争点提炼,将中国特色社会主义刑事法治理论根植于学生的脑海中,坚定学生对刑事司法领域各项制度改革的信心,帮助学生形成制度自信。

在民法课程中,可以将社会主义核心价值观融入基本原则的教学内容中,增强学生人人平等、明礼诚信和公平正义的观念;结合民事权利义务关系的教学内容,使学生理解一个国家的公民权利与一个国家的发展现状密切联系,因而我国在立法上绝不可以盲目照搬国外规定,培养学生正确的法律权利观和自觉遵守法律义务的素养;结合民事权利救济的教学内容,使学生充分认识到我国近年来司法执行力度的提升,增强学生对于我国法治环境的正面认识;结合自然人权利能力制度变迁的教学内容,引导学生认识到我国法律的不断进步与人权保障的日益完善;结合自然人行为能力制度的教学内容,激发学生对于未成年人、精神病患者及智力障碍患者的关爱之情以及对于父母亲人的感恩之心;结合无效民事法律行为的教学内容,帮助学生理解民事活动的合法性边界以及公序良俗原则的要求,引导学生遵守法律、社会公德并且树立诚信负责的人生观;结合时效制度的教学内容,帮助学生理解司法资源的有限性,引导学生珍惜国家资源;结合物权法的教学内容,让学生思考物权法在维护国家基本经济制度和保护人民群众财产权上的具体体现,帮助学生形成尊重物权以及权利不得滥用的法治意识,帮助学生深入理解我国公有制为主体的经济基础、农村土地承包经营权制度、我国城市土地等关系国计民生的资源配置规则,引导学生对社会主义公有制优越性有更深入的认识;结合合同法的教学内容,帮助学生了解合同法在预防、解决纠纷和培养良好社会主义市场经济秩序中起到的保驾护航作用,引导学生理解诚实守信原则、公序良俗原则及其适用,培养学生遵从社会秩序、善良风俗的责任意识和优良品质；将党的二十大报告中“弘扬中华传统美德，加强家庭家教家风建设”的号召融入婚姻家庭继承法的教学内容中，增加学生对法治与德治相辅相成的认识，引导学生珍惜亲情和知礼懂法；结合侵权责任法的教学内容，帮助学生理解侵权责任的救济功能和归责原则，引导学生树立以人为本、善意行事和勇于担责的人生态度。

在经济法课程中，按照党的二十大报告中“构建高水平社会主义市场经济体制”的要求，让学生了解加快经济立法对保障社会主义市场经济体制纵深改革的重要现实意义；可以结合宏观调控法的教学内容，引导学生认真学习习近平总书记关于创新和完善宏观调控的指导思想、基本思路、重大举措等新时代中国特色宏观调控理论，培养学生顺应国家重大战略积极推动制度创新的责任意识；结合金融调控法的教学内容以及习近平总书记关于深化金融改革、防范化解金融风险的金融工作新要求，让学生充分领会完善金融服务、防范金融风险对保障金融安全、经济发展的重大意义；将自由、平等、公正、法治等价值观融入反垄断法的教学内容中，让学生理解预防和治理垄断行为是维护消费者权益、社会公共利益和市场公平竞争的关键；将诚实守信以及私人利益和国家利益相统一的价值观融入反不正当竞争法的教学内容中，让学生掌握国家对于竞争秩序的规制是为了维护经营者合法权益以及营造良好营商环境；结合消费者权益保护法的教学内容，让学生充分意识到对消费者的保护是党和国家坚决维护人民根本利益和满足人民对美好生活的根本需求的重要体现；结合产品质量法的教学内容以及习近平总书记在中国质量大会上的讲话精神，让学生充分领会供给侧结构性改革背景下生产者和经营者坚持诚信原则以确保产品质量对经济高水平发展的重要性；结合审计法的教学内容以及习近平总书记关于审计工作的重要论述，帮助学生充分认识到审计监督是党和国家监督体系的重要组成部分。

在国际私法课程中，可以将坚持“一国两制”和促进祖国统一的思想融入区际冲突法的教学内容中，将党的二十大报告中“坚持和完善社会主义基本经济制度”的精神融入财产法律适用制度的教学内容中；结合涉外民事关系的教学内容，让学生充分意识到新时代背景下构建新型国际关系和提升对外开放水平的重要性;结合国际民事诉讼法的教学内容,帮助学生领悟构建人类命运共同体、推动形成全面开放新格局以及塑造我国在国际经济、法律合作领域中大国形象的重要意义;结合国际商法的教学内容,引导学生认真领悟党的二十大报告中“加快建设贸易强国”以及“推动共建‘一带一路’高质量发展”、“维护多元稳定的国际经济格局和经贸关系”的战略精神与习近平总书记的全球治理观之间的内在联系,帮助学生了解全球经济发展大局、多元化国际商事纠纷解决机制以及我国在全球化过程中所发挥的重要作用。

结 语

高校在培养“德法兼修”的高素质法治人才的目标之下,必须坚持以德为本,以贯彻党的二十大精神为落脚点,深度挖掘法学专业课程的思政融入点,“将立德树人有机统一、厚德明法有效结合”[1],构建思政教育与专业传授并重的法治人才培养模式,充分发挥课程思政在育人中的主渠道作用,不断提高学生的政治觉悟、思想水平、道德品质、文化素养与法治意识,实现法学课程教育本位的回归。

---

〔1〕 史凤林:《高素质法治人才培养规律研究》,载《中共山西省委党校学报》2019 年第 3 期。

新时代法学专业靶向教育教学法探究

陈　建　邓亚萍*

摘　要:时代变迁使法学专业教育出现了诸多痛点:教育的内涵发生了扩张,使立德树人成为教育的应有之义;互联网科技的发展,使教学环境发生颠覆性变化;新时代大学生的需求与传统教学供给不对称;社会对法学人才实务能力的要求与传统教学中对人才培养质量的评价存在偏差。在法学专业教育中推行靶向教育教学法是对传统法学教育方法的实时修正。靶向教育教学法实时性和针对性强的特征能够有效解决传统法学教育方法的弊端。具体需要以法学专业课程思政建设为引领,助力教学形式多元化升级,强化问题导向和实操能力训练。

关键词:法学专业　靶向　教育教学　课程思政

一、拷问:法学专业教育的时代变迁

中华人民共和国成立以来,法学专业教育为我国培养了一批又一批杰出法律人才。但随着时代的变化,诸多影响法学专业教育的要素也发生了改变,导致当下法学教育存在诸多痛点:其一,教育的内涵发生了扩张,立德树人成为教育的应有之义,并位列教学之前。法学专业的教育必须回应党和国家密切关注的为谁培养人、培养什么人、怎样培养人的根本问题。而在缺乏育人环境的情况下培养出的“人才”,如果其德行较差,则非为人才。其二,互联网科技的发展,使得教学环境发生颠覆性变化。互联网技术越来越发达,学生获取法学专业基础知识或者更优质的课程资源也越来

* 作者简介:陈建,扬州大学法学院,法学博士,研究方向:环境法;邓亚萍,扬州大学广陵学院,研究方向:思想政治教育管理、高等教育管理。

越容易,这使得传统知识传递式的课堂教学方式急需改进。其三,新时代大学生的需求与传统教学供给不对称。教学实践发现,新时代大学生与以往大学生存在诸多差异,思维活跃、彰显个性、急于求解是其共同性特征,而传统教学秉持的理性、稳定性、渐进性、持续性、累积性、科学性等难以满足当下的学情需要。其四,社会对法学人才实务能力的要求与传统教学中对人才培养质量的评价存在偏差。不论是公检法还是企业,其对学生实务能力的要求归纳起来为“坐下来会写(笔杆子)、站起来会说(嘴巴子)、走出去会协调”。而传统教学评价标准的侧重点还是在考分,重理论轻实践。有鉴于此,如果法学专业教育方法不加以改变,则难以顺应时代潮流。

二、引入:契合新时代法学专业教育的靶向教育教学法

(一)靶向教育教学法的内涵界定

靶向教育教学法的称谓源自医学上的靶向治疗法。靶向治疗法,是针对已经明确的致癌位点的治疗方式。这些致癌位点如同当下我国传统法学教育方法确切面临的痛点,需要有针对性地施策,故选择使用靶向教育教学法的形象称谓。该教育教学法是指以立德树人为引领,以培养高质量法学专业人才为目标,顺应时代变迁,将新时代面临的痛点作为靶位来选取相应靶点进行精准施策的系统性教育教学方法。它涵盖育人、教书和评价全过程,包括教师教育教学能力提升、教育教学内容优化和教育教学评价等内容。其基本修正路线是:评估并找准痛点→固定靶位→选定靶点→精准施策。需要强调的是,由于靶向教育教学法是实时对法学教育过程中出现的痛点进行针对性施策,所以该方法并不是否认传统法学教育方法,而是对其进行实时修正。

(二)靶向教育教学法的特征

1.实时性强

就法学教育而言,不具有时代烙印的是颠扑不破的师者传道授业解惑这个真理。不管时代如何变化,促进学生掌握法学基础知识,形成良好的法学思维,提高解决问题的能力等均是法学教育为之奋斗的目标。是故,基于时代变迁而出现的教学环境变化等因素,并不会导致传统法学教育方法的过时。但这也并不否认时代变迁导致的传统法学教育方法需要进行

实时的修正。靶向教育教学法是正视传统法学教育法在新时代客观环境发生根本性变化时,存在时代冲突,难以顺利实现法学教育目标的痛点,进而找出这些痛点,并予以精准施策。可以预见的是随着时代的变迁,具有可行性和自洽性的传统法学教育教学方法,可能在将来也会被实时修正。因此,法学教育本身就是动态发展的,那么为其匹配的教育教学方法自然具有实时性。

2. 针对性强

靶向教育教学法以问题为导向选取靶位,然后根据靶位设计针对性的靶点,并进行精准施策。如前所述,靶向教育教学法不是对传统法学教育方法的全盘否认,而是针对存在时代可行性和自洽性问题的传统法学教育方法进行修正。该教学法实施的结果是优化传统法学教育方法,对那些与同时代客观因素存在冲突的方法予以纠正,具有很强的针对性特征。如针对部分大学生有才无德的痛点,采用立德树人的课程思政教育法,加强德育,培育学生道德素质。因此,靶向教育教学法既是法学专业的教育方法,同时也是矫正不适的法学教育方法的工具。但需要注意的是,该教学法不是对传统法学教育方法的小修小补,同时还要讲求法学教育方法内部的系统性和协调性。

(三)引入靶向教育教学法的必要性与可行性

中共中央办公厅、国务院办公厅印发的《关于加强新时代法学教育和法学理论研究的意见》提出要持续培养大批德才兼备、德法兼修、崇尚法治、捍卫公正、恪守良知的高素质法治人才。针对新时代法学专业面临的教育环境发生变迁,当代大学生素养和需求发生变化,以及社会要求与学校人才培养目标评价不匹配等问题,如果完全沿用传统的法学教育方法则难以解决,更不用谈实现该意见所指向的目标了。鉴于靶向教育教学法能够起到实时地、有针对性地修正传统法学教育方法之不足的功效,因此引入该法具有相当强的时代必要性。同时,基于靶向教育教学法是对传统法学教育方法的修正,不是全盘否定之后的方法再构造,故工程量较小,操作起来亦更加容易,具有相当程度的可行性。

三、展开:靶向教育教学法的具体施策路径

(一)引领:法学专业课程思政建设工程

习近平总书记在北京大学师生座谈会上的讲话中提出了新时代我国人才培养的一个辩证法原理:“人才培养一定是育人和育才相统一的过程,而育人是本。人无德不立,育人的根本在于立德。”[1]大学生阶段是人生的“拔节孕穗期”,尤为需要精心引导与栽培。[2] 因此,法学教育亟须开展立德树人的育人教育,且必须是以育人为前提,以育人引领育才。立德树人的育人教育需要落到法学专业课的课程思政中去,教育引导广大师生做社会主义法治的忠实崇尚者、自觉遵守者、坚定捍卫者。由于会涉及将思想政治教育有机融入课程设置、课堂教学、教材建设、师资队伍建设、理论研究等人才培养各环节,是故,法学专业课程思政建设是一个体量巨大的工程。

1. 讲好“习近平法治思想概论”课程

首先,“习近平法治思想概论”课程是法学专业的必修课程,是当代法科学生接触的首要课程,是其他部门法学习的统领。立足法治中国建设实践,推动法学教育高质量发展,要坚持以习近平法治思想为根本遵循。[3] 新时代中国特色的法学教育坚持以习近平法治思想为指导。[4] 党的十八大以来,以习近平同志为核心的党中央在领导全面依法治国、建设法治中国的伟大实践中,深刻回答了新时代为什么实行全面依法治国、怎样实行全面依法治国等重大问题,提出了一系列全面依法治国新理念新思想新战略,形成了习近平法治思想。[5] 通过学习“习近平法治思想概论”课程既要让学生领悟习近平法治思想的精髓,又要使学生感受到法学专业的崇高

---

〔1〕 习近平:《在北京大学师生座谈会上的讲话》,载《人民日报》2018 年 5 月 3 日,第 2 版。

〔2〕 参见于钦明:《铸牢中华民族共同体意识 融入立德树人全过程探究》,载《中国教育学刊》2023 年第 11 期。

〔3〕 参见杨灿明:《完善法学教育体系 推动法学教育高质量发展》,载《中国高等教育》2023 年 Z3 期。

〔4〕 参见王健:《中国式现代化与法学教育发展之路》,载《中国大学教学》2023 年第 9 期。

〔5〕 参见《习近平法治思想概论》编写组编:《习近平法治思想概论》,高等教育出版社 2021 年版,第 1 页。

和荣耀,还要助推学生形成对法学事业的献身精神。因此,人才培养方案中该课程应当作为专业必修课来对待,且在大学一年级第一学期阶段予以开设。对于跨专业报考法学专业的研究生,应当要求其在一年级上学期补修该门课程。

其次,遴选优秀的资深教师开展课程教学。一方面,对优秀资深教师的考查标准本身就非常高,其不仅应是教学、科研、社会服务方面的佼佼者,而且在教师队伍里和学生心目中亦是德高望重。另一方面,教师应当结合学情,对习近平法治思想的重大意义、核心要义、科学方法等内容进行详细阐释和解读,由点及面、由浅入深,清晰呈现习近平法治思想的认知起点和解释框架,增强法学专业教学和学习的中国特色、中国风格、中国气派。

2. 加强教师队伍思想政治建设

法学教育承载着为法治中国建设培养德才兼备的优秀法治人才的重要任务,而这个重担又将具体压在法学教师队伍的肩上。古人云"为人师表",可见教师对于学生的模范、榜样作用不可忽视。因此,高校法学教师德行水平的高低决定了其教育教学的德育水平和效果。基于此,加强法学教师队伍的思想政治建设工作就显得尤为重要了。除法学教师对思想政治水平的自我培养和塑造外,高校还应当将组织教师思想政治培训和学习作为常态化工作,并予以定期考核,保证法学教师队伍的思想政治水平始终保持高位状态。

3. 挖掘法学专业课程思政元素

(1)基于普适性维度的法学专业课程思政元素挖掘

这里需要纠正困扰法学专业课程思政教育的两个误区:一是认为法学专业课程思政的元素与思想政治课程中所指向的元素(以下简称"思政课元素")是完全不同的,从而可以避免与思政课元素相重合;二是认为法学专业课程思政元素与其他学科的课程思政元素是完全不同的,从而主动回避与其他专业课程思政元素的交叉。不论是法学专业课还是其他专业课,课程思政的进程均会经历由初阶向高阶的发展,因此课程思政的效果是循序渐进的。在初阶发展进程中,其实思政课元素为法学专业课程思政元素的挖掘提供了方向。一般而言,思政课有"马克思主义基本原理""毛泽东思想和中国特色社会主义理论体系概论”“中国近现代史纲要”“思想道德与法治”四门课程。这四门课程可以为法学专业课的课程思政提供普适性的课程思政元素。“马克思主义基本原理”可以为当代大学生提供应当具备的世界观、人生观、价值观原理以及实现正确三观的方法论等课程思政元素。“毛泽东思想和中国特色社会主义理论体系概论”可提供马克思主义中国化进程中各阶段的理论成果等课程思政元素,如毛泽东思想、邓小平理论、“三个代表”重要思想和科学发展观等理论。“中国近现代史纲要”提供了中国从鸦片战争到五四运动再到中华人民共和国成立一步一步站起来的雄壮历史这一课程思政元素。“思想道德与法治”提供了当代大学生应当秉持的人生观、理想信念、爱国主义精神、社会主义核心价值观、道德品质、法治素养等课程思政元素。

在法学专业教育教学过程中,如果教师能够全面和有效地把控思政课程元素,则一定程度上能够反哺到专业课中,实现处处有思政元素,堂堂课上均可呈现课程思政的目标。此处的关键点在于将思政课元素与法学专业课程内容或教学环境要素形成有效关联,以专业课程内容或教学环境要素引出思政课元素。

(2)基于特殊性维度的法学专业课程思政元素创造

教师对普适性维度的掌握有助于挖掘法学专业课程思政元素,但如果还想进入更高阶的课程思政,则需要从特殊维度创造属于专门法学课程的课程思政元素。此处的创造即将专业课程的内容与思政要素相互融合,使所讲授的内容既是专业课内容,同时也是课程思政的内容,实现两者合二为一。例如,在讲授环境法课程时,以生态文明思想、人与自然和谐共生的现代化等内容来引出立法目的。[1] 这些内容既是本课程的内容,亦是课程思政的内容。由于基于特殊性维度的法学专业课程思政元素需要经过创造过程,所以难度是最大的,但效果也是最佳的。此处的关键点在于将法学专业课的内容进行升华和拔高,而升华和拔高则以公允的思想政治内容为标杆。与普适性维度不同,特殊性维度是以升华和拔高的思想政治内容

〔1〕 参见颜士鹏:《面向生态文明建设的环境资源法课程思政教学的展开》,载《北京航空航天大学学报(社会科学版)》2023 年第 5 期。

来引出本课程的内容,具有方向差异性。

最后还需要提示注意的是,课程思政的目的是实现立德树人根本任务,达到润物细无声的效果。法学专业课程思政是随着课程讲授的需要,以及临时场域的出现,而灵活且恰到好处地嵌入课程思政环节。所以,无须刻意追求每次课堂教学都安排课程思政环节或多少个课程思政元素。

(二)助力:教学形式多元化升级工程

利用互联网科技来升级法学教育形式,将互联网科技作为教学形式的一个优质工具,实现教学形式"互联网+法学教育教学"的提档升级。其中,翻转课堂教学形式非常值得应用。翻转课堂又称为颠倒课堂,是指适应我国信息化教育需求,[1]重新调整课堂内外的时间,将学习的决定权从教师转移至学生。在课堂教学之前,学生先通过互联网对教学内容进行自学,在课堂教学中解决与教学内容有关的其他问题。翻转课堂教学形式下,课堂教学的信息传递功能已被弱化,因此该教学形式成败的关键在于课堂时间需要完成何种任务。不论是传统法学教学还是翻转课堂,它们共同的目标是实现对学生法学知识是什么的传递。在此教学形式下,学生业已自学知晓"是什么"了,那么为掌握学生知晓的程度,在课堂时间则需要予以检验。基于此目标,可以将课堂任务设置为课堂输出、课堂问答、课堂讨论答疑、课堂测试等。课堂输出可以让学生在课堂上讲解课程内容,其他学生作补充。课堂问答可以是教师问、学生答,也可以是学生之间互相问答。课堂讨论答疑是在教师、学生共同参与下,对自学过程中形成的问题予以解决。课堂测试是以题目的方式检验学生掌握情况,对得分低的知识点着重讲解,而高分的知识点则不讲或少讲。

此外,翻转课堂教学形式下,学生课前的自学素材则非常重要了。当下有诸如慕课、超星等在线学习平台,但存在的问题是这些平台课程讲授的知识范围、难易程度会存在差异。这导致本校的学生可能并不适合该平台课程。因此,最优的办法是本校法学教师均录制其讲授课程的电子课程。其好处在于本校教师非常清楚学情状况,在讲授方法、内容、难易程度

〔1〕 参见范春兰:《翻转课堂模式与高校体育游泳课教学》,载《山西财经大学学报》2023年S2期。

上均有适当考虑和侧重。而且课堂内外的授课教师均为同一人,不会在课堂时间出现学生不适应或者观点冲突问题。

(三)强化:问题导向训练工程

习近平总书记在中国共产党第二十次全国代表大会上所作报告指出,必须坚持问题导向。坚持问题导向是习近平新时代中国特色社会主义思想世界观和方法论的重要内容之一。[1] 鉴于新时代大学转型这个特点,可以采用问题导向训练方式,促使其在思维活跃中更加严谨,彰显个性同时兼具包容,急于求解过程中越发自觉独立。问题导向训练是对法学学生在提出问题、分析问题和解决问题三个维度上的能力进行提升。这既是法律人应当具备的法律思维,同时也非常契合社会对问题导向的理解。提出问题的训练,要求法学学生必须具备敏锐的观察能力,从零散的社会现象中挖掘法律层面的问题。分析问题的训练,要求学生借助自身所学或其他工具,对所发生的法律问题进行分析,找出产生这些问题的原因。解决问题的训练,则是综合考查学生在分析问题的基础上,对症下药,提出切实可行对策的能力。三个环节紧密相扣,层层递进,具体的训练方法可以采用如下几种:组织辩论、论文写作、议案撰写。这三种训练方法均能促进法学学生提出问题、分析问题和解决问题能力的提升。

(四)提升:实操能力训练工程

法学专业培养目标一定要与社会要求相对标,防止供需错位。处于象牙塔里的法学学生,虽然一定程度上具备了良好的知识储备,但实操能力客观上是不足的。从社会对法学学生的要求来看,法学学生需要具备如下实操能力:坐下来会写、站起来会说、走出去会协调。因此,在法学专业教育教学过程中,应当注重对学生这三个方面实操能力的培养和塑造。坐下来会写,即考查法学学生的法律文书写作能力。站起来会说,即考查学生的语言表达能力。走出去会协调,即考查学生的人际交往能力。这三个能力的训练均需要贯穿问题导向思维,即每个能力的培养均要注重提出、分析和解决问题的法律思维。对实操能力的训练需要在如下方面加强:法律

---

[1] 参见林颐:《把握坚持问题导向方法论的三重逻辑》,载《思想理论教育导刊》2023 年第 10 期。

文书写作(如起诉书、公文等)、论文写作、议案撰写、组织辩论、社会服务。这里还需强调的是,随着计算机的普及,大学生过分依赖键盘输入而忽视了书法的重要性。因此,在写作训练时,要适当增加手写的频次,提高书法水平。

结 语

在法学专业教育中推行靶向教育教学法是对传统法学教育方法的实时修正。新时代,传统法学教育方法在有些环节显得苍白无力,需要对这些痛点进行精准定位和施策。该方法实时性和针对性强的特征使该方法在法学教育过程中永远不会过时。随着时代的变迁,以往或者当代的痛点可能在未来已经解决,或者又会出现新的痛点。此时,靶向教育教学法将重新选定痛点开展精准施策。但必须强调,法学专业教育立德树人的育人任务一直都不能变。

新时代法科生培养的核心理念与实践探索
——以智法狮法科生实务能力训练系统为样本

毕少斌*

摘　要:全面依法治国需要加强法治人才的培养,优秀法治人才的培养既需要科学的理念指引,也需要探索创新训练方法。法科生的培养是法治人才建设的基础,新时代法科生培养应当以核心理念为指引:坚持价值引领、坚持德法并重、坚持理论联系实践、坚持多元主体协同。目前法科生培养中存在价值引领不足、德法并重失衡、重理论轻实践、培养主体单一等问题。智法狮是关于法科生法律实务能力训练的创新尝试,旨在探索新时代法科生培养的新路径和新方法。

关键词:法科生　培养　理念　实践

全面依法治国是中国特色社会主义的本质要求,是全面建设社会主义现代化国家的重要保障。以习近平同志为核心的党中央对全面依法治国高度重视,党的二十大报告首次专章论述法治建设,描绘了新时代法治中国建设的宏伟蓝图。“法治兴则国兴,法治强则国强。”[1]在全面依法治国这个系统工程中,法治人才培养具有基础性、支撑性的重要地位。2017 年 5 月 3 日,习近平总书记在考察中国政法大学时指出:“法治人才培养上不

---

* 作者简介:毕少斌,南京审计大学法学院副教授,法学博士,智法狮项目主持人,研究方向:理论法学。

〔1〕 胡明:《全面提升法治人才培养能力　为全面依法治国提供坚实人才保障》,载光明网,https://epaper.gmw.cn/gmrb/html/2023-01/31/nw.D110000gmrb_20230131_2-05.htm。

去，法治领域不能人才辈出，全面依法治国就不可能做好。”[1]新时代法科生培养要认真学习贯彻党的二十大精神，以习近平法治思想为指导，全面提升育人能力，培养大批忠于党、忠于国家、忠于人民、忠于法律的高素质法治人才。法科生法律实务能力的训练是法科生培养的重要组成部分，既需要科学的理念指引，也需要探索创新训练方法。本文以智法狮法科生实务能力训练系统（以下简称“智法狮”）为分析样本，侧重分析法科生培养过程中的理念创新与实践探索。

一、新时代法科生培养的核心理念

（一）坚持价值引领

树立正确的价值观是法治人才培养的首要标准，新时代法学教育要致力于培养有高尚道德情操、有坚定法治信仰的时代新人。积极落实习近平法治思想“进教材、进课堂、进头脑”，通过系统设计、科学规划、有机融入，让法科生领悟习近平法治思想的丰富内涵、严密逻辑、鲜明特色和重要意义，引导法科生树立为社会主义法治事业奋斗终身的理想追求。讲好思想政治理论课，用习近平新时代中国特色社会主义思想铸魂育人。推动思想政治理论课授课内容、授课形式的改革创新，不断增强其思想性、理论性、时代性和针对性。让法科生透彻理解社会主义核心价值观是我国法律制度的价值根基，深刻把握我国法律制度的内在体系与社会主义核心价值观之间的关系。

（二）坚持德法并重

习近平总书记强调：“必须以道德滋养法治精神、强化道德对法治文化的支撑作用。再多再好的法律，必须转化为人们内心自觉才能真正为人们所遵行。”[2]新时代法科生培养要坚持德法兼修的育人观。德为法之魂、法为德之器。德法兼修、明法笃行是立德树人根本任务在法治人才培养工作中的具体要求。法学教育不仅要传授法律职业技能，更要传授法律职业伦

---

[1] 胡明：《全面提升法治人才培养能力 为全面依法治国提供坚实人才保障》，载光明网，https://epaper.gmw.cn/gmrb/html/2023-01/31/nw.D110000gmrb_20230131_2-05.htm。

[2] 习近平：《加快建设社会主义法治国家》，载《习近平谈治国理政》（第2卷），外文出版社2017年版，第117页。

理;帮助学生树立正确的法律价值观念和法律职业行为规范意识,培养自觉防范和有效抵抗职业伦理风险的能力;努力引导学生明法笃行、知行合一。要积极开展公益服务精神培育,让学生在法律援助、普法宣传等公益实践活动中培养自己经世济民的使命担当和家国情怀,实现显性教育与隐性教育的有机统一。

(三)坚持理论联系实践

习近平总书记强调,法学学科是实践性很强的学科,法学教育要处理好知识教学和实践教学的关系。[1] 推动法学教育与现代信息技术深度融合,不断加大教学环境建设各项投入,集中打造智慧教学模式,构建混合式教学平台、教学资源云平台、课外实务训练平台等,为法学专业学生营造覆盖课内课外、线上线下、校内校外的多维度学习场景。法科生培养要坚持从我国国情出发,正确解读中国现实,正面回答中国问题,鼓励法科生积极学习中国法治经验,积极参与中国法治实践,系统总结中国特色社会主义法治理论最新研究成果,用中国价值、中国智慧、中国实践培养高素质法治人才。

(四)坚持多元主体协同

坚持完善协同育人,强化法学实践教学。在高素质法治人才培养上,法学院不能孤军奋战,而要团队协作,实现优质资源互补。法学院校要打破学校和社会之间的体制壁垒,将实际工作部门的优质实践教学资源引进学校,促进知识教学和实践教学的深度融合。法学院校要与政府部门、人民法院、人民检察院、律师事务所、企事业单位、国际组织等合作,建立法学实习实践基地。法学院校要聘请法治实务部门理论水平高的专家担任兼职教授和实践导师,全程参与人才培养方案制定、课程体系设计、教材编写、考核评价等法治人才培养工作,让优质社会资源第一时间转化为法学教育资源。特别是在模拟法庭、案例教学、情景教学、法律诊所教育中,要发挥实务部门专家的特长,引导学生打通理论与实践、课堂与社会之间的经脉。

---

〔1〕 参见《为全面依法治国培养更多优秀人才》,载《人民日报》2017年5月5日,第2版。

二、当前法科生培养存在的问题

(一)价值引领不足

法科生对价值的概念并不陌生,对法的价值理论体系也比较熟悉,但对于把社会主义核心价值观融入法学理论教学与实践的体验并不强烈。价值引领的作用往往在真实的价值冲突中才会体现。特别是在法律商业主义浪潮的冲击下,法律职业者面临经济利益的诱惑,存在忘却初心、丧失理想信念的风险。在将价值引领落实到法科生培养的每个环节,尤其是在法律实践中遇到价值博弈时,价值引领定盘导航的作用发挥得还不够。特别是法科生参与法律实务训练的机会不多,无法真切感受法律实践中的价值冲突和伦理困境。

(二)德法并重失衡

法科生培养应坚持德法兼修、以德为先,但实践中重专业、轻德育的观念仍十分严重。在法科生培养体系中,思想政治性课程以及法律职业伦理课程占比不超过10%。法科生培养长期重视法学专业知识体系的教学,但缺少德育方面长期系统训练的机会,特别是缺少法律职业伦理的系统训练。职业伦理的养成具有强烈的实践性,需要在法律实践过程中面对现实法律关系时才能体现。这一方面,法律实务工作者比高校老师具有更加明显的优势,更适合承担法律职业伦理教育任务。另一方面,要创造更多的实践教育场景,使法科学生有更多机会在法律实务工作中加强法律职业伦理素质的养成。

(三)重理论轻实践

各高校法科生培养方案中,课堂理论教学占总课时80%以上,实践性课程和实习占比极小。特别是本科生毕业实习大都安排在第7学期、第8学期,此时学生考研、考公以及毕业论文写作压力较大,导致毕业实习容易流于形式,不少学生甚至很少去实习单位,或者找一个法律性质不明显的岗位,只为在实习结束时得到一份实习证明。平时实践性课程的授课老师虽然大都具有法律职业资格,不少也是兼职律师,但通常实务能力和经验不如专职法律实务工作者,在结合真实案例给学生进行实务指导方面存在短板,有时一本案例教学课件用很久,学生只会觉得实务课程是另一门理论课。

(四)培养主体单一

高校法科生培养过程中大多都为学生配备了校外实践导师或研究生实践导师。但校外导师普遍是各领域优秀人士,本职工作较为繁忙,无法保证辅导时间。法学院通常也不便为校外导师制定具体考核指标,当然这还涉及经费和薪资待遇问题。各法学院与法律实务部门签定共建协议,协议往往都有关于联合培养法科生的安排,但实践中基于上述同样原因,形成重协议、轻共建的结果。法律实务专家不能与法学院教育体系形成合力,校外导师无法真正融入法科生培养体系中,校内老师法律实务方面的短板无法得到有效弥补。

三、建议与探索

智法狮是关于法科生法律实务能力训练的一次尝试,旨在探索新时代法科生培养的新路径和新方法。项目团队成员主要为南京审计大学法学院师生,目前已有来自全国142所法科院系的20,000名法科生关注和参与其中,并与全国200多家律所进行了各种形式的合作;已开展了5期线上法科生实习,与合作律所共同进行400多次线上实务能力训练,同时开展了法科生夏令营和周末沉浸式训练营等活动。智法狮在形式上目前包括一个网站、两个公众号和20个微信交流群,并专门成立了法科生法律实务导师群,邀请来自全国各地的220多位知名律师担任导师。同时持续为律所等法律实务部门发布招聘信息,共提供4000多个实习就业岗位,一方面拓宽了法律实务部门招才引智的直接渠道,降低用人单位的风险与成本。例如,联合南京市律协与南京大学、南京师范大学、南京审计大学、南京财经大学、安徽大学等法学院校共同举办法科生网络招聘会。另一方面为法学院校毕业生就业提供了更多有效信息。智法狮持续赋能法科生实务能力的训练,旨在覆盖从大一到研三各个年级法科生的法律实务训练项目,让法科生有更多机会直接向法律实务专家请教学习,进而创造更多的实习就业机会。结合新时代法科生培养的核心理念,智法狮主要在以下几方面进行新时代法科生实务能力训练的探索。

(一)加强价值引领

习近平总书记提出:“社会主义核心价值观是当代中国精神的集中体现,是凝聚中国力量的思想道德基础。”[1]法科生培养要把中国特色社会主义理想信念教育、社会主义核心价值观教育、法律职业伦理教育贯穿法科生培养的全过程。在全面开展法学专业课程思政教学的基础上,特别要加强实践环节中的价值引导教育,创造更多的教育场景。智法狮训练项目安排更多的法律实务工作者结合自身的职业经验,给法科生强化价值引领的重要性。智法狮各类训练营项目,都首先安排参观律所党建活动室,听律所党建负责人党建专题讲座,活动结束后撰写学习心得,记录到该同学的智法狮学习档案中。让法科生从一点一滴开始,牢记新时代法律工作者的初心使命,把社会主义核心价值观融入法律实践中。

(二)立德树人、德法兼修

立德树人、德法兼修是社会主义法学教育和法治人才培养的根本底色。法学教育强调坚持立德树人,不仅要提高学生的法学知识水平,而且要提升学生的思想道德素养。要先把人做好,然后才可能成为合格的法治人才。智法狮结合法律实践,多渠道开展理想信念教育、中华优秀传统法律文化教育,大力弘扬社会主义法治精神,健全法律职业伦理和职业操守教育机制,培育法科生崇尚法治、捍卫公正、恪守良知的职业品格。训练项目的指导律师以案说法,深度解析案件办理过程中遇到的伦理困境,引导法科生时刻注重自身思想品德修养,恪守法律职业伦理底线,既讲大德,也讲公德、讲私德,共同塑造德才兼备、德法兼修、明法笃行的法律职业共同体。在智法狮举办的在线法律沙龙活动中,每期会邀请法律实务专家结合实践,从专业和职业伦理两个方面分享办案心得。法科生每每在生动真实的讲述中被实务专家们的德法兼修所折服,也深刻体会德法并重对法律职业的重要性。

(三)理论与实践充分结合

法律的生命力在于实施,法科生要养成良好法学素养,既要注重法学

---

〔1〕 习近平:《要有高度的文化自信》,载《习近平谈治国理政》(第2卷),外文出版社2017年版,第351页。

基础知识,又要强化法学实践学习。智法狮给法科生创造更多法律实践机会,鼓励法科生从实践中汲取和丰富法学知识、提升工作能力。例如,在智法狮线上实习活动中,学生和导师实行双向互选,先由导师根据自己的擅长领域和所办案件的特点,发布实习选题;学生根据自己的兴趣、专业选择相应导师,然后把学生的简历发给导师,再由导师从中选出接受指导的学生,从而充分保证了师生具有共同兴趣点。实习结束智法狮会颁发由律师签名的实习证书,部分高校正在考虑对接学校实践学分。实习同学的实习成果、个人实习总结、导师的实习鉴定汇总形成该生的实习档案。这些档案会成为将来向实务单位推荐学习就业的重要依据,形成可溯源查验的资料。线上实习实现了法科生实习的常态化,提高了训练的针对性。同时,也为律所招聘法科毕业生降低试错成本,通过前期线上实习,用人单位能持续关注和有计划培养将来的团队新成员,避免了录用后辞退产生的风险和成本,受到了律所和律师团队的欢迎。

(四)多元主体协同培养

法学院是法科生培养的主阵地,法律实务部门也是法科生培养的重要组成部分。新时代法科生培养要整合各类资源,搭建高标准、广覆盖、重应用的合作平台,构建以法律职业共同体为基础的法科生培养多方联动协同培养体系,提高法科人才培养与法律行业要求的契合度,取得法科应用型人才培养的良好成效。智法狮强调发挥法律实务部门的优势,形成以律师指导为主的常态化训练机制。同时针对律所和律师团队的特色探索法科人才的订单式培养。智法狮组织的线上法律沙龙邀请实务专家和律师精英围绕同学们感兴趣的法律话题进行分享,同时多所高校法科生共同参与互动,加强了法科生的校际交流。智法狮法科生全国驿站、智法狮夏令营和周末沉浸式训练营也获得许多律所的支持,律师为法科生提供了以案释法、职业规划、简历修改等课程内容。目前除南京外,智法狮夏令营和周末沉浸式训练营在北京、上海两地也开展活动。让更多法律职业共同体成员有机会投入法科生培养中来,成为协同培养的主体。

结　　语

法学教育承担着为法治中国建设培养高素质法治人才的重大使命,在推进全面依法治国中具有重要地位和作用。全面依法治国是一个系统工程,法治人才培养是其重要组成部分。进入新时代,我们对法治人才的需要比以往任何时期都更加迫切,要坚持立德树人、德法兼修,努力培养更多具有坚定理想信念、强烈家国情怀、扎实法学功底的法治人才。我们要认真贯彻落实党的二十大精神,在法科生培养中,坚持价值引领、坚持德法并重、坚持理论联系实践、坚持多元主体协同,以培养出更多高素质法治人才,取得更多高质量研究成果,争取早日建成中国特色法科生教育培养体系,为法治中国建设提供有力的人才保障。也希望智法狮能不断完善,成为法科生与法律实务界沟通的桥梁,让更多的法科生从中获益,为法科生成长成才作出更多贡献。

数字经济时代法学教育的理念与方法创新*

娄永涛**

摘　要:数字科技在社会生活、司法实践中的广泛应用也为法律人就业带来挑战,法学教育理念和人才培养模式亟须改革。法律行业作为传统的服务业也在数字化智能化技术的助力下,呈现出法律服务行业数字化智能化替代服务的新态势。法律人才的培养理念和路径也应根据未来法律智能细分产业的人才需求进行调整。高校法学教育是塑造培养法律人的过程,不仅要传授法律知识,还要培养学生数字科技素养,更要注重对学生社会主义法治价值观的形塑。高校法学教育应当探索教师融入数字科技辅助教学的混合式教学模式,科学设置数字+法学交叉融合课程体系,完善人才培养的监测评价机制。

关键词:数字经济　法学教育　数字科技素养　法律思维能力

"法律者,社会力也,随社会之变迁,时间之经过,同时变其形态。"[1]作为社会力显著状态之一的法律也是随着社会的发展变迁而改变,经时既久与社会实际状况必然相为一致。以大数据、人工智能为经济发展动力的数字经济时代,各国法学教育如果不能尽快开设与数字科技相适应的交叉性课程,该国的法律人才在未来的国家竞争中必然会处于劣势。未来的法律服务行业数字化智能化发展对法学人才培养提出了新要求,即对未来法

---

* 基金项目:本文是南京财经大学教改项目(JGY202258)的阶段性成果。

** 作者简介:娄永涛,南京财经大学教师,法学博士,研究方向:刑法学。

〔1〕 [日]穗积陈重:《法律进化论(法源论)》,黄尊三等译,中国政法大学出版社1997年版,第2页。

律人才的培养不能局限于讲授传统的法学理论和法律知识，培养“职业法律人”，更应当注重顺应我国未来的数字经济发展新趋势，培养符合社会需求的“数字+法律”复合型人才。

一、现状与审思：数字经济时代法学人才教育的挑战

数字技术革命引发了依法治国的场景、范式、路径的重大变革。有学者呼吁建立数字法学学科，探索建立数权和算责体系的法律规制制度。[1]这不仅对现有法律学科体系造成一定的冲击，对职业法律人的就业也带来极大的挑战。

（一）法学人才培养的现状与就业需求冲突

数字技术的发展将会导致法律毕业生的就业形势和法律服务市场产生重大变化，从事常规性、重复性任务的法律从业者可能被机器取代，不合格、低素质的法律从业者将会被淘汰。“智慧法院”“智慧检务”等办案辅助系统普遍推广，极大提升办案效率和质量、减轻司法人员工作量的同时，司法机关的就业需求日渐饱和，而律师行业内部竞争也日趋白热化。我国传统的复合型、应用型法律人才培养模式很难适应机器人和数字智能技术主导的未来法律实践，随着法律数字化智能产品在案件分析、处理、法律咨询等辅助技能方面的应用，法律服务市场对辅助决策的技能需求大大降低。在数字科技解构和重构部分传统法律职业的同时，法律机器人和法律人工智能的开发需要技术人员和法律专家之间的通力合作，人工智能与法律也需要不断融合成为新的行业。英国学者理查德·萨斯坎德（Richard Susskind）提出预测，在未来的法律服务行业将会出现：法律知识工程师、跨学科法律人才、法律流程分析师、法律项目管理师、在线纠纷解决师、法律管理咨询师、法律风险管理师等8种法律人的新工作。[2]法律人工智能职业将以新型岗位的面貌不断涌现，法学教育应当注重培养“数字+法学”的复合型人才。

---

〔1〕 参见姜伟、裴炜：《数字治理亟待构建数字法学学科》，载《民主与法制》2021年第43期。

〔2〕 参见［英］理查德·萨斯坎德：《法律人的明天会怎样？——法律职业的未来》，何广越译，北京大学出版社2019年版，第52~56页。

(二)法学教育理念与未来需求脱节愈加凸显

在数字经济时代,经济发展模式、社会交往形式等社会机体各层面发生了很大改变,传统法学教育关注现实社会的治理,数字科技发展催生的基于赛博空间的虚拟社会的治理需求也日趋紧迫。不仅刑事法、民商法、行政法等主要部门法受到了人工智能引发的法律问题等现实挑战,法学的基本理论学科受到的整体性挑战也愈加凸显。例如关于法律关系这一传统理论,就涉及人工智能法律资格的民事主体问题,以及人工智能生成作品的著作权、虚拟财产的法定化问题,自动驾驶引发交通肇事犯罪的刑事责任归属问题,法教义学与法社会学对这些类似问题的激烈争论在更深的法理层面反映了这一现状,即传统的法学理论边界被突破,法律关系主体、客体和内容正面临新事物的挑战。正如黄奇帆教授指出,未来要围绕数字经济的需要,打造数字化人才的胜任能力:数字经济领导力、数字化的业务能力和数字化的发展潜能等三个方面。[1] 法学教育是为司法实践培养人才,我国要破解数字化经济时代法治建设的难题,做好培养高素质复合型法治人才的工作。

(三)数字科技发展对原有教学模式的冲击

当前的教学方法以学校教师课堂讲授为主,忽视了学生的学习主体地位,即便是互联网学习的教育模式仍是一个单向传输过程,师生的互动交流程度不够必然影响学习效果。传统教学模式采取的是统一的大班级授课制,很难为学生提供个性化的教学方案。数字经济时代,借助于大数据、深度学习等技术,利用人工智能展示出的感知能力、判断能力、高级推理、预测决策等高级智能行为来辅助教学,需要侧重对人类创新、探索、想象等新的核心能力的培养,对学生分类培养、因材施教将成为未来法学教育的新趋势。数字化技术将会改变传统的法学教学模式及理念,会重新构建教师在新的数字经济时代教学模式中的角色以及构建新的师生关系。人工智能势必会代替部分传统教师的授课功能,这就影响了教师工作模式以及方式的转变与转型,知识传授者的角色将被人工智能所替代。教师应转型

---

〔1〕 参见《黄奇帆:关于数字经济人才培养的几点思考》,载清华大学互联网产业研究院官网2022年3月22日,http://www.iii.tsinghua.edu.cn/info/1121/3008.htm。

为学生学习的引导者、组织者以及帮助者，教学重心应向提高学生法律思维能力和实践能力方面转变。

二、使命与定位：新时代法律人才培养的需求

数字化对传统产业的颠覆效应就在于它拥有全领域、全流程、全场景等特点，与任一传统产业链结合就会形成新的产业组织方式，从而对传统产业产生颠覆性冲击。世界也在瞩目数字经济需要的法律人才培养的研究，积极探索数字经济时代法学教育变革的新路径。

(一)数字经济时代法律就业市场的新需求

法律检索、案件管理、法律文书写作、证据分析和推理等工作将在数字化、智能化法律服务产品的辅助下进行，甚至由法律机器人和数字化智能信息系统来完成。互联网+法律促成了法律文本、裁判文书等法律资料的数字化，形成了规模巨大的法律数据库市场。在深度学习的语义检索、文本分析和自然语言处理，以及图像和视频技术及法律问答等人工智能技术的加持下，法律检索正向智能化、自动化方向迈进。持续推动法律文件审阅自动化和法律文件生成自动化，这也促成在线数字法律服务商业模式的成长，法律服务从早期向客户提供自动化、标准化、低端法律服务，演化到根据客户具体需求，量身打造精准、高端、个性化的法律服务。数字智能化技术对案件结果的精准预测既能帮助当事人形成最佳诉讼策略节约诉讼成本，又能为法官同案同判提供参考。[1] 我国法院智慧司法、人工智能司法辅助办案系统也在逐步推广，未来对中低端法律人才的需求必然发生改变。

(二)法学人才培养评价体系的准确定位

人类教育经历了从传统学校教育到互联网教育再到数字化在线教育发展模式，法律服务产品的数字化升级孕育新的业务需求，法律人才教育也必将开启教育创新的新模式。数字经济时代对法律人才的知识结构与技能需求的改变，必然导致对法律人才培养的评价标准和体系转变。随着未来数字化智能化法律产品主导法律实践，以及网上法院、数字化检察官、

〔1〕 参见曹建峰：《“人工智能+法律”十大趋势》，载《机器人产业》2017年第5期。

数字化律师等数字智能技术的广泛应用,其将会成为法律从业者的评价参照物。为应对数字治理能力现代化的社会需要:一方面,高等法学教育应注重对法学、科技、经济、管理等交叉学科知识的融合传授,提升法律人才知识结构与思维方式;另一方面,教师应注重对学生运用大数据、人工智能等数字技能的培养,聘请精通数字经济、数字技术、人工智能、大数据等的跨专业人才和司法实务人才为教学导师,鼓励学生进入司法实务部门、律师事务所以及法律科技公司实习锻炼,为学生提供参与司法实务数字化实践的机会,实现由数字法学理论向数字法律技能应用的转型,完善人才培养新模式。

(三)新时代法学教育教学模式的新发展

据美国高等教育信息化协会(EDUCAUSE)研究,未来高等教育创新发展趋势包括广泛采用六项关键技术和教学实践模式,即人工智能、混合课程模式、学习分析、微认证、开放教育资源和高质量在线学习。[1] 研究报告还分析了这些技术和教学实践可能对学校产生的影响,从中可以看出基于大数据、虚拟现实、混合现实等数字技术的迅猛发展,数字化、智能化技术正在以多种形式为教育教学提供个性化和精准化服务,引发了高等教育乃至整个教育领域的系统变革。数字化技术通过大数据分析,对每一位学生因材施教,针对不同能力的学生制定不同类别以及不同层次的个性化课程,极大提高了学生学习效率。人工智能通过与大数据的结合,在语音图像识别、法律法规检索和类案统计分析等方面有明显的优势,通过数字化技术的辅助,学生很容易获取法学基本知识和判例信息,可以弥补传统教学模式中的缺陷。[2]

三、责任与变革:重塑法学人才培养的理念与方法

法学教育是为司法培养人才,应从不同层次考虑数字化给法学教育带来的挑战,传承传统法学理论知识并不意味着固守已有的法律知识而不作

---

〔1〕 参见兰国帅等:《未来高等教育教学:宏观趋势、关键技术实践和未来发展场景——〈2021 年地平线报告(教学版)〉要点与思考》,载《开放教育研究》2021 年第 3 期。

〔2〕 参见贾引狮:《人工智能对法律职业的影响与法学教育面临的挑战》,载《法学教育研究》2018 年第 3 期。

更新，为了适应数字经济时代对法律人才的社会需求，不仅法律知识的内容要随着数字经济的法律需求而变化，高校法学院对于法律人才的分层、分类培养也是必然趋势。

（一）重塑法学人才培养的理念与目标

法学教育不仅仅是单纯的知识传授和学术的培养，更是一种职业的训练，人才培养模式应根据未来法律细分产业需求进行调整。在数字科技时代的法律从业人员要坚持对法律理念的信仰，运用智能化技术处理司法实务的同时，防止法律科技、人工智能削弱、损害法律共同体坚持的价值观，即数字法律技术是来促进司法正义的。2017 年国务院发布的《新一代人工智能发展规划》中提出法学专业培养改革的新模式“人工智能 + X”，要求加强对人工智能法律伦理的研究，培养既懂人工智能技术又善于思考人工智能法规、伦理规范和政策体系的未来法律人才。

美国学者 Kevin D. Ashley 提出：法学院应当开设一种“人工智能与法律”研修班，为法律专业学生讲授一些数字时代的法律推理和法律实践。[1]美国斯坦福大学、纽约大学、波士顿大学法学院等，结合现行法律、科技、电子商务等领域，就网络空间的管辖、生物科技、网络知识产权以及高科技创业领域中的争议问题，引领学生跨学科研究分析共同探讨法律前沿问题。我国国内一些高校也开设了法律与网络、大数据、人工智能结合的技术类课程，有学者主张这些课程及学科应当立足于从法律角度分析数字化技术发展带来的法律问题，注重培养学生的数字素养，倡导智慧法学教育。[2]新型法学教育应当培养具有熟练运用数字技术能力、具有与数字法律人差异化的创造性和独立思辨能力等综合素质的卓越法律人才。阿里巴巴等互联网企业也进军法律教育领域，将商业大数据与新型教育模式融合成立阿里法学院，为数字经济时代的法律服务市场做好准备，旨在培养更适合数据信息科技时代的法律人才。

---

〔1〕 Kevin D. Ashley, *Teaching Law and Digital Age Legal Practice with an AI and Law Seminar*, Chicago-Kent Law Review, Vol. 88:3, p. 783 – 844(2013).

〔2〕 参见张海鹏：《智慧法学教育：数字化时代法学教育的革新》，载《法学教育研究》2020 年第 2 期。

(二)探索人才培养新模式和打造数字法律课程

习近平同志在中国政法大学考察时强调:法学学科是实践性很强的学科,法学教育要打破高校和社会之间的壁垒,加强法学教育、法学研究工作者和法治实际工作之间的交流。这都意味着传统的法律知识教学的内容需要紧跟数字经济法律需求来更新,法律人才的分类培养也应该在课程设置上体现出差异化,法律人才的实践技能也需要针对未来数字化法律人才的胜任能力来培养。这意味着高校不仅要通过信息技术方面的课程设置来着力培养法科生的数字科技素养,还要通过产教融合、聘请校外实务专家进入课堂、校企师资双向流动机制等方式提升法科生运用现代数字法律科技、应对时代变革的能力。

数字科技发展催生了数字空间治理的研究,数字经济不仅主要产品——信息产品与传统经济中的产品有区别,而且产业组织、企业竞争行为等都呈现出一些新特征。数字经济时代的法学需求以数字技术发展对法学的影响为研究对象,涉及个人信息保护、数字善治、数字正义、数字权利、智慧司法多项研究范畴和研究命题,更需要加强数据法学交叉学科的建设。注重充分利用高校自有的优势学科,结合社会需求,科学设置数字交叉法学课程,循序渐进地推进不失为一个可行的路径。在数字法律技能的培养过程中,让学生运用专业的计算机程序设计来执行法律推理,参加有关法律意见中的证据推理注释和有关深度学习的经验研究活动,借助人工智能来学习法律推理。通过这些课程的学习培养学生识别和评估法律产品相关数字技术是否合理和有效的能力,以及培养操作智能法律系统的熟练技能,还有更高层次的法律计算机语言构建等能力。

(三)创设数字法律人才培养的科学评价机制

从各国法学教育人才培养模式的演变看,制定面向数字经济时代的法律人才培养体系的科学评价体系,对于数字法律人才的培养能够起到制约和指引的作用。未来的数字法律人才应具有最基本的数字素养,即数字化的价值观、学习驱动能力、应对科技变革的能力、法律人的人文关怀等基本法律能力,具体包括数字化的办公技能、数字法律工具的运用分析能力、数字法律产品的研发能力等数字法律技能。大数据等数字技术提供了海量的教学资源,日益发展的智能学习系统和丰富多样的在线课程不仅对教师的知识储备造成冲击,也促使教学的重心发生转换,师生的角色也发生了转变。教师立足未来数字法律人才的知识储备和能力要求,引导学生熟练运用数字技术进行法律检索、判例归纳分析,注重学生法律思维能力的培养和法律实践职业技能的锻炼,追求"因材施教"的人才分类分层培养。

法学教师利用智能设备提高课堂教学效率和质量的前提是能熟练操作相关设备,高校应通过将在线课程转变为教师教育课程,确保教师学习操作新技术工具的技能和素养。例如美国就提供教师"深度学习"的项目,鼓励教师富有成效地研究、发展计算思维,帮助教师将所学习的专业知识与教学实践相结合,提升教师们的教学理念和批判性思维能力。[1] 数字技术和法学教育的融合发展,为混合式学习模式的过程化管理和评价提供了科学精准的数据支持。数字教学软件和在线教学平台,基于数据挖掘技术等自动分析学情,实时监测跟踪在线学习动态,将课前、课中、课后各个环节的过程性评价及时向教师反馈,从而提供一套符合知识掌握循序渐进规律的全流程教学追踪评价机制。教师不仅可以精准了解每个学生的学习动态和学习习惯,还能够及时发现他们学习中遇到的困难,为教师反思教学、调整人才培养方案,以及对不同层次法律人才培养提供精准个性化指导提供了科学的依据。[2]

结　语

习近平同志在中国政法大学考察时指出:"法治人才培养上不去,法治领域不能人才辈出,全面依法治国就不可能做好。"[3]依法治国的核心在于培养实施法律的优秀人才,以数字技术赋能和创新法学研究和法治人才培养,提升教学理念和人才培养模式的时代性、前沿性、创新性。这是全面贯彻习近平法治思想,回应数字经济时代法治要求的应有之义。

---

〔1〕 参见杨盼、曲中林:《美国教师微认证述评》,载《上海教育科研》2019 年第 4 期。

〔2〕 参见郝强、巩华锋:《数字赋能下线下课堂何去何从》,载《中国大学教学》2022 年第 6 期。

〔3〕 《立德树人德法兼修抓好法治人才培养 励志勤学刻苦磨炼促进青年成长进步》,载人民网 2017 年 5 月 4 日,http://jhsjk.people.cn/article/29252496。

第二部分　新文科背景下的法学教育

新文科背景下法学专业“目标—过程—评价”三维综合改革创新与实践

李祎恒*

摘　要:以新文科建设为契机,针对水利特色型高校法学专业推动提升人才自主培养质量中存在的目标虚设、内涵固化、评价反馈弱等问题,河海大学法学院提出并践行“紧密结合高素质法治人才自主培养的社会需求、全面依托学校双一流建设的特色学科优势的法学专业‘目标—过程—评价’三维综合改革模式”。也就是以培养学生创新能力、服务社会能力和持续发展能力为目标,在交叉融合型法治人才培养模式、教学模式、评价体系构建等方面进行综合改革与创新,建立了以培养“厚基础、宽口径、强实践、重创新”的交叉融合型法治人才为出发点,实施行业特色型培养、强调产教融合的法学专业综合改革创新模式。

关键词:新文科　交叉融合型法治人才培养　“目标—过程—评价”三维综合改革

一、问题的提出

在新文科建设的背景下,法学专业必须找准人才培养和行业需求的结合点,建立创新创业人才培养体系,进行跨学科、跨专业交叉培养。行业特色型高校的法学专业要根据学校特色培养社会所需要的法律人才,着力强化对学生从事法律实务能力的培养,强化培养学生的相应法律能力,比如社会认知能力、社会适应能力、法律职业能力、创新创业能力等,为将来从事法律实务工作打下良好的基础。以交叉学科应用为导向的法学教育,能

* 作者简介:李祎恒,男,汉族,博士,副教授,硕士生导师,现任河海大学法学院副院长。

够充分吸收学校优势学科研究者所积累的智慧,汲取水利、环境、工程等学科的知识和思维方法,同时也为这些学科提供法学思维,这是自然科学和社会科学共同发展的必由之路,也是促使学生融会贯通交叉学科知识素养的最佳途径。

目前来看,我国法学教育规模庞大,法学培养从精英属性向大众教育转变,高等院校法学专业招生人数不断增加,但法学专业的就业率持续低值。虽然高等法学教育的学生数量与日俱增,但学生的专业素质与技能水平却并未同步提高。在法学院数量剧增的过程中,重数量、轻质量的风气很浓厚,导致低成本扩大招生的同一化模式普及。同时,法学专业在课程设置上大同小异,在这种单一模式下培养出来的"法治人才"千篇一律。具体地说,问题主要表现为以下三个方面:第一,法学专业人才培养目标虚设。传统法学教育对人才培养目标的理解不够深入,欠缺对于法治固根本、稳预期、利长远的保障作用的认识,忽视了对高素质法治人才需求的有效回应。第二,法学专业教育内涵固化。传统法学学科缺乏特色,法治人才培养也呈现单一性和同质化特征。第三,法学专业评价反馈弱。传统法学教育重知识灌输而轻效果反馈,同质化培养导致学生就业竞争激烈,但法学专业建设难以据此实现转变。

二、河海大学法学专业人才培养综合改革的理念与模式建构

(一)理念凝练:以行业特色需求为导向、以学生为中心

河海大学拥有水利工程、环境科学与工程2个国家一流学科,法学专业以习近平新时代中国特色社会主义思想为指导,贯彻OBE[1]理念,致力于通过校内外学科交叉融合的教学科研平台进行高素质法治人才培养,创新实践新文科专业认证,以评促建,自主人才培养质量持续提升。

首先,人才培养目标定位于复合型、应用型、创新型高素质法治人才的自主培养。以培养高素质法治人才和提升人才自主培养质量为根本遵循,

[1] OBE(Outcome-based Education)又称为成果导向教育,是一种以学习成果或者结果为导向的教育理念。该理念在20世纪80年代由美国学者斯派迪实践总结创立,一经提出便受到教育界的热议,并得到了快速的发展。斯派迪认为,OBE理念是教师根据成果目标开展教学活动,使所有学生在学习后都能够实现预期成果。

不仅凸显了水利特色型高校法学专业发展的路径,也将新文科建设的新理念、新使命、新内容、新方法融会贯通,进一步强调了法学专业人才培养的基本定位、学校人才特色培养的目标以及社会对交叉融合型法治人才的迫切需求的统一。

其次,以推进可持续改进的学科融合式教学深化法学专业综合改革。以交叉学科应用为导向,坚持学生中心、坚持产出导向、坚持持续改进,不断推进高素质法治人才自主培养。该模式的构建逻辑遵循专业发展的客观规律和新文科建设的具体要求,依托学校一流学科的发展优势,具有鲜明的行业特色和时代特色。

(二)模式建构:“目标—过程—评价”三维综合改革模式

法学专业“目标—过程—评价”三维综合改革创新与实践,坚定贯彻深入开展社会主义核心价值观和社会主义法治理念教育的要求,意在辐射教学、科研、服务社会等多重功能,推进政产学研用协同育人,自主培养革命化、正规化、专业化、职业化的高素质法治人才。

基于上述理念,该模式由目标性指向、过程性指向和评价性指向三个维度构成:

在目标性指向方面,以习近平法治思想为指引,围绕新文科建设的理念,构建适应建设中国特色社会主义法治体系、建设社会主义法治国家的实际需要的法学自主人才培养目标与毕业要求。

在过程性指向方面,以交叉学科应用为导向推进专业内涵建设,打破学科壁垒,开展多学科交叉融合的教育活动,创新政产学研用融合的行业特色型高校法治人才自主培养机制,采取“法学专业教学—课程思政教学—交叉融合教学”三位一体的教育方式、教学内容、教育手段,对学生实行差异化、多元化教育。

在评价性指向方面,以文科专业认证为导向,建立健全教学过程质量监控机制,完善信息交流和反馈机制,推进专业的持续性改进。

三、河海大学法学专业“目标—过程—评价”三维综合改革模式的运行机制

(一)强化目标引领:培养目标与毕业要求对新理念的贯彻

习近平法治思想为发展新文科、建设新法学提供了重要指引。法学专业“目标—过程—评价”三维综合改革模式根本遵循了培养高素质法治人才和提升人才自主培养质量的要求,在培养目标和毕业要求中全方位、多维度地植入法学专业人才培养的基本定位、学校人才特色培养的目标以及社会对交叉融合型法治人才的迫切需求等要素,实现培养目标、毕业要求与新文科理念的高度契合。近年来,河海大学法学专业人才培养质量持续提升,先后获评国家级一流本科专业建设点和江苏省品牌专业建设点,专业综合改革已见成效。

法学专业紧密结合高素质法治人才培养的社会需求,全面依托学校“双一流”建设的特色学科优势,形成鲜明的法学特色:实施行业特色型培养,强调产教融合,着力培养“厚基础、宽口径、强实践、重创新”的交叉融合型法治人才。具体地说,即以习近平新时代中国特色社会主义思想为指导,坚持立德树人、德法兼修,适应建设中国特色社会主义法治体系、建设社会主义法治国家的实际需要,创新建立“法学 + C(Characteristics)”交叉融合法治人才培养体系。法学专业致力于培养德智体美劳全面发展,具有较高人文素养、法治理想、国际视野且德才兼备、勇于担当的,兼具水利、环境、工程等特色学科与法律双重知识与技能的交叉融合型法治人才。基于贯彻新文科理念的需要,法学专业对专业培养目标和毕业要求都进行了改革。

首先,法学专业培养目标和毕业要求严格遵照了教育部人才培养定位与目标,符合法学类教学质量国家标准。《法学类教学质量国家标准》中规定,法学专业人才的培养需要满足知识结构、能力结构和素质结构三个方面的要求。河海大学法学专业培养目标中的“具有宽广的法学全球视野和完备的法学知识体系”体现了法学类教学质量国家标准的知识结构要求。培养目标中的“拥有较强的法学实践能力、研究能力和创新能力,服务于法学领域和相关交叉领域的复合型、应用型、创新型的高素质法治人才及后

备力量"体现了法学类教学质量国家标准的能力结构要求。培养目标中的"德智体美劳全面发展,具有爱国精神、社会责任感及国际视野"体现了法学类教学质量国家标准的素质结构要求。

其次,法学专业培养目标和毕业要求符合学校人才培养定位。河海大学是一所拥有百年办学历史,以水利为特色、工科为主、多学科协调发展的教育部直属全国重点大学,是国家"211 工程"重点建设、国家优势学科创新平台建设、一流学科建设以及教育部批准设立研究生院的高校。河海大学法学专业以立德树人为根本任务,着力提高学生的社会责任感、创新精神和实践能力,培养具有"中国灵魂、全球视野、河海特质"的德智体美劳全面发展的社会主义合格建设者和可靠接班人,完全符合学校关于本科生培养目标和毕业要求的总体定位。

最后,法学专业培养目标和毕业要求符合社会需求。虽然我国民主法治建设迈出重大步伐,中国特色社会主义法治体系日益完善,全社会法治观念明显增强,但是在科学立法、严格执法、公正司法、全民守法方面还有待进一步深入推进,因此还需要坚持中国特色社会主义法治体系和熟悉国际规则的复合型、应用型、创新型法治人才。现在我国法学相关领域对于法学专业人才的需求情况,仍处于供不应求的状态,复合型、应用型、创新型法治人才的就业前景非常乐观。

(二)创新过程设计:专业内涵建设的新内容

河海大学被誉为"水利高层次创新创业人才培养的摇篮和水利科技创新的重要基地"。法学专业"目标—过程—评价"三维综合改革模式的实践立足于河海大学办学特色,自主培养水利、环境、工程等交叉融合领域法治人才。

第一,创新"法学专业教学—课程思政教学—交叉融合教学"三位一体的教学改革实践。法学专业充分发挥课程育人作用,挖掘法学课程思政元素,推进课程思政全覆盖,自主培育了 6 门院级思政课程,获批校级课程思政示范专业。通过开设与特色专业联系密切的课程,如"水法""工程法""国际河流法"等,培养学生在水环境污染、水资源利用、水利工程方面对法律知识的融合能力,全面提升学生综合素质。

第二,推进不同学科教育与研究的深度融合。不同学科之间理论视角、研究范式、思维方法之间的流动与融合,是对法学学科知识体系的融合与创新。法学专业在水利政策法制研究与培训中心(河海大学与水利部发展研究中心共建)、水利法治研究中心(2017 年获批江苏高校人文社会科学校外研究基地,2021 年被评价为优秀)、工程法研究中心、环境司法研究中心、知识产权法研究中心等交叉融合平台的基础上,结合教学和科研的成果,培养学生形成深度融合的多学科知识结构、思维能力和专业素养。

第三,强化政产学研用融合式实践教学。法学专业开设法律诊所课程和案例讨论课程,邀请法院、检察院、律师事务所的专家学者将现实案例引入课程,通过课程案例讨论、模拟法庭等形式,提高学生运用法学学科知识解决特色行业实务问题的能力。依托河海大学法律援助中心,与南京市公共法律服务中心协同设立南京市法律援助中心河海大学法律援助工作站(在宁高校唯一一家)。

第四,创新基层教学组织体系结构。法学专业以基层教学组织为中心,在现有系所基础上,成立法学核心课程的课程组,打破传统部门法学限制,构建研究系所和课程组相结合的双轮驱动式教学质量保障体系。充分发挥特色研究中心功能,开展各种形式的教学和研究活动,加强学科融合教学团队建设,构建研究系所和特色研究中心齐头并进的教学科研能力提升体系。

(三)优化评价机制:文科专业认证在评价方法上的创新

法学专业积极贯彻以学生为中心的 OBE 理念,建立了专业持续改进的信息交流和反馈机制,对培养目标、毕业要求、课程体系和课程质量进行评价,并确保评价结果能够及时、有效地反馈给责任教师和相关人员,通过定期改进措施、执行监督等途径实现对培养目标、毕业要求、课程体系和课程质量等各培养环节的持续改进。2023 年 6 月,河海大学法学专业通过了长三角新文科专业认证联盟的专业认证。具体包括以下三个方面:

第一,建立了持续改进的责任机构。学院本科教学工作委员会是保证学院本科教学质量持续提升的领导机构,定期组织对各专业人才培养目标、毕业要求和课程体系等进行审查评价。在此基础上,法学专业建立了 OBE 工作组,作为专业人才培养目标、毕业要求和课程体系持续改进的执行者,负责本专业相关教学要素的调研分析、数据统计、课程体系制(修)

定、课程大纲制(修)定、课程达成情况评价等具体工作。

第二,完善了评价结果的收集、分析、反馈机制。针对所存在问题的改进措施以及改进的效果由 OBE 工作组负责评价,评价意见反馈至相关责任人并指导后续的持续改进工作。其中,外部评价依托毕业生跟踪反馈机制和社会评价机制来进行,评价结果由学院本科教学工作委员会 OBE 工作组进行讨论分析,充分考虑有益的意见和建议并体现于对培养目标的调整中。对其中与课程体系、教学过程相关的问题则反馈至学院本科教学工作委员会进一步分析处理。内部评价主要依托教学过程质量评价机制、毕业要求达成情况评价机制进行,评价结果由 OBE 工作组负责分析,按照不同层次分别将问题反馈至相关责任人做进一步改进。例如,课程体系、课程对毕业要求各指标点的支撑问题由学院本科教学工作委员会负责讨论和修改;课程大纲、课程教学质量问题由 OBE 工作组与课程负责人商讨改进。

第三,改进了效果的跟踪措施。培养目标、毕业要求和课程体系的持续改进工作周期为 4 年,教学环节的持续改进在每学期课程结束后进行。改进后的培养方案需由学院本科教学工作委员会及 OBE 工作组组织相关专家、教师等对培养目标、毕业要求、课程体系、师资队伍和支持条件进行再评价,并根据分析评价的结果改进教学内容、教学模式、师资能力和支持条件等。培养目标的合理性评价驱动培养目标的持续改进,培养目标的达成度评价驱动毕业要求的持续改进,毕业要求的达成度评价驱动课程体系、师资队伍和支持条件的持续改进。

人工智能时代的法学教育省思

吕建高*

摘　要:人工智能对法律领域的侵入越来越快,人工智能技术的发展对法学教育的影响越来越大。为了应对人工智能对法学教育带来的挑战,法学院需要重新审视自己的教育目标、教育活动和教育方法,提高法学专业学生的适应力与竞争力,尤其要在教育过程中有效识别新时代成功从事法律工作所需要的技能,全面整合那些能为法学领域使用人工智能提供指导的课程或项目,充分鼓励法学教育开展全方位对外合作。

关键词:人工智能　法学教育　法律职业

坦白地说,人工智能(AI)可能是一件非常可怕的事情。"机器会思考"这种观念出现在科幻小说中已经有很长时间了。例如,1968 年的电影《2001 太空漫游》中的超级计算机 HAL 最终背叛了自己的宇航员同伴,并成为一名冷血杀手。又如,雪莱(Mary Shelley)的《弗兰肯斯坦》(Frankenstein)中那个饱受折磨的怪物说:"你是我的创造者,但我是你的主人。"[1]如果你想成为一名律师,你很可能已经听说过人工智能是否会取代律师的问题;如果是,它会如何取代律师。这可能会引起人们的广泛关注,这是可以理解的。但鲜为人知的是,它对正规法学教育的影响何在,以及法学教育如何调整以应对不断变化的法律环境。本文将简单探讨人工智能技术在法律职业中的出现,并就法学院如何解决这一问题提供粗浅见解。

---

* 作者简介:吕建高,南京审计大学法学院(纪检监察学院)教授。

〔1〕 Mary Shelley, *Frankenstein*; or *The Modern Prometheus*, Airmont Publishing Company, Inc., 1969, p. 169.

一、法律职业中的人工智能与法科生

法律实践的创新速度与技术的创新速度之间似乎存在冲突,在作为法学研究工具的人工智能技术方面尤为如此。法律实践主要是一个规范领域,因为它更多地关注法律先例或法律案件,从而导致创新过程变得艰巨且缓慢。人工智能法律技术公司正在寻求进入这一领域,并希望变得像万律(Westlaw)或律商联讯(LexisNexis)那样无处不在,其行动速度比法律行业要快得多。例如,在过去几年里,人工智能创业公司 ROSS Intelligence (以下简称 ROSS)在其人工智能数据库中引入新的法律实践,因此,ROSS在其网站上声明,ROSS 的覆盖范围如今已经包括所有法律实践领域的美国判例法以及所有各州的法律法规。正在使用 ROSS 的公司报告说,它们的经历是找到了更多的法律权威,而且花的时间更少,所有这一切都提高了效率。〔1〕 技术创新向人工智能技术工具推进的速度越来越快,给目前现状带来了巨大威胁。这种技术可以被视为对法律实践的一种危险,这一点很有趣,因为至少自 20 世纪 20 年代中期以来,如下观念一直被人们所讨论:法律实践作为一种职业正在衰落。〔2〕 这场讨论的焦点往往在于律师的生活质量。这仍然是一个令人关注的问题,因为法律职业始终保持相对不变;然而,在过去几年里,法律技术工具已经变得越来越主流,人们担心技术可能会取代律师。法学专业的学生已经意识到这一点。《法学院透明度数据仪表板》(Law School Transparency-Data Dashboard)的报告称,2017 年美国法学院一年级新生总体入学人数自 2010 年以来首次下降了约1/4。〔3〕《今日美国》(USA Today)的一篇文章也曾指出,这种持续下降已经导致几所法学院的合并,如明尼苏达州的哈姆林大学(Hamline University)和威廉·米切尔法学院(William Mitchell College of Law)的合并,甚至在某些情况下导致一些法学院关闭,如惠蒂尔法学院(Whittier Law School)。作

〔1〕 ROSS, Scope of Coverage, https://www.rossintelligence.com/scope-of-coverage.

〔2〕 Carl T. Bogus, *The Death of an Honorable Profession*, 71 Maurer School of Law: Ind. University, 911 – 947 (1996).

〔3〕 See Law School Transparency-Data Dashboard, Enrollment and Admission Standards: Learn about how the enrollment rates and admission standards have changed over time, https://www.lawhub.org/trends/enrollment.

家托普(Greg Toppo)于2017年在《今日美国》上发表的一篇文章中指出,“随着毕业生减少、就业机会减少以及法律服务日益自动化等趋势冲击法律职业,专家们表示,更多的法学院可能会受到严重影响”[1]。在中国,情况同样不容乐观,法学类专业毕业生每年的就业率持续下降,与全国平均就业率的差距越拉越大。例如,2022年两者间的差值就高达8.6%,就业排名也连续多年处于各专业类别中的垫底位置。

有人猜测,人工智能法律技术工具提供的自动化会导致工作岗位的减少。在一篇博客文章中,奥尔巴尼法学院(Albany Law School)的桑德奎斯特(Christian Sundquist)教授表达了许多人的观点,他指出,一些法律就业机会正在被人工智能所取代,尤其是第一年的律师。注意到以下这一点非常重要,即人工智能法律技术工具具有两种不同类型的消费者,他们分别是律师和需要法律援助的公众。两个市场的工具都有类似功能,比如自然语言搜索、法律文件审查和基本的法律研究,但都是根据消费者的法律专业知识来量身定制的。例如,美国一家商标注册公司LegalZoom在其网站上声称,它可以帮助人们准备涵盖广泛主题的法律文件,其中包括但不限于企业成立、遗嘱和信托,并帮助处理知识产权问题。该网站表示,它提供自我指导的程序和一个独立的助理律师网络。[2] 向律师推销人工智能工具的公司具有的职能包括法律研究、检查法律发现的基础备忘录,甚至可以在某些情况下起草文书。这项工作被称为较低级别的法律职能,传统上都是由刚入职的新律师来完成,通常是那些法学院刚毕业的学生。有些人会认为,承担这些职能的律师需要改变他们的关注点,否则可能会面临失业的风险。[3]

这并不是说法律职业正在消失。相反,很多人认为,这些人工智能技术的进步将为那些愿意与人工智能合作的人提供更多机会。为了利用这些机会,律师和法学院的学生了解新兴技术是什么以及如何使用它们是至

---

[1] Greg Toppo, *Why You Might Want to Think Twice Before Going to Law School*, USA Today, 28 June 2017.

[2] See LegalZoom, Our Story, https://www.legalzoom.com/about-us/.

[3] See Daniel Ben-Ari & Yael Frish et al., *Artificial Intelligence in the Practice of Law: An Analysis and Proof of Concept Experiment*, 23 Richmond J. L. & Tech. 2 (2017).

关重要的。在研究人工智能对法学教育的影响时,许多文章来自在该领域深耕的公司所赞助的网站和博客。就该话题而言,学术资源的相对匮乏意味着人工智能技术和研究工具的新颖性,尽管不可否认的是,这个话题正在被越来越频繁地讨论。人工智能技术可以提高律师的效率,从而最终增加对律师的需求,尤其是那些拥有强大人工智能技能的律师。然而,即使这种观点也承认人工智能的进步可能会影响可得的法律职位和机会的数量。[1]

教育是法律职业未来的核心。为法学院的学生提供能使他们在法律市场上具有竞争力的教育是有压力的。法学院需要接受越来越多的人工智能作为法律专业研究工具存在,并相应地调整课程。法学教育者意识到了人工智能对法律职业的影响,但总的来说,学生需要的课程仍处于发展阶段。道尔顿(Brian Dalton)等在"Above the Law"网站上发布了一篇关于法学院的调查报告,其中称只有 1/5 的被调查法学院回应说,它们正在将新的法律技术应用到课程中,还有更多的法学院正在考虑这样做。截至 2018 年春季,大约 10% 的由美国律师协会(ABA)认可的法学院开设了人工智能课程。报告还称,在被问及的几位学者中,他们的共识是"人工智能尚未成为一种有意义的教学工具"[2]。此外,法学院的学生们也认为,有必要提高法学院的管理者和教师的意识,使他们认识到法律技术是未来机会和就业的真正途径。学生们需要在法学院的环境中学习和获得更多的法律技术,他们还建议兼职教师和诊所教师在这类教学中提供更大帮助。[3]

由此可见,一些法学院正在开设人工智能应用课程。有些法学院甚至有自己的项目。例如,密歇根州立大学法律服务创新中心 LegalRnD 就提供了一系列课程,其中包括人工智能与法律、提供法律服务、新的法律环

[1] See Greg Toppo, *Why You Might Want to Think Twice Before Going to Law School*, USA Today, 28 June 2017.

[2] David Lat & Brian Dalton, *Cognifying Legal Education: Law Schools and Artificial Intelligence*, Above the Law (May 22, 2018), https://abovethelaw.com/law2020/cognifying-legal-education/.

[3] See Michael Robak, An Introduction to A Roadmap for Law School Modernity: Teaching Technology Competence, University of St. Thomas Law Journal, Vol. 20 (1), 2024.

境、信息隐私和安全法、电子发现等。[1] 然而,在很多学校,这些课程和项目还处于起步阶段(如果有的话)。对于许多法学院的学生来说,他们的经验是人工智能教育是自我导向的,对人工智能感兴趣的学生必须努力自寻能够帮助他们的人。

基于以上分析,笔者认为,人工智能时代的法学院教育做好以下三个方面的工作至关重要:有效识别新时代成功从事法律工作所需要的技能,全面整合那些能为法学领域使用人工智能提供指导的课程或项目,充分鼓励法学教育开展全方位对外合作。

二、有效识别新时代成功从事法律工作所需要的技能

众所周知,传统的法学教学方法大多侧重于提供信息和知识,而这些信息和知识现在由技术来处理。尽管如此,这并不意味着法律从业者没有新的领域需要掌握。有些对法律实践至关重要的研究领域是人工智能工具无法复制的。因此,法学院必须在以下三个方面培养学生:第一,培养高水平的批判性分析能力;第二,为复杂问题提供创造性的解决方案;第三,培养以客户为中心的情感表达。创造力和同理心是机器学习无法超越人类的两个领域。目前,IBM 已经开发出像深蓝(Deep Blue)这样的计算机,它们是伟大的国际象棋选手。Shelley 是一个制作计算机生成式恐怖故事的程序,现在它正在与人类作者合作创造它的故事。[2] 人工智能技术和人类协作相结合可以生产出更强大的产品,或者是在法律实践中,或者是在文学写作中。将对人工智能的深刻理解与前瞻性思维、创造力和同理心相结合,是法学专业学生可以追求的领域,而且很有可能在这方面取得成功。

还有一些技能是人工智能无法复制的,对于法学教育者来说,增强学生的这些技能是有益的,这样未来的律师和人工智能就能相互补充。人工智能涉及很多内容,但它不是静态的。法学院可以成立研究委员会,监督人工智能在法律职业中的使用,并利用委员会的调查结果来确定所需的技

[1] See Jordan Galvin, Law School as Innovation Labs: LegalRnD Capstone Course, https://www.lawprojectblog.com (March 14, 2018).

[2] See Massachusetts Institute of Technology Media Lab, Shelley: Human-AI Collaborated Horror Stories, https://www.media.mit.edu/projects/shelley/overview/.

能。这需要成为法学教育的一个组成部分。与此同时,必须开设课程来促进和提高人工智能技能。然而,仅仅开设课程是不够的。法学教育工作者需要持续关注法学领域,以了解人工智能的发展情况。这不是一次性的努力,而是一个每年都在调整课程的过程。在合同法、侵权法和证据法等传统科目中,课程会发生变化,但这些变化往往需要很长一段时间,实际上需要好多年才能发生。人工智能的变化似乎每个月都在发生。将人工智能技术纳入传统的法学教育需要某种创造力,以及具体教学技能之间的某种平衡,但又不能过度集中在一个可能在5年内被完全修正甚至过时的特定项目上。笔者认为,法学院的研究委员会不仅应包括学院内部人士,而且应包括法学界之外和技术领域的相关人士。我们的目标应该是听取多种声音和意见,以决定如何确定必要的人工智能技能,然后再决定如何最好地教授学生这些必要的人工智能技能,从而使他们在未来取得成功。

三、全面整合那些能为法学领域使用人工智能提供指导的课程或项目

法学院可以通过开发那些获取和使用人工智能的具体课程,从而在人工智能技术方面提供更正式的指导。法学院希望具有竞争力,也确实需要有竞争力。为了提高竞争力,法学院需要帮助学生掌握未来所需的技能,而不是专注于过去的成功经验。例如,在密歇根州立大学法律服务创新中心的网站上,"人工智能与法律"这门课程被描述如下:"人工智能正在经历快速发展的黄金时代。随着人工智能使用的增加,人类和计算机都有意无意地以新的方式互动。律师在每个执业领域都面临着计算机问题。例如,智能合同,无人驾驶汽车,财产的创造和所有,机器人警务和战争,相互关联的产品,自主设备,等等。人工智能需要新的法律或者既有法律的更新,需要新的实践方式,需要理解法律和代码作为社会中新的调控系统如何相互作用。这门课将探讨计算机是如何影响法律的,以及律师在这个复杂的世界里应该知道什么才能提供法律服务。"[1]以上描述表明,这门课程既关

[1] Michigan State University, College of Law, Course Descriptions, https://www.law.msu.edu/registrar/courses.php?view=all#537R.

注新的人工智能技术法,也关注如何使用这些技术。我们的目的不是推广某个项目,而是说明某门课或课程可能是什么样子。

对于为什么要将人工智能融入法学院的课程体系以及如何能够实现最好的融入,人们还无法达成共识。但以下两个理由似乎显而易见:一是可以帮助法科生了解新技术如何改变提供法律服务的模式,并使他们能够参与甚至设计这些变化。如果我们能够帮助学生理解,技术(尤其是人工智能)可以创造一种更为精简、更为有效的方式,将律师与法律服务的消费者结合起来,并重新定位或校准律师提供法律服务的意义,那么这对法学教育者来说将带来巨大好处,因为他们可以教育学生获得应有的法律价值和能力,从而实现法律正义。二是让法律专业的学生为技术带来的新型法律工作做好实践准备。随着人工智能和相关尖端技术的爆炸式增长,法学院面临着巨大的机会,它们需要培养能够高效、自信地依靠技术更好地为客户服务的高质量毕业生。人工智能课程提供了一个机会,让学生接触到执业律师使用的相同工具,或者让他们为填补预期的“未来全新的法律工作类别”(如法律数据分析师或机器学习法律专家)做好准备。我们的目标是为21世纪培养“灵活、以团队为基础、技术成熟、商业精明、复合型”的法治人才,能够确定如何利用技术和其他创新方法更好、更快、更便宜地提供法律服务的法治人才。

一些法学院让学生接触这些新工具、新方法的方式是开设某些嵌入式课程,如将人工智能工具融入传统课程,事实上,一些法学院已经将技术整合到学院的课程体系中。例如,在民事诉讼课程中增加几天的电子取证,开设法律技术课程(如网络法),或者在法律专业课程中涉及数据和通信安全等。又如,人工智能工具和技术也可以嵌入以技能为中心的法学院课程中。法学院可以开设交易法实习课程,向学生们展示当前的智能合同软件或合同分析软件。法学院可以考虑增设与人工智能相关的商业、科技初创企业和创新型课程,这些课程培养学生在法律实施方面的能力,让他们像企业家一样思考,让他们改进流程、收集数据和使用技术。例如,建立法律诊所,旨在让学生了解一家实际的地区科技初创公司的生命周期。有些法学院的课程讨论人工智能的目的是帮助学生更好地理解围绕人工智能出现的法律问题,以及如何在社会中调控人工智能。例如,哥伦比亚大学、哈佛大学和斯坦福大学的法学院在过去几年中开设了涉及人工智能主题的课程,包括算法偏见和公民权利、自动驾驶汽车事故责任、规范人工智能应用和平台等,旨在让未来的律师、法官和执法者更多地接触这项技术。其预计这项技术将越来越多地融入社会,并围绕法律责任、正当程序和监管框架等方面提出新的问题,其中包括隐私保护和数据偏见。如果学生想在人工智能、隐私、区块链技术等前沿领域工作,必须开始真正理解这些东西是如何运作的。

毫无疑问,各个法学院都需要进行一些财政投资。人工智能课程的合作教学时机似乎特别成熟。全职教师和兼职教师之间的合作可能会非常有效。此外,法学院需要为学生提供某些人工智能项目的访问权限。通常,这可能涉及购买一个或多个许可,从而授权访问。这些项目将对财政产生影响,笔者并不打算忽视这一点,并提出三点回应:第一,如果法学院确实承认人工智能是法学领域不可或缺的一部分,那么人工智能教育就是值得追求的。法学院应该寻找有兴趣教授这类课程的教师,并把重点放在这方面。第二,兼职教师或者实务教师通常只支付津贴,不提供其他福利。对很多法学院而言,兼职教师是一项相对便宜的投资,尤其在教授关键技能方面更是如此。此外,由于技术正在迅速变化,可以说,相关的课程需要从头开始开发,协作方式可能是最佳实践路径。第三,关于订购,法学院可以与供应商协商。应该指出的是,市场上有一些免费的人工智能工具(例如,ROSS 的 EVA)。此外,有些供应商可能愿意向教育机构提供减少费用甚至免费访问其程序的机会,目的在于促进其产品的使用。法学专业的毕业生自然会被他们在学校里使用过的程序所吸引。

四、充分鼓励法学教育开展全方位对外合作

一方面,法学院的人工智能课程帮助法科学生与其他学科的师生进行交流,这些师生尤其专注于新技术及其应用,预计这种活动将在法律实践中变得越来越重要。这些课程为法律专业学生提供了一个学习如何与专业人士交流的场所,尽管这些专业人士不一定分享他们的假设或方法,也不理解他们的法律语言。例如,侧重于道德和监管问题的人工智能课程可以组织跨学科的学生来参与技术评估。哈佛大学法学院的“人工智能的伦

理与治理"课程就是与麻省理工学院合作开设的。另外,斯坦福大学的法学教授有关联邦机构使用人工智能的课程也将法学院的学生和计算机科学专业的学生结合在一起讲授。多学科的互动还可能集中在新技术的设计和实现领域。

与之类似的是,佐治亚州立大学法学院的"法律分析与创新计划"课程旨在使法律专业的学生与计算机科学和商科专业的学生密切合作,从而设计复杂的技术,解决以前无法解决的法律问题,如高度准确地预测特定法官将如何裁决由大量参数定义的案件。虽然一些学生可能会参与设计,但也许更多的学生将被要求监督技术在实践中的应用,这些活动也将涉及他们与客户的多学科互动。进入当前和未来法律就业市场的学生必须了解人工智能和相关技术对法律实践的影响,并准备好监督它们的实施和由此产生的过程。

另一方面,如今的法律客户在选择律师时会期望他们的律师对新的法律技术有某种程度的了解。客户不太愿意为合伙人或律师助理支付学习这些技术的时间成本。无疑,实践培训是学习新技术的好方法。法学院能够解决这个问题。法学教育的一个新趋势是,让法学院的学生与律师一起协助初创公司和其他新技术公司。这种模式强调学生以更直接的方式与客户合作,而不是在传统的律师事务所实习。其中一个例子是加州大学黑斯廷斯法学院(University of California-Hastings College of the Law)的"法律创业车库项目"(Legal Startup Garage)。根据该项目的官方网站,法学院的学生在其他律师的指导下为新技术公司提供法律服务。公司法和知识产权法是法律工作的重要领域。[1] 诚然,在美国,与其他地区的法学院相比,加利福尼亚州或波士顿地区的法学院可能更容易找到多家初创科技公司或孵化公司进行合作,这个想法当然可以被研究和应用。这又与前面提到的研究委员会有关。所有这些思考或建议的一个关键组成部分是,法学教育者与法学界之外以及人工智能领域的相关人士合作,以实现这些想法。事实上,研究委员会中的许多人可以帮助学生与某个组织建立合作关

〔1〕 See Institute for Innovation Law, Startup Legal Garage, Needs for Every Industry, https://www.startuplegalgarage.org/services-slg.

系,这对双方都是有利的。

结　语

尽管我们的流行文化有时对人工智能的描述令人恐惧,但人工智能是一种可以使用的工具,而不是令人恐惧的工具。自动化正在改变如今所从事工作的数量。为什么人们会期望法律职业与这些变化隔离开来呢？人工智能对法律领域的侵入越来越快。法学教育(尤其是法学院的法学教育)深受历史传统的影响。虽然传统是一件伟大的事情,但传统的发展往往非常缓慢。法学院需要重新审视课程设置,并提供在法学专业中使用人工智能的学习经验。许多未来的法科学生都很清楚人工智能对法律的影响。这些学生将寻找那些能让他们为新的法学世界做好准备的法学院。人工智能将成为这个世界的一部分。在竞争激烈的市场中,能够提供持久的人工智能课程将使一所法学院成为对学生更具吸引力的选择。

人工智能时代“一带一路”高质量法治人才培养问题研究*

周德军　牛玉兵　方晓霞**

摘　要:人工智能时代的到来为高等教育发展提供了新的平台。人工智能教育手段的运用,丰富并拓展了传统教育的模式和内涵,在学习资源供给、教学模式创新等方面发挥了积极作用。在法治人才培养过程中,人工智能和信息化资源赋予了传统法学教育新的生命力。人工智能在法学案例教学、专题讨论等方面的融入,使得枯燥的案例更加生活化、生动化,增强了学生的感性认识和实践意识,提高了法学课堂的吸引力,提升了法学专业课程的教学效果。高质量法治人才是我国高等教育人才培养目标的重要组成部分,是全面依法治国战略推进的重要法治人力资源保障,也是“一带一路”建设顺利实践的重要推动因素。基于人工智能技术发展的时代背景,探究我国法治人才的培养现状,分析存在的问题,寻求“一带一路”高质量法治人才培养的模式创新,具有重要的理论价值和实践意义。

关键词:人工智能　“一带一路”　高质量法治人才　模式创新

信息网络时代,人工智能为高等教育提供了机遇与挑战。尤其是人工智能技术在人才培养领域广泛应用,对高等教育的各个学科专业人才培养都产生了巨大的冲击。人工智能教育时代的到来,为“一带一路”高质量法

* 基金项目:2024 年江苏大学学位与研究生教育教学改革课题:“江苏高校交叉学科和学科交叉培养高层次法治人才研究”(项目编号:XJGKT24_007)、中国高等教育学会 2021 年度“高质量共建‘一带一路’研究”专项课题“‘一带一路’高质量法治人才培养现状、问题及路径研究”(课题编号:21YDYB12)、2023 年江苏大学学位与研究生教育教学改革课题“‘一带一路’高质量研究生法治人才培养的结构动因、影响因素及创新路径研究”(项目编号:XJGKT23_005)的阶段性成果。

** 作者简介:周德军,男,副教授,江苏大学法学院教师;牛玉兵,男,教授,江苏大学法学院副院长;方晓霞,女,副教授,江苏大学法学院副院长。

治人才培养模式创新和变革提供了广阔的空间。

一、“一带一路”高质量法治人才培养背景概述

在“一带一路”建设中,不同国家、不同语言、不同文化发生交织与碰撞,规则则是保证“一带一路”建设有序推进的前提和基础,法律交流与沟通合作是实现“一带一路”国家、社会、经济、文化互联互通的重要保障。“一带一路”互联互通的一个重要方面是实现法律层面的交流合作,而“一带一路”共建国家情况复杂,法律规则和法治环境各异,法治发展水平差异较大,面对这一形势,国家迫切需要培养高质量涉外法治人才。[1] 随着我国经济社会发展进入新的历史时期及“一带一路”倡议的深入实践,传统意义上的法治人才培养模式已经不能适应“一带一路”发展的现实需求,“一带一路”法治人才的培养和供给必须进行转型升级,从传统意义上的一般法律人才,转化为“一带一路”高质量法治人才。[2] 在中国阔步迈入全方位崛起的新时代之际,大力培养“一带一路”高质量法治人才的重要性不言而喻。[3]

二、基于人工智能教育视野的“一带一路”法治人才培养的问题分析

将“一带一路”高质量法治人才培养置于人工智能教育背景,是我国高质量法治人才培养对信息化时代人工智能发展的积极回应。从全世界范围来看,我国的信息化发展水平整体不高,人工智能在教育领域中的运用层次较低。通过对我国法学教育与法治人才培养的现状进行调查研究,分析“一带一路”法治人才培养存在的问题,对于“一带一路”高质量法治人才培养模式创新改革,具有重要的实践价值。

---

〔1〕 参见张博:《“一带一路”倡议下涉外法治人才培养模式探究》,载《民族高等教育研究》2022年第4期。

〔2〕 参见丁相顺:《确保互联互通顺利实现 为一带一路建设培养法治人才》,载《人民日报》2017年6月6日,第7版。

〔3〕 参见郭洁、董晓波:《涉外法治人才培养研究的可视化分析:研究现状与展望》,载《语言与法律研究》2022年第1期。

(一)人工智能教育工具供给不齐备阻碍"一带一路"法治人才培养教学改革

人工智能教育工具的有效供给和优质供给是人工智能优势实现的前提和基础。就我国目前的社会信息化水平和人工智能发展水平而言,人工智能教育工具供给相较于"一带一路"高质量法治人才培养的现实需求来说,显得尤为不足。我国目前的高等教育法律人才培养主要着眼于国内的卓越法治人才培养目标,地方高校的师资力量水平和教学硬件设施水平严重制约了"一带一路"高质量法治人才培养目标实现的可能性。法学教师很少具备专业法律外语能力和涉外法治实践应用能力,从现有的高校教师师资力量供给水平和高校人工智能法治教学工具供给能力来看,除传统的高水平法学院校以外,绝大多数地方高校很难实现法学专业人工智能教育工具的有效供给。人工智能教育工具的缺失,严重阻碍了"一带一路"高质量法治人才培养教学改革的实施。

(二)人工智能教育平台建设不健全限制"一带一路"法治人才培养模式创新

教育平台是教育资源积累的空间形式,是教育教学改革的实现方式,也是教学模式实践创新的基础。在高等教育教学人才培养模式创新过程中,法学专业人工智能教育平台建设是进行"一带一路"高质量法治人才培养模式创新的重要形式和资源载体。由于法学专业属于传统的人文社科专业,直接创造的社会财富和经济价值较小,因此在一般高校中地位较低,法学院系和法学专业投入资金少,教学平台和实验设施建设境况不如人意。一些地方高校法学专业实验教学设施仅仅局限于模拟法庭教室等最基础的实验室,高质量的法学人工智能虚拟实验室等则严重缺失。由于缺少最基本的法学专业人工智能教育平台,教师的专业教学仍局限于传统的理论知识讲解和一般的课堂案例分析,不能从根本上提升学生的课堂参与度和学习积极性,限制了教师开展"一带一路"高质量法治人才培养模式创新改革的进度。

(三)人工智能教育资源建设不充分制约"一带一路"法治人才培养资源配备

人工智能教育资源是实现人工智能教学模式创新的基本要素,是教师推进教学改革和教育模式创新的根本保障。法学人工智能教育资源的充分供给是保障“一带一路”高质量法治人才培养的物质基础。数字信息化资源的创建与积累需要大量的资金投入和物质保障,受限于法学专业自身在高校中的地位和法律人才的物质产出,高校不愿意在文科专业上过多投入的传统长期存在,很多学校的法学专业人工智能教育资源仍处于较低层次。“一带一路”高质量法治人才培养必须依托于最新的数字资源和人工智能平台,需要高校投入较多资金进行建设,完成法学专业人工智能教育资源的完整配置,否则,相关的教学改革无法进行,教学模式创新无从下手,“一带一路”高质量法治人才培养目标不可能实现。

(四)人工智能教育评价体系不完善影响“一带一路”法治人才培养质量评价

人工智能教育评价体系是高等教育人才培养质量提升的重要检测标准。“一带一路”人才培养作为高等教育人才培养的热点话题,为诸多高校所关注。很多地方高校也推出一系列的“一带一路”人才培养教学改革项目和教学模式创新活动。这些教学改革的实际结果如何,值得商榷。实践是检验真理的唯一标准,一方面,这些人才进入“一带一路”相关领域后能否实现社会价值和个人价值,是很好的检验;另一方面,构建优质的人工智能教育评价体系,是检验教育教学改革和人才培养质量的重要标准。“一带一路”高质量法治人才培养人工智能教育评价体系,是检验高等院校法律人才培养质量的重要评判标准和衡量尺度。没有完善的评价体系,法治人才培养质量的高低无从计量,教学改革的实际效果无法衡量。

三、人工智能技术融入“一带一路”高质量法治人才培养的时代价值与实践意义

(一)人工智能技术融入法治人才培养是信息化时代高等教育人才培养的必然要求

在信息化时代,高等教育培养的人才是基于信息网络时代的时代特征和社会需求在高等教育中融入现代科技理念和时代精神培养出的优秀人才。区别于以往的法律人才培养的工作与实践,在高质量法治人才培养过程中,鉴于学习过程中个性化指导和在线学习快速发展的需要,人工智能

技术与法学专业知识教育的融合日益紧密并获得快速发展。[1] 在高质量法治人才培养过程中,人工智能借助于技术与教育两种不同话语体系开展深层次对话,[2]在课程与教学这两个教育创新主战场上得以有效应用,拓宽学生的视野,丰富学生的知识,有效提升法治人才的社会实践能力。将人工智能教育融入法治人才培养,培养出来的学生不仅具备传统的法学专业知识能力,更具备信息网络法律实践应用能力。尤其是对于“一带一路”高质量法治人才而言,能够将人工智能和信息网络作为工具手段,进行涉外法律服务,是“一带一路”法律实务的必然要求。

(二)人工智能技术融入法治人才培养是高质量法治人才专业技能拓展的必然要求

人工智能发展带给高等教育尤其是高校实践教学巨大的冲击,在虚拟实验广泛应用并再现现实情境的专业技能拓展领域,人工智能技术具有明显的技术优势。基于人工智能教育技术平台的构建和教育手段的运用,法律实务案例的再现和模拟更具实践操作性,高质量法治人才专业技能拓展成为可能。一般高校目前并不具备广泛的“一带一路”相关案例实务操作的现实语境,但是借助人工智能教育平台,显然能够迅捷有效地实现“一带一路”法律实务案例的虚拟操作,最大限度地接近“一带一路”法律实践的现实要求。相较于“一带一路”法律实务案例的实际操作,教师和学生不需要实际接触和跟进已经发生或者正在发生的司法实务案例,就能够最大限度地体验“一带一路”法律案件的实际运作过程。虚拟实验室等人工智能教学手段的使用成本低、效果好,成为高质量法治人才专业技能拓展的首要选择和必然要求。

(三)人工智能技术融入法治人才培养是高质量法治人才实践能力提升的必然要求

数据信息时代,人工智能已经被广泛应用于现代司法,“一带一路”高质量法治人才是立足国际视野的专业法律人才。互联网覆盖范围遍布全世界。作为“一带一路”高质量法治人才,必须具备充分的国际化法治视

---

〔1〕 参见马秀麟、姜雪、贾玉娟:《近十年面向人工智能教育研究的文献计量分析与探索》,载《中国教育信息化》2022 年第 8 期。

〔2〕 参见桑新民:《人工智能教育与课程教学创新》,载《课程·教材·教法》2022 年第 8 期。

野，同时具备人工智能法治应用能力。跨越国境的经济贸易活动必须以充分的法治保障为依托，这是“一带一路”高质量法治人才培养的价值追求和目标任务。人工智能教育手段和人工智能法治应用是高质量法治人才必须具备的实践应用技能，是高质量法治人才“一带一路”法律实务能力的必然要求。他们不仅要具备通过人工智能技术获取实务案件信息的能力，而且要具备通过人工智能手段解决跨国贸易纠纷的能力。人工智能技术与法治人才培养是浑然一体的时代产物。高质量法治人才培养模式变革，必然要求高校在教育教学改革的过程中将法学学科前沿和法律实务创新训练融入教学，而人工智能则是信息网络时代加强教学模式创新的关键要素。

（四）人工智能技术融入法治人才培养是高质量法治人才培养质量评价的必然要求

人才培养质量提升的评价体系和衡量标准是推进优质人才培养模式创新的重要因素。传统的高等教育评价因为很难保障评价者的个人信息资料等隐私信息，评价结果的真实性广受质疑。人工智能教育时代的到来，不仅为我们提供了先进的教育手段和教育平台，数字信息处理工具的引入更是有效推进了人工智能教育评价体系的构建。基于人工智能统计工具，评价者的隐私信息能够得到充分的保护，统计数据能够快捷方便地被处理，统计结果更加真实地反映教学方式改革和教学模式创新的实际效果。高校法学专业人才培养是否适应“一带一路”高质量法治人才培养的现实需求，是否达到“一带一路”高质量法治人才培养的质量标准，必须借助于科学合理的法治人才培养质量评价体系和评价标准来进行评判。人工智能评价指标、评价体系、评价标准和评价平台能够为“一带一路”高质量法治人才培养质量评判提供有力的统计数据支撑，为进一步的教学改革和模式创新提供有益的参考和变革的指引。

四、人工智能时代“一带一路”高质量法治人才培养的模式创新

人工智能教育时代下，高质量法治人才的培养必将被打上人工智能技术的烙印。基于人工智能时代的教育特点和人才培养特征，推进高质量法治人才培养模式改革，是新时代我国法治人才培养的重大改革创新。将

“一带一路”高质量法治人才培养作为新文科建设的重点内容,对涉外法律人才培养模式进行改革创新,[1]是当前我国涉外法治人才培养的首要任务。推进高等教育高质量法治人才培养的模式创新,实现“一带一路”高质量法治人才培养目标,将为我国“一带一路”建设提供优质的法治人力资源保障。

(一)运用人工智能技术工具创新“一带一路”高质量法治人才培养教学模式

现代信息社会,教学模式的改革创新成为高等教育发展的必然态势。“一带一路”高质量法治人才培养是顺应时代发展和社会需求的人才培养,必然是基于现实信息社会需求的人才培养过程。学校的教学环境、教师的教学手段、师生的互动方式,都必须建立在信息网络时代人工智能教育语境下。在“一带一路”高质量法治人才培养过程中,教师的教学环境、教学手段、教学方式都必然依托于现代人工智能教育工具,学生的培养过程紧密结合人工智能教育工具,人才培养面向的对象是人工智能广泛运用的社会实践,高质量的人才品质才能得以保障,优质的法治人才资源才能实现有效供给。

(二)打造人工智能技术平台创新“一带一路”高质量法治人才培养实践模式

人工智能教育平台建设是进行“一带一路”高质量法治人才培养模式创新的重要形式和资源载体。打造法学专业人工智能教育平台,实现高校优质法治人才培养过程的人工智能化,推进高校法学教育教学和教育管理模式的全面创新,是新时代高校“一带一路”高质量法治人才培养的重要创新。不仅在传统的法学专业理论教学中可以充分运用法学专业人工智能教育平台,而且在实践教学中,充分运用人工智能教育平台推进高质量法治人才培养实践模式创新,则具有更加明显的优势。这些人工智能手段的运用对于提升学生的法律实践应用能力将起到重要的推动作用。通过法学专业人工智能实践教学平台,与司法实务部门形成有效链接,学生能够

---

[1] 参见廖芸:《新文科建设背景下涉外法治人才培养模式研究》,载《兰州石化职业技术学院学报》2022年第1期。

第一时间接触司法实务,在实务案例的虚拟实践中开拓视野、丰富学识、提升能力、增长见识。

(三)培育人工智能教育资源创新“一带一路”高质量法治人才培养供给模式

创新法学人工智能教育资源供给模式,是高质量法治人才培养模式改革的重要内容。人工智能教育资源是“一带一路”高质量法治人才培养目标实现的基本条件。培育人工智能教育资源,丰富法治人才培养的优质资源供给,创新“一带一路”高质量法治人才培养供给模式,将传统优质法学教学资源通过现代人工智能手段予以呈现,让“00 后”法学科班学生更容易接受。通过设计基于智慧系统的法学专业教学活动实施方案,将传统理论教学与法学实践教学紧密结合,完美融合,立足“一带一路”对高质量法治人才的现实需求,探索法学人工智能教育资源体系,建立融合创新应用与本地化的法学教学资源建设工作体系模式,〔1〕是当前高校创新“一带一路”高质量法治人才培养供给人工智能教学资源的重要探索。

(四)构建人工智能教育评价创新“一带一路”高质量法治人才培养评价模式

基于人工智能教育评价体系对“一带一路”高质量法治人才培养进行科学、客观、公正的评价,是保证人才培养质量的重要推动因素。智慧教育作为教育信息化的高端形态,对法学教育变革的方向引领和法治人才培养的质量提升发挥重要作用。〔2〕 基于人工智能教育评价体系,产生科学合理的法学教学评价,能够纠正社会公众对教育公平与教育质量提升等的盲目认识。〔3〕 “一带一路”高质量法治人才培养的指导思想标准可以概括为“维护国家利益、服务对外交往、具有国际视野、具备综合素质”,基于人工智能教育评价体系,可以将“一带一路”高质量法治人才培养目标标准概括为“德才兼备、国际化、复合型、精英式”,在实际评价体系的构建过程中,可

〔1〕 参见钟绍春、唐烨伟:《人工智能时代教育创新发展的方向与路径研究》,载《电化教育研究》2018 年第 10 期。

〔2〕 参见钟绍春、唐烨伟、王春晖:《智慧教育的关键问题思考及建议》,载《中国电化教育》2018 年第 1 期。

〔3〕 参见张进宝、李凯一:《中国人工智能教育研究现状的反思》,载《电化教育研究》2022 年第 8 期。

以将实质标准概括为"知识标准、能力标准、素质标准",[1]并且在此基础上设置具体细化的评价指标体系和评价标准,通过人工智能计算统计得出科学合理的评价结果。

结 语

人工智能教育融入"一带一路"高质量法治人才培养是新时代我国高等教育发展与高质量法治人才培养的必然选择和现实需求。通过运用人工智能技术工具创新"一带一路"高质量法治人才培养教学模式、打造人工智能技术平台创新"一带一路"高质量法治人才培养实践模式、建设人工智能教育资源创新"一带一路"高质量法治人才培养供给模式以及构建人工智能教育评价创新"一带一路"高质量法治人才培养评价模式,将有效提升"一带一路"高质量法治人才培养质量,为中国经济国际化发展提供优质法治人力资源。这是当前高等教育法治人才培养的重要模式创新和实践探索。

[1] 参见徐伟功:《我国涉外法治人才培养的标准研究》,载《新文科教育研究》2021 年第 4 期。

法律(非法学)专业硕士研究生的培养困境及对策*

苏海雨　吴会通**

摘　要:当前,我国法律(非法学)专业硕士研究生培养面临教学课程单一、实务操作性不强、就业率相对不高,以及无法及时参加法律职业资格考试等困境,也较难发挥出非法学专业的自身学科优势。因此,为了适应经济社会发展的现实需要,应及时调整当前法律(非法学)专业硕士研究生的培养方案与内容,做好相关的改革配套保障措施,从而培养优秀的复合型、交叉型法治人才。

关键词:法律(非法学)专业硕士研究生　复合型法治人才　法学教育

一、问题的提出

现代法学教育承担着培养高素质法治人才的重任,在构建法律职业共同体、推进法治现代化进程中居于基础性、先导性地位。[1] 而法律硕士是我国现代法治人才培养的重要组成部分,它的培养目标是高层次的复合型、应用型法治人才。法律(非法学)专业硕士研究生简称为法律硕士(非

* 基金项目:江苏省研究生科研与实践创新计划项目"国有企业内部审计与企业合规的协同治理研究"(项目编号:SJCX23_0994);江苏省教育科学"十三五"规划 2020 年度重点资助项目"新时代高校师生交往的软法规范研究"(项目编号:C-a/2020/01/06);司法部法治建设与法学理论研究部级科研项目"数字技术赋能政府治理的行政法问题研究"(ZOSFB4024)。

** 作者简介:苏海雨,法学博士,南京审计大学法学院副教授,硕士生导师,研究方向:教育法学。吴会通,南京审计大学法学院硕士研究生,研究方向:教育法学。

〔1〕 参见黄文艺:《论习近平法治思想中的法学教育理论》,载《法制与社会发展》2023 年第 3 期。

法学),主要是指本科是非法学专业的法律硕士研究生,即“4 +3 模式”(4 年非法学本科专业学习,3 年法律硕士的培养),自 1996 年设立法律硕士(非法学)以来,目前全国共有法律硕士专业学位授权点接近 300 个,为我国法治建设输送了大量优秀的法治人才。但是,随着法律硕士的逐渐扩招、法律职业资格考试改革以及法律人才需求的变化,这都给法律硕士(非法学)培养带来了一定程度影响。面对新挑战,法律硕士(非法学)培养方案应当适时作出相应调整与完善,与《关于加强新时代法学教育和法学理论研究的意见》(以下简称《法学教育意见》)紧密结合起来,以期适应经济社会发展的现实需要。

二、法律(非法学)专业硕士研究生的培养困境

(一)培养模式区分度不高

法律硕士(非法学)的培养目标是复合型、应用型的法治人才。但是从实际情况来看,只有少部分法学院校可以做到这一点,大部分院校是与法学硕士共同培养,没有凸显出“法律硕士(非法学)”设置的特色。[1]

首先,尚未发挥出原来的本科专业优势。现有的单一学科知识已难以解决纷繁的社会问题,因此迫切需要复合背景的专业法治人才。所以,从社会需求上来看,法律硕士(非法学)有其设置的合理性和科学性。但是法学教育实践中,一部分高校并没有高度重视法律硕士(非法学)的本科专业,往往是根据导师研究方向确定研究专业,复合型人才优势未能显现出来。复合型法治人才的培养只停留在知识背景的重合层面,没有实际应用的重合。在法律硕士(非法学)培养上仅是用 1 年多的时间学习法律硕士的核心课程,而很多课程并不像本科课程一样是全面系统的教学,难以形成系统的法律知识体系,那又谈何在相同的岗位与法学本科出身的法科生相竞争。[2]

其次,研究生课程设置不能落实培养目标的要求。法律硕士(非法学)

---

〔1〕 参见卢明威、李图仁:《法律硕士研究生实践教学现存不足及解决措施》,载《学位与研究生教育》2017 年第 3 期。

〔2〕 参见李燕、王路:《论法律职业化导向的“法律硕士联合订单培养制度”之构建》,载《学位与研究生教育》2012 年第 9 期。

的培养目标要求复合性和专业性。但是法律硕士(非法学)的课程设置针对性不强,甚至是与法律硕士(法学)使用相同的课程授课,并且大部分是通识性课程或者学术性课程,形成重理论轻实践的局面。另外,大部分法学院校缺少法律职业共同体的实践性课程,此类课程一般也是在实习中自我摸索完成。

再次,教学方式与培养目标相背离。尽管法律硕士(非法学)培养方案几经调整,但大部分院校仍采取传统的教学方式,即"教师讲、学生听",授课大多是评讲课件或者分析法律条文,重视传统的理论教育和法律知识的系统传授,忽视实践性、操作性的教学。在培养方案上法律文书写作、法律检索、模拟法庭等虽有相应设置,但往往是针对法学本科生所开设的教学课程,法律硕士(非法学)教学采用的较少,甚至还有的学校忽视了实务操作的模拟训练。

最后,法律硕士培养的师资队伍还不够健全。硕士生导师大多具有极强的学术背景,本硕博都受到传统的法学教育和长期的学术训练。因此,在培养法律硕士(非法学)上,导师往往带有极强的惯性,仍是主要针对学术问题进行相应引导。如果没有相关的实务经验,也很难对法律硕士(非法学)进行实务层次的指导。这也导致对法律硕士(非法学)本科所学专业,没有加以引导应用,并未发挥交叉型的复合性效果。[1]

(二)法治人才就业上的滞后性

在实践中,部分用人单位对法律硕士(非法学)毕业生的评价是:"理论功底不够扎实,实务能力需要进一步提升。"法律硕士(非法学)社会认可度逐渐降低,缺乏相应的核心竞争力。在公务员招录岗位中,大部分一线、二线城市的公检法、纪委监察等法律机关在招考要求上限制考生是法学本科专业。法律硕士(非法学)处于一个较为尴尬的位置。在律师行业中,规模较大的一些精品所也会直接筛选掉非法学本科的简历,被筛选掉的研究生只能退而求其次去中小所工作,更不用说一些普通院校的法律硕士(非法

[1] 参见钱弘道、解明月:《习近平法治思想中的法治队伍建设论》,载《法治现代化研究》2022年第2期。

学)的就业去向。[1]

(三)与法律职业资格考试衔接不足

法律职业资格考试是成为法律工作者的重要门槛。因此,为了满足我国法治建设对于法治人才的需要,中共中央办公厅和国务院办公厅印发了《关于完善国家统一法律职业资格制度的意见》,提出要推进法律职业资格制度与法学教育的有机衔接,建立法律职业人员统一职前培训制度,培养和发展社会主义法治工作队伍建设,为全面推进依法治国提供人才保障。我国《学位与研究生教育发展"十三五"规划》也明确指出,相关单位要全力推动专业学位教育与职业资格相衔接,以完善科教融合、产学结合机制。但是随着法律职业资格考试改革,2018 年 4 月前入学并取得学士学位的非法学本科可以报名法律职业资格考试,实行老人老办法;2018 年 4 月后入学的非法学本科原则上不可以报名法律职业资格考试,实行新人新办法。按照这样的要求,2018 年 4 月以后本科入学、2022 年 4 月以后入学的法律硕士(非法学)只能在研究生第 3 年以应届生的身份资格报考法律职业资格考试。而在毕业季学生需要面对准备考公、企业律所应聘、毕业论文的写作等,各种毕业压力纷至沓来,这对于法律基础较为薄弱的研究生无疑是一个挑战。不能一次性通过法律职业资格考试,基本上意味着不能从事相关法律工作。并且如果学生不能尽早通过法考,又如何进行专业化的法律实习。虽然大部分在校生实习不要求通过法考,但现实情况是通过法考的学生更受实习单位青睐。这也导致无法完成"应用型、实践型"的培养目标。综上,对于法律硕士(非法学)来说,研究生在读期间无法参加国家统一法律职业资格考试,无法实现教学培养与职业资格考试的有效衔接,这是当前我国法律硕士(非法学)培养的一个重要困境。

三、法律(非法学)专业硕士研究生培养的完善对策

(一)聚焦本地"产业链+法律服务"的培养定位

培养单位应当结合当地产业经济发展的需要,服务本地经济社会发

[1] 参见王利明:《我国法律专业学位研究生教育的发展与改革》,载《中国大学教学》2015 年第 1 期。

展,结合本校优势学科,有针对性地培养"产业链+法律服务"类型的复合型人才。实际上,法律硕士(非法学)具有知识背景的先天优势。首先,要改变法律硕士(非法学)培养目标的定位,应当充分发挥复合型人才的专业优势,满足法治实务的要求。当前,南京市出台"产业链+法律服务"的专项行动,全流程、全链条为本地产业发展提供现代法律服务体系。因此,应当加大培育"产业+法律"的复合型人才,优化当前高校法治人才培养模式至关重要。其次,各培养单位也可以结合地域发展特色、高校发展特色,针对法律硕士(非法学)提出专门性培养方案。可以结合地域产业优势,整合资源,围绕互联网、金融投资、生物医药、新型器械、高端技术装备、新能源、化工、汽车、新材料等产业链的法律服务需求。加强与企业、行业协会、行业商会的合作共享,设立实习培训基地,深化落实专项人才的引进、培养机制。通过"产业化"培养模式,法律硕士(非法学)可以在此过程中充分发挥其专业复合优势,认准目标定位,明晰职业发展,增加实务经验。

(二)重点突出人才培养的复合性和实践性

我国法律硕士(非法学)选修课,大多是以法学论文写作为方向而开设的课程,缺少实践性的课程。因此,在课程设置上应加大实务性和特色性内容的比重,增加法律职业素养课程。相反,通识性的法学课程应相应减少,可以由学生自行学习。[1] 增加实践性选修课门数,尤其是兼顾本科专业方向的交叉型课程,注重法律硕士(非法学)本科所学专业。同时,《法学教育意见》第9条中指出要"适应法治建设新要求,加强立法学、文化法学、教育法学、国家安全法学、区际法学等学科建设,加快发展社会治理法学、科技法学、数字法学、气候法学、海洋法学等新兴学科"。因此,学校为法律硕士(非法学)开设的课程还应充分考虑到专业特色、地域特色和学校特色,从而更具针对性。具体来说,互联网和人工智能等热门领域可以开设相关课程,财经类院校可以开设更多的财经法律复合课程,理工科院校可以开设知识产权等方面的法律课程,等等,以适应《法学教育意见》第9条所提及的"推进法学和经济学、社会学、政治学、心理学、统计学、管理学、人

---

[1] 参见章晓莉:《法律硕士专业学位职业化培养方式新探》,载《理论视野》2012年第12期。

类学、网络工程以及自然科学等学科交叉融合发展,培养高质量复合型法治人才"的要求。[1] 改进教学教育方式,首先要改变"老师讲、学生听"的传统教学方法,可以参考问答式教学方式,通过一环接一环的问题,来不断对概念进行剖析,引发价值思考,或者借鉴费曼学习法,让学生对所学知进行重新打磨再讲述给他人听。为了增强教学模式的"应用性和实践性"效果,还可以增加法律诊所、法律援助中心、商事谈判等特色教学方式,提高模拟法庭、法律检索和文书写作的考核权重。

(三)建立健全特色化法律硕士培养机制

培养方向应紧跟社会的需求和变化,贯彻落实法律硕士(非法学)培养的专业性、实践性和复合性要求。[2] 2022 年教育部办公厅、司法部办公厅联合制定了《关于实施法律硕士专业学位(国际仲裁)研究生培养项目的通知》,该项目直接设置在研究生报考目录里,这是我国法律硕士培养的一个规范化和多元化的新变化。法律硕士可以在原有基础上,增设专门的培养方向。相关特色高等院校可以按照学校特色,招收其他法律硕士(非法学)。2023 年 2 月,中南财经政法大学法律硕士专业学位(工程建设)研究生培养项目正式开课,是全国首家在法律硕士专业学位点中开设"工程建设法律实务"方向的高校。西南政法大学面向全日制法律(法学、非法学)专业硕士研究生开展法律硕士(合规实务方向)的人才培养,实现法律、金融、会计、审计、管理等学科背景的交叉培养。此外,一些理工科类院校可以招收法律硕士(知识产权)方向、法律硕士(数字经济)方向等,充分发挥理工科背景的优势。语言类院校可以根据不同语言方向招收法律硕士(涉外律师)等。因此,形成契合院校特色的复合型法治人才培养模式,有利于解决法律硕士(非法学)交叉培养的难题。[3]

当然,在法律硕士(非法学)招生方面,还可以针对知识密集型、学科壁垒过高的专业,设置一定的专业限制。比如,清华大学法律硕士(计算法

---

〔1〕 参见付子堂、张永和等:《优化法学学科体系　创新发展法学理论研究体系》,载《西南政法大学学报》2023 年第 2 期。

〔2〕 参见董娟、赵威:《从法律人才到法治人才:法律硕士培养目标的新转变》,载《学位与研究生教育》2019 年第 5 期。

〔3〕 参见郭德香:《我国法律硕士教育的现状及其改革研究》,载《教育与职业》2013 年第 33 期。

学)方向在招生简章中规定招生对象为掌握信息技术相关专业知识的非法学专业的毕业生;南京理工大学的法律硕士(知识产权)方向也在推免系统和调剂系统中说明招考条件为“本科工科背景”;中国政法大学法律硕士学院规定考生若想报考法律硕士(涉外律师)和法律硕士(国际仲裁)方向,直接在报考时进行选择,不是录取后再进行方向分流,并且强调考生的报考条件为“应具有较高英语水平,需要提交英语水平相关证明,申请本项目的考生在复试中应当参加英语水平测试;原则应符合国家英语六级550分以上,或雅思7分以上,或托福90分以上,或者符合要求的其他英语水平考试成绩”;等等。

随着我国社会主义法治化进程的不断加快,社会和市场对于“实践型、应用型、复合型”法治人才的需求也不断加大,特色化的法律硕士培养趋势不可阻挡。综上,特色化的法律硕士培养首先要完善规范化的法律硕士(非法学)培养方案。在教育部原有的法律硕士培养方案的基础上,除了设置已有的法律硕士(涉外律师)、法律硕士(国际仲裁)等方向,适当增设法律硕士(非诉业务)、法律硕士(工程建设)、法律硕士(知识产权)、法律硕士(数字经济)、法律硕士(纪检监察)等特色方向。其次,依据上述培养方案,设置一定的报考壁垒和“准入条件”,如要报考法律硕士(非诉业务)方向需本科背景为经管类,报考法律硕士(工程建设)方向需本科背景为工科。培养方向的设定在考生报名时就明确,而不在后续录取中进行方向分流。再次,培养单位也应该针对招生方向进行相应的师资调整,配备拥有复合背景的法学导师。最后,改变以往的校企合作模式,在原有的实习单位基础上,可以增设诸如金融证券部门、工程建筑公司、医疗单位等地的实习岗位。

(四)强化法治人才培养与资格考试衔接

《法学教育意见》第10条指出,应健全法学教学体系,“在法治工作部门支持下,建立法律专业学位研究生教育和法律职业资格衔接机制,研究探索法律专业学位研究生入学考试改革”。当前新时期,法律(非法学)专业在读硕士研究生,无法尽早参加法律职业资格考试,这对于学生的影响可谓是巨大的。对于如何衔接好专业培养与资格考试的问题,教育部门、司法部门和相关高校要予以重视。因此,建议全国法律专业学位研究生教育指导委员会协调司法部等相关部门调整法律职业资格考试制度,将法律硕士(非法学)作为应届毕业生才能参加考试,调整为注册学籍后可以参加法律职业资格考试。这样一来,学生尽早通过考试,就可以尽早实习,积攒更多的实务经验。同时,也可以在毕业季缓解一定的就业压力。当然,也有学者认为,法律职业资格考试可以采用“部分免试”的办法,其适用对象主要为法律硕士毕业生,只要其达到毕业要求,并且学业课程成绩均分在“85分”以上,就可以考虑通过申请客观题免试,只参加法律职业资格考试的主观题考试,从一定程度来说,这也确实可以缓解学生的毕业压力。[1]综上,对于《法学教育意见》所提及的研究生教育与资格考试衔接和研究生入学考试改革问题,笔者认为,应改革法律硕士入学考试机制,在入学考试阶段将传统科目更改为符合法律职业资格考试的相关科目,将法律硕士入学考试专业课成绩折算成客观题成绩,学生只用参加主观题考试,从而使法律硕士(非法学)在减负的同时,可以有更多自由时间参与到授课学习与专业实践中去,学习更多法律技能,提高法治综合素养。

最后,对于部分财经类培养高校,由于其财经学习氛围较为浓厚,除了通过“法律职业资格考试”这一硬性要求,学校也可以鼓励学生通过自主学习、选修课的方式来进行其他职业技能的学习。例如,法律硕士(非法学)由于就读期间无法参加法律职业资格考试,相较于“法学硕士、法律硕士(法学)”,甚至于“法学本科学士”,在就业市场没有自己的专业优势。因此,在此期间,财经类院校的法律硕士(非法学)可以参加诸如CPA(注册会计师)、ACCA(特许公认会计师)等资格考试,也可以参加证券、基金、银行、期货从业资格考试及投资顾问、投资分析师和保荐人考试,从而实现“金融+法律”“会计+法律”等复合型优势,为做好非诉业务打好专业基础。此外,学校应在课程资源、授课导师、培训方向、职业规划等方面做好相应的支持与配套工作。

[1] 参见袁钢:《法学教育与法律职业资格考试衔接路径研究》,载《中国高教研究》2018年第10期。

将同情心纳入法律课程：同情教学法的应用*

高伟伟**

摘　要：现代高校中的法科生存在更为严重的压力和焦虑。过往的教育理念因为受到“工具论”或各种各样的指标考核影响而忽略了对学术人格的塑造。笔者基于真实的教学经验提出法学教学或课程设计应该引入同情教学法。同情在道德情感中居于核心位置，是大学教育的重要方法，但从现实来看同情在教育中有被“流放”之势。本文期望通过同情教学法的引入唤醒同情，这不仅是为了同情教育，也是为了找回法学教育的生命与灵性。

关键词：法学教育　同情教育法　法科生　焦虑　压力

如果把大学教育理解为一种培训，教育一个人就是让他掌握有用的知识，使他成为一名可靠的公民甚至成为专家。如果这种观点是正确的，那么同情心在教育过程中就是次要的，甚至是无关紧要的。但从另一个角度看，我们可能会认为同情心是教育的核心和灵魂，我们应该以关爱和同情心对待他人，并教会他们什么是同情心。根据这种观点，工具性教学方法是有缺陷的，因为它忽视了人际交往中最真实的层面。按照柏拉图的观点，教育不仅仅是向人们灌输信息，而且要引导他们走出无知的洞穴，使他们能够体验到启迪、向善和一切真正重要的东西。在这方面，同情心至关重要，它不仅是一种有用的技巧，也是为他人开辟通往智慧和真理之路的方法。同情心是一种能力，它能把我们自己的担忧放在一边，从他人的角

* 基金项目：本文系2022年南京审计大学高教研究课题“‘三主一实’法学教学模式改革研究”(J20230025)的阶段性研究成果。

** 作者简介：高伟伟，南京审计大学法学院讲师，研究方向：法哲学。

度看问题。这意味着对他人的需求做出回应,甚至在这些需求出现之前就有所预料。所有这一切都会形成一个不断扩大的同情和关爱的圈子,可以传递给我们周边甚至是身后其他的人。

一、法学教育的问题:从期中教学检查过程谈起

从国家层面来看,自改革开放以来,我国的法学教育取得了不小的成绩。“中国的法学教育机构数量、构成法学教育各种要素的规模和数量,从无到有,从少到多,从单一到多样,体量上讲,都早已发展成为世界上的法学教育大国。”[1]法律职业化是其最大的成效。法学教育为国家法治事业贡献新鲜的、专门化的法治人才,这是法学教育取得的成效。但如果着眼于笔者自己的教学经历,从身边的学生管窥当下的法学教育,却也能够看出一些摆在学生面前的问题。这些问题往往在期中教学检查中得到总结。

法学院既是一个充满挑战和机遇的地方,也是一个可能引发焦虑和压力的地方。许多法科生在面对新的环境、社交、学习和生活等时,会感到不适应、孤独、担忧和不安。有时候,这些情绪会影响学生的身心健康、学习成绩、人际关系和未来规划。尤其是随着疫情暴发及后疫情时代的到来,更多的不确定性、内卷、焦虑由此而生并影响当代法科生。

作为同龄青年中的佼佼者,大学生们身居“象牙塔”,温饱无忧,没有太多的生活负担,并能享受到丰富的教育资源,本应有着较高的幸福生活体验。但“迷茫”“郁闷”“空虚”“无聊”等在大学生群体中盛行的词语充分体现了他们在精神上承载着巨大的压力,找不到自己人生的目标和方向,幸福感缺失的现象已经产生。在幸福观多元化的背景下,部分大学生由于受到主客观因素的影响,对幸福的认知存在一些偏差,使他们在追求幸福的道路上逐渐远离幸福。

在笔者从教的这些年,每次的期中教学检查老师们总会提出一些目前法学院中法科生存在的一些问题,总体上体现为学生们的焦虑,概括如下:

一是学习焦虑。大家一定听过“上了大学你就轻松了”这句话,事实

---

〔1〕《王健:数说中国法学教育的发展|纪念改革开放40年》,载搜狐网2018年12月18日,http://www.sohu.com/a/282785682_671251。

上,虽然大学的课程安排没有高中那么紧凑,但学习的压力仍然是存在的。就拿学习成绩来说,中学时如果考试不及格,只影响你个人的成绩,但上了大学一旦挂科,不仅成绩低需要补考,还会让自己失去评优评奖、竞选入党名额等的资格,甚至还会导致自己无法顺利毕业。特别是一些专业课程比较复杂的同学,在学习方面更是丝毫不敢松懈。

二是社交焦虑。社交焦虑已经成为很多年轻人最担心的事情,在大学里最重要的社交问题之一就是宿舍关系。每个宿舍在大学四年间的相处过程中,都难免会有摩擦,如果一直处于问题之中,很容易导致宿舍关系破裂,自己被孤立。

三是身体焦虑。明明是年轻人,但很多大学生的身体素质却越来越差,完全没有年轻人该有的样子,主要的原因是他们在进入大学后,开始逐渐松懈,每天沉迷于睡觉、刷剧、打游戏,以至于作息和饮食不太好,身体素质也跟着大打折扣,开始失眠、脱发等。

四是考研考证焦虑。如今除了大四同学面临能否顺利考研上岸的焦虑,大三的同学也在焦虑自己是否要考研,需要从哪里入手学习等各类问题。除有明确目标的同学外,有这类焦虑的人通常是一些对自己未来没有明确规划,所以才跟风考研考证的人。

五是就业焦虑。随着每年毕业人数越来越多,同学们一进入大四,就已经在为就业发愁了,特别是一些不好就业的同学,还面临是否要跨专业就业的选择。

二、教育如何应对:同情理论的回归

人有情感,既是理性动物,也是感情动物。人之理性可以互相交流与理解,人之感情也可以相互感染与交流。人的情感极为丰富多样,但最为根本的是快乐与痛苦,其他情感要么是由此衍生出来的,要么是与此相关的。两种最为基本的情感,即快乐与痛苦,都可以在人与人之间“流淌”。我可以感受他人的快乐,为他人的快乐而快乐,也可以感受他人的痛苦,为他人的痛苦而痛苦。前者没有一个专门的概念来加以指称,后者则用“同情”这一概念来命名。

每一种道德情感,其发生都有典型的伦理关系原型。“目睹”他人遭受痛苦与不幸是同情发展的伦理关系原型。用霍夫曼的话来说同情的典型主体是“无辜的旁观者”。“无辜的旁观者”所要表达的是,作为同情主体,我遭遇了他人的痛苦与不幸,而这痛苦与不幸不是我造成的。如果是我造成的,那就不是同情的问题,而很可能是羞耻与愧疚的问题了。只不过,在中文语境中,“旁观者”已经包含冷漠、不去帮助的意味,因此可以对霍夫曼的这个表达加以修正,即同情的典型主体是“无辜的遭遇者”。

遭遇他人的痛苦,如果没有反应,或者反应的方式不对,同情也不能发生。也就是说,同情的发生在于我对他人的痛苦与不幸有情感反应,且是符合条件的反应。“目睹”他人痛苦与不幸所产生的符合条件的情感反应是什么呢?是痛苦。关于这一点,亚里士多德已经有所论述,在他那里,同情是一种特殊的痛苦,是由他人痛苦所引发的痛苦,是痛苦之痛苦。[1] 纳斯鲍姆认为同情虽然是一种痛苦情感,但这种痛苦却是次要的,不具有独立性,是由判断引发的,是“关于”什么的痛苦或“为什么”而痛苦。纳斯鲍姆在同情研究上成就显著,但单就这一点来看,她的观点是不合逻辑的。任何感情都是有来由的,不能因为同情中的痛苦之情是由认知或其他因素引发的,就认为同情中的痛苦是次要的、没有独立性的。按照这个逻辑,凡是有来由的感情都是来由重要,感情本身不重要,我们甚至可以由此反推出没有来由的感情才是重要的这样荒唐的结论。同情者的痛苦虽然是由他人的痛苦与不幸引发的,但依然处于同情之核心,这种核心作用不是体现在来源上,而是体现在同情情感本身及后续反应上。[2]

同情的核心是情感,但这并不意味着同情之中没有认知成分。同情有认知前提,即我与你的区分。同情者无论有多强烈的同情,都清楚明了自己与痛苦者、受害者的区分,认识到受害的、受苦的是他人而不是自己。正是在这个意义上,卢梭认为同情之中有庆幸:怜悯心(卢梭所说的怜悯更接近于当下的同情,不同于如今的怜悯)乃是甜的,因为在为受苦之人设身处地之余,人亦会为自己不似此人一般苦痛而快慰于心。这样的情况不是没有,但对多数真正有同情心的人来说,即便有也是一闪而过,主导性的情感

---

〔1〕 参见张天姿:《论情感的伦理价值——基于亚里士多德文本的解读》,载《当代中国价值观研究》2023年第5期。

〔2〕 参见邓凯文:《玛莎·纳斯鲍姆论同情教育》,载《教育学报》2019年第2期。

还是痛苦,为受苦者而痛苦。霍夫曼对同情中的认知因素有比较好的归纳,包括元认知意识,即自身感受到痛苦,且明白这痛苦来自他人;知道多数人遇到这种情况会如何反应;知道受苦者的外在行为与其内在苦痛的关系。

同情是对他人的同情,是指向他人的,而被同情的他人正处在不幸与痛苦之中,那么减轻他人痛苦的欲求就内在于同情本身。我们一方面同情他人,另一方面又没有减轻他人痛苦的欲求,这在逻辑上是说不通的。虽然这欲求受主客观条件限制,有时候很难得到表达与实现,但只要条件许可,同情者就会竭力去实现。

三、同情法在法学教学中的应用

同情教学法可在法律课程中发挥重要作用。纳斯鲍姆指出,大学中的同情至少有两种存在方式。[1] 首先,同情心有时被视为专业实践所必需的专业特质。例如,医疗行业的道德和同情心,医生在对待病人时要有同情心。其次,同情心是通过在学生之间以及他们与周围世界的互动中灌输同理心来鼓励其保持良好公民身份的手段。[2] 然而,麦克斯韦认为,将同情心作为高等教育的总体目标,还可以发挥进一步的作用。这将鼓励将同情心嵌入课程之中。本部分将论述将同情心嵌入法律课程的方法。笔者的观点是同情教学法对教育中的所有人都有好处。

从讲师/学生的角度来看,同情使讲师有能力通过了解学生的需求、优势和背景来支持他们的个人学习。从课程/大学的层面来看,在法律课程中融入同情心不仅可以通过在整个教育过程中为学生提供支持来帮助他们适应学习,而且还可以通过帮助提高学生的保留率来保持个别课程的可持续性。我们可以通过多种方式利用同情心来帮助学生适应学习,下文将利用"WESS"来思考如何将同情心融入学习的过程中(见表1)。

---

〔1〕 参见左稀:《论同情的充要条件——纳斯鲍姆同情观研究》,载《道德与文明》2014年第2期。

〔2〕 See D. Doukas, *Where is the Virtue in Professionalism*?, Cambridge Quarterly of Healthcare Ethics, 12(2): 147, 2003, p. 147.

表1 同情心教学法的 WESS 演示

WESS 含义	同情心的体现
迎新周(welcome)	在迎新周期间开展一系列活动,帮助学生适应新的学习环境
扩展介绍(extend)	有一个贯穿学生整个学位课程的入门课程
学习技能(skill)	制定明确的学习技能计划,帮助学生树立学习法律的信心
自我关照(self-care)	在整个学位课程期间,为学生提供反思自我关照的空间

笔者认为,与任何课程改革类似,每一次将同情心融入课程的尝试都应该有明确的目标,并有办法监控其对课程实施的贡献。这将有助于明确重点,并建立具体的监测点,以反思将同情心纳入法律课程所带来的变化。从根本上说,笔者认为同情是一个迭代的过程,在将其纳入法律课程的过程中需要仔细规划和监测,以不断改进其纳入情况。在法律教育论述之外,也有一些研究分析了将同情教育法融入不同学科的情况。这些研究结果表明,即使以相同/相似的方式融入同情心,其在实现预期结果方面的效果也是好坏参半。例如,对同情教学法课程的心理分析发现,在采用同情教学法时,课程中可能会出现一些潜在的偏见。这反过来又会导致无法扭转对同情心的不良看法,或不愿意行使同情心,更不用说在教育课程中引入关爱,或将同情心作为学生需要"学习"和"在学习中行使"的一部分,灌输到学生的学习心理中。

有鉴于此,如果要让同情教学法在塑造和设计法律课程以及为学生提供支持方面发挥有意义的作用,就必须采取谨慎而系统的方法来整合同情教学法。设计任何学生支持系统都需要系统的方法,确保法律课程和学生支持能够全面满足学生的需求。

例如,专业服务人员在法律系的前台工作中,可以监督学生的出勤情况、一般咨询和提交评估报告的情况。教职员工在教学和为学生提供支持的过程中,也对每个学生在大学的学习发挥着重要作用。同情教学法可以通过全年利用正式和非正式的会议(如导师和学生之间的学术会议)来提供更富有成效的支持。这可以提供一种方法来检查学生的进步,也可以在整个学年的各种压力点之前予以检查,目的是为学生指明可能需要的专业帮助。

具体而言,同情心融入法律教育可以通过如下步骤予以展开(本文称之为 CADSIF 框架):“联系”→“保证”→“对话”→“指路”→“信息”→“后续行动”(见表2)。

表2 同情教学法的路径

CADSIF 含义	具体内容
1. 联系:communication	根据教学人员的职责,第一步通常是与其学生建立联系。这可能发生在许多不同的情况下,但通常系教学、学术顾问/导师会议的一部分,尤其在发现学生未提交评估或长期缺席预定的学习活动时。这些触发点可以参考你所在系/机构与学生联系的协议。这将成为教师与学生进行积极沟通的起点。 在这一点上,要有同情心,意识到自己的作用是帮助学生。在这一点上,“同情”意味着你要意识到自己的角色,即通过找出学生问题的根源,帮助他们找到解决问题的办法
2. 保证:assure	同情教学法要求为理解学生及其处境提供依据。这并不是要设身处地为学生着想,而是要理解学生的处境,从而为学生提供保障
3. 对话:dialogue	同情教学法的价值在于它能够鼓励教师们倾听学生的心声,对学生的境遇感同身受。在这一点上,笔者认为同情是指辅导员要有更高的觉悟,从而耐心倾听并同情学生的关切,进行类似的交流。在某些情况下,学生可能很难敞开心扉,尤其是当个人特征或特性对讨论的进展起决定作用时。同情教学法的整合要求促进开诚布公地对话
4. 指路:show the way	在倾听学生的心声并与之对话以探讨学生所面临的挑战之后,此时可能需要为学生指路,使其获得适当的专业支持。这可能包括向学生介绍心理健康和幸福支持等专业服务,帮助学生了解评估扩展协议的不同领域,以及帮助学生了解所在系可能存在的例外或特殊情况协议
5. 信息:information	这包括向学生提供你建议学生遵循的具体程序的信息。这可以包括如何获得福利专业服务、为学生提供扩展服务的各种表格和模板,以及针对学生遇到的具体挑战而提供更多一般信息
6. 后续行动:follow-up action	笔者认为这是一个额外的步骤,可以在与学生见面后的一段时间内与学生进行联系

在本文中,CADSIF 框架使将同情教学法融入法律课程的理由比以往任何时候都更加充分,因为它是加强学生支持和学生体验的潜在手段。

结　语

笔者提出同情教学法的理由是,对于高等教育中的学者和导师,同情可以是对学生处境的高度认识以及帮助学生减轻挑战的意愿。这已经超越了 empathy 和 sympathy 等通常被混为一谈的情感。它还超越了现有的学生支持系统,旨在识别和帮助学生处理学习中的困难,如延长截止日期或减轻过程。同情是体现在各系(学术导师和专业服务同事)人性化层面的一块拼图,他们帮助学生渡过学习的难关。同时在设计法律课程和学生支持系统的过程中,需要注意利用同情心的方法。笔者通过 WESS 确定了一些以爱心帮助学生融入学习团体和个人学习的方法,以及可以通过学生支持分类法,以全面的方式设计学生支持系统。本文的分类法为确定影响学生学习的一系列不同因素提供了依据,也为创建和监控学生支持系统提供了手段。笔者还提供了 CADSIF 框架,以帮助构建学生支持系统。笔者认为,所有工具都是在与学生的互动中实施同情的手段,以帮助学生发挥潜能,改善学生的学习体验,并且在这一领域还需要开展进一步研究,同情心作为法律课程工具具有极大的潜力。高等教育变革的连续性与持久性是一个独特的机会,我们可以借此反思我们作为学者/导师的角色定位以及如何在困难的环境中教育和支持学生。在这其中,我们需要深刻反思高等教育的本质:在知识之外,我们还需要些什么?

第三部分　涉外法治人才培养

涉外法治人才培养的路径研究*

高永明　包振宇**

摘　要:涉外法治人才的培养应坚持国际化、个性化、宽口径的培养理念,培养具有国际视野、家国情怀、创业创新思维,法学专业基础扎实,通晓中国涉外法规则、国际贸易规则和重要国际组织运行机制,能独立或团队合作参与国际法律事务和解决国际法律争端的复合型涉外法治人才。国内涉外法治人才的培养已经积累了一定的经验,国外涉外法治人才的培养能够给我们提供一定的启示。涉外法治人才培养的具体路径应坚持以习近平法治思想作为根本遵循,需要设置合理的课程体系和实践教学模式,完善师资配备,建立协同培养机制和质量评估体系以及确保物质和制度保障。

关键词:涉外法治人才培养　培养目标　培养路径

2023 年 11 月 27 日在主持中共中央政治局就加强涉外法制建设第十次集体学习时习近平总书记强调:“加强涉外法治建设既是以中国式现代化全面推进强国建设、民族复兴伟业的长远所需,也是推进高水平对外开放、应对外部风险挑战的当务之急。”[1] 在我国参与全球经贸比重不断加大,涉外纠纷渐多的情况下,涉外法治人才的培养不仅是完善中国特色社会主义法治体系的需要,更是在国际交往中维护国家利益、提高治理水平的重要条件。因而需要厘清涉外法治人才培养的目标和基本路径等基本

* 基金项目:扬州大学本科教育教学改革“揭榜挂帅”项目“新时代地方高校涉外法治人才协同培养体系的构建与实践”(YZUJX2023—J2)资助。

** 作者简介:高永明,扬州大学法学院教授,研究方向:法学教育。包振宇,扬州大学法学院副教授,研究方向:法学教育。

〔1〕《习近平在中共中央政治局第十次集体学习时强调:加强涉外法制建设　营造有利法治条件和外部环境》,载中央人民政府网 2023 年 11 月 28 日,https://www.gov.cn/yaowen/liebiao/202311/content_6917473.htm。

问题。

一、涉外法治人才培养的目标定位

我国要参与国际事务,并在其中发挥重要作用,以法治国的姿态参与构建国际法治,就必须培养涉外法治人才。早在2011年,教育部、中央政法委员会发布的《关于实施卓越法律人才教育培养计划的若干意见》中就明确指出,把培养涉外法律人才作为培养应用型、复合型法律职业人才的突破口。适应世界多极化、经济全球化深入发展和国家对外开放的需要,培养一批具有国际视野、通晓国际规则,能够参与国际法律事务和维护国家利益的涉外法律人才。2016年9月习近平总书记在十八届中共中央政治局第三十五次集体学习时指出:"参与全球治理需要一大批熟悉党和国家方针政策、了解我国国情、具有全球视野、熟练运用外语、通晓国际规则、精通国际谈判的专业人才。要加强全球治理人才队伍建设,突破人才瓶颈,做好人才储备,为我国参与全球治理提供有力人才支撑。"这为涉外法治人才的培养指明了目标和方向。

从目前涉外法治人才培养的目标定位来看,部分地方高校开始"涉外法学班"建设探索,地方高校涉外法治人才培养步入加速期。然而,在升温的背后,地方高校涉外法治人才培养却越发同质化、趋高化,与自身人才培养定位和对外开放现实需求形成明显不适。[1] 有学者提出涉外法治人才培养的思想标准,即维护国家利益、服务对外交往、具有国际视野、具备综合素质。[2] 这其实也是涉外法治人才培养的目标定位。抛开特殊地区涉外法治人才培养的特殊需求,一般而言,涉外法治人才的培养应坚持国际化、个性化、宽口径的培养理念,培养具有国际视野、家国情怀、创业创新思维,能以英语作为工作语言,法学专业基础扎实,跨文化沟通能力出色,通晓中国涉外法规则、国际贸易规则和重要国际组织运行机制,能独立或团队合作参与国际法律事务和解决国际法律争端的复合型涉外法治人才。

---

〔1〕 参见孟庆瑜、李汶卓:《地方高校涉外法治人才培养的目标定位与实现机制——基于我国自贸试验区建设的人才需求分析》,载《河北法学》2021年第8期。

〔2〕 参见徐伟功:《我国涉外法治人才培养的标准研究》,载《新文科教育研究》2021年第4期。

有学者指出,涉外法治人才的培养应具有精细化理念,在法律调整关系不断细化的新时代,涉外法治人才不仅是国际法人才,还是精通某类法律事务的专业精细型人才。[1] 因此从专业上,涉外法治人才的培养还应具有专业精细化的培养定位。

二、涉外法治人才培养的现状

有学者归纳了目前涉外法治人才培养面临的诸种困境,包括高校培养模式落后、涉外法治领域学科交叉不足、缺乏涉外法律实践训练、培养方案落后、人才培养与实务部门需求错位等,下文具体论述。[2]

(一)国内现状

2011 年起,教育部会同中央政法委员会联合实施卓越法律人才教育培养计划,支持北京大学、清华大学、中国人民大学等 22 所高校建设涉外法律人才教育培养基地,重点加强涉外法治人才培养。各基地高校普遍修订了人才培养方案,加大双语或全英文课程比重,增设涉外法律课程,积极开展与海外高水平法学院校的教师互派、学生互换、学分互认、学位互授联授等活动,探索形成灵活多样、优势互补的"国内—海外合作培养"机制。2018 年起,两部门又联合启动卓越法治人才教育培养计划 2.0,引导高校积极构建涉外法治人才培养新格局。

经过多年的发展,国内高校在涉外法治人才培养方面已经积累了一些值得推广的经验和模式,如在培养方案设计上结合区域优势或学术优势,采取跨学科、跨院校、跨区域、境内外联合培养的模式,建立科教融合及产学研一体化的实践培养方案,设置专门性的涉外法治人才培养精英化小班,如西南政法大学的"涉外法律人才实验班"、清华大学的"法学国际班"、北京外国语大学的"国际组织复合人才项目班"、北京师范大学的"瀚德实验班"等。但是总体而言,当前的涉外法治人才培养仍存在诸多弊端,包括人才培养目标定位不够清晰、课程设计复合性不强、能力训练与社会需求存在脱节等。考虑到涉外法治人才的培养周期长、成本高、社会协作依存

---

[1] 参见夏羽辰:《涉外法治人才培养战略理念的革新》,载《法学教育研究》2022 年第 3 期。

[2] 参见武嘉曦、黄馨如:《我国涉外法治人才培养困境及其出路》,载《忻州师范学院学报》2023 年第 3 期。

度强,单纯依靠大学自身力量无法完成,需要借助国际和国内实务部门的众多资源,汇聚多方力量采取协同育人的方式加强涉外法治人才培养,以确保能够培养出一批了解中国国情、具有全球视野、熟练运用外语、通晓国际规则、精通国际谈判的高水平复合型法治人才队伍。

(二)国外现状

国外涉外法治人才培养起步较早,不同国家和地区已经形成了各具特色的涉外法治人才培养模式,总体上来说,大陆法系和英美法系的不同制度传统和法律文化使其分别形成了以课程讲授为中心和以实践技能为中心的涉外法治人才培养模式。

大陆法系国家和地区倾向于采取以课程讲授为中心的涉外法治人才培养模式。例如日本大学在课程设置方面重视外语学习、国别教育、通识教育,为学生开设地域研究专门课程,学习不同国家的法律、文化、社会制度等。欧陆国家中荷兰、德国等国家的法学院同样注重在课程设置方面开设专门性的国际法、国别法、比较法等涉外课程。

英美法系国家和地区更倾向于采取以实践技能为中心的涉外人才培养模式。例如美国哈佛大学法学院不仅设置了百余门具有国际因素、涉外因素或与外国法相关的课程,同时还通过实训基地学习讨论全球各地的热点法律事件,要求学生在老师指导下帮助解决真实案例纠纷,并资助学生开展国际调研以帮助其获取有关外国法及其实践的第一手知识。英国法学院将培养高水准的国际律师作为涉外人才培养的目标,律师协会深度参与教育机构认证、职业技能培训、见习实习等人才培养的全过程,确保学生能够在实践中获取知识和技能。同时律师协会还参与法学高等教育标准的制定和质量评估。[1]

不同的制度文化以及法学教育传统使不同国家和地区形成了差异化的涉外人才培养模式,无论是以课程讲授为中心还是以实践技能为中心的培养模式均各有其优缺点,可以为我国涉外法治人才培养模式的建构和完善提供有价值的参照。

---

〔1〕 参见彭立峰:《涉外法治人才培养的英国实践及其借鉴》,载《法学教育研究》2022年第2期。

三、涉外法治人才培养的具体路径

涉外法治人才培养机制和途径的创新是机遇也是挑战，创新的涉外法治人才培养机制需要在探索中不断完善，对各种问题给予应有的重视，以确保涉外法治人才培养的方向与质量。[1]

（一）坚持以习近平法治思想作为根本遵循

习近平总书记强调，要坚持建设德才兼备的高素质法治工作队伍。在习近平法治思想的指引下，加强涉外法治人才培养对于建设法治中国至关重要。[2] 要在涉外法治人才培养中贯彻落实习近平法治思想，与协同单位联合开设习近平法治思想的涉外法治实践相关课程，打造习近平法治思想专门课程模块，持续完善“学科＋专业＋课程”的“三位一体”人才培养体系，在开拓“全球视野”的同时坚定“中国立场”，在培养“全球素养”的同时坚守“中国情怀”，培养涉外法治人才的国家认同感与归属感。

（二）涉外课程体系的设置

课程体系是人才培养的基础环节，不仅要增设国际法相关课程，而且要加强外国语言、国际政治、国际关系、国际经贸、世界历史、跨文化交流等课程教学。[3] 但从目前的现实来看，对涉外法治人才培养的重视不够，对于传统课程体系的改革尚少，甚至存在将涉外法治人才培养等同于多选送学生出国学习或多引进外教、引进英文教材的误区。[4]

可以设计外语模块、国际经济贸易法律模块、外国法系列模块、涉外法治实践等四大课程模块，加强涉外法治核心课程建设，以核心课程建设为切口，带动核心教材、核心师资、核心实践项目协同建设。需要科学设置课程体系，采取“法学＋外语＋涉外实践”的课程架构，优化原有课程体系；与相关实务部门协同开发“法律文本翻译”“涉外贸易法律实务”“涉外仲裁实务”“涉外

---

〔1〕 参见王文华：《论涉外法治人才培养机制创新》，载《中国大学教学》2015 年第 11 期。

〔2〕 参见解连峰：《习近平法治思想指引下新时代涉外法治人才培养进路》，载《黑龙江工业学院学报（综合版）》2023 年第 1 期。

〔3〕 参见马怀德：《加快涉外法治人才培养　服务国家涉外法治建设》，载《法学教育研究》2022 年第 2 期。

〔4〕 参见贺赞：《涉外法治人才培养机制创新——以课程体系建设为中心》，载《中国法学教育研究》2017 年第 2 辑。

合规法律实务”“国际组织法律实务”等特色涉外人才培养课程。

(三)涉外法治人才培养的师资配置

涉外法治人才的培养,需要构建跨院系、跨学科、跨专业的教学队伍,组建、优化涉外法治人才培养的师资力量,聘请有经验的涉外律师、涉外企业法律顾问、国际组织专家担任教师,打造由专职教师、实务部门专家和国内外兼职教师组成的涉外法治人才培养教师团队。

要构建产学研全面合作的协同育人机制。可以建立涉外法治人才培养产学研联盟,推进与涉外法治实务部门、各国际组织和涉外律师事务所、涉外法律服务机构以及有涉外法律服务需求的企业全面合作,构建协同育人机制,双方在管理机构、课程教材、教师团队、实习实训、就业创业、研究智库、质量保障体系等方面开展实质性协同,为协同单位“量身定制”涉外法治人才,设立教学科研实践基地,做好学生实习环节的精准对接和就业阶段的介入引导工作。

(四)涉外法治人才的协同培养模式

打破涉外法治人才培养的专业壁垒,充分发挥综合性大学专业特色与办学优势,推行多学科深度融合的协同培养模式。围绕协同单位对涉外法治人才的实际需求,跨学科重构专业设置和教学模式,创新多学科、跨专业的联合培养模式。

完善涉外法治人才选拔机制,通过进校二次选拔、转专业等环节,发现、遴选出对涉外法治有志趣、综合素质优秀的好苗子。可以设立涉外法治人才培养创新班,[1]在创新创业学院中开设专门以涉外法为主要学习内容的涉外法治人才班,坚持数量服从质量、合理控制规模,对入选学生单独编班,实行小班化教学,推行“学业导师+实务导师”的“双导师制”。组织学生参加模拟仲裁、模拟商务谈判、模拟法律尽职调查等创新训练项目,共同支持学生参加高水平国际模拟法庭和仲裁庭竞赛,注重“以赛促学”等校内外活动,锻炼应用能力,实现课堂与实践的协同培养。[2]

---

〔1〕 参见李卓谦:《设立涉外法治人才实验班 开启人才培养新模式——张勤谈天津财经大学法学教育特色》,载《民主与法制时报》2020年7月9日,第5版。

〔2〕 参见陶立峰:《新时代涉外卓越法治人才培养路径探索》,载《黑龙江教育(高教研究与评估)》2021年第2期。

应引进国外优质教育资源，在风险可控的前提下开展高水平协同办学，推进与各国开展合作研究、学术交流、人才协同培养及开办国际暑期学校。可以在教师互派、学生互换、学分互认、学历学位认证标准连通等方面开展实质性合作，实施海外高级专家专项引智等项目，定期邀请涉外法治学科专业和实务部门的外国专家来校授课，选派师生赴世界高水平大学、科研机构留学、学术交流等。

(五)涉外法治人才培养的实践教学体系

创新涉外法治人才培养的实践教学方法，为学生提供更贴合涉外法治服务及国际组织的实习实践机会，开展模拟联合国、模拟国际法院、模拟国际商事仲裁等模拟仿真教学。派遣学生参与涉外贸易、涉外仲裁、自贸区涉外项目合法性审查、涉外合规性审查、国际组织服务等涉外、国际组织法治实务，使学生在实践中逐渐熟悉相关实务操作流程，深化对涉外法律实践的掌握。

(六)强化产出导向的全过程质量评估体系

涉外法治人才的培养应全面落实学生中心、产出导向、持续改进的理念，推进涉外法治人才培养全过程质量管理，建立健全人才培养质量监控、质量预警和质量评价标准体系，对教学质量、学生满意度等进行监测和评估。加强教学管理，确保教学计划的顺利实施和教学质量的稳步提高。建立涉外法治人才培养档案和就业跟踪体系，为学生提供全方位的服务和支持。

四、涉外法治人才培养的保障

(一)制度保障

首先是涉外法治人才的培养应构建针对性的质量保障体系。[1] 涉外法治人才培养先需要在院校两级层面提供保障。在校级层面，应组成涉外法治人才协同培养创新基地领导小组，对涉外法治人才的协同培养进行总体指导和领导，从而有助于沟通协调。在学院层面，建立由相关学院的院

〔1〕 参见何燕华：《新时代我国高校涉外法治人才培养机制创新》，载《中南民族大学学报(人文社会科学版)》2023 年第 7 期。

长、副院长、教学指导委员会成员组成的涉外法治人才协同培养创新基地工作组,具体负责涉外法治人才协同培养创新基地的各项具体工作;组建由教学名师和相关专业一线教师等组成的授课及研究团队,以及由相关职能部门组成的保障小组,确保基地能够科学、协调、顺利地承担相关研究和培养任务。

其次是宏观层面的制度保障,可以制定诸如"涉外法治人才协同培养创新基地管理办法"等文件,从宏观上规定基地建设的指导思想、整体目标和相应的体制机制,为涉外法治人才协同培养提供总体指导。在具体的管理制度建设上,根据基地建设的实际需求,制定"涉外法治人才协同培养方案""涉外法治人才协同培养创新基地建设办法"等文件,与共建单位共同制定和不断完善基地管理制度,并建立学校与共建单位联合培养涉外法治人才的协同工作机制。

(二)物质保障

涉外法治人才的培养需要建立涉外法治人才实习、实训基地,因此需要额外的培养经费。学校应提供专项经费,为涉外法治人才培养提供资金支持;持续收入涉外法治人才培养相关的图书资料,建立专门阅览室,购置相关的特色数据库,为涉外法治人才的培养提供文献支持;建立虚拟仿真实验室,满足开展涉外法治人才培养实验教学的需求;提供专门的办公室以及基地需要的相关设备,为基地提供必要的场地、设备和资源保障。

涉外法治人才的培养模式与路径探索

——以南京审计大学法学院为例

吴一鸣*

摘　要:涉外法治人才的培养是政法院校人才培养的重要目标之一。在习近平法治思想、依法治国理念及相关部门政策文件的指导下,众多院校采取了各具特色的涉外法治人才培养模式。南京审计大学法学院应当因校制宜、因地制宜,根据自身条件及特点培养涉外法治人才。具体的措施包括:第一,优化课程比例,提高课程质量;第二,提升学生专业外语能力;第三,整合相关资源,开展多途径多方位合作。这又具体包括依据新文科建设,开展与校内相关专业的合作,培养复合型人才;探索政产学研用协同育人机制,积极利用地域优势引入社会资源;进一步深化与境外高校的合作交流。

关键词:涉外法治　人才培养　因校制宜

一、新形势下涉外法治人才培养的目标与任务

我国对于涉外法治人才的培养源于2011年教育部、中央政法委员会出台的《关于实施卓越法律人才教育培养计划的若干意见》(教高〔2011〕10号)。该意见中明确提出"把培养涉外法律人才作为培养应用型、复合型法律职业人才的突破口……培养一批具有国际视野、通晓国际规则,能够参与国际法律事务和维护国家利益的涉外法律人才"。2018年,教育部、中央政法委员会又出台了《关于坚持德法兼修实施卓越法治人才教育培养计划2.0的意见》(教高〔2018〕6号),其中,"涉外法律人才"的提法转变为"涉外法治人才",其内涵除了原有的"具有国际视野、通晓国际规则,能够参与

---

* 作者简介:吴一鸣,女,南京审计大学法学院副教授。

国际法律事务和维护国家利益”外,又增加了“勇于推动全球治理规则变革”。这一转变与进阶体现了我国对于当下百年未有之大变局的深入理解和习近平法治思想、全面依法治国重要内涵的深刻解读。

2021年,中共中央印发《法治中国建设规划(2020－2025年)》,明确提出加大涉外法治人才培养力度,创新涉外法治人才培养模式。同年,教育部出台《关于加快高校涉外法治人才培养的实施意见》(教高〔2021〕3号)。该实施意见确立了我国涉外法治人才的培养目标,即到2025年,形成与国家发展需求相适应的涉外法治学科专业体系,建立以实践为导向的涉外法治人才培养机制,打造一批涉外法治人才培养示范区。到2035年,建成中国特色、世界一流的高校涉外法治人才培养体系,为全球治理体系变革和建设、构建人类命运共同体提供全面有力的法治人才保障。同时,该实施意见中还明确提出了涉及思政建设、课程建设、教材、资源库、英语能力、合作办学等的18项任务和举措。相关文件的出台为我国涉外法治人才的培养指明了方向和具体实施路径。

世界局势永远处在风云变幻之中。进入21世纪以来,一方面,随着全球化的日益加深,国际合作不断推进,各国间的联系与依赖不断增强;另一方面,“逆全球化”“单边主义”的思潮也大行其道。再加上近年来美国霸权主义的升级、新冠疫情的暴发以及巴以冲突的激化,包括中国在内的世界各国都面临着新问题与新挑战。具体就我国而言,对外投资和贸易持续稳步增长,与“一带一路”共建国家的合作与联系越来越密切。但相对而言,中国律师业的国际化步伐总体落后于中国企业“走出去”的国际化步伐。〔1〕 我国涌现了一批卓越的国际法人才,在重要的国际司法和仲裁机构中任职,代表中国态度,维护中国利益。但相较于其他一些国家,在重要的国际组织中任职的中国籍法治人才比例相对不高,在话语权和影响力方面有待进一步提高。我国的综合实力和国家竞争力在不断增强,但一些重要的国家利益仍然会受到以美国为首的部分西方国家的霸权主义的危害。因此,着眼于当下和未来,为了实现中华民族的伟大复兴,为了推动全球治

〔1〕 参见张春良、敖琪:《论我国涉外法治人才建设效能的提升》,载《新文科教育研究》2023年第1期。

理变革和人类命运共同体的构建，涉外法治人才的培养应当是立体的、全方位的。涉外法治人才不仅要包括国际服务的提供者、国际纠纷的裁决者，还要包括国际规则制定的参与者、全球公共事务的管理者和国际法律理论变革的引领者。[1]

二、我国涉外法治人才培养模式的现状与评价

(一)现状

我国政法院校对涉外法治人才的培养在坚持德法兼修，深入开展社会主义核心价值观和社会主义法治理念教育的前提下，主要采取以下几种模式：

第一，设立涉外法治人才培养基地。2011 年《关于实施卓越法律人才教育培养计划的若干意见》出台后，相关部门便出台《关于公布首批卓越法律人才教育培养基地名单的通知》(教高厅函〔2012〕47 号)实施具体的配套措施，其中，北京大学、中国人民大学、清华大学、中国政法大学、北京外国语大学等 22 所大学设立了涉外法律人才培养教育基地。近年来，相关省级行政区也各自开展了涉外法治人才培养基地建设。例如 2023 年，上海开展了首批上海高校涉外法治人才教育培养基地建设，9 所高校获批，周期为 4 年。而在此之前，华东政法大学成立了全国首家涉外法治学院。浙江省教育厅联合中共浙江省委全面依法治省委员会办公室也公布了首批省级涉外法治人才协同培养创新基地建设试点名单，首批入选 9 所高校。

第二，设立专门的法律硕士专业学位研究生培养项目。2021 年，教育部学位管理与研究生教育司、司法部律师工作局发布《关于实施法律硕士专业学位(涉外律师)研究生培养项目的通知》(教研司〔2021〕1 号)，并选取了 15 所高校开展此项目，同时规定了相应的招生规模。2022 年，教育部办公厅、司法部办公厅又发布《关于实施法律硕士专业学位(国际仲裁)研究生培养项目的通知》(教研厅函〔2022〕5 号)，此次选取 20 所高校开展此项目，同时规定了相应的招生规模。

---

〔1〕 参见彭芩萱、李光辉：《积淀、贡献与展望：习近平法治思想指导下的涉外法治人才培养》，载《法学教育研究》2022 年第 3 期。

第三,开设涉外法治人才培养实验班。在一些入选涉外法治人才培养基地的高校,开设了各种类型的实验班。例如中国政法大学早期开办了法学(涉外法律人才培养模式实验班),后该实验班于2021年调整为法学(涉外法治人才培养实验班)。与此同时,中国政法大学又和北京外国语大学开设法学(北京外国语大学联合培养涉外法治人才)实验班,其中优秀同学可以通过推免入读国际法专业(涉外法治方向)学术型硕士研究生。[1] 西北政法大学开设涉外型法律人才实验班,实施单独的培养方案,增开包含双语课程和特色课程的专业选修课,增加有关法学实践技能的课程门数并提高学分要求。[2]

第四,探索政产学研用协同育人机制,积极与校外各部门合作培养涉外法治人才。习近平总书记强调,要打破高校和社会之间的体制壁垒,将实际工作部门的优质实践教学资源引进高校,加强校企、校地、校所合作,发挥政府、法院、检察院、律师事务所、企业等在法治人才培养中的积极作用。[3] 因此,各高校积极展开与地方政府、司法部门、涉外法律服务机构的合作,将校外资源引入校内,同时让学生走出高校,将所学知识在社会实践中予以融会贯通。

(二)评价

可以看出,各院校基于自身的优势和特点采取了不同的模式和路径培养涉外法治人才。首先便是学科体系和课程体系的优化。除了增加国际法相关课程的学习课时外,还增加开设特色课程如国际航空法、能源法等课程,并在更多的课程中采取全英文授课。其次,各院校积极利用自身的优势和资源,丰富涉外法治人才的实践途径,如武汉大学与国外高校合作开展国际组织后备人才培养项目,向国际组织选派优秀学生实习,为国际

---

〔1〕 参见《中国政法大学:2021年7个专业实施本硕贯通培养　开设两个涉外法治人才培养实验班》,载新浪看点2021年6月21日,https://k.sina.com.cn/article_5895814239_15f6afc5f02000v4lv.html。

〔2〕 参见《涉外型卓越法律人才培养基地班开始招生啦!》,载微信公众号"西北政法大学国际法学院"2023年10月9日,https://mp.weixin.qq.com/s?__biz=MzUxMjg1MTQzOQ==&mid=2247492463&idx=1&sn=aa7730e75b68b72416fb3dd922b80acd&chksm=f95c8fefce2b06f9d2f8aa505967df756418a8bb62899dcccfa47ea10ebae91c03c153369433&scene=27。

〔3〕 参见习近平:《论坚持全面依法治国》,中央文献出版社2020年版,第177页。

组织做好人才储备及输送工作。[1] 最后,积极利用地缘优势,培养专门性的涉外法治人才。例如浙江师范大学面向我国对涉非法治人才的重大需求,依托学校为非洲学术研究和人才培养重镇的强大优势,以"涉外立法执法司法人才"为人才培养方向,重点培养以非洲为面向,能够为健全我国涉非法律规范体系服务的专门法治人才。[2]

当然,在涉外法治人才的培养中也存在一些需要特别注意的问题。例如,涉外法治人才并不必然等同于国际法人才。在当今专业和纠纷日渐细化的趋势下,实践中对于涉外法治人才的需求已逐渐细分领域,如航空领域、科技领域、金融领域、安全领域、能源领域等,因此需要更加专业的知识学习。又如,随着"一带一路"倡议的实施,参与的国家数量众多,各国间语言和法律制度的差异要求涉外法治人才的培养重视国别法和多语种语言能力的培养。因此,各院校应当积极利用自身的条件和优势,因校制宜、因地制宜地采取多种方式培养涉外法治人才。

三、南京审计大学法学院涉外法治人才的培养模式与路径探索

南京审计大学法学院共有专任教师 50 余人,其中教授 18 人、副教授 21 人,获得国外学位或有国外访学经验的教师 10 余人。法学院下设 7 个教研室,其中国际法教研室现有 5 名教师,包括教授 1 名、副教授 3 名,获法学博士学位者 4 名。法学院本科招收法学、法学(监察方向)、法学(法务会计)和法学(法务金融)四个方向的学生。法学院拥有法学一级学科硕士学位点和法律专业硕士学位点。南京审计大学法学学科在 2023 年中国最好学科排名中列前 30%,居第 60 位。鉴于南京审计大学法学院的现状,对涉外法治人才的培养在本科教育阶段和硕士研究生教育阶段应当有所不同。本文将重点论述本科阶段涉外法治人才培养的路径。对于涉外法治人才的培养首先要解决的是为谁培养的问题。近年来,南京审计大学法学院一直重视法科学生的思想道德教育和课程思政建设,深入开展社会主义核心

---

[1] 参见《联合培养国际组织后备人才项目再获国家留学基金委资助》,载武汉大学国际交流部网站 2021 年 12 月 1 日,https://oir.whu.edu.cn/info/1009/7593.htm。

[2] 参见《我校获批浙江省首批涉外法治人才协同培养创新基地》,载浙江师范大学教务处网站,https://jwc.zjnu.edu.cn/2023/0906/c4329a446447/page.htm。

价值观和社会主义法治理念教育,让广大学生自觉提高责任感和使命感。在解决为谁培养问题的基础上,再进一步涉及如何培养的问题,具体培养措施如下。

(一)优化课程比例,提高课程质量

自2018年教育部发布《普通高等学校本科专业类教学质量国家标准》之后,传统三国法中只有国际法学纳入10门必修课程之一,而国际私法和国际经济法则成为各院校根据办学特色开设的其他专业必修课。这一做法实际上削弱了国际私法和国际经济法的重要性,不利于涉外法治人才的培养。目前,学科体系中相关课程的课时量并不能满足教学需要。以国际私法为例,法学专业有3学分51课时,现用的马工程教材共设四编十八章,内容庞杂,体量较大。受到课时的限制,教师上课只能有所侧重,选择部分内容。目前授课的侧重点主要在于国际私法的基础理论(含学说史)、冲突法适用中的一般制度及国际民事诉讼中的管辖权和判决承认与执行制度。对于具体法律关系的讲解则只能选择合同、侵权等个别法律关系作详细讲解,其他的内容只能简单介绍法条。而对于国际商事仲裁这一可以独立成课的内容更只能蜻蜓点水,一带而过。国际私法是一门理论性较强的课程,同时它又肩负着解决国际民商事争议的重任。理论的掌握程度决定了对国际私法的整体理解和把握程度,指引着立法与司法实践的方向,且由于国际私法的理论较其他学科更为独特和不易理解,故课堂教学中教师会比较重视理论知识的学习与讲授。当然,案例教学也必不可少,只是相较于实践中纷繁复杂的法律关系,现有案例教学的学时有限,只能涉及有限的法律关系类型,无法满足"一带一路"实践中对涉外法治人才的实际需要。此外,国际经济法是3学分,共51课时,而其内容的庞杂程度与国际私法相比,更加有过之而无不及,目前授课也只能侧重于国际贸易法。国际法相关课程教学课时的不足成为多数政法院校的共性问题。[1]

针对现有国际法主要课程教学课时严重不足的情形,首先,可以考虑适当提高国际法相关课程在整体教学体系中的比重,适当增加学分数。以

〔1〕 参见刘彬:《涉外法治人才培养目标下国际经济法课程的"加与减"》,载《法学教育研究》2023年第1期。

国际私法为例,可以将该门课程学分提高至4学分。同时,为了避免将教与学的压力集中在一学期,可以参考现有民法和刑法课程的做法将4学分拆分成两个学期进行教学,开设“国际私法(一)”和“国际私法(二)”。其中,“国际私法(一)”主要讲授国际私法的基本理论和具体法律关系的法律适用,“国际私法(二)”主要讲授国际民事诉讼和国际商事仲裁等有关国际民商事争议解决机制的问题。其次,加大实践教学的比重。在增加教学课时的前提下,可以尽最大可能增加案例教学的学时,以培养学生解决实际问题的能力。教师应当打造丰富的教学案例库,具体如通过中国裁判文书网、北大法宝网等资源库搜集相关案例,建立可以共享的案例资源库。同时可以建立虚拟仿真实验项目,让学生沉浸式体验涉外法治实践中的法律问题和应对措施。最后,除国际法相关课程外,还应重视国别法和比较法的课程。如前所述,涉外法治人才并不等同于国际法人才,在当今国际交往面向众多国家的情形下,还应当熟悉和精通他国法律,故应重视比较法、英美法、欧盟法等相关课程的开设。

(二)提升学生专业外语能力

早在2007年,相关部门就正式发文明确鼓励开展双语教学,要求“推动双语教学课程建设,探索有效的教学方法和模式,切实提高大学生的专业英语水平和直接使用英语从事科研的能力”[1]。在此之后,包括南京审计大学法学院在内的众多政法院校即开展了双语教学的试点,试点课程大多是国际法相关课程。现如今,随着国际化的深入和“一带一路”倡议的实施,涉外法治人才所必备的不仅仅是英语能力,而且涉及多语种的外语能力。

在此之前,法学院曾选择国际经济法和国际私法课程开展双语教学。但在实施过程中发现存在英语和中文授课的比例分配和内容选择问题。两门课程都有着众多且复杂的内容,很多规则即便是中文授课学生都难以理解,如果是英文授课则难上加难。且同一专业学生人数众多,英语水平参差不齐,教学难度的选择也是难题。此外,增加英语授课内容会导致原

〔1〕 教育部、财政部《关于实施高等学校本科教学质量与教学改革工程的意见》(教高〔2007〕1号)。

本并不充裕的课时量更加不足。如若要达到预期的教学效果,需要学生在课前花费大量的时间通过其他形式先行自学相关知识,再由授课教师在课堂上择重点予以讲解。但这对于学生自觉性和配合度要求过高,如果主动性不强,完全无法达到预期的教学效果。

因此,从以往的经验来看,面向所有同学的双语教学难以达到预期的教学效果,应当有针对性地面向实际有需要的少部分同学。结合上文提及的优化课程比例问题,本文认为首先在面向所有同学的相关课程的课堂教学中应当同时涉及专业术语的英文表达,并辅之以专业英语的预习和课后配套资料,使有实际需要的同学在老师的指导下完成课程专业英语的基础学习。其次,设置专门课程训练和使用专业英语。例如南京审计大学法学院近年来已经开设国际商事仲裁模拟实训课程,遴选英语优秀的同学参加贸仲杯国际商事仲裁比赛及国际投资模拟仲裁大赛等相关比赛。通过这些竞赛,学生的纠纷解决能力和英语能力都得到了较大的提升。最后,除英语能力的培养外,还可利用本校外国语学院的师资优势,提升学生第二外语能力。

(三)整合相关资源,开展多途径多方位合作

首先,在本校范围内,打破学科院系壁垒,整合相关校内资源,积极开展与其他院系的合作。本校外国语学院设有英语系,并开设其他语种课程。涉外法治人才是复合型人才,既要拥有扎实的法学功底,又要具备优秀的外语能力,法学院可以与外国语学院联合开展辅修、双学位的教育。事实上,每年都有一些本科为外语专业的学生考入法学院进行硕士研究生的学习,较为普遍的问题是他们并没有经历过法学知识的系统学习,而进入硕士阶段的学习后又由于偏向某一研究方向而使其综合实力有所欠缺。因此,本科阶段开展法学和外语的主辅修或双学位教育对于外语类同学而言有利于打下较为全面扎实的法律基础。而法学专业的同学则可以提高外语能力。此外,南京审计大学为财经类院校,开设有国际贸易、国际投资、国际金融等相关专业,法学院也应当充分发挥学科优势,联合培养“法学 + X”的复合型涉外法治人才。

其次,探索政产学研用,积极利用地域优势引入社会资源。南京审计大学处于江苏省南京市,省内及市内高校资源丰富,可以开展校际间的合

作,如邀请相关专家开设课程,开展校际模拟法庭、模拟国际商事仲裁庭训练等。另外,南京市设有南京国际商事法庭,南京审计大学又地处江苏自贸试验区(南京片区),区内有江北新区人民法院自由贸易区法庭、南京海事法院巡回审判点(南京自贸片区)、自贸区(南京片区)蓝海国际商事调解中心和中国(江苏)自贸区仲裁院等。法学院应当发挥地缘优势,积极展开与相关实务部门的合作,建立涉外法学实践教学和实习基地,聘请实务部门的专家来校指导学生、参与实践课程的授课。

最后,进一步深化与境外高校的合作交流。长期以来,法学院与一些境外高校有着良好的关系,如匈牙利排名第三的佩奇大学、美国俄亥俄州立大学和澳大利亚的西澳大学等。学校曾经几次遴选包括法学专业在内的优秀本科生去匈牙利佩奇大学进行学术交流,每次交流为期半年。后因某些客观原因,这一项目中断。近年来随着"一带一路"倡议的实施,包括匈牙利在内的诸多欧洲国家与中国存在良好的贸易与投资合作,在此情形下应当尽快恢复本科生交流项目。而法学院与俄亥俄州立大学及西澳大学也长期存在硕士研究生教育的合作,每年均有本科毕业生去对方院校攻读硕士研究生项目。为了更好地实现涉外法治人才的培养目标,法学院应当与这些高校进一步拓宽合作交流渠道,增加诸如互通课程、互认学分、互派师资等合作,挖掘更多形式的联合培养项目。

从宏观到微观：基于“三螺旋”理论的涉外法治人才培养模式

葛宪运*

摘　要：在国际组织工作的中国籍法治人才占比极低，涉外法治法律体系的缺失已阻碍中国涉外法治建设，然而究其深层原因，系目前高等法学教育体系所培养的单学科、重理论的法学专才与国家社会所需要的跨学科、重实践、有创新的涉外法治全才之间的供需矛盾。因此，以国家行政主管机关、用人单位和高校所形成的“三螺旋知识经济结构”为理论起点，结合国外探索经验，从国家法律法规制度的完善和实施、高校与行业组织深层次协作、高校学科调整和升级等三个层面共同发力、多元推动，才能解决涉外法治人才培养的核心痛点，建构起真正健康的中国涉外法治人才培养生态体系。

关键词：涉外法治人才　“三螺旋”理论　生态链

党的二十大报告指出“坚持全面依法治国，推进法治中国建设”要“统筹推进国内法治和涉外法治”。培养通晓国际法律规则、善于处理涉外法律事务的人才是推进涉外法治建设的先导力量和基础工程，然而我国面临着涉外法治人才严重短缺的严峻现实。[1] 在百年未有之大变局背景下，要加快涉外法治工作战略布局，涉外法治人才培养就成为一项极为重要的政治任务。涉外法治人才培养是一项系统工程，高校是人才培养的主阵地，不断开拓涉外法治人才培养的科学模式。在实践方面，除“五院四系”等传统的法学院校外，一些新兴的法学强校如对外经济贸易大学、北京外国语

---

* 作者简介：葛宪运，扬州大学法学院讲师，硕士生导师，研究方向：国际经济法、法教育研究。

〔1〕 参见杜焕芳：《涉外法治专业人才培养的顶层设计及实现路径》，载《中国大学教学》2020 年第 6 期。

大学、上海政法学院等高校纷纷加强涉外法治(律)人才培养,通过设立涉外法治(律)人才实验班等方式,加速涉外法治人才培养的规模化、专业化。

尽管如此,我国在总体实力上,包括涉外法治人才培养考核方式、评估标准、课程体系、师资队伍建设等方面与西方法治发达国家相比还存在明显发展空间。国家涉外法治人才匮乏和培养方向的供求不平衡甚至错位,严重制约了中国涉外法治体系的构建和全球治理战略的后续发展。为此,研究适应当下涉外法治建设和全球治理战略现实需要和应对百年未有之大变局背景下的我国涉外法治人才培养形式和模式,具有显著的时代价值和现实紧迫性。

一、“三螺旋”理论下涉外法治人才供需不平衡问题

(一)新时代中国涉外法治建设的制约因素

目前,我国涉外法治建设人才需求与人才培养之间不平衡。新时代,国际社会到了十字路口,大国战略竞争加剧,政治、军事、外交等传统安全和气候变化、流行病、数据安全、恐怖主义等非传统安全并存,世界正经历百年未有之大变局。此外,随着第四次工业革命的推进,发展中国家和发达国家从垂直性、垄断性、等级性结构向扁平化、节点化、网格化结构转变。从“一超多强”到“发展中国家的群体性崛起”,科学、技术、海洋成为影响权力的重要因素,超越修昔底德陷阱。然而,当今国际社会面临国际政治失序、逆全球化蔓延、全球治理赤字等问题与挑战,具体表现为后全球金融危机时代政治上霸权主义依然严重、经济上国际贸易保护主义抬头、文化上美欧之间甚至欧洲内部价值观出现冲突以及社会上难民、气候变化等问题依然严峻。[1] 与之相对,中国成为全球治理的稳定性力量,在政治上主动担当大国责任,经济上通过“一带一路”倡议加强全球互联互通,文化社会上积极推动构建人类命运共同体。

国际规则和新型国际关系不适应,国际法治改革和国际秩序重构,少数西方霸权国家运用国际法律规则对我国采取制衡和限制措施是制约我

〔1〕 参见赵磊:《从世界格局与国际秩序看“百年未有之大变局”》,载《中共中央党校(国家行政学院)学报》2019 年第 3 期。

国涉外法治建设的核心因素。从表面上看,这归于涉外法治法律体系缺失等原因,但究其本质,是未根据“统筹推进国内法治和涉外法治”思想建构起一套完善、科学的涉外法治人才培养体系、法学教育管理和自律体制。缺乏国家教育行政机关、跨国公司、国际仲裁机构、国际组织等相关主体支持的“涉外法治通才”培养模式,是目前涉外法治人才供需失衡的重要根源。

(二)基于“三螺旋”理论建构涉外法治人才培养创新体系

在探索涉外法治人才培养模式的创新体系中,我们可以借鉴“三螺旋”理论,这一理论虽然最初并非针对法学领域,但其理念和方法对于理解人才培养的复杂性具有启发意义。美国遗传学家查德·列万廷(Richard Lewontin,1970)在其著作《三螺旋:基因、生物体和环境》中提出,基因、生物体和环境三者之间存在着动态的辩证关系,它们相互交织、互为因果,共同构成了一个复杂的系统。随后,美国社会学家亨利·埃茨科威兹(Henry Etzkowit,1995)和荷兰学者罗伊特·雷德斯多夫(Loet Leydesdorff)将“三螺旋”理论引入社会科学领域,并将其应用于高校、产业单位和政府之间的协同育人机制。他们认为,这三者应当保持各自独特的功能和身份,同时相互协作,以实现人才培养的目标。

在涉外法治人才培养中,我们可以将高校视为人才培养的供给侧,跨国律所、公司和国际组织等作为人才需求侧,而国家教育政策的制定者则起到引导和推动的作用。这三方在人才培养过程中形成了一种相互促进、交织在一起的“三螺旋”模式,这种模式有助于实现有效的协同创新和形成令人满意的育人成果。

(三)“三螺旋”理论下的人才培养现状

与大国外交、经济快速发展的需求相比,涉外法律服务相对落后。中国在对外交往尤其是经济领域,取得了举世瞩目的成就。这得益于改革开放,中国从积贫积弱的半殖民地半封建社会跃升为仅次于美国的工业门类齐全的世界经济体。基于全球最大消费市场规模优势,中国有巨大的外资输入和国际货物进口潜力。在国际投资领域,中国是资本输出、输入双重身份的大国;在国际贸易方面,根据 EPS 数据平台统计,自 2012 年以来,中国进出口贸易总额稳步提升,2013 年超越美国成为全球第一,达到 41,600

亿美元;在服务贸易方面,中国服务贸易进出口总额稳步提升,但是仅占美国服务贸易进出口总额的一半左右。伴随着经济的增长,2022 年联合国大会通过的决议显示我国在 2022 年至 2024 年,每年承担的会费比例为 15.254%,仅次于美国所承担的 22%。然而,我国涉外法治人才的培养不能满足涉外执法司法、法律服务、参与国际组织的需求,不仅落后于美国、欧盟,甚至落后于日本。

当前,中国屹立世界民族之林,实现中华民族伟大复兴不可阻挡,[1]中国高水平对外开放亟须大量优秀的涉外法治人才的深度参与。历史经验证明,谁能占领人才制高点,谁能主导国际规则的制定和完善,谁就掌握国际竞争的主动权。在当前日趋复杂的国际形势下,有必要从推进共建"一带一路"高质量发展,推动构建人类命运共同体的战略高度,高度重视涉外法治人才培养工作,着力夯实涉外法治工作的人才基础。然而,我国涉外法治人才培养也存在较为明显的短板,虽然已有多所高校在积极创新涉外法治人才的培养模式,但从整体上看,涉外法治人才在数量上还存在较大缺口,教学资源不能共享、培养思维缺少创新、人才培养不连贯、知识结构和课程设置不合理、实践实训不充分、人才培养国际交流不深入等问题还很突出,[2]无法满足中国涉外法治建设快速发展的现实需求。

中国涉外法治建设具有特殊的属性。作为建设主体,涉外法治人才不仅需要具备法学基础能力,还需要具备外语基础知识和基本技能,了解外国文化,具备丰富的实务经验。受长期应试教育和单一化培养体制的影响,外语、国际贸易、国际政治、国际金融等其他专业的学生,难以通过和西方法律人才培养类似的开放性培养模式具备较高法学素养,跨学科成为涉外法治人才培养的理想模式。

尤其在全球数字经济时代,涉外法治人才的紧缺与现有普通法学专业毕业生相对过剩形成了鲜明对比,涉外法治人才培养模式与专业课程结构亟待调整。调查发现,改革开放 40 余年来,特别是党的十八大以来,中国

〔1〕 参见董彪:《"天下"的裂变、重构与构建人类命运共同体》,载《中国文化研究》2023 年第 1 期。

〔2〕 参见郭雳:《创新涉外卓越法治人才培养模式》,载《国家教育行政学院学报》2020 年第 12 期。

法学教育发展十分迅速。据统计全国已有600余所院系开办法学专业,法学本科招生人数在众多专业中连续多年名列前茅。法学教育的快速扩张尽管在一定程度上满足了中国社会发展对法律人才的需求,但同时也存在“重数量扩张轻质量提升、重知识传授轻技能培养、重理论灌输轻法律实践”等缺陷。[1]

司法部2023年6月发布的《2022年度律师、基层法律服务工作统计分析》显示,全国共有执业律师65.16万多人且年龄结构日趋合理,30岁以下的律师10.79万多人,占16.56%,30岁(含)至50岁的律师41.95万多人,占64.39%,50岁(含)至65岁的律师10.63万多人,占16.32%,65岁(含)以上的律师1.77万多人,占2.73%,但在境外接受过教育并获得学位的律师仅8727人,占1.34%。截至2022年年底,在中国,共有来自22个国家和地区的217家律师事务所设立282家代表机构。[2] 值得一提的是,有8家在上海自贸试验区设立代表机构的外国律师事务所与中国律师事务所实现了联营。与此同时,我国律师事务所在境外设立分支机构共计180家。由于中国国际地位的提升和经贸体量的不断扩大,设立和培养一批规模化、专业化、规范化、国际化的律师事务所和具有国际视野、专业水准且勤勉诚信的涉外律师成为迫切需求。

二、基于“三螺旋”理论的人才培养供需两侧循环

(一)涉外法治治理循环链及影响因子

教育行政主管机关是涉外法治人才培养的引导者、监管者,是涉外法治教育发展的推动者;用人单位、相关国际组织是涉外法治人才培养供求方,同时也为涉外法治人才培养提供驱动力;涉外法律人才培养是法学院校、政府和用人单位之间的关系纽带。在探索涉外法治人才培养模式的过程中,本文借鉴“三螺旋”理论,强调培养目标的立体性、创新性和多元性。依据涉外法治人才的知识、能力和素质结构特点,培养目标应充分尊重法学知识的系统性、能力培养的创新性以及素质养成的多样性(Smith &

〔1〕 参见唐稷尧、向海平主编:《卓越法治人才暨公证人才教育培养改革研究》,民族出版社2008年版,第173页。

〔2〕 该数据不包括港澳台地区。

Brown，2015）。[1] 在此基础上，本文认为，政府的制度保障是基础，要通过深化人才培养供需两侧的融合，以激发学生兴趣为驱动力，以产教融合平台为支撑，以校企联合项目为纽带，推动供需两侧的深度结合，实现教育模式的转型升级。

根据最新数据，[2]全美在册律师共131.56万人，按照3.24亿人口总数计算，平均不到250人中有1名律师，德国平均500人中有1名律师，而依据中国司法部2023年6月发布的《2022年度律师、基层法律服务工作统计分析》，中国共有执业律师65.16万多人，大约每3000人中有1名律师。此外，基于东西部法治服务发展水平的不平衡，不难回答，中国的法治人才真的饱和了吗？不能过度强调法学专业的就业率而不关心涉外交往现实的人才需求。法学专业教育与涉外法治人才培养紧密相关，为满足国际交往对法律专业人才的需求，调整法学教育方向至关重要。通过辅修和第二学位等手段优化课程结构，可以实现教育与市场的有效对接，从而缓解涉外法治人才短缺的问题。

涉外法治人才的转型升级具备动态性特点，从涉外法律人才到涉外法治人才，从国内涉外法律人才到国际法律人才。随着人工智能时代的到来和5G技术的广泛普及，涉外法治人才培养面临着颠覆性变化。未来的发展趋势将是跨国界、跨区域的合作。这对涉外法治建设提出了新的要求，包括知识、能力和素质的提升。为了应对这些挑战，我们需要未雨绸缪地完成崭新的专业设置，这将是我们进行人才前瞻布局的明智选择。

（二）基于“三螺旋”理论的涉外法治人才培养的微观与宏观视野

在探讨“三螺旋”理论指导下涉外法治人才培养模式创新时，本文试图揭示在人员、信息、产品、资本等资源的交互作用下，如何实现微观层面与宏观层面的循环发展。

微观层面，即教育环节，培养主体通过优化师资、提升管理、合理配置资源等措施，推动教学、科研及人才专业能力的螺旋式上升。在此过程中，

---

〔1〕 See Smith J. & Brown A.，*Legal Education for the Global Age*：*A Model for Transformative Learning*，Legal Education Review 25（1）（2015）.

〔2〕 根据美国律师协会2023年《法律职业概况》统计，截至2023年1月1日，（网址下载报告）http://www.americanbar:org/content/durm/aba/administrative/news/2023/potly－2023.pdf。

不仅涉及教育机构的自我革新,也关联到用人单位的角色。用人单位通过提供实践平台,使涉外法治人才得以在实际业务中锻炼,进而为中国参与全球经济治理提供有力的法律服务。

宏观层面,则关注人才培养与政府政策之间的相互作用。政府通过政策引导和资源支持,影响人才培养的方向和质量,而人才培养的成果又反作用于政府决策,形成闭合的宏观循环。这种循环不仅优化了人才供给侧的结构,也满足了社会对涉外法治人才的需求侧。在此循环中,政府、教育机构与用人单位形成合力,共同推动涉外法治人才的培养与发展。

综上所述,基于"三螺旋"理论的涉外法治人才培养,通过微观与宏观两个层面的循环互动,实现了资源的有效整合和利用,为中国提高在国际法律事务中的参与度和影响力提供了坚实的人才支撑。

(三)涉外法治人才的知识、能力和素质结构

值得注意的是,法学应用型人才不同于工程应用型和技术应用型人才,是一种专业知识的应用型人才或智力技能型人才。教育部办公厅在《法学类教学质量国家标准(2021年版)》中指出法学类专业教育是素质教育和专业教育基础上的职业教育,除学制底线要求之外,明确规定了知识要求、能力要求、素质要求等三方面培养要求。相对于发现和研究客观规律学术型法学人才而言,法学应用型人才在知识、能力与素质结构三个维度另有较高标准,因此,科学地理解涉外法治人才的知识、能力、素质结构是涉外法治建设专门人才培养模式的前提条件。

1.通识型的知识结构

在制定法学国标的过程中,关于法学教育是通识教育还是专业教育争论不断。依据教育部办公厅发布的《法学类教学质量国家标准(2021年版)》,法学专业作为应用型专业,偏重于专业教育,但其实质是通识教育或博雅教育。涉外法治人才需要穿梭于各种社会关系,其知识结构应包括体现涉外法治思想的专业性知识、综合性知识和方法性知识:(1)专业性知识。包括专业基础知识体系和专业发展知识体系。专业基础知识体系指哲学、政经、法理、法史等构成的理论性的知识体系;专业发展知识体系指宪法、刑法、行政法、民法、经济法、国际法、诉讼法等部门法知识体系。(2)综合性知识。综合性知识不仅包括法学专业知识,还应涵盖与运筹涉

外法律关系相关的多学科基础知识体系。这些学科包括外语语言、数学、国际关系、国际政治、管理、国际贸易、国际商务等,具有明显的跨学科特点。此外,涉外法治人才还需要具备包括哲学、宗教文化、历史、戏剧、美术等,甚至地理、生物、化学等基础专业知识在内的综合性知识,以扫清创新创意的知识障碍。(3)方法性知识。涉外法治人才需要掌握帮助学习和掌握专业性知识、综合性知识的方法性知识。这些知识包括资料检索、逻辑思维、信息网络应用等技术性知识,以及法律思维方法、法学研究方法等知识。面对国际社会变化迅捷的特点,涉外法治人才需要通过方法性知识不断学习更新自身的知识储备与结构。

2. 创新型的能力结构

创新型的能力是涉外法治人才在涉外法律关系中所具备的各种能力和资源的组合,包括内在的思维方式和外在的行为能力。具体而言主要包括法律检索、案例分析、法律风险管理、举证质证能力、跨文化沟通协调能力及团队合作和领导能力,处理涉外法律关系所应当具备的法律逻辑思维和处理各种社会关系的行为能力。首先,涉外法治人才需要具备在大量的法律规范、案例及相关文献资料中敏捷捕捉信息、反馈分析信息,形成有价值的新“知识”的文献资料处理能力;其次,需要具备通过举证质证来还原事实本来面目的能力;最后,需要具备信息识别、理解、判定、传递、利益协调、决策及其发布等方面的表达交流能力。无论是争端解决中的协调沟通还是交易过程中的游说谈判,都离不开沟通协调能力。作为跨国化、专业化的职业种类,涉外法治建设依赖国际合作创造价值,[1]在各种涉外法律关系主体之间的沟通协调能力成为必备的能力,并发挥不可替代的作用。此外,作为行业价值实现的核心能力,包括鉴定式案例研习、诉讼可视化等方面的创新创意能力,是涉外法治建设持续发展、不断开拓的最重要能力。

3. 多元型的素质结构

美国哈佛大学教授戴维·麦克利兰(David C. McClelland)依次从定性和定量的角度定义了素质。从定性研究方法来看,素质是指工作或生活

[1] 参见张乃根:《论“一带一路”视域下〈对外关系法〉的调整对象》,载《国际法研究》2023年第4期。

中与重要成果或业绩直接相关或存在紧密联系的知识、技能、能力、特质或动机。[1] 至今关于素质的定义并未形成统一的概念,但一般认为素质与人格特质、情感效应和业绩表现密切相关,具有业绩驱动作用,此外还可度量。受麦克利兰对智力的分类方式的启示,涉外法治人才的素质可分为4种,具体而言包括良好的身体素质、法律推理素质、创新素质、专业知识素质。其中专业知识素质面向较多,包括5个方面。首先,全面系统地了解比较基本的民法、刑法、国际法、法哲学理论;其次,熟练掌握诉讼法中的基本概念和基本制度;再次,关注前沿立法及司法解释的出台,对社会需要和社会立法有大概了解;又次,定期阅读影响范围大、具有代表性的案例,对案例具有一定的分析能力;最后,能够熟练掌握各类涉外法律文书的写作。

三、以兴趣为引导、以平台为依托、以项目为纽带的人才培养模式

(一)围绕需求侧用人要求,调整专业结构

国家涉外法治建设的总体要求和开展国际政治、经济、文化等各领域竞争与合作的现实需求,颠覆了国际社会对涉外法治人才的需求结构。传统法学高等教育专业体系与国内外用人市场之间存在巨大的供需偏差,就业困难与人才匮乏的矛盾,亟须依靠专业结构调整寻求解决之道。[2]

涉外法治人才需要具备国际性或跨国性的特征,因此教育行政主管部门应完善国际化的涉外法治人才培养多元评价指标体系建设,建立监管与激励并存的双动力实施机制,依据用人单位的需求、学生就业统计等信息,科学有效地评估涉外法治人才培养的社会价值与用人单位的契合度,测查涉外法治人才培养的社会需求量及其满足情况,有效建立用人单位和高等教育机构的协同培养机制,用制度、政策和管理手段保障法学院校优化学科专业体系,实现学科专业体系的不断升级。

(二)建立供需侧联盟,共享教师资源

现阶段,世界正经历百年未有之大变局,高校对涉外法治人才培养的认知仍处于探索阶段,要培养出用人单位适用人才,需要用人单位及时反

---

〔1〕 参见杨钦澜:《高校事业单位的双核胜任力模型研究》,载《中国管理信息化》2023年第16期。

〔2〕 参见何志鹏:《优化法学学科体系》,载《中国大学教学》2023年第9期。

馈,并与之共同努力。[1] 搭建高校与用人单位协同培养平台、成立国家涉外法治人才培养基地、实施双师制度不仅可以缓解涉外法治人才培养师资匮乏的压力,也是迅速建立科学规范的涉外法治人才培养方案的重要举措。

涉外法治人才既是专业性人才,也是综合性人才。从管辖权的确定、域外送达、法律冲突的解决、法律的适用到判决的承认与执行都有一整套特殊制度。[2] 同时,涉外法治人才的主观认知、思想观念、宗教信仰等也会对涉外案件产生影响,这要求法官具有综合性的知识和素质。为提升综合素质涉外法治人才培养应注重提高学生的自主学习能力。对于上述涉外法学知识的理解和适用,离不开用人单位提供的实践机会,离不开实践导师的认真指导。

现阶段,中国高校涉外法治人才培养师资严重匮乏,部分教师系获得法学博士学位后即入职高校,缺少涉外法治实务经验。因此,一些具备专业调整、改革意向的高校,开始与涉外律所、跨国公司、国际仲裁机构、国际组织等涉外实务机构合作,建立"高校—实务部门协同培养机制",实施实务部门和高校人才互聘的"双千计划",如最高人民法院制定并实施实习生制度,由实务部门分享案例、审判视频等资源,并通过定期举办"大法官讲坛""大检察官讲坛""大律师讲坛"让实务部门参与法治人才培养,分享涉外法律事务动态,通过跨国公司、国际仲裁机构、国际组织实习基地、定期涉外法律实务讲座、涉外法治人才培养双师制度、涉外法律事务兼职导师等方式,解决当前的涉外人才培养师资不足问题。

(三)依托项目纽带,优化课程结构

在高校涉外法治人才培养中,塑造创新精神是核心目标之一,是改革的动力,也是人才培养的灵魂所在。涉外法治人才具备创新精神,能够从国内外资料文献中探索新问题,提出新方案。涉外法治人才创新能力的培养贯穿课程体系的每一个部分,培养"创新精神"和"创新能力"是构建包容

---

〔1〕 参见黄文艺:《论习近平法治思想中的法学教育理论》,载《法制与社会发展》2023年第3期。

〔2〕 参见王艺:《涉外合同最密切联系条款下的裁量权滥用及其控制》,载《法商研究》2015年第2期。

并蓄课程体系的目的,同时也是涉外法治人才培养的高阶目标。欧美发达国家的涉外法治人才培养课程体系极为重视对学生批判思维的培养,在课程体系设置与授课内容上,不仅关注法学基本知识和理论的理解,而且注重有关规则和理论创新,不仅有哈特等世界法学大师的原创性理论,也有波斯纳法经济学等交叉学科研究成果。这些法学研究传统既着意拓宽知识广度,又努力激发学生的创新潜能。例如,美国律师协会创建了芝加哥创新中心(Center for Innovation in Chicago),著名的哈佛大学法学院倡导创业和创新,并创建了创新实验室(the Harvard Innovation Lab)。此外,在各学科除开设基本理论课程、法律诊所之外,还设置了相关课程的研讨课,以劳动法为例,哈佛大学在同一学期开设了劳动法(Employment Law)、劳动法律诊所(Employment Law Clinic)、劳动法实践课(Employment Law Workshop)、劳动法研讨课(Employment Law Workshop: Strategies for Social Change)。在课程设置上,学生既要完成法学理论等模块的课程,也需要完成专业创新创意、研讨会等课程,在对社会、技术与商业逻辑的理解中,完成法律创新。

然而,目前我国法学类院校或综合类大学法学专业的课程设置延续了传统的法学课程设置,学习专业课程相对单一,需要定期评估涉外法治人才培养的课程设置。在保留法学 14 门必修课程的同时,还应结合行业需求,拓宽课程体系,增设包含各课程法律诊所、实践课和研讨课等在内的实践性、创新性、方法论模块的课程。[1] 此外,法学创新实验室或中心是高校培养人才创新能力的重要方法。依托法学创新实验室或中心,由高校或律师协会、业界实体提出业务诉求,完成项目立项,提供资金和业界导师;法学创新实验室或中心则为项目遴选人才,学生依据兴趣选择参与项目。国家应当为法学创新实验室或中心提供激励政策,涉外实务主体与高校在政策的保障下依托项目形成互赢合作,实现三方螺旋互动、循环发展。

总体而言,我国在涉外法治人才培养上,与欧美发达国家相比,在专业结构、师资资源和课程设置等方面还存在一定差距。然而,正是因为起点

---

[1] 参见谢宇:《美国法律如何防控外国威胁——基于美国国家安全法律的考察》,载《中外法学》2023 年第 2 期。

较低、基础较弱,我们才具有后发优势,更容易在数智时代完成涉外法治人才的培养提升和全面革新。当前,世界正经历百年未有之大变局,这为新兴国家提供了参与国际治理的重要机遇。涉外法治建设的主要动力和根本保障在于人才,因此,从国家层面出发,进行系统性的顶层设计和制度设计,由高校、行业组织和教育行政机构共同努力,打造出多元的“学以致用”的涉外法治人才培养模式体系,不仅是解决我国涉外法治人才匮乏问题的关键途径,也是解决国际经济社会深层次发展动力问题、重构法治事业生态链系统的核心环节。

第四部分　传统文化与现代法学教育

儒家罪刑观念中的“情”融入刑法教育贯彻路径研究
——以罪刑相适应原则为例

谷 超*

摘　要:儒家罪刑观念中“情”有着重要的作用,最终目标为通“情”达“礼”。在刑法教育中融入儒家罪刑观念文化系寻“根”、中体西用、文化理性和民族心理的需要。当下刑法教育需重视文化属性,巩固刑法的文化根基。在融入儒家罪刑理念时,刑法教育举例应包含被衡量人(犯罪人)并考虑常情等诸多因素。就教学理念而言,首先需融入儒家观念加以重视,支撑文化与刑法的契合性,进而展现出刑法的人文关怀。在罪刑相适应原则教学过程中应当提防道德绑架;将刑法的价值与社会伦理维持于相互借鉴且不相互干扰的水平,即最低限度的伦理。就教学方法而言,需在教学过程中融入儒家观念中关于罪刑关系的重要价值元素,坚持罪刑法定原则。

关键词:儒家　罪刑　教育　路径

习近平总书记在党的二十大报告中指出“中华优秀传统文化得到创造性转化、创新性发展”,要“传承中华优秀传统文化”。对于中华优秀传统文化而言,无法绕开儒家相关理论。以儒家理论为视角,其中的罪刑观念又尤为值得当下加以借鉴。因为中华文化一脉相承,当下公众的思想观念中自有传承,进一步发掘儒家罪刑观念中值得借鉴的要素,是实现古为今用的必由路径。

---

* 作者简介:谷超,法学博士,扬州大学法学院讲师,硕士研究生导师,研究方向:刑法基本理论与实践。

一、儒家"情"理念适用之法理基础

在儒家先贤看来,人之所以为人是因为人具有"情",因而有别于世间的其他动物。但是儒家先贤所言的"情"并不是所有的内涵都适用于罪刑关系之中,例如"情"中包含的"欲",即《吕氏春秋》中所言的"六欲"——"生、死、耳、目、口、鼻"[1]——并不能被纳入儒家罪刑观念考察的范围,因为这些毕竟属于人的自然属性,与罪刑关系中的社会属性相差较大。因而儒家的"情"必然需要被限缩在合理的范围之内,因为只有社会属性下的"情"才会对儒家所倡导的"序"产生正面影响,才需要在罪刑关系之中加以考虑,以实现实质性的"相当"。

儒家的"情"的起点为家庭伦理,基于此再扩展至血缘人伦。家庭作为社会最小的组织单元,其存在的纽带为血缘人伦,即基于血缘关系而存在的伦理秩序,其中包含长幼、父子、夫妻、兄弟等,这种血缘关系具体而言"表现为家族之间根据伦理原则而形成的权利义务关系"[2]。这其中包含着最基本的伦理道德,将这种伦理道德加以运用是通过罪刑关系维护道德体系的表现,也是道德体系对罪刑关系的反哺。

如果将这种血缘伦理再行扩大,那便是文化中的"常情",即学生在接受刑法教育之前的"朴素"认知情感。由此而言,"常情"不仅仅是伦理性的表现,也是社会性的表达。在儒家观念下,"常情"是基于血缘伦理的引申,更是超越血缘伦理的表现,这种情感可以说成为了社会以及社会中个人的行为准则,更被儒家罪刑观念吸收,成为了一种法律的表达。这亦是将"常情"通过罪刑关系的存在,转化为一种法律行为的外在表现。

儒家的"常情"观念对罪刑关系提出了更高的要求——通"情"达"礼"。换言之,罪刑之间的关系不再仅仅是一种定罪量刑的标准,更要求罪刑关系成为一种社会应当普遍遵循的价值评断标准和交往模式。这种标准以及模式要求社会以及法律适用者能够在秉持"相当"的过程中通"情"达"礼",即不能仅仅停留在最基本的评断行为的基础上,而应当站在

[1] 《吕氏春秋·贵生》。

[2] 张晋藩:《中国法律的传统与近代转型》,法律出版社2005年版,第84页。

更高的角度评断犯罪人的喜、怒、哀、乐、好、恶等情绪反应,可以基于"礼"照顾犯罪人的价值观,进而基于合理的、不违背"情""礼"的价值判断实现"罪""刑"价值上的"相当",以促进罪刑关系与"情"的相辅相成进而相得益彰,最终实现儒家理论中蕴含的价值导向的社会认同。

二、儒家之"情"与"法"相融的路径分析

"情"系对罪刑关系更高的要求,如何将其融入罪刑关系是必须考虑的重要问题,因为毕竟只有融入之后才可以实现罪与刑之间的通"情"达"礼",才可以通过罪刑关系维护"情""礼"。

在儒家观念中,在罪刑观念中融入"情",首先当于立法之中融入"情",做到"法"中见人情,《礼记·礼运》中即多次提及"治""人情"。例如:"夫礼,先王以承天之道,以治人之情。""故圣王修义之柄、礼之序,以治人情。故人情者,圣王之田也。修礼以耕之,陈义以种之,讲学以耨之,本仁以聚之,播乐以安之。""故圣人所以治人七情,修十义,讲信修睦,尚辞让,去争夺。"这是因为儒家先贤不仅将人情作为"序"必备的基础,更将其作为法可以维护"序"乃至"礼"的基础,例如《中庸》中所言"亲亲为大""尊贤为大"。[1] 由此可见,"亲""仁""义"等道德标准里的要素已然成为"情"甚至是"礼"与"法"中的重要要件,甚至"礼"与"法"也是"情"至用处的必然。"情"可以融入罪刑关系之间,但是不可能任由其在罪刑关系中"弥漫",最终与常情相悖或者影响常情的正常发展。在此前提之下,儒家观念中是以"礼"治"情",即通过"礼"将"情"控制在一定的范围内,达到以"礼"治"情"的目的,即如荀子所言需"师法之化,礼义之道",[2]通过"礼""法"限制人的欲望,实现社会"序"之井然。

在儒家的观念中,"情"融入了礼法之中,那么在司法之中也需要体现"情",以实现罪刑关系中的社会伦理价值。依"情"司法意味着法官除要按

---

〔1〕 参见《中庸》:"仁者,人也,亲亲为大。义者,宜也,尊贤为大。亲亲之杀,尊贤之等,礼所生也。"

〔2〕 参见《荀子·性恶》:"生而有耳目之欲,有好声色焉,顺是,故淫乱生而礼义文理亡焉。然则从人之性,顺人之情,必出于犯分乱理,而归于暴。故必将有师法之化,礼义之道,然后出于辞让,合于文理,而归于治。"

照律法的规定体现条文性质的罪刑关系之外,还需要依据“情”实现价值、道德观念下的罪刑关系。

三、儒家罪刑观念于刑法教育中贯彻之必要性阐释

当下我们在刑法教育之中融入儒家罪刑观念并不是一味地追求复古或者回到古代,毕竟那样有悖于法治精神,我们之所以对儒家观念加以回顾,是有诸多考虑。

首先是文化寻“根”之需要。自鸦片战争以来,受西方思潮的影响,得以传承几千年之儒家思想经受了严重的怀疑,乃至不断受到贬斥。当下的刑法规则之中似乎缺少了很多文化中“本自具足”的“血”和“肉”,缺少了文化中传承几千年的“人情味”。刑法作为文化中的一个部分,自然也需要在某些方面寻“根”,虽然有学者称西方的法律和东方的文化“榫”“卯”不合,但是我们可以“本自具足”的文化为根基,构建出具有本民族特色的法律价值体系。只有通过刑法教育并在文化中寻得些许之“根”,方可重新找到自身价值所在,此时“器”才不会仅仅被局限于“器”之范畴,才不会被限于“器”之概念,只有再重新寻得些许之“根”后,当下法“器”才能施展其功用,此时“山”方可不是“山”。

其次是中体西用之呼唤。当我们的刑法教育具“器”之时,我们无须否定“器”之精巧,诚如有学者言:德国刑法是很精确的刑法,因为刑法要求其自身应当是最精确的法律科学,只有最精确的刑法才可实现其自身的价值。[1] 但是我们也需要认识到仅有“器”不可能实现刑法治理之大同,亦不可能通过“器”实现刑法教育的学生认同,概因“器”无“魂”,概因“器”缺“魂”。一如《大学》开篇明义之说:“大学之道,在明明德,在亲民,在止于至善。”欲“亲”欲“止”则不可能只靠“器”之精巧,亦不可能只靠“器”为治,即“器”只为治之“刚”,更需文化辅之以“柔”,以实现刚柔并济之目标。于此而言,我们可否进一步引申:只有“中”之“柔”与“西”之“刚”并举,方可实现长久“守”之目标,亦即达成“政以行之,刑以防之”[2]之结果。

---

〔1〕 参见[德]克劳斯·罗克辛:《德国刑法学总论:犯罪原理的基础构造》(第1卷),王世洲译,法律出版社2005年版,译者序。

〔2〕《汉书·礼乐志》。

再次是文化理性之需要。儒家学说中即有“慎刑”观点，其与我国刑法中的罪刑法定原则以及罪刑相适应原则具有共同之处，因为就“刑”而言，无论是儒家学说还是当下刑法之理念，莫不是对其慎之又慎，盖因为如果刑罚仅仅是为了满足报复之欲望，那么人们不可能安然接受。〔1〕从刑法教育角度而言，法律中的文化理性本质是价值取向之理性，当下的法律虽然西化，但是不可能完全西化，因为本民族具有自身理性的价值取向，如果是完全的西化，那么必然会与学生的价值观念产生不可调和的排斥反应。所以本民族自身的价值取向必然会要求我们在制定法律或者明确价值取向时融会贯通中西方的精华，而非对传统全部抛弃。

最后是民族心理之需求。我们在教学时，如果仅以西法为标准，偶尔会遇见不适之状况，典型即“于欢案”一审的结果。就此而言，有学者指出：“……法治作为一种制度和机制，需要文化内核的支撑，需要道德文明的基础。没有这些基础的承载和依托……法治就只是空中楼阁。”〔2〕在当下的刑法教育之中，我们可能需要缓下纯粹西化之步伐，回归本民族之路，即：从课堂传授转向课堂讲述，从课堂的条文阐释转向教育的价值创制，在这一过程中必然无法绕开对民族心理发展有着几千年影响之儒家思想，如果我们对其避而不谈或者畏之如猛虎，那么必然会造成“深植人心的礼教观念与日用平常的活生生的法律(living law，law in action)开始与官方制定法(law in book)产生巨大的鸿沟”〔3〕。

四、儒家罪刑观念与刑法教学鸿沟之跨越

贝卡里亚曾指出：任何法律，如果于社会环境之中毫无根基，那么它就不应当被颁布。〔4〕此“社会环境”包含我们的法学教育，特别是刑法教育。当下刑法教育的文化属性欠缺，致使刑法的文化根基偏于薄弱。依照刑法

〔1〕参见[美]迈克尔·D. 贝勒斯：《法律的原则——一个规范的分析》，张文显等译，中国大百科全书出版社1996年版，第340页。

〔2〕俞荣根：《礼法传统与中华法系》，中国民主法制出版社2016年版，第307页。

〔3〕林端：《儒家伦理与法律文化——社会学观点的探索》，中国政法大学出版社2002年版，第372页。

〔4〕参见[意]切萨雷·贝卡里亚：《论犯罪与刑罚》，黄风译，北京大学出版社2008年版，第83页。

中罪刑相适应条文之规定,“人”在刑法教育中仅仅被当作一种被刑法裁量之“物”而存在,而非被刑法教育过程中有情感之“人”。在教育的过程中,社会的常情与被衡量人(犯罪人)之间无互动可言,即被衡量人(犯罪人)仅需被动地等待工具式的刑法判断即可。此价值取向于刑法教育而言可谓毫无借鉴意义,学生期待的“罪”和“刑”之间的价值互动可谓微乎其微。在融入儒家罪刑观念内涵后,刑法教育举例的对象不仅应包含被衡量人(犯罪人),同时也需要考虑包括被害人以及常情等诸多因素。所以,就教育环节刑法理念之汲取,具体而言应当从如下几个方面着手。

(一)刑法教育理念之体现

当下刑法教育欲走出困境,首要便是在教育理念之中加以重视,通过教育理念为刑法教育提供价值保障。例如在讲述罪刑相适应原则时,可以通过“人”的社会属性唤醒很多根植于文化记忆中的基因,在罪刑相适应原则的价值之中体现文化之痕、展现人性关怀,最终在罪刑相适应原则的教学过程中达到“尽人之性”,进而实现“尽物之性”[1]之目标。

黑格尔在其《法哲学原理》一书中写道:“无论法的东西还是道德的东西都不能自为的存在,而必须以伦理的东西为其承担者和基础,因为法欠缺主观性的环节,而道德则仅仅具有主观性的环节,所以法和道德本身都缺乏现实性。”[2]在此前提下,刑法教育就必然需要借鉴伦理的东西,以此作为其可以被学生广泛接受的文化基础。

虽然儒家文化在罪刑关系之中强调的是国家和个人之间的秩序性,而非当下法理念中的契约性,如欲实现刑法中的“和谐性”和罪刑关系的“现实性”,则需通过刑法教育理念支撑文化与法的契合性。以罪刑相适应原则为例,其作为刑法的基本原则之一,本身的价值指引应为具体罪名之“序”,在教学过程中应当包含道德评价体系中值得借鉴之处,实现“德”“刑”相辅之目标,即达到“以德教民”与“以刑禁之”[3]之追求,进而追求教学过程中罪刑关系的“主观性”,最终实现罪刑关系在学生思想中的“现实性”。

---

〔1〕《礼记·中庸》。

〔2〕[德]黑格尔:《法哲学原理》,范扬、张企泰译,商务印书馆1961年版,第162~163页。

〔3〕《孔子家语·刑政》。

当然并非所有的社会伦理皆可作为刑法教学过程中可以吸收之内容，如违背伦理秩序价值和平等实质的伦理内容，当然其在儒家观念中也一直处于被摒弃的状态。这些内容在很多情况下也不为常情所容，亦是罪刑相适应原则不可触碰的底线，更不可作为教学时罪刑相适应原则价值拓展之内容，如中国古代由身份尊卑引申的权利义务不对等即不可被引入。因为“刑法有助于推动人际关系和个人道德中产生服从的力量，只有当刑法在公民中赢得道德信誉的时候才可以实现”[1]。如果在刑法教学过程中动辄将任何社会伦理中的内容，包括因身份尊卑差异而产生的权利义务不对等引入罪刑相适应原则的教学过程，那么只会将教学过程中的刑法价值引向歧途。于此而言，确认该引入底线是为了在教学过程中，将刑法的价值与社会伦理维持于相互借鉴且不相互干扰的水平，即最低限度的伦理，以便在教学的过程中，诸多要素可于刑法价值范围之内实现合理互动，进而避免传统儒家观念与现代刑法理念相互干扰。

就教学过程中罪刑相适应原则的价值而言，通过儒家价值内涵的引入，可以在教学过程中使学生理解：“每个社会成员可以通过社会属性实现相互间博弈性的互动。”因为在实践中罪与刑的博弈过程中，罪刑相适应原则应作为价值标杆和衡量标准，保证社会伦理的内容可以在刑法的价值追求之下实现合理发展，保证社会成员之间不会产生有悖于罪刑相适应实质之情形，最终实现刑法教育维持、形成和发展国民的人伦文化秩序之状态。

(二)刑法教学方法之博取

当下刑法很多理论为舶来品，但是这并不意味着刑法教学方法的全盘西化，而是需将传统的道德实用主义与当下的教学方法加以实质性融合，构建具有民族性的罪刑相适应理念，进而借助该原则实现“能弘道”[2]之目标。当然，刑法教学方法的博取并非要完全回归传统，而是在当下的教学方法中融入儒家可取的观念，以实现刑法价值的文化认同。

因而，在教学过程中需融入儒家观念中关于罪刑关系的重要价值元素。刑法乃至法律是以文化为载体的规则，如果在“规则”教学过程中失去

---

〔1〕 [美]保罗·H.罗宾逊：《刑法的分配原则》，沙丽金译，中国人民公安大学出版社 2009 年版，第 200 页。

〔2〕 《论语·卫灵公》。

文化内涵,那么被教学的规则会与社会观念以及社会中已然存在的常情脱节,因为如此教学已然失去了文化之“根”。因而在教学过程中需立足文化之“根”,辅之以儒家观念中正向的价值内涵,促进教学过程中的罪刑相适应原则成为“有本之木”。

同时,在教学过程中需坚持罪刑法定原则。在罪刑相适应原则教学过程中融入儒家观念虽为当下的需求,但这并不意味着可以背离罪刑法定原则。此是刑法“信”之要义,否则不足以“行”。[1] 如若罪刑法定尚未能“信”于众人,那么纵然在罪刑相适应原则教学过程中融入儒家学说,也无法实现公平之追求。例如儒家观念中提倡“原心定罪”,即“君子原心,赦而不诛”[2]、“《春秋》之义,原心定罪”[3],其实质是“强调根据犯罪的动机、目的、心理状态等主观道德要件来定罪量刑”[4]。这种定罪方式因有悖于罪刑法定原则的普遍性,需于教学过程中加以批判与摒弃。此是法治应有之义,是法治不可动摇之基础,是将法律普遍主义与法律特殊主义加以融合的必由途径,亦是实现刑法教学过程中坚持形式平等与实质平等相结合的必需方向,更是刑法价值公正之保障。

---

〔1〕 参见《论语·为政》:“子曰:‘人而无信,不知其可也。大车无輗,小车无軏,其何以行之哉?’”

〔2〕 《太平御览·刑法部六》卷六四十。

〔3〕 《汉书·薛宣传》。

〔4〕 俞荣根:《儒家法思想通论》,广西人民出版社1998年版,第596页。

中华优秀传统法律文化全面融入法学高等教育探析

李相森　吴俊豪*

摘　要:在当前法学高等教育中,与中华优秀传统法律文化相关的课程非常少,而其他法学专业课程中涉及中华优秀传统法律文化的内容非常有限,不利于法学专业学生法律文化素养的培养。将中华优秀传统法律文化融入法学高等教育既是树立学生法律文化自信、培养知识结构完整的法治人才的需要,也是提升法学专业课程教学效果的良策。中华优秀传统法律文化可为法学高等教育提供丰富的教学资源,有关中华优秀传统法律文化的丰硕研究成果也可以直接转化为教学内容,使中华优秀传统法律文化融入法学高等教育具有可行性。在具体实现路径上,可在各法学专业课程的教学中融入中华优秀传统法律文化,充分利用第二课堂开展中华优秀传统法律文化教育,加强跨学科教学组织建设,提高法学专业教师的中华优秀传统法律文化素养。

关键词:中国法律史　中华优秀传统法律文化　法学教育　文化自信

中华优秀传统法律文化是建设社会主义法治国家需要继承和借鉴的宝贵历史资源。可在当前的法学高等教育中,虽然高等院校法学专业按照国家文件要求开设中国法律史课程,但其他课程的教学很少涉及中华优秀传统法律文化,仅仅一门中国法律史课程无法承担起传播中华优秀传统法律文化的任务。无论是从法学专业学生知识结构的完整性,树立法律文化自信,还是从提升法学专业课程教学效果的角度而言,都有必要将中华优秀传统法律文化全面融入法学高等教育中来。

---

* 作者简介:李相森,南京审计大学法学院副教授,主要研究方向:中国法律史、法学教育;吴俊豪,南京审计大学法学院法学硕士研究生,主要研究方向:中国法律史。

一、中华优秀传统法律文化教育在当前法学高等教育中的状况

(一)有关中华优秀传统法律文化的专门课程绝无仅有

根据《法学类教学质量国家标准(2021年版)》的规定,法学专业核心课程采取"1+10+X"分类设置模式。[1] 其中,与中华优秀传统法律文化密切相关的课程仅有中国法律史。但仅一门中国法律史课程无法实现让学生全面了解、深刻领悟中华优秀传统法律文化的教育目标。并且,当前大部分高等院校法学专业开设的中国法律史课程其学分、学时都非常有限(见表1)。

表1 部分高等院校中国法律史课程设置情况一览

序号	学校	课程名称	学分	学时	开课学期	开设时间
1	北京大学	中国法制史	3	48	2	2021年
2	中国人民大学	中国法制史	3	51	2	2019年
3	中国政法大学	中国法律史	3	48	1	2020年
4	华东政法大学	中国法制史	3	54	1	2018年(经济法方向)
5	西北政法大学	中国法律史	4	72	2	2021年
6	西南政法大学	中国法律史	3	48	1	2018年
7	吉林大学	中国法制史	4	68	2	2018年
8	南京大学	中国法律史	2	34	5	2021年
9	山东大学	中国法制史	3	48	1	2020年
10	广东财经大学	中国法律史	3	48	3	2020年
11	江西财经大学	中国法律史	2	32	1	2018年
12	南京审计大学	中国法律史	2	34	3	2021年
13	武汉工商学院	中国法制史	2	32	2	2020年
14	桂林电子科技大学	中国法律史	2	32	3	2021年

[1] "1"是指习近平法治思想概论,"10"是指法学专业学生必须完成的10门专业必修课,包括:法理学、宪法学、中国法律史、刑法、民法、刑事诉讼法、民事诉讼法、行政法与行政诉讼法、国际法和法律职业伦理。"X"是指各院校根据办学特色开设的其他专业必修课,包括:经济法、知识产权法、商法、国际私法、国际经济法、环境资源法、劳动与社会保障法、证据法和财税法,"X"选择设置门数原则上不低于5门。

可见大多数高等院校法学专业的课程设置中中国法律史的学时安排不超过50学时。然而,中国法律史课程内容非常丰富,从先秦至今数千年的立法活动、法律思想、司法制度等知识在50学时内讲授完毕已经非常困难,[1]更遑论中华优秀传统法律文化的深入阐释了。这足以明示,在当前诸多高校的法学专业设置中,期待学生仅依靠一门学时紧张的中国法律史达到全面了解并深刻领悟中华优秀传统法律文化的教育目的不啻空谈。

(二)其他法学专业课程中涉及中华优秀传统法律文化的内容非常有限

在部门法如宪法学、刑法学、民法学等课程中,教材中大多会将本部门法涉及的相关法律历史、法律文化内容简扼成文并单独列出,长为一节,短为数段(见表2)。

表2 部分法学专业教材内中国传统法律文化相关情况一览

学科	教材名称及版本	出版社	出现次数	相关章节	篇幅
宪法学	《宪法学》(2020年版)	高等教育出版社	4处①	导论第二节	1页左右
				第一章第一节	4行左右
				第二章第二节	7页左右
				第五章第二节	1页左右
	《宪法》(2016年版)	高等教育出版社	5处②	第一章第一节	1页左右
				第一章第二节	5页左右
				第四章第五节	半页左右
				第十章第一节	3行左右
				第十章第三节	8行左右
刑法学	《刑法学》(2019年版)	高等教育出版社	2处③	绪论第二节	5页左右
				绪论第三节	3行左右
	《刑法学》(2019年版)	北京大学出版社	1处④	绪言第二节	半页左右

〔1〕 笔者曾经承担过2轮所在学校3学分、51学时的中国法律史课程教学任务。在51学时内,笔者只能一般性地讲授完1949年之前的中国法律史知识,中华人民共和国成立后的法律史知识由学生自学。

续表

学科	教材名称及版本	出版社	出现次数	相关章节	篇幅
民法学	《民法学》(2019 年版)	高等教育出版社	2 处⑤	绪言第二节	6 行左右
				第五章第一节	1 页左右
	《民法学》(2019 年版)	北京大学出版社	1 处⑥	第一章第一节	半页左右

①参见《宪法学》编写组编:《宪法学》(第 2 版),高等教育出版社 2020 年版,第 5 ~ 7、17、63 ~ 70、145 ~ 146 页。

②参见周叶中主编:《宪法》(第 4 版),高等教育出版社 2016 年版,第 29 ~ 30、56 ~ 60、92、155、164 页。

③参见《刑法学》编写组:《刑法学》上册,高等教育出版社 2019 年版,第 15 ~ 19、33 页。

④参见高铭暄、马克昌主编:《刑法学》(第 9 版),北京大学出版社 2019 年版,第 5 页。

⑤参见《民法学》编写组编:《民法学》,高等教育出版社 2019 年版,第 5、341 ~ 342 页。

⑥参见魏振瀛主编:《民法学》(第 7 版),北京大学出版社 2019 年版,第 7 ~ 8 页。

可见,在部门法教材里中国传统法律文化相关内容所占篇幅不彰,所著文字多是介绍性的,不够具体翔实,主要起到引入现代部门法律知识的目的。[1] 法理学教材中对中华优秀传统法律文化的描述虽然比部门法课程丰富,但行文的布局与之并无不同,只是在本书之首或者相关章节之首寥寥几笔,以为引入正文之手段。[2]

而在具体的法律知识教学中,各任课教师可以拨给这些内容的学时则更少。可以说其他法学专业课程不论是在理论层面的课程设计还是在实践层面的知识教学上,都不能满足传承和发扬中华优秀传统法律文化的要求。

---

〔1〕 如王利明主编的《民法学》中涉及中华优秀传统法律文化的地方,一处是以我国近代民法的发展引出下文从民法的历史发展认识民法;另一处是以我国婚姻家庭制度的历史发展引出后文对婚姻家庭法的概述。参见《民法学》编写组编:《民法学》,高等教育出版社 2019 年版,第 5、341 ~ 342 页。

〔2〕 依笔者对近几年来各高校广泛使用的一些法理学教材梳理之结果看,马克思主义理论研究和建设工程系列的第 2 版《法理学》教材中除第九章"中国社会主义法理学的历史文化基础"以外,涉及中华优秀传统法律文化的有 10 处,大多数分布在相关章节的第一节部分,少数在第三节、第四节出现的,也都在本节的篇首部分。在张文显主编的第 5 版《法理学》教材中,有关中华优秀传统法律文化的共 8 处,分布情况与另一本一样。参见《法理学》编写组编:《法理学》(第 2 版),人民出版社、高等教育出版社 2020 年版;张文显主编:《法理学》(第 5 版),高等教育出版社 2018 年版。

二、中华优秀传统法律文化全面融入法学高等教育的必要性

（一）树立学生法律文化自信的需要

法律是一种地方性的知识,[1]习近平总书记在党的十八届四中全会第二次全体会议的讲话中指出:“要注意研究我国古代法制传统和成败得失,挖掘和传承中华法律文化精华,汲取营养、择善而用。”[2]2023年2月中共中央办公厅、国务院办公厅印发的《关于加强新时代法学教育和法学理论研究的意见》中再次指出健全法学教学体系要积极开展中华优秀传统法律文化教育。[3]

但改革开放至今,西方法律文化在我国发展了40余年,一些西方的法治理论和法律原则被潜移默化入法学学科的知识体系,继而被带入法学专业教育中。这样的法学教学体系是难以培养学生的法律文化自信的。

培养高校学生法律文化自信的前提便是学生能够对中国传统法律有较充分、全面的认知。这种认知是建立在多个维度之上的,学生既能在历史维度上认识到中华法系辉煌的历史和灿烂的理论成果,也能在空间维度上认识到中华法系在东亚地区的历史影响力和与大陆法系、英美法系、伊斯兰法系、印度法系并列的历史地位。故以树立高校法学生的法律文化自信而论,将中华优秀传统法律文化全面融入各高校的法学教育中是十分必要的。

（二）培养知识结构完整的法治人才的需要

在2020年11月召开的中央全面依法治国工作会议上习近平总书记提出,要深入挖掘中华法系中优秀的思想和理念,要传承中华优秀传统法律文化,从我国革命、建设、改革的实践中探索适合自己的法治道路。[4] 是以中国要走的法治道路,是一条深深扎根中国数千年优秀法律文化的道路,是一条融合中国革命、发展成功经验的道路。

---

〔1〕 参见[美]克利福德·吉尔兹:《地方性知识:事实与法律的比较透视》,邓正来译,载梁治平编:《法律的文化解释》,生活·读书·新知三联书店1994年版,第73页。

〔2〕 习近平:《加快建设社会主义法治国家》,载习近平:《习近平著作选读》(第1卷),人民出版社2023年版,第302页。

〔3〕 参见《中共中央办公厅　国务院办公厅印发〈关于加强新时代法学教育和法学理论研究的意见〉》,载新华网,http://m.news.cn/2023-02/26/c_1129398885.htm。

〔4〕 参见习近平:《以科学理论为指导,为全面建设社会主义现代化国家提供有力法治保障》,载习近平:《习近平谈治国理政》(第4卷),外文出版社2022年版,第290页。

走具有中国特色的法治道路,必然需要掌握中华优秀传统法律文化的知识结构完整的法治人才参与建设。各高等院校法学专业的学生们作为法学界的人才储备军,现今是践行社会主义法治道路的重要群体,未来是推动社会主义法治发展的关键群体。学生的法治教育不能仅以通晓西方法治理论为唯一要求,学生们应当理解中国传统法律背后独特的文化背景,通晓中国传统法律演化的历史脉络,掌握中国传统法律运作的社会机理,确查中华法律文明不同于其他法系的道德基石。

只有以这样的要求来推动法学专业教学工作,才能提高高校法学生群体对于中华优秀传统法律文化的理论水平、运用能力,达到为国家培养符合中国特色社会主义法治要求的法律知识结构完整的法治人才的教学目标。

(三)提升法学专业课程教学效果的需要

依托交叉学科的优势,法律史的研究可以涵摄每一个部门法领域,如民法史研究、刑法史研究、司法史研究等。现下部门法教材选择以中华优秀传统法律文化引出现代法律知识,就是注意到了法律史学本身的历史逻辑和法学属性。不仅在教材上,在其他法学专业的课堂教学中,引用一些中华优秀传统法律文化相关内容进行具体论证,同样可以达到丰富论述逻辑,提升教学效果的作用。

缇萦上书救父,汉文帝因废肉刑;[1]毌丘芝祖父谋反受涉下狱,遂有律条出嫁之女不从父诛;[2]唐太宗悔杀张蕴古,决死刑始有五复奏之制;[3]

---

〔1〕《史记》载:“文帝四年中,人上书言意,以刑罪当传西之长安。意有五女,随而泣。意怒,骂曰:‘生子不生男,缓急无可使者!’于是少女缇萦伤父之言,乃随父西。上书曰:‘妾父为吏,齐中称其廉平,今坐法当刑。妾切痛死者不可复生而刑者不可复续,虽欲改过自新,其道莫由,终不可得。妾愿入身为官婢,以赎父刑罪,使得改行自新也。’书闻,上悲其意,此岁中亦除肉刑法。”参见(西汉)司马迁撰:《史记·扁鹊仓公列传》,中华书局1982年版,第2795页。

〔2〕《晋书》载:“及景帝辅政,是时魏法,犯大逆者诛及已出之女。毌丘俭之诛,其子甸妻荀氏应坐死,其族兄顗与景帝姻,通表魏帝,以匄其命。诏听离婚。荀氏所生女芝,为颍川太守刘子元妻,亦坐死,以怀妊系狱。荀氏辞诣司隶校尉何曾乞恩,求没为官婢,以赎芝命。曾哀之,使主簿程咸上议曰:‘臣以为在室之女,从父母之诛;既醮之妇,从夫家之罚。宜改旧科,以为永制。’于是有诏改定律令。”参见(唐)房玄龄等撰:《晋书·刑法志》,中华书局1974年版,第926页。

〔3〕《旧唐书》载:“大理丞张蕴古奏,好德癫病有征,法不当坐。治书侍御史权万纪,劾蕴古贯相州,好德之兄厚德,为其刺史,情在阿纵,奏事不实。……遂斩于东市,既而悔之。……寻谓侍臣曰:‘人命至重,一死不可再生。……比来决囚,虽三覆奏,须臾之间,三奏便讫,都未得思,三奏何益?自今已后,宜二日中五覆奏,下诸州三覆奏。’”参见(后晋)刘昫等撰:《旧唐书·刑法志》,中华书局1975年版,第2139~2140页。

等等。这些案例、掌故背后蕴藏的中华传统法律文化的优秀制度成果、理论成果，完全可以被运用到课堂教学中引导学生思考，通过对于案件的分析向同学简要介绍中国古代的法律文化，并由之引入现代的法律精神，以古论今使学生对于古代法律文化和现代法律文化有基础的比较认识。

故而从部门法的专业教育来看，这种将中华优秀传统法律文化融入法学高等教育的做法是一举双得的，一方面可以吸引学生提升教学效果，另一方面也可增加学生对于中华优秀传统法律文化的认识，反哺弘扬中华优秀传统法律文化的教育目标。

三、中华优秀传统法律文化全面融入法学高等教育的可行性

（一）中华优秀传统法律文化可为法学高等教育提供丰富的教学资源

在2000余年的发展过程中，中华法律文明诞生出了许多优秀的成果，它们作为中华法律文明的结晶深深扎根于中国社会，具有顽强的生命力，即使在当代社会都有相当的法律价值。例如调解，以调解方式解决纠纷，在中国古已有之。西周便设有调人“掌司万民之难而协和之”[1]。新民主主义革命时期，中国共产党人将传统调解制度与新民主主义的司法路线相结合孕育出了人民调解制度。中华人民共和国成立之后，人民调解制度结合基层社会治理，形成了“小事不出村，大事不出镇，矛盾不上交，就地化解”[2]的“枫桥经验”。又如《唐律》中的“保辜论罪”制度，即使从现代刑法的理念来看，这一制度也是基本符合现代刑法罪责刑相适应原则，甚至能为现行刑法所吸纳的。[3] 除了这些制度性的法律规定，一些原则性的法律内容在中国特色社会主义法治建设的话语背景下更具有借鉴意义，如体现德治思想的“德主刑辅”“明德慎罚”理论，体现慎刑思想的“与其杀不辜，宁失不经”理论，体现矜恤百姓的“存留养亲”制度，等等。

这些制度、原则背后的法律精神都是中华优秀传统法律文化的重要组

---

〔1〕 杨天宇：《周礼译注》，上海古籍出版社2004年版，第203页。

〔2〕 本刊特约评论员：《推广“枫桥经验” 维护社会稳定》，载《今日浙江》1999年第10期。

〔3〕 参见牛忠志：《借鉴古代保辜制度》，载《北京理工大学学报（社会科学版）》2003年第3期。

成,是符合现代法学核心理念的历史存在。在各高等院校的法学专业教育,特别是部门法教育的课堂上,这些优秀的中华传统法律文化应当被作为珍贵的历史资源得到重视和应用。

(二)中华优秀传统法律文化的丰硕研究成果可直接转化为教学内容

相比其他法学专业课程,中国法律史的课堂可以让学生更加全面、深入地学习到中国传统法律制度、法律思想的历史、内涵以及运作逻辑。在中国法律史的教学中,法律史学界关于中国传统法律的研究结论,对于中华优秀传统法律文化的描述、评价等科研成果,可以直接运用于实际教学之中,向学生讲述学界最前沿的研究动态不仅有利于为学生树立积极正确的中国传统法律文化观,还有助于拓宽学生学术视野,提升学生的科研能力。

习近平总书记曾谈到:"要治理好今天的中国,需要对我国历史和传统文化有深入了解,也需要对我国古代治国理政的探索和智慧进行积极总结。"[1]这旗帜鲜明地指出,目前中国的法治理论需要以中国古代的法治经验为鉴。对于法理学等理论法学的教学而言,法治理论均是其教学内容的重要组成。而从学科范畴上看,对于中华优秀法治思想、法治经验的梳理、总结亦属中国法律思想史的研究范畴。在坚持走中国特色社会主义法治道路的背景下,法律史学界对中华优秀传统法律文化的研究成果,尤其是对于法治思想领域的研究成果完全可以转化为理论法学的教学内容。

四、中华优秀传统法律文化全面融入法学高等教育的具体路径

(一)将中华优秀传统法律文化融入各法学专业课程教学教育

中国法律史的研究领域涵摄极广,既有公法的历史,也有私法的历史;既有实体法的历史,也有程序法的历史。鉴于这种复杂庞大的学科内部体系,要在法学高等教育中实现全面融入中华优秀传统法律文化的目标势必需要法学全专业领域的配合。

当前各高等院校的法学专业教育根据《法学类教学质量国家标准

[1] 习近平:《论党的宣传思想工作》,中央文献出版社2020年版,第89页。

(2021 年版)》的规定,普遍开设了习近平法治思想概论、法理学、宪法学、中国法律史等 11 门课程。其中中国法律史在弘扬中华优秀传统法律文化中的地位无须赘言,法理学中对于中国古代的法律思想亦有涉及,习近平法治思想概论更是马克思主义法学基本原理同中华优秀传统法律文化相结合的示范性理论成果。[1] 而宪法等部门法中也实际存在中华优秀传统法律文化的脉络印记,各部门法专业的任课教师同样应该结合本部门法律的专业性质,向学生阐明本专业法律内深刻的中华法律文化内涵和悠久的中华法律传统,将中华优秀传统法律文化融入当前法学专业全部门中。

(二)充分利用第二课堂开展中华优秀传统法律文化教育

法律的生命不是逻辑而是经验,想要在高校教学中更好地让学生学习中华优秀传统法律文化就必须重视实践教学,让学生在第二课堂中感受到中华优秀传统法律文化因植根于中国土壤而具有的顽强生命力。

第二课堂的开展形式也是多样的,具体而言,其既可以是如模拟法庭、模拟仲裁等让学生亲历法律实务操作,体验法律实务运行规律的“实训教学”模式,也可以是让学生有限参与到法律实务部门业务工作中,非完全性地体验法律职业角色,学习发现、分析、解决实际法律问题的具体方法的“实习教学”模式。[2] 此外如“互联网 + ”大学生创新创业大赛、“挑战杯”中国大学生创业计划竞赛等大学生课外活动比赛也是第二课堂的开拓领域。

中华优秀传统法律文化全面融入法学专业高等教育,要求学生学习到中国法律文化之后,不仅能够就古论古,还要有就今论古的能力。这就使得对于学生在中华优秀传统法律文化上的教育不能只停留在教室里,还要在这些种类纷繁的第二课堂中、在实践中引导学生分析当下审判实践以及司法调解、诉源治理实践中传统法律文化的应用。[3]

---

[1] 参见黄雄义:《教学视域下的中华优秀传统法律文化传承》,载《决策与信息》2023 年第 8 期。

[2] 参见王均平:《法学实验教学相关概念的界定及其应用》,载《高等教育研究》2012 年第 9 期。

[3] 参见徐进:《探索传统法律文化融入“法学综合实验”课程路径——以南京财经大学法学院教学改革实践为例》,载《梧州学院学报》2022 年第 5 期。

(三)加强跨学科教学组织建设,提高教师法律文化素养

从《法经》到《唐律疏议》再到《大清律例》,这些古代律典虽是各朝法律的重要构成,但却不是其唯一内容。[1] 由此可见中国古代法律是一个包含多个法律部门的周密系统,当前在高校中推进中华优秀传统法律文化教育亦不能依靠单一学科教学的独立工作,理论法与部门法之间、各个部门法之间应联动配合,以讲授中华优秀传统法律文化知识、树立学生对于中国特色社会主义法治道路的文化自信为目的建设跨学科的教学组织。

目前各地方高校的法学专业教师对于中华优秀传统法律文化的重要性虽已普遍树立了正确认识,但教师本身却缺乏对于中华优秀传统法律文化的理论功底,这样的中华优秀传统法律文化教育很难取得理想的成效。是故各高等院校的法学专业建设应该在贯彻落实《关于加强新时代法学教育和法学理论研究的意见》基础上,按照该意见精神鼓励其他法学专业课程教师主动学习法律史学界的科研成果,邀请法律史专业的学者为各专业教师举办培训讲座,并积极开展各专业教师跨学科的法律文化分享交流会,多渠道并举以提升高校教师群体的传统法律文化素养,实现在法学专业教育中高质量推动中华优秀传统法律文化教育之目标。

结　语

综合以上论述可知,中华优秀传统法律文化教育对于树立学生传统法律文化自信,培养知识结构完整的中国特色社会主义法治人才,提升法学专业课程教学效果有着重要意义。但是在当前各高等院校的法学专业课程设置中,核心课程内仅有中国法律史一门对于中国法律文化进行通论式教育,且由于受课时量影响,教师往往难以将先秦至今的历代法律思想、法

---

〔1〕 仅以唐代为例,除"律"之外,还有"令""格""式"等成文的法律形式,以及"礼""习惯"等不成文的法律形式。"令"多为皇帝关于国家行政管理的诏旨,有行政法属性者,亦有民法属性者;"格"是皇帝钦定的特别法,法律属性比较丰富;"式"为国家各级政权的组织条例、公文程式,具有鲜明的行政法属性。《新唐书·刑法志》记载:"唐之刑书有四,曰:律、令、格、式。令者,尊卑贵贱之等数,国家之制度也;格者,百官有司之所常行之事也;式者,其所常守之法也。"参见(宋)欧阳修、(宋)宋祁撰:《新唐书·刑法志》,中华书局 1975 年版,第 1407 页。

治建设完整讲授。在其他部门法的教材中虽然也有部分涉及中华优秀传统法律文化内容,但无一以之为重,没有结合现代法学理念对于中华优秀传统法律文化中的制度思想进行渊源性的阐释。为了实现让学生深刻领悟中华优秀传统法律文化的教育目标,各高校的法学专业建设还需加强跨学科教学组织建设,提高教师法律文化素养,充分利用第二课堂,推动中华优秀传统法律文化全面融入各法学专业的课程教学中。

法治文化沉浸式融入法学专业课程思政实践创新研究
——以江苏传统法治故事《窦娥冤》为例*

沈　洁**

摘　要:法治文化是法学专业课程思政建设的重要依托。江苏地方法治文化故事根植于江苏地方的法治进程与社会发展,是人民群众在长期的社会历史实践中传承下来的法治文化的精髓。将江苏法治文化故事沉浸式融入高校法科生培养过程,实践课程思政,是新时代法科人才培养的重要创新。但是需要注意的是,传统法治故事受制于故事发生的历史和朝代,不能将其完全直接用于新时代课堂教学,教师必须"去其糟粕,取其精华",让传统法治故事在新时代焕发新的生命力。以江苏传统法治文化故事《窦娥冤》为例,探究江苏传统法治故事在现代法学课程思政改革过程中的实践创新路径,具有重要的理论价值和实践意义。

关键词:江苏地方法治文化故事　课程思政　《窦娥冤》

法学课程思政的实施方式多样,将地方传统法治文化融入法学专业课程思政教学,是高校法科人才培养课程思政教学改革的重要创新。江苏地方传统法治文化故事内容多、范围广、影响大、价值高,对当代法治社会发

* 基金项目:2024 年江苏大学学位与研究生教育教学改革课题"江苏高校交叉学科和学科交叉培养高层次法治人才研究"(项目编号:XJGKT24 - 007),2021 年江苏省高校研究生课程思政示范课程"法理学专题"(文件编号:苏教办高函〔2021〕11 号,序号 29),2021 年江苏省高等教育教改研究立项课题一般项目"课程思政视域下法学案例教学方法转型研究"(课题编号:2021JSJG358),江苏大学 2021 年高等教育教改研究课题立项建设项目重中之重项目"课程思政视域下法学案例教学方法转型研究"(课题编号:2021JGZZ012)的阶段性研究成果。

** 作者简介:沈洁,1980 年生,女,江苏大丰人,江苏大学法学院讲师,硕士,从事法学教育研究。

展和法治人才培养具有重要的积极意义。以江苏地方法治文化故事《窦娥冤》为例,寻求地方传统法治文化故事的传承与发展及其在新时代高等教育法学专业课程教学中的灵活运用,具有重要的借鉴参考作用和示范意义。

一、江苏地方法治文化经典故事《窦娥冤》概述

江苏省淮安市淮安区(原楚州区)是一代伟人周恩来总理的故乡,经典法治故事《窦娥冤》正是发生在江苏淮安府署的悲剧故事,同时也是经典的古代法治故事,六月飞雪已经成为冤情的代名词。故事讲述的是窦娥含冤赴死最终沉冤昭雪的故事。淮安府的窦娥从小死了母亲,和父亲窦天章相依为命。窦天章是一位穷书生,因为上京赶考缺少盘缠,不得已将窦娥卖给蔡婆婆做童养媳。窦娥嫁到蔡家没两年,丈夫就生病死了,只留下窦娥和蔡婆婆艰难度日。恶霸张驴儿企图强占窦娥,见她不从便想毒死蔡婆婆以要挟窦娥,不料误毙其父。张驴儿恶人先告状,诬告窦娥杀人,知府贪财枉法,严刑逼讯婆媳二人,窦娥为救婆婆自认杀人,被判斩刑。窦娥在临刑之时指天为誓,死后血溅白练、六月飞雪、大旱三年,以明己冤。此后,大旱三年。直到窦天章高中做官返乡,窦娥的冤案才得以昭雪,杀人凶手张驴儿被处以死刑,贪官知府也得到了应有的惩罚。《窦娥冤》是关汉卿区别于传统文人士大夫的平民意识和人文情怀的产物,[1]体现了作者对底层百姓悲苦生活的深深同情。作品完成后,深受好评,广为流传,可以说《窦娥冤》在中国法治文化发展史上具有深远影响。

二、传统法治文化故事的传承与发展存在的问题与原因分析

法治文化故事是法治文化思想的重要载体和传承依托,对社会公众的法治思维和法律思想的养成具有重要的影响。传统法治故事发生的时代久远,社会环境和人们的精神意识、法治观念与现在都有明显区别。江苏地方法治故事数量多、内容广,但是在这些法治故事的传承过程中,仍然存在诸多问题,对现代社会法治建设的积极推进作用尚未完全显现,值得深

---

[1] 参见张冬云:《关汉卿的〈窦娥冤〉:清气长留天地间》,载《名作欣赏》2021年第33期。

入研究。

(一)时代背景大相径庭阻碍法治文化故事的解读

地方传统法治故事发生的时代久远,距今几百年甚至上千年,对于目前以“00后”为主体的青年群体而言,在具备普遍的科学理性的前提下,要让他们穿越千年时空充分理解《窦娥冤》中的三桩誓言,诸如血溅白练、六月飞雪、大旱三年,是一件很难实现的事。关汉卿的杂剧,以其本色当行和深刻的现实内容而著称,[1]《窦娥冤》反映的正是当时的社会背景和历史故事。以现代大学生的生活环境和教育文化水平去思考窦娥的凄惨命运和艰难抉择,难以形成统一的思维判断。坚定的马克思主义信仰要求我们坚持唯物主义,坚持无神论,部分充满封建迷信色彩的法治故事,尽管凸显了人们心中朴素善良的正义观和价值评判,但不可避免地带有落后的唯心主义的色彩,在对其负面要素进行批判的同时,往往容易忽略其自身积极的、正义的法治理念传承。

(二)价值观念简单落后限制法治文化故事的接受

地方传统法治故事中往往包含的都是简单纯朴的价值观念,与现代社会多元化的价值观念比较,《窦娥冤》等传统法治故事所要表达的价值观念过于单一,主要表现为一般意义上的“好人”和“坏人”之分,类似于关汉卿的很多杂剧作品,表现出沉重的复仇主题,带有典型的江湖气息和快意恩仇。对于习惯了现代社会曲折离奇、惊险刺激的悬疑侦探小说的社会公众而言,很难深入全面地接受这种简单的江湖恩仇的传统情感表达,兴趣缺失,使得地方传统法治文化故事不再具有深刻的影响力。现代法治理念彰显时代特征和历史进步,比如刑法的罪刑法定原则,坚持法无明文规定不为罪,法无明文规定不处罚,这与传统的“好人”“坏人”的简单评判产生明显冲突,现代社会的公众普遍法治理念和价值观念是人类社会数千年发展的前沿成果,具有明显的时代性、复杂性、综合性特征,尤其对于“00后”群体来说,单纯的传说和故事已不能完全供给他们的法治思维的有效养成。

---

[1] 参见刘树胜:《元代社会政治的折光——谈关汉卿杂剧作品中的恶棍流氓形象》,载《沧州师范专科学校学报》2002年第2期。

(三)传播手段简单落后限制法治文化故事的扩散

《窦娥冤》是元代优秀的杂剧作品,其传承主要是以戏剧的形式出现和传播扩散。但是现代社会中,传统戏剧自身举步维艰,除京剧作为国粹仍然影响深远以外,其他地方戏剧纷纷走向没落。在现代社会中除了重要的大型晚会等会点缀一两个戏曲节目,平时已经很难在城市生活中接触感受戏剧戏曲。通过传统戏剧表演传播的《窦娥冤》等优秀法治文化缺乏新颖的传播手段,法治故事的讲述和扩散缺乏必要的平台支持和人力、物力、财力支持更是寸步难行,以场地戏剧表演的形式推进地方传统法治文化故事的传承,很显然已经力不从心。现代大学生中不乏"追星"一族,但是显然现实社会中几乎没有纯粹的戏剧专场的演唱会形式,除了一众票友出于个人的兴趣爱好进行的私下活动,作为普遍性的戏剧文化传播形式已经甚为少见,更不用说广泛渗透融入当代大学生的日常生活了。

(四)代际更替、社会进步疏漏法治文化故事的传承

随着人类文明和科技文化的高速发展,社会进步的加速推进,"80 后""90 后""00 后"纷纷走上社会历史舞台,社会节奏加快,代际更替频繁,在高节奏的社会进步过程中,人们疏忽了传统法治文化故事的现实价值,目光聚焦在潮流的、最新的文化和故事上。随着关注度的广泛缺失,社会成员代际更替的不断加剧,地方传统法治文化渐渐消失在历史长河中。笔者在课堂教学中曾进行过的调查显示,学生对地方传统法治文化故事知之甚少,很少有学生能够独立完整地讲述《窦娥冤》等经典地方法治文化故事的全部内容。这不仅是中国传统文化和文明传承的现实痛点,同时也是高校人才培养的重要阻碍。不深入地了解传统法治故事,仅仅通过快手、抖音等短视频渠道一知半解,不可能真正领悟传统法治故事的精神内涵,并将其有效应用于现代司法实践。只是停留于故事本身的一种了解,不是法治理念和价值精神的渗透和交融,无法实现中国传统法治文化的有效传承。

三、法治文化沉浸式融入法学专业课程思政创新路径探索

《窦娥冤》是元代优秀的杂剧作品,至今仍有深远影响。剧作家关汉卿运用现实主义和浪漫主义相结合的笔法,揭露了当时黑暗的社会现实。作为一个经典的法治故事,其传承和发展对于我国现今的法治社会建设和法

治人才培养,仍然具有积极的现实意义。综合时代背景的考量,明确价值观念的指引,丰富传播手段的运用,积极应对代际更替,是实践江苏地方法治文化故事课程思政的积极探索。

(一)融合时代背景加强法治文化故事的解读

新时代社会发展进程中坚持传承法治文化,就必须运用现代法治的视角,以新时代的法律眼光对传统法治故事中的人物和故事发展情节进行解读,对其中所涉及的法律展开研究,[1]从而发现其中的积极思政元素,融入现代法治社会的进程。学术界早已广泛认可,"文学中的法律"问题在公案小说研究中,具有独特的价值和意义。[2] 因此,将《窦娥冤》等地方传统法治文化故事融入新时代社会背景,赋予传统的法治文化故事以时代的气息,必然会拉近作品与读者的距离,让作品本身更接地气,融合现代教育理念和社会气息的《窦娥冤》必将有效实现传统法治文化故事的社会效果。高校教师应该将中国传统法治文化故事通过多层次多渠道方式予以呈现和展示,将传统法治文化故事作为高校法学课堂课程思政的重要内容予以开发和融入,从而积极有效地推动高校课程思政的创新与拓展,有效提升学生的社会主义法治信仰,为中国特色社会主义法治建设培养优秀的法治人才,形成浓厚的社会法治氛围。

(二)明确价值观念加深法治文化故事的接受

中国社会进入新时代,社会主义法治理念成为指导中国法治建设和人们法治思维养成的重要指引。公平正义的法治理念历经历史沉浮经久不衰,是人们对于美好生活的向往和追求。社会主义核心价值观是新时代我国社会文化发展的核心和准则,传承和发展江苏地方法治文化故事,必须坚持社会主义核心价值观的指导。习近平法治思想是全面依法治国战略的指导思想,高校法科生的培养是面向新时代社会法治实践的,其中法治中国情怀培育尤其是地方传统法治文化教育,是融会在法学专业知识学习过程中的政治课,是坚定社会主义核心价值观、师生法学专业知识传承的价值课,必须明确社会主义核心价值观,树立全面依法治国的法治自信。

---

[1] 参见王婧:《对于〈窦娥冤〉的现代法律分析和思考》,载《文化学刊》2021 年第 3 期。

[2] 参见邓骏捷、刘曦冉:《美国汉学界中国公案小说研究的价值与意义——以"文学中的法律"问题为中心》,载《明清小说研究》2020 年第 3 期。

加强地方法治文化观念的理解和探究，摒弃《窦娥冤》等地方法治故事中的封建迷信元素，梳理传统法治故事的发展脉络，坚定社会主义法治信仰，将地方法治文化故事传承打造成为学生法律职业方向选择的导向课，法律职业方向滋养的情感课。[1] 坚定社会主义核心价值观，在法治人才培养过程中融入中国特色、讲好中国故事、渗透中国法治，是社会主义法治国家法治人才培养的必然要求和积极实践。高校在法治人才培养过程中明确社会主义核心价值观的积极引领，赋予传统法治故事时代色彩，是新时代中国法治人才培养过程中对中国传统文化的传承与创新。

（三）丰富传播手段促进法治文化故事的扩散

丰富和加强现代法治教育，必须依托于“互联网＋”的信息网络平台，将地方传统法治文化故事以不同的方式进行传播扩散。网络平台、抖音视频、直播讲述等都是地方法治文化故事不断扩散、增强影响的重要手段。改变《窦娥冤》单一的传统戏剧呈现形式，通过学生喜闻乐见的方式，将文学和法学融合发展，以形式创新助力故事扩散，是增强地方法治文化故事传承和发展的重要路径。《窦娥冤》不仅是一个悲剧故事，更是一个法治故事，文学家与法学家身份的非个案式重合，在一定程度上为文学与法律的跨学科研究提供了合法性基础，[2] 是丰富地方法治文化故事传承和发展的重要突破，由此带来的优质的法治文化故事作品，将有效地推动法治故事的扩散。同时，教师在进行传统法治文化故事讲解时，可以综合运用课堂讨论、小组演绎、公众访谈等多种形式有效推进，让学生在互动交流中提升法治理念，确立社会主义法治价值观念。

（四）应对代际更替融合法治文化故事的传承

中国特色社会主义法治建设需要大批高素质、德法兼备的专业法治人才为基础。[3] 这是一代一代法律人的伟大事业。代际更替是人类社会和历史进程的必然结果，针对“00后”的新生代大学生和社会群体，必须坚持

---

〔1〕 参见刘伟琦：《法学课程思政教学改革的新理路：法治中国情怀培育》，载《黑龙江高教研究》2021年第10期。

〔2〕 参见钟华、杨宇：《文学与法律：跨学科研究中的困惑、误区及理性回归》，载《湘潭大学学报（哲学社会科学版）》2020年第1期。

〔3〕 参见唐素林：《高校法学“课程思政”教育教学改革发展探究》，载《高教学刊》2021年第1期。

多元化的融合手段,将地方传统法治故事广泛地融入社会文化宣传、法治文化建设以及教育课程思政。随着我国老龄化时代的到来,新生代群体更进一步走上了历史舞台。在整个社会形成广泛的地方社会文化氛围,让年轻一代更方便接触到传统法治文化故事,更容易触摸到地方传统法治文化精髓,自觉成为地方传统法治文化故事的传承者和接班人,将《窦娥冤》法治文化故事讲述得家喻户晓,以公众喜闻乐见的影视作品等方式让更多的人认识、熟悉、推广《窦娥冤》,将地方传统法治故事的核心价值理念代代相传。生活成长在互联网时代的原居民获取文化的途径是突破传统的数据时代的新平台和新渠道,教师在讲解法治文化故事时,如果能够充分考虑教学对象的代际特点,立足本源,充分有效运用数据化时代的信息化手段和数字化平台,将能有效提升法治文化故事的渗透力和传播效果。

结　语

中国传统文化博大精深,传统法治文化源远流长,散布于我国疆域各地。江苏省作为我国传统大省,传统文化更是纷繁璀璨,法治文化故事影响深远。发生在淮安的《窦娥冤》故事,是江苏传统法治文化故事的优秀代表。以《窦娥冤》为例,探究江苏传统法治文化故事在高等教育法科生课程思政中的积极作用,是新时代优秀法科人才培养的有益探索,必将有效推动地方高校优质法科人才培养质量的提升,必将助力课程思政的推广和成效。

第五部分　法学教育与课程思政

浅谈法学专业课程思政教学改革[*]

朱　芸[**]

摘　要:法学专业是培养高素质法治人才的重要基地,要将思政建设融会贯通于法学专业知识传授与实践能力培养之中,形成"全课程育人"的格局,实现全员课程思政育人。法学专业课程思政改革,不仅有利于高校思想政治工作的有效开展,还有助于保证社会主义法治人才的正确政治方向。我国法学专业课程思政改革存在教学理念不全面、配套教材不健全、评价体系不完善、与法学专业知识及实践教学结合不紧密等问题。对此,应从教师树立课程思政教学理念、强化课程思政教材建设、构建法学专业课程思政教学考核评价体系、推进课程思政理论教育与实践教育相结合四个方面进行改革。

关键词:法学专业　课程思政　法治人才培养

中共中央办公厅、国务院办公厅印发的《关于加强新时代法学教育和法学理论研究的意见》等文件进一步明确了将新时代中国特色社会主义法治思想融入法学教育,推动其进教材、进课堂、进头脑的具体措施和目标。这不仅体现了法治人才培养的重要性,更强调了在法学课程教学中融入思政元素的重要性。将思政课程与课程思政有机融合,从而培养德法兼修的新时代高素质法治人才。

---

* 基金项目:本文系江苏省司法厅法治科研项目"新文科背景下法学实践教学基地建设模式研究"(课题编号:2023JSSF19),南京审计大学高教研究课题"国外高校创业创新教育研究"(课题编号:2019JG023)研究成果。

** 作者简介:朱芸,南京审计大学法学院教务办主任,行政管理研究生。

一、法学专业课程思政建设的必要性

(一)有利于高校思想政治工作的有序开展

高校思想政治工作多以思政理论课的形式展开,法学等专业课程与思政教育割裂严重,这不利于培养德法兼修、全面发展的法治人才。在这种情况下,高校及教师要从思想理论上转变认知,认识到培养学生思政素养并不仅仅是思想政治理论专业课的任务,更应该是法学专业课程教育的职责。因此,要将课程思政内容与法学专业课程相互渗透、相互融合,从而减轻课程思政与法学教育的割裂。对于法学教师来说,将思政元素融入课堂教学,不仅能丰富课程教学的内容,也能起到对学生思政教育的效果。对法科学生来说,通过学习专业课程中所蕴含的思政知识,可以在学习知识的同时树立正确的法治观和道德观。

(二)有利于培养法科人才坚定的思想政治信念

法科生不仅要精通法律、具有扎实的专业功底,还应具备较高的思想道德修养。随着社会发展、信息技术日新月异,大学生可以通过互联网等各种信息渠道接触到国内外新鲜事物,由于思维能力尚不成熟、缺乏社会经验、学术视野的限制等,在受到国内外多元文化冲击的情况下,法科生更容易产生思想认知的偏差,给我国法治建设造成不利影响。在这种情况下,高校法学专业应进行思政教育改革,只有将中国特色社会主义法治理论融入教学,使学生树立社会主义法治信仰,才能实现培养高素质、全面发展的法治人才的目标,达到思政铸魂的目的。

二、当前法学专业课程思政教学存在的问题

(一)教学理念尚未融入课程思政元素

充分挖掘法学专业课程中的思政元素,寻找相关思政点,将课程思政与专业教学有效融合是开展法学专业课程思政教学的前提。[1] 由于教育环境和个体差异,不同学校和教师对于如何将思政元素融入法学专业课程

---

〔1〕 参见刘青山、刘艳峰:《法学专业课程思政教学改革探究》,载《榆林学院学报》2022 年第 6 期。

可能存在不统一的认识。有些教师可能仅局限于表面上的引用,而没有深入探讨与学科实际内容相结合,认为专业课堂就应该传授讲解专业知识,而思想政治教育工作应该交给思政教师或者辅导员。还有些教师对课程思政的教学重视不够,思政方面研究较少,对于课程中应引入的思政元素概念模糊,时常是跟着感觉走,缺乏一套系统的课程思政教学理念。

(二)课程教材思政元素不全面

教材是课程思政融入教学的重要载体,对提升教学质量、促进法学专业课程思政改革具有重要意义。虽然有一个课程使用了马克思主义理论研究和建设工程教材(马工程教材),但是部分法学教材在思政元素的考虑上存在欠缺,教材编写偏重学科知识,对思政元素的融入考虑不够全面,有关的价值引领、中国特色社会主义法治理论、职业道德等思政元素,并没有在教材中得以恰当体现。法学专业教材在整体上还未形成本土化的教材体系,这种情况势必对课程思政教学质量产生一定影响。

(三)教学评价体系不完善

一方面,当前的法学专业教学评价主要集中在学科知识和技能的考核上,对于思政素养的评价相对较少,并未充分体现出课程思政的重要地位。另一方面,对教师的考评机制普遍存在重科研轻教学的现象,这种机制会导致教师将精力主要投入科研中,对教学不够重视,投入不够,使教师在课程中不够重视思政融入的程度,不愿意多花心思钻研教学,深入挖掘课程中的思政元素,影响教学效果。

(四)法学专业知识与实践教学结合不紧密

法学专业对实践性要求较高,实践教学是法学专业教学过程中不可替代的重要部分。2011 年 12 月,教育部、中央政法委员会联合下发的《关于实施卓越法律人才教育培养计划的若干意见》中就提出对实践教学的重视以及对实践教学的要求:加大实践教学比重,在校内办好案例教学、模拟法庭、法律诊所等,在校外建设法学实践教学基地。但仍有部分法学院校的教师在教学过程中重理论、轻实践,忽视课程思政与法学实践教学相融合的重要性,导致法学专业知识与实践教学契合程度低。实践教学可以帮助学生将所学的理论知识运用到实际情境中,并提升解决实际问题和应对挑战的能力。与实践教学结合不紧密可能会导致学生在实际操作能力上的欠缺。

三、课程思政有效融入法学专业改革的路径

(一)法学专业教师应树立课程思政教学理念

教师在课程思政中承担着重要的角色,他们是课程思政的实施者,是学生成长过程中的榜样,学生价值观、人生观的引导者。教师自身的政治理论素养和教学能力,通过课堂教学和个人示范影响着学生的思想和行为,培养他们形成正确的政治立场和价值观。这就要求教师不断加强自身师德师风建设,以身作则,在教学过程中充分挖掘、做好思想的引领者。法学专业教师只有提高对课程思政的认同度,才能在教学中不断传递正能量,强化学生的思想道德意识,培养适应社会发展的新时代法治人才。

(二)丰富法学专业教材中的思政元素

教材是教学的灵魂,是培养德法兼修高素质法治人才的基本素材。[1]教材质量关乎专业教学水平和人才质量。首先,应确保教材有正确的指导思想。专业课程与课程思政相融合,运用马克思主义的立场和观点,全面、准确地阐述中国特色社会主义法治理论。[2]其次,在教材中引入课程思政元素与教材知识点相结合的典型案例,让学生通过分析讨论案例,理解和思考法律在实际生活中的应用和影响。这不仅可以提高学生的实践能力,还可以提高学生的思政能力。

(三)构建法学专业课程思政教学考核评价体系

建立健全法学专业课程思政教学考核评价体系,对于提升课程思政与法学专业课程相融合的课程质量,提高法学专业课程思政时效性具有重要作用。基于此,高校既要重视对法科生课程思政的学习效果进行考核,也要建立对教师课程思政融入专业教学的评价系统。一方面,对于法科生课程思政学习效果的考核,教师在教学过程中,可将思政内容融入平时课堂提问、期中考核和期末考试中,学生最终成绩由专业成绩和思政成绩两部

〔1〕 参见黄进:《培养德法兼修的高素质法治人才 引领中国法学教育进入新时代》,载《中国高等教育》2018年第9期。

〔2〕 参见彭小霞:《课程思政融于法学专业课程教学之路径探索》,载《石家庄学院学报》2022年第2期。

分构成;另一方面,优化现行的教师职称晋升评价机制,加重教学在职称晋升中的考核比例。将教师课程思政教学水平作为评判课程教学质量的重要部分,将思政教学与教师的职称评定、提拔晋升、评奖评优等事项挂钩,激发教师把课程思政与课程育人有效融合的积极性。在考核方式上,应探索由传统积分式的定量考核方式向以课程思政育人成效为中心的定性考核方式转变,结合教师的教学方式、教学内容、教学效果等方面综合考察,形成课程思政教育教学评价规范体系,推进法学专业课程思政教育教学改革。[1]

(四)加强实践教学,打造全课程育人格局

实践教学是法学专业人才培养的重要组成部分,它可以帮助学生将所学的理论知识应用到实际情境中,同时提升他们解决现实问题和应对挑战的能力。首先,优化课程设置,在法学专业的课程中融入大量的实践课程,通过开展模拟法庭、法庭辩论赛、送法上门和法律援助等形式多样的活动,增强学生的职业认同感和自豪感。其次,推动校企合作,与相关行业、律师事务所等机构合作,建立实习基地或者开展实习项目,使学生在司法机关、律所等单位的实习实践中更加了解中国的司法进程,提升职业兴趣,养成良好的职业道德和敬业精神,增强学生对法治的信仰,强化其献身我国法治建设的职业责任感。法学专业"课程思政"的融入需要与司法实务部门合作,建立协同育人的联动机制,合力打造课程思政育人平台,共同引领学生培养正确的法律职业伦理与法治情怀。[2]

---

〔1〕 参见王刚:《高校法学教学改革刍议》,载《黑河学院学报》2019年第4期。

〔2〕 参见刘青山、刘艳峰:《法学专业课程思政教学改革探究》,载《榆林学院学报》2022年第6期。

“国际公法”课程思政建设的方法与举措

许蔡梦骁*

摘　要：以国际法案例教学、基于国际社会热点事件的课堂讨论以及模拟实践项目为代表的课外活动均有助于调取“国际公法”课程的思政基因，可以有效应对课程思政建设中思政内容与专业知识契合难的问题。但教师本身的政治素养和专业能力仍然是根本问题。国际法专业教师唯有不断夯实专业基础，并高度重视提升自身的政治理论水平与教育责任意识，方能将课程思政贯穿于专业教学始终。

关键词：“国际公法”　课程思政建设　案例教学　课堂讨论　课外活动

“国际公法”课程是针对具有一定法学基础的学生开设的专业课。思想政治教育是“国际公法”教学中的关键一环。“国际公法”课程思政建设，要求在课程教学中传递正确的价值观，致力于在百年未有之大变局下培养一批具备国际视野、洞察国际局势、参与国际事务的高素质涉外法治人才，即能够在国际法规则的制定和完善、国际法理论和实践的创新、国际争端的解决、国际组织的运行管理和新兴国际法学科的建设发展等各领域为捍卫国家及人民利益、维护全球稳定、塑造国际新秩序作出贡献的人才队伍。

为此，在“国际公法”课程思政教学目标的设计上，宏观层面主要包括坚定马克思主义立场、传导爱国主义精神、树立人类命运共同体意识以及坚持多边主义和国际法治，微观层面则是深入挖掘、提炼国际法知识体系中蕴含的思政元素，在教学过程中以“潜移默化”和“润物无声”的方式使学

---

* 作者简介：许蔡梦骁，江苏大学法学院讲师，研究方向：国际法。

生在接受国际法知识传授的同时获得正确的价值引领。而包括"国际公法"教学在内的法学专业教育与价值引领的脱轨现象尚未完全消除,如何使思政内容和法学专业课有机融合、相互促进,帮助学生在掌握国际法知识的过程中形成正确的价值观,培养真正的"德"与"才"相统一的涉外法治人才需要进一步探索。

一、"国际公法"课程思政建设之案例教学

国际法案例在国际法的演进中起着相当大的推动作用,与此同时,案例教学在把课程思政融入法学教育中扮演着重要角色。这种教学方式的特色在于:第一,以理论联系实际的方式,将抽象的法律文本与具体的现实情境结合,训练学生运用国际法解决法律问题的能力,使学生认识到储备国际法知识的重要性。第二,以直观感知的教学方式,增强课堂的趣味性、激发学习的动力,自然流畅地进行价值塑造。尤其是通过分析与中国直接相关的国际法案例,促使学生思考如何更好地运用法律武器维护中国的国家利益及人民利益。第三,以案例带动教学的方式,对国际法学习中的重难点问题进行深入分析,使学生深刻理解"国际公法"学科蕴含的基本原理、基本学说、各项基本法律制度,熟悉并掌握相关的实践经验与技能。由此,从"建构知识"到"引领价值"再到"回归实践"在案例教学中形成闭环,[1]课程思政元素则悄然无声地嵌入"国际公法"教学之中。案例择取上寻"国际公法"课程教材各章节中的关键点或拓展延伸内容。例如,在"国际海洋法"章节选取"南海仲裁案"裁决,带领学生予以批判性分析,使学生切实感受到这种裁决非但无助于解决中菲在南海的有关争端,反而使南海问题更为复杂化,认识到这种裁决如何冲击国际法治。

二、"国际公法"课程思政建设之课堂讨论

国际法大事件时有发生,近年来频发的国际社会热点问题为课程思政建设提供了宝贵的素材。聚焦国际法大事件的课堂讨论是组织国际法教学的有效途径,也是开展思政教育的有力工具。针对时事的课堂讨论要求

[1] 参见樊兴丽:《如何在知识传授中实现价值引领》,载《人民论坛》2019年第25期。

教师秉承“发现一条缝、扒开一道门”的精神,引导学生在思政领域发散思维,促使学生做好自我教育并形成价值认同。课堂讨论分为三个阶段:课前自主学习,由教师负责提供或指导学生查找国际条约、国际组织决议、国际法院判决、政府声明等一手材料进行热点导入,要求选课学生完成所有必读材料的阅读;课中开展丰富的教学互动,鼓励学生积极参与课堂讨论,提升学生透过现象看本质的能力和觉悟;课后巩固延伸,鼓励学生平时养成阅读国际法新闻、选择一到两条新闻重点分析的好习惯。由此,构建一条“自学输入”、“课堂输出”和“互动反馈”[1]的教学路径。

三、“国际公法”课程思政建设之课外活动

以模拟实践项目、以赛促学等丰富多样的第二课堂辅助第一课堂教学,持续激发学生开展自主学习的积极性和创造力。模拟实践项目涵盖模拟联合国大会、模拟国际法庭庭审辩论、模拟外交部发言人答记者问等活动。具体而言,模拟联合国大会致力于培养学生对国际性议题的思考与研究能力,使学生学会坚定自己的国家立场,并熟练运用大会议事规则,经过谈判、斡旋、合作与妥协为所代表的国家争取利益。模拟国际法庭庭审辩论致力于使学生认识到,通过辩论,当事人可以充分围绕争议焦点及法庭确认的事实和证据,表达维护自己诉讼请求和反对对方主张的辩驳意见,法庭辩论是最终判决的重要基础,高效有序的法庭辩论对法官、当事人都至关重要。模拟外交部发言人答记者问致力于锤炼学生的临场应变能力和表达能力。此外,亦鼓励学生参与全国各类国际法模拟法庭竞赛,目前竞赛种类丰富多样,包括国际海洋法模拟法庭、国际刑事法院模拟法庭、国际空间法模拟法庭等。

结　　语

融课程思政于每一门课程的课堂教学刻不容缓、势在必行,国际法专业也不例外,甚至更为迫切。国际法作为教育部规定的法学专业必修课,

〔1〕 王玫黎:《“国际公法”课堂教学中爱国主义精神传导路径探索》,载《课程思政教学研究》2022年第2辑第1卷。

是中国特色社会主义法治体系的复合型、职业型、创新型涉外法治人才知识结构体系中必备的模块之一。课程思政建设所具有的独到的价值引领作用，对于保障涉外法治人才培养的系统性、持续性和有效性至关重要。当前，国际形势不断发生深刻变化，国际格局和国际秩序加速调整和演变，如何响应新时期高等教育的战略举措，将课程思政融入“国际公法”教学，为课程赋予独特的时代价值与历史背景，需要国际法学人的集体智慧和共同努力。

国际法案例的教学方法、热点事件的课堂讨论和多元化的课外活动均有助于调取“国际公法”课程的思政基因，以期有效应对课程思政建设的难点，即思政内容与专业知识之间契合度的问题。不过，教师本身的政治素养和专业能力仍然是根本问题。国际法专业教师唯有不断夯实专业基础，并高度重视提升自身的政治理论水平与教育责任意识，将课程思政贯穿专业教学全过程，方能与高校一同担负起培育秉持正确政治立场的涉外法治人才的历史使命。

新时代高等教育法学专业课程思政建设路径探析

孙自勉*

摘　要:课程思政建设是新时代我国高等教育改革进程中实现高校立德树人根本任务的必由之路。法学专业课程思政建设是高校践行教书育人使命和培养优秀法学专业人才的应有之义,是全社会完成"立德树人、德法兼修"培养任务的必然举措,也是国家主体全面推进依法治国建设的重要环节。高校法学专业课程中蕴含着丰富的思政元素,如政治认同、家国情怀、社会责任、道德修养等,可以通过构建全方位育人的思政校园文化、创新课程思政的教学体系、提升专业教师的思政素养、完善课程思政的保障机制等,系统地把思政元素、法学专业知识和实践技能有机融合起来,从而实现立德树人的根本目标,为国家和社会培养德法兼修的优秀法治人才。

关键词:高等学校　法学专业　思政元素　课程思政建设

在推进全面依法治国、建设社会主义法治国家的历史方位下,高等院校法学教育承担着培养德法兼备的新时代法治中国建设者的历史使命。2023 年 2 月,中共中央办公厅、国务院办公厅印发的《关于加强新时代法学教育和法学理论研究的意见》中,第 6 条明确指出:"……把思想政治工作贯穿法学教育教学全过程,加强理想信念教育和社会主义核心价值观教育……深入推进法学专业课程思政建设,将思想政治教育有机融入课程设置、课堂教学……"[1]这一重要指示一方面明确了新时代国家致力于建设

* 作者简介:孙自勉,南京审计大学法学院教师,研究方向:思想政治教育、法学教育研究。

〔1〕《中共中央办公厅　国务院办公厅印发〈关于加强新时代法学教育和法学理论研究的意见〉》,载新华网,http://m.news.cn/2023 -02/26/c_1129398885.htm。

发展法学专业的战略定位，另一方面也强调了要进一步将思政教育融入法学教育之中。在全国高校思想政治工作会议上，习近平总书记强调高校要坚持把立德树人作为中心环节，把思想政治工作贯穿教育教学全过程，实现全程育人、全方位育人，努力开创我国高等教育事业发展新局面。[1] 因此，在新时代课程思政的大背景下，深入挖掘法学专业课程中蕴含的思政元素，与专业知识体系达成有机结合，实现思想价值观念的引导和专业知识的有效传递，不仅是高校落实立德树人根本任务的客观要求，更是积极践行教书育人崇高使命的重要举措。

一、新时代法学专业课程思政建设的现实意义

（一）课程思政建设是法学专业实现立德树人的重要举措

立德树人是教育之本，也是高校的立身之本。高校应围绕聚人才、育人才、出人才，扎根中国大地，办出中国特色，实现中国梦想，[2] 高校的法学专业建设应始终坚持立德树人、德法兼修，充分结合课程思政建设为社会培养高素质法治人才。在高等学校思想政治工作体系中，课程育人或课程思政排在首位，它是大学生思想政治教育的“主渠道”。[3] 高校不仅是大学生汲取专业知识的核心平台，更是塑造其价值观和人生观的关键场所。因此，充分挖掘并利用各类专业课程中的思政教育资源，将其系统且连贯地融入线上线下全阶段的专业教学活动中，不仅是高校德育工作得以有效实施的核心环节，更是高校实现全方位育人的重要途径。[4] 因此高校法学专业在原来开设的思政课程的基础上，更需要在专业课的教学过程中有机融入思政元素，形成“课程思政 + 思政课程”的协同育人效应。

（二）课程思政建设是法学专业培养卓越人才的切实路径

法学教育天然承载着法学专业教育和思想政治建设的双重使命。[5]

---

[1] 《习近平：把思想政治工作贯穿教育教学全过程》，载新华网，http://www.xinhuanet.com/politics/2016－12/08/c_1120082577.htm。

[2] 参见邱伟光：《课程思政的价值意蕴与生成路径》，载《思想理论教育》2017 年第 7 期。

[3] 参见刘建军：《课程思政：内涵、特点与路径》，载《教育研究》2020 年第 9 期。

[4] 参见张烁：《把思想政治工作贯穿教育教学全过程　开创我国高等教育事业发展新局面》，载《人民日报》2016 年 12 月 9 日，第 1 版。

[5] 参见孟庆瑜、黄博涵：《高等院校法学专业课程思政建设的思考》，载《河北经贸大学学报（综合版）》2022 年第 3 期。

思想政治教育的价值表现为个体价值和社会价值。前者表现在:思想政治教育通过关心人培养人,不断满足个体的精神需要,从而实现人的全面发展。后者表现在:通过宣传动员来凝聚力量、促进共识、统一思想,减少社会能量消耗,最大程度实现社会整合,从而促进社会稳定和秩序的形成。[1]法学专业作为热门专业,深受考生青睐,故通常能吸引到较高素质的生源。然而,面对现代社会多元思潮及网络影响,不少大学生在价值观选择问题上面临诸多困惑,亟须进行科学恰当的引导和潜移默化的熏陶。法学教育的目标在于为国家和社会培养更多信念坚定、爱国情深、法学功底扎实的法治人才,这不仅关乎专业理论与实务技能的扎实掌握,更要求人文素养的全面提升,包括政治认同、家国情怀、社会责任、道德修养等。因此,法学专业的课程思政建设亟待将中华优秀传统文化与社会主义核心价值观深度融合于专业课程体系之中,以精准有效地引导学生形成正确的人生观和价值观,从而助力国家培育出卓越的法治人才。

(三)课程思政建设是法学专业选拔专业人才的内在需求

古人云:"有才无德,其行不远矣。"习近平总书记强调"国无德不兴,人无德不立"[2],并在纪念五四运动100周年大会上的讲话中提出新时代中国青年要提升道德修为,说明了道德品质在国家发展和人格塑造中的重要性。党的二十大报告中亦指出:坚持德才兼备、以德为先、五湖四海、任人唯贤,把新时代好干部标准落到实处。[3] 很多企业在进行校园招聘时,往往将道德品质作为拟选毕业生的首要考量因素,具体如诚实守信、感恩善良、责任担当等方面的表现。这有力地说明了"德"在企业用人决策中的决定性地位。而课程思政建设工作正是紧紧围绕全面提高人才培养质量而开展。回归高校法学专业建设过程,专业是人才培养的基本能力要求,而课程思政建设则是提高人才培养质量的客观之需。这就要求法学专业的

---

〔1〕 参见何红娟:《"思政课程"到"课程思政"发展的内在逻辑及建构策略》,载《思想政治教育研究》2017年第5期。

〔2〕《习近平谈建设社会主义文化强国》,载人民网2014年8月7日,http://jhsjk.people.cn/article/25421812。

〔3〕 参见习近平:《高举中国特色社会主义伟大旗帜 为全面建设社会主义现代化国家而团结奋斗:在中国共产党第二十次全国代表大会上的报告(2022年10月16日)》,人民出版社2022年版,第66页。

教师在培养学生的过程中,不仅培养学生具备良好的专业知识素养,更重要的是将德育放在优先的位置,并将思政教育融入专业课程的教学过程中,满足德才兼备的用人需求。

(四)课程思政建设是法学专业教师教书育人的根本遵循

教师是人类灵魂的工程师,不仅承担着传授知识和技能的责任,而且担负着塑造美好心灵世界的神圣职责。因此,不论是思想政治课教师还是其他课程的教师,都有全面育人的职责和要求。[1] 教师是课堂教学的第一责任人,是课程思政建设的关键,教师的素质水平直接影响育人质量和课程思政的效果。教师要始终坚持德育与智育相结合、鼓励学生重视全面发展,坚定培养全面发展的社会主义建设者和接班人的信念,围绕落实立德树人根本任务,扎实开展课程思政教育。[2] 法学专业教师不仅是法学知识的传授者,也是重要的思想政治教育者。建设"政治素质过硬、专业能力精湛、育人水平高超"的法学教师队伍,是推动法学专业课程思政建设的关键。因此,高校法学教师不仅应具备深厚的专业学识,更要凭借崇高的道德情操去感染学生,运用先进的教育方法来指导学生。新时代的教师肩负着为国家培养社会主义建设者和接班人的重任,务必坚守教书育人的初衷与使命。课程思政则是通过在教学实践中巧妙融合思政内容与专业知识,实现"教书"与"育人"双重目标的有效统一。

二、法学专业课程蕴含的主要思政元素

法学专业课程中蕴含着丰富的思政元素,如政治认同、家国情怀、社会责任、道德修养等,这些思政元素在法学专业人才培养以及大学生个人发展进程中均扮演着至关重要的角色,具有显著的时代价值。

(一)政治认同

就高校教育工作者而言,对这样一种教育责任的认识,应该同对受教育者,即当代大学生特点的把握紧密结合起来。[3] 政治认同是新时代高校做好大学生思想政治教育、培养堪当民族复兴大任的新时代大学生的首要

---

[1] 参见刘建军:《课程思政:内涵、特点与路径》,载《教育研究》2020年第9期。

[2] 参见张大良:《课程思政:新时期立德树人的根本遵循》,载《中国高教研究》2021年第1期。

[3] 参见刘承功:《高校深入推进"课程思政"的若干思考》,载《思想理论教育》2018年第6期。

原则。法学专业在课程思政建设过程中,在政治认同维度蕴含的思政元素主要有:①坚持用习近平新时代中国特色社会主义思想铸魂育人;②坚持中国特色社会主义道路自信、理论自信、制度自信、文化自信;③遵循马克思主义的世界观和方法论并将其应用于理论研究与法律实践;④坚决捍卫马克思主义法学思想和中国特色社会主义法治理论等。引导新时代大学生坚定不移走中国特色社会主义法治道路,为推动在法治轨道上全面建设社会主义现代化国家承担新时代青年应有的责任。当今世界正经历百年未有之大变局,经济全球化与命运共同体的发展趋势势不可挡,新的社会矛盾与地区纷争持续涌现。鉴于此,高校有必要强化法学专业课程思政体系建设,以增强大学生的政治认同感,并提高他们辨别是非曲直的能力,从而更好地应对瞬息万变的时代挑战。

(二)家国情怀

家国情怀是爱国主义教育的重要内容,当前新时代高校进行大学生教育时,一方面应该让学生理解和传承以爱国主义为核心的民族精神,提升法学专业学生以法治文化为核心的法治文化素养;另一方面应该倡导新时代法学专业学生深耕中华优秀传统法律文化,从中华五千年文明中汲取国家法治建设的根基。党的二十大报告指出"我们要坚持走中国特色社会主义法治道路,建设中国特色社会主义法治体系、建设社会主义法治国家"[1]。从中可以看出,法学专业在家国情怀维度蕴含的思政元素主要有:①坚持把国家、社会、公民的价值融为一体;②把握社会主义核心价值体系的内核,将培育践行社会主义核心价值观与法学理论及实践紧密结合;③坚持想国家之所想、急国家之所急、应国家之所需等。在社会情况日益复杂的背景下,提升新时代大学生家国情怀是促进法学专业发展的必要手段。法学专业课程的实践性很强,其理论和实践课程都包含着丰富的家国情怀元素,既有国家层面的民族利益维护,也有社会和个人层面的基本利益维护等因素。因此,家国情怀是法学专业课程的重要思政元素,需要在课程教学过程中强化培养。

---

〔1〕 习近平:《高举中国特色社会主义伟大旗帜 为全面建设社会主义现代化国家而团结奋斗:在中国共产党第二十次全国代表大会上的报告(2022年10月16日)》,人民出版社2022年版,第40页。

(三)社会责任

责任心和使命感能够指引人民群众投入伟大事业、伟大梦想的奋斗。新时代法学教育培养高素质法治人才的目的和使命是为坚持和发展中国特色社会主义的总任务服务,为全面建设社会主义现代化国家、实现中华民族伟大复兴服务。[1] 社会责任是我国传统文化的核心内涵,法学专业在社会责任维度蕴含的思政元素主要有:①"天下兴亡,匹夫有责"是个人对国家兴亡应担负的责任;②"先天下之忧而忧,后天下之乐而乐"是个人对社会发展担负的责任;③"天行健,君子以自强不息;地势坤,君子以厚德载物"是个人对自身成长担负的责任。由此,社会责任意识不仅是中华传统美德的核心组成部分,更是现代公民不可或缺的基本素质。法学专业课程中广泛涵盖了社会责任主题,如法官身兼"法律人"、"政治人"与"社会人"三位一体的角色认知,新时代法律人精神内涵的深化,以及法治建设在国家社会发展中的责任担当等。因此,社会责任是法学专业课程思政教育中的关键构成要素,应当在教学实践中被系统地融入并持续强化,旨在培养一批具有强烈社会责任感、坚定信念、德法兼修、明法笃行的高素质法治人才。

(四)道德修养

坚持围绕立德树人这一根本任务,深刻领悟"育人的根本在于立德",肩负高校法学专业课程思政建设的政治责任,稳步推进科学性、系统性的法学专业课程思政模式构建,深入挖掘法学教学中的"德育"元素。[2] 道德修养是新时代大学生在社会和学校最基本的素养之一,法学专业学生将来从事法律职业时,必须将清明、守正、廉洁、自律刻进骨髓,以德服人、以理服人,提升自身的道德修养,全面提升我国法治人才队伍素养。法学专业在道德素养维度蕴含的思政元素主要有:①追求实现公平与正义的法律职业理想;②秉持勤勉、谨慎的法律职业态度;③坚守抑恶扬善、扶弱济困的法律职业责任;④养护诚实守信、爱憎分明的法律职业良心;⑤坚守严明的法律职业纪律;⑥维护清廉、正直的法律职业信誉等。因此,法学专业课程要强化与道德修养相关的内容,培养学生养成"形而上之道"和"形而下

[1] 参见杨宗科:《新时代法学教育新理念新思想新战略》,载《法学教育研究》2021年第1期。

[2] 参见刘燕玲:《高校法学专业课程思政建设实践路径研究》,载《保定学院学报》2023年第4期。

之器"并举意识,不只把法律当成工具,更重要的是价值观的养成,将三观正立、坚韧积极、勇于挑战、同理心强作为更高的目标。由此可见,道德修养在法学专业课程的思政教育中占据核心地位,需在教学过程中予以持续灌输和引导。让忠诚法律、公平待人、廉洁自律以及德法兼修的精神深深植根于学生的价值观与职业道德规范之中,并逐步转化为他们的思维习惯与行为准则,从而全面提升学生的专业素养和人文精神内涵。

三、新时代法学专业课程思政建设路径

(一)构建全方位育人的思政校园文化

高校校园文化是一种全方位、深层次的育人资源,它体现在校园环境、制度、风气、校训等显性层面,也内化为全体师生的教学与学习风格、态度和行为。校园文化对塑造学生的人格有重要作用,而课程思政建设的最终目的也是把思政元素内化为学生的思维方式,外化为实际的言语行为。构建全方位育人的思政校园文化,要善于增强课程思政建设的全方位、立体化支撑。[1] 优质的校园文化能够有力推动高校构建特色鲜明的课程思政体系,提升思政教育的实际效果。课程思政作为校园文化的载体,可以把校园文化的内涵带进课堂,促进校园文化的吸收和内化。因此,高校应在继承和发展现有校园文化的同时,将法学专业课程中的公平、正义、诚信、爱国等思政要素融入校园文化建设,特别是在校风、校训等方面体现价值引领和人格塑造,构建起一个全面涵养人才的思政校园环境。同时,应激励全体师生共同参与到校园文化和课程思政的建设与传播中,使两者相互交融,共同提升育人效果。

(二)系统创新课程思政的教学体系

法学专业课程普遍具有实践性强的特点,因此在开展课程思政建设时既要突出专业特点,又要融入思政元素。法学院系可与本校的马克思主义学院联合组成共建平台,由专业的思想政治课教师为课程建设提供指导,确保课程思政建设方向正确、内容完整。[2] 在教学过程中,除了深入挖掘

---

〔1〕 参见刘晓川:《新时代高校课程思政建设进路探析》,载《当代教育论坛》2023年第4期。

〔2〕 参见韩卫平:《法学专业课程思政建设路径探究》,载《黑龙江教师发展学院学报》2023年第3期。

专业课程中的思政内涵,还需围绕专业人才培养目标、教学内容编排、教学方法选择、教学效果评估等维度进行系统设计,确保思政元素自然嵌入课堂教学,产生"春风化雨"的育人效应。具体来说,人才培养目标上强调德才兼备、知行合一;教学内容设置上结合诚信、公平、协作、创新、社会责任等思政要点与专业课程内容;教学方法上采用案例分析、课堂讨论、小组实训、模拟演练、线上线下混合式教学等多种形式,激发学生的学习热情,使思政教育深入人心;教学效果评价中纳入课程思政相关指标,实行过程与结果相结合的全面评价体系,激励教师投身课程思政建设。总之,法学专业课程的思政建设必须始终将立德树人贯穿课程教学的所有环节,系统地把思政元素、专业知识和实践技能结合起来,使教学过程既可以充分体现专业特点,又能够有效实现价值引领的思政作用,完成新时代高等教育全过程、全方位育人的使命。[1]

(三)全面提升专业教师的思政素养

立德先立师,树人先树己。教师传道授业解惑,首先要信道明道。[2]在高校"教"与"学"的教育供需结构中,教师作为供给端的主角,肩负着专业课程思政建设的重任,是实现立德树人使命的核心力量。课程思政实现全方位育人目标,在很大程度上依赖于教师的政治素养和道德情操。教师需以自身的道德行为和人格魅力对学生起到示范作用,无论是思想、作风、言行还是课上课下,都应成为学生的楷模。因此,提升教师的思政素养是思政元素有效融入课堂教学的前提。学校可通过营造课程思政文化氛围、强化课程思政理念、定期举办专项培训、组织专题研讨等方式提升教师对课程思政的认识,并在教师招聘、岗位培训、系统学习、专家督导以及多元化评价等环节引导专业教师关注课程思政。同时,法学专业教师应不断提升自身的德育能力,铭记高等教育初心和教书育人使命,主动加强政治理论学习,提升政治人文素养,切实将思政教育贯彻到专业课程教学中,充分发挥课程思政在价值引领和知识传授上的双重功效,实现课程思政全过

---

〔1〕 参见王亚非:《新时代高校全员全过程全方位育人格局形成的基本遵循》,载《国家教育行政学院学报》2019 年第 4 期。

〔2〕 参见田岐立:《新时代高校全面推进课程思政建设的师德逻辑及实践指向》,载《国家教育行政学院学报》2023 年第 1 期。

程、全方位育人。

(四)持续完善课程思政的保障机制

在高校推进课程思政建设的过程中,体制机制对课程思政建设具有整体性、长远性和保障性的功能和作用。[1] 法学专业课程思政建设尤其需要不断改进和强化保障机制。首先,建立由学校党委统一领导、多部门协调配合的育人机制,确保思政元素与专业课程教学环节紧密结合。其次,构建多方联动、协同运行的合作机制,如建立专业课程、思政课程与其他通识课程之间的协同机制,实现理论教学与实践教学、线上线下教学的深度融合,以及各育人主体间的整合协作,以达到全方位、全员育人的目标。最后,建立健全“课程思政”的评价激励机制,加强对课程思政的教学效果评价和课程督导,支持与鼓励课程思政相关的教学改革与教研项目,对课程思政的研究成果和育人效果进行全面评估。

结　语

新时代法学专业课程思政建设是中国特色社会主义教育事业高质量发展的重要组成部分,是推进法治中国建设的基础性工程。首先,结合新时代课程思政大背景,本文指出法学专业推进课程思政建设对于高校法治人才的培养及其学子的全面发展具有显著的现实意义。其次,明确阐述了法学专业课程本身蕴含的政治认同、家国情怀、社会责任及道德修养等诸多思政教育元素。最后,从构建全方位育人的思政校园文化、创新课程思政的教学体系、提升专业教师的思政素养及完善课程思政的保障机制等方面进行课程思政建设,以系统化的方式将思政元素、专业知识和实践技能紧密结合。同时,法学专业课程思政建设的开展也有赖于多路径协同保障。总之,法学专业课程思政建设是系统化工程,需要在实践中不断探索、不断创新,才能实现立德树人的根本目标,为国家和社会培养德法兼修的法治人才。

[1] 参见姜涛、孙玉娟:《高校课程思政建设存在的问题与对策探讨》,载《学校党建与思想教育》2022 年第 20 期。

法学专业产教融合一流课程建设的质效评价[*]

莫良元　杨颜竹[**]

摘　要:法学专业的产教融合一流课程建设具有区别于工科课程的特殊性,需要在课程设计方面结合不同阶段学生的培育特点制定相应的多方主体参与的培养方案,并利用高校特色教学资源与所在地域的就业需求等相应优势,创建重规范、重关联、重实践的高素质法治人才培养模式。面对目前国家高质量法治人才需求提升、社会就业体系更新整合以及高校教研创新发展的现实情况,法学专业产教融合一流课程的建设完善,需要注重质效评价体系的构建。质效评价体系的构建可以评价组织、评价主体、评价内容为关键环节,落实以法学院为组织主体,课程群组运行框架下的产学教多元评价体系以及指标化表格化内容评价标准的结构性完善,进而形成"有效课程,有效反馈,课程优化,效果提升"的良性循环。

关键词:法学专业产教融合　一流课程建设　高素质法治人才　质效评价

随着经济不断发展,社会对应用型专业人才的需求日益攀升,其中高素质人才队伍建设更为迫切。近年来,为回应应用型专业人才的培养需求,"产教融合"教育模式逐渐成为各大高校教学工作中的亮点与重点,尤其在工科教学领域得到广泛应用,并形成了相对稳定的产教融合课程与项目体系。法学教学通过知识、案例与热点讲授,最终目的是实现学生对现实法律问题的分析与解决,具有极强的实务应用价值,具有产教融合教育

* 基金项目:本文为江苏省教育规划重点课题"新时代高素质法治人才培养模式创新研究"(Bb/2024/01/113)的阶段性成果。

** 作者简介:莫良元,男,常州大学史良法学院教授;杨颜竹,女,常州大学史良法学院硕士研究生。

的实际需求。但面向传统的产教融合模式,法学教育培育高素质法治人才的关注点,不仅在于相关法律技术的应用培养,更注重学生道德品质的培养与相应的人文关怀的建设,且在产业需求存在着与工科的显著差异,以现有模式直接适用存在着嵌合上的不适应,构建法学学科自身的产教融合课程体系确有必要。

一、法学专业产教融合一流课程建设的内涵与特征

在法学教育范畴中,为建设产教融合一流课程,需要在授课的具体内容和方式上明确产教的关注点与需求,了解法学领域内的产教融合一流课程,可以从内涵及特征两方面展开,“产”方面,即关注对接主体与对接方式;“教”方面,即人文素养培育与法律知识并重,其特征包含强规范性、强关联性与强实践性。

(一)法学专业产教融合课程的内涵界定

“产教融合指的是由政府、高校、科研单位、企业及其他社会组织共同参与,以满足社会对应用型人才需求为根本目的,以教学项目为主要载体,实现多方主体育人资源协同共享的一种新型育人形式。”[1]该概念于2013年以党中央针对高等教育改革发展之指示的形式提出,并以此为背景大力开展校企合作,致力于培养知识过硬、能力过硬、素养过硬的高素质应用型人才。有学者主张以动态视角理解产教融合,其中“产”的三重内涵,即“于企业即产业,于高校即学校与企业合作生产的过程,于学生即生产和实践的过程。”[2]产教融合在一般意义上属于工科的话语体系,强调明确直接对接的高校与科研机构,重视人才的技术输送,故可以“产业”“生产”等对其进行概括。法学产教融合的培养方式在于关注学生的技能与素质,在目前法治人才培养面逐渐扩大的环境下,不能是简单满足于填补人才缺口,而应当根据社会需求,归纳人才发展的核心目标,在注重内核精专与基础技能训练的同时,辅之以输入社会前的针对性技能培养,形成全面发展的高

---

〔1〕 邱辉、樊千:《推进产教深度融合的动力机制及策略》,载《黑龙江高教研究》2016年第12期。

〔2〕 廖子康等:《产教融合背景下法律(法学)硕士人才培养模式研究》,载《科技创业月刊》2023年第6期。

素质的法治人才。故而,法学专业产教融合课程的建设可以从多个维度较为全面地诠释其内涵。

首先,法学专业产教融合课程的建设,统一基础在于培养学生的法律道德以及人文素养。法学课程的建设,尤其是法理类课程的讲授,其内核主要在于对学生相关法概念、法伦理与法道德的培养。相较于简单机械运用于每一个"官司"的技术操作训练,培养学生对案件形成"正义""公平"的理解更为重要。即使仅培养具有良好道德的一般人才,也要避免产生"有才无德"的"精英讼棍"。"道德是内心的法律",在教育维度正确引导学生形成正确的道德观是教育的重要任务,而该部分在产教融合的过程中,更重要的是通过"教"的制度设计来实现。其次,对于具有一定稳定法律道德内核的学生,在实践训练的过程中,要依照培养需求分别重视其职业伦理的培育与职业技能的培育。职业伦理的教育需要与职业就业方向契合,如企业法务及律师等,这些职业更为关注的是就业者所能带来的经济效益、工作效率等,此种角度需要扩展学生的专业技能以及相关的职业伦理培训。对于需要通过公务员考试的就业岗位,例如公检法等,此种岗位更加关注的是运转过程中的社会价值以及社会效率的问题,此类人才的标准主要关注其在程序运转中的程序坚守和社会价值认同等。最后,关于法科生培养的产教融合课程的融合程度尤为重要。根据学生不同的认知水平与实践能力,为其设计专门匹配的课程,使产教之间的联系逐渐加深,从而实现产教融合课程的培养与联系功能,在培养训练专业人才的同时加强"产"方对学生的认知与信任,为学生进入社会作更好的适应性过渡。

综上,法学专业产教融合一流课程建设的内涵得以明确,即各高校通过系统化课程设计的形式,构建学生端正的法律道德与素养内核的同时,根据其不同阶段培育需求与目标,利用高校自身教学特色资源与地方就业优势等,拓展学生专业对接与技能培训,进而培养高素质法治人才。

(二)法学专业产教融合一流课程的特征

在产教结合的课程中要让学生意识到其职业意义与社会价值,逐步过渡到建设的过程当中,法学专业产教融合课程对培养复合性应用人才具有显著的优势,课程建设方面具有强规范性、强关联性和强实践性特征。

第一,课程建设的强规范性。"应用型本科院校法学专业要求学生具有扎实的专业理论基础和熟练的职业技能、合理的知识结构。"[1]产教融合一流课程的建设,应当严格规范学生对法律道德的理解、法律知识的理解以及技术操作。先立德,后树人,在课程建设过程中,教师通过对学界共识观点进行完整解读,对于书本上的相关可供解释的法律观点等进行全面阐述,并辅以及时进行调查反馈等方式了解学生思维方式与思路建设,帮助其树立其正确法治观。具体的法律规范学习中,注意学生对解释方法与理解方法的把握,在开拓学生思维的同时严守规则,如法学方法论课程的解释方法等方法论的传授,培养学生的思维在规范的框架内进行,避免出现解读的观念性错误,尤其是在产教融合的实训过程中,以规范为核心培育学生思维运行边界尺度的法治意识。

第二,课程建设的强关联性。在一个特定案件的分析过程中,由于每个人的思维方式本身有差异,讲授部门法教师的思维方式之间也存在客观上的"壁垒",如熟悉民法的不一定熟悉商法,熟悉程序法的对实体法的理解或许有欠缺,即使是专家,彼此合作也可能会存在关键问题侧重点的误解,因此形成完整的法律知识体系的认知才更容易缩小理解与适用的偏差。在法学教育的过程中,更需要在专业范围内尽可能辐射其他的部门法以及程序法,尽可能做到在解决一个案件的过程中进行完整的理解并在合作中发挥各自优势,减少不必要的沟通成本。

第三,课程建设的强实践性。"法学教育中的司法实务培育能力要求很高,应依照市场对法学人才的需求,适当地对其人才培育模式进行改革。"[2]课程建设中,要关注实践中与"产"的关联。"应用型人才是运用一定专业知识、遵循客观规律为社会谋取效益的人才。"[3]

二、法学专业产教融合一流课程建设的现实期待

法治中国建设对于高素质法治人才的需求极为迫切,产教融合课程建

---

〔1〕 张守波等:《产教融合:法学专业实践教学保障体系构建》,载《绥化学院学报》2023年第8期。

〔2〕 李娜、谢慧、徐冰:《产教融合背景下应用型本科高校法学专业"双师型"教师队伍的培养与建设》,载《黑河学院学报》2021年第6期。

〔3〕 苏平、赵怡琳:《产教融合协同培养企业知识产权复合性应用型人才研究》,载《知识产权》2020年第7期。

设为高校与学生主体的各自价值实现提供了科学有效的创新实践，对充分了解各方主体需求具有较为明显的实践意义。

(一)国家与社会对高素质法治人才的迫切需求

"'产教融合'包含三个层面的机制设计：一是宏观层面，国家产业系统与高等教育系统之间的融合机制；二是中观层面，区域产业集群与区域学科集群之间的融合机制；三是微观层面，'产教融合'集成创新的高等教育机制改革设计。"[1] 2013年"产教融合"的概念首次提出，强调现代职业教育的体系建设、产教融合、校企合作以及高素质劳动者与技能型人才的培养；2015年教育部等主体联合出台关于普通本科院校的转型意见，强调了"产教融合""校企合作"引导部分本科高校转型发展的突破口作用；2017年党的十九大报告进一步提出职业教育方面的"产教融合、校企合作"的深化，同年国务院办公厅《关于深化产教融合的若干意见》直接以专题部署形式对深化产教融合做出进一步阐释。在高素质法治人才培养过程中积极建设法学专业产教融合一流课程也就是产教融合的国家战略的具体贯彻与落实，是满足高素质法治人才迫切需要的有效应对。

法学专业产教融合一流课程建设与质效评价对企业与学生而言是一种双向保障，在满足不同层次的社会需要方面具有明确的现实期待价值。企业与应届就业生尤其是非重点院校的学生，通过产教融合一流课程建设的培养方式快速适应社会，提前介入法治实践以期尽快发现社会需要的高素质法治人才，尤其是面向当地的校企联合，便于人才就地培养就地应用，增强彼此的信任。通过质效评价不断调整课程的发展方向，了解企业对人才的需求，衡量学生的发展程度，评估后选择合适的企业对象进行对接，有效节省教育资源与企业资源，也能更好地根据自身情况培养出合适的高素质法治人才。李正卫等指出"沟通渠道不畅、合作能力不强、文化差异较大以及政策支持不足是影响校企合作的重要因素。"[2] 通过产教融合一流课程建设的"联谊"促成校企之间的理解，改变"如果同时有法学硕士、法本法

---

[1] 谢笑珍：《"产教融合"机理及其机制设计路径研究》，载《高等工程教育研究》2019年第5期。

[2] 李正卫等：《校企合作现状与影响因素实证研究：以浙江为例》，载《科技进步与对策》2012年第21期。

律硕士和非法本法律硕士三类应届毕业生应聘一家单位,在其他方面资质相差无几的情况下,大部分的用人单位会优先考虑法学硕士、法本法律硕士。"[1]适当改善过去的学历歧视背景下带来的学生就业难的问题。

(二)高校主体与学生群体对于教育目标的价值期待

教育主体在法学专业产教融合一流课程建设中的价值期待是培养高素质法治人才,同时对于课程的设计者与主导者,即与课程相对应的教师,提出了更高的要求。为了实现高素质法治人才的教育总体目标,需要不断提升课程的实践有效性与针对性。具体实践教学目标是法学教师的教学基本功和创新能力的重要体现,法学专业产教融合一流课程建设对于教师来说压力很大,如何做到真正实现实践意义上的建构颇为必要,例如,如何胜任"双师型"教育模式和不断变化的法律规范在司法实践中的应用等问题。法学专业产教融合一流课程建设需要高校及其教师不断思考发力,而获得课程"好评度"的现实路径就是通过课程的质效评价制度设计,以"产"端与学生端为主,了解课程设计的实用性与吸收性,实现教学技巧与技术的转化,从而建设成为高质量的产教融合一流课程。

法学专业课程的教育目标为学生自我价值的实现评估确定实践指向,产教融合一流课程的建设需要关注学生群体对于此种教育目标的认识程度。法学专业产教融合一流课程建设可以为学生的学习能力与社会定位明确具体内容和实现方式,重点体现在具体课程的设置匹配方面,通过了解学生群体的评价并不断修正课程设计。充分关注学生作为课程的最大受益者,让其在课程建设过程中感到兴趣并且积极投入时间和精力。同时充分考虑学生的自我价值认知与未来发展导向,进而设计出学生群体多样化的"量身定制"的课程内容。

三、法学专业产教融合一流课程建设的对策建议

法学专业产教融合一流课程建设的内容是多方面的,其中关于课程的质效评价应该成为具体实践中的重要内容,但往往没有得到重视。质效评

---

[1] 郑春燕、王友健:《非法本法律硕士培养模式的体系性再造》,载《研究生教育研究》2020年第5期。

价需要进行明确的分工及组织架构，最终形成相应的有效真实的评价机制，构建较为客观的质效评价机制。

(一)组织主体

课程的第一建设者是高校教师或相关教师团队，但在设计课程的过程中，不免会存在对课程的主观评价与倾向，往往“当局者迷”，对课程质效评价的组织力度相对较弱。若想形成合理、客观且可长期运行的评价架构，应当寻求更高层级的组织者以及建立严密的评价体系。根据教学管理的体系构建而言，由法学院担任组织主体为宜，通过学校联合地方实践部门共同部署的形式进行。

(二)评价主体

首先，一线教育主体是课程的设计与主要实施者，一线教师最了解课程的目的应然与实践实然，从而对于评价有着极为重要的价值。其次，通过教学督导的流动式评价，以处在一种“旁观者清”的角度看待课程质效。通过了解各类课程的平均质效，了解各个课程的优缺点，对课程提出建设性的意见与创意点，沟通共灵感与思路，在质效评价中可以起到一个亮点的作用。最后，接受教育的主体也是评价的重要主体。产教融合课程的“教”之目的是让课程培训的内容为学生未来职业发展所用，所以质效评价的组织架构中必须有学生的反馈内容。产教融合的未来“服务”对象，即用人单位，是产教融合质效评价的实践经历者。产业主体的评价机制是通过对课程和学生的职场实践进行评分，调查其好感度。产业主体评价机制能够做到课程教育与社会法律实务相接轨，侧重的是课程的实效评价。由于评价主体的不同特点，其评价分值占比也各不相同。例如教师作为课程的设计主体，应当改变传统课程设计的“先入为主”，充分注重学生获得感，故而教师评价的占比可以适当降低。课程面向的第一对象即学生，是课程教育目标的现实获益者，课程质量的评价需要针对学生的吸收转化进行考量，故而其占比可以相较于传统的质效评价有所提高。

(三)评价方式与内容

具体质效评价可以是线上与线下相结合的评价方式。校园内通过问卷、调研会、访谈会以及学生线上评教的方式进行，并且主要是针对学生对教师以及课程建设的满意度等因素的考察，主要评价主体是学生，对于课程的评价具有一定的参考性。同时,评价方式方面可以增加具体评价主体的随机性和变动性,做成多元评价主体的线上线下模式结合,形成"临时教师(即相关单位的工作人员或兼职教师)"+"任课教师"+"督导教师"三重评价主体。关于质效评价的检测指标,OBE 现代教育教学模式值得积极贯彻执行。对于教师主体,强调 OBE 的四个具体问题,即想让学生取得的学习成果是什么?为什么要让学生取得这样的学习成果?如何有效地帮助学生取得这些学习成果?如何知道学生已经取得了这些学习成果?对于用人单位的公检法司,实用性和高效性更为重要。但是以上指标并非具有专属性,仅仅是倾向问题。"高校应当与各方主体密切沟通,准确了解各方主体的利益诉求,搭建沟通协作平台,多方主体共同协商,针对产教融合形成一致共识,进而形成完善的顶层设计。"[1]

法学专业产教融合一流课程建设在社会主义法治国家建设过程中,对培育高素质法治人才储备力量具有重要意义,法学专业院校法科学生的培养通过产教融合一流课程建设质效评价机制,在了解学生、用人单位、教师多方期待的教育教学目标实现中积极加大多方面的投入,为实现法治中国建设的高质量法学教育探寻科学有效的实践路径。

---

〔1〕 史玲等:《基于产教融合的法律硕士人才培养模式改革与实践——以辽宁某高校为例》,载《才智》2021年第31期。

第六部分　纪检监察与法学教育

监察法学教学体系建构路径研究*

池　通　盛　彪**

摘　要：监察体制改革重塑的新型国家监察体制是新时代法治反腐向纵深推进的重大制度成果，是深化党的自我革命、推动中国式现代化的重要内容和保障。形成具有中国特色、中国风格、中国气派的监察法学体系对推进法治反腐至关重要，在新时代法学教育体系革新和纪检监察学一级学科建设的双重视域下，如何建构科学的监察法学教学体系，有效回应监察法治人才培养客观需求，成为理论界必须关注和亟待回答的命题。要准确认知监察法学属于纪检监察学和法学共同二级学科的逻辑定位，在阐释监察法学教学体系建构内在遵循的基础上，围绕理论教学体系、实践教学体系和教学支撑资源体系三个维度，科学设计监察法学教学体系建构的基本路径，为培养高素质专业化监察法治人才奠定基础。

关键词：纪检监察学　新时代法学教育　监察法学　教学体系

一、纪检监察学与法学：双重学科视域下的监察法学

（一）纪检监察学一级学科设立与法学学科体系革新

党的十八大以来，全面深化改革成为时代发展的主旋律，纪检监察体制改革作为全面深化改革的一项重要举措，为国家治理体系和治理能力现代化战略目标提供了政治保障。纪检监察体制改革实践探索需要理论支

---

* 基金项目：本文为江苏省教育科学“十四五”规划项目“中国特色监察法治视域下监察法学教学内容体系建构研究”（D/2021/01/86）成果，江苏省研究生科研与实践创新计划项目“监察调查程序中认罪认罚从宽原则适用”（KYCX23_2246）的阶段性成果，教育部产学合作协同育人项目“纪检监察学实践基地建设与研究生科研能力提升互促研究”（220901229290941）的阶段性成果。

** 作者简介：池通，南京审计大学法学院（纪检监察学院）讲师，法学博士；盛彪，南京审计大学法学院（纪检监察学院）硕士研究生。

用,和学生一起理解我们的国情、党情和世情。

以"坚持全面推进科学立法、严格执法、公正司法、全民守法"一章为例,在教师课前资料和教材的指引下,小组成员对于章节内容进行了梳理:关于如何"科学立法"?习近平总书记指出"努力使每一项立法都符合宪法精神、反映人民意愿、得到人民拥护"。2016年这一年,我们诞生了10部新法,24部法律有了新的修订,民众全程参与立法过程的《慈善法》正式出炉,史上最严的《大气污染防治法》开始实施,新修订的《野生动物保护法》规定吃"野味"也要被追责。关于"严格执法",法律的生命在于执行,法律的权威也在于执行,习近平总书记告诫执法者,"要站稳脚跟,挺直脊梁,只服从事实,只服从法律"[1]。2016年出台的减刑假释新规,让"花钱买刑"无所遁形,执法者们铁面无私,秉公执法,让法律真正落到实处。"公正司法"努力让人民群众在每个司法案件中都感受到公平正义,习近平总书记多次强调司法公正。自中国共产党第十八次全国代表大会召开以来,司法体制改革深入推进;司法责任制改革使让审理者、裁判者负责变为现实;以审判为中心的刑事诉讼制度改革让"疑罪从无"等理念从条文变成实践。2016年重大冤假错案共纠正11件17人,数量达到历史新高。关于"全民守法",党的十八大提出24字的社会主义核心价值观,"法治"二字清晰呈现;2016年,"七五"普法拉开序幕,弘扬社会主义法治精神,建设社会主义法治文化,成为新时期全民普法的新追求。

在"坚持抓住领导干部这个关键少数"的章节,小组汇报同学分享了《人民的名义》和《人民检察官》电视连续剧中的经典片段;在"坚持以人民为中心"这个章节,我们结合《人民日报》理论版的文章,共同探讨了动态清零的疫情政策;通过多样的课堂、丰富的内容、激烈的讨论、尖锐的问题,习近平法治思想概论中的11个坚持被学生理解。

(三)课后拓展、复习和考核

课后教师和学生还可以继续在QQ群以及微信公众号里进行案例的讨论,有了新的热点、社会问题或者好的学习资料、论文等教师也可以在群里

[1] 《"平语"近人——习近平心中的政法工作》,载人民网2016年1月23日,http://jhsjk.people.cn/article/28078915。

撑,深化纪检监察理论研究,建构纪检监察学科体系、学术体系和话语体系成为当务之急。2022年9月,国务院学位委员会、教育部发布《研究生教育学科专业目录(2022年)》和《研究生教育学科专业目录管理办法》,纪检监察学进入新版学科专业目录,成为法学门类下一级学科。〔1〕纪检监察学科的设立重塑了法学学科体系,推进纪检监察学科建设与重塑新时代法学教育体系存在深刻逻辑关联。

从学科构成看,纪检监察学下设四个二级学科,分别为纪检监察理论、党的纪律学、监察法学和廉政学。监察法学是纪检监察学与法学之间的交集部分,研究对象为与监察相关的法律现象,虽然也表现出纪检监察的特色属性,但仍具有法学二级学科特质,对其研究应采用法教义学方法。〔2〕从法律关系看,尽管纪委监委合署办公导致监察法律关系区别于其他部门法律关系,但其仍遵循了一般法律关系的基本方法和原理。〔3〕从价值诉求看,纪检监察学知识体系包括概念原理论、制度规范论、实践技术论、思想政治文化史多个要素,〔4〕都围绕着公权力监督展开,最终服务于依规治党和依法治国的战略目标。从纪检监察体制改革与全面推进依法治国到纪检监察学科设立与法学学科体系革新,从制度与实践到理论研究与学科建设,纪检监察学与法学均具有深刻的逻辑关联。

(二)监察法学的学科定位

首先,监察法学是独立二级学科。关于监察法学属性的争议,不同学者主张各异。王建学主张在学科定位上监察法学是宪法学的特殊分支。〔5〕秦前红认为监察法学有独立、完整的调整对象和特有、自足的研究方法,使得其区别于刑事诉讼法学、宪法学和行政法学。〔6〕马怀德认为监察法学是一门新的法学学科,以此指导监察立法,推动监察法学理论深化,繁荣监察

〔1〕参见李云舒、韩亚栋:《建设新时代的纪检监察学科》,载《中国纪检监察报》2022年9月23日,第4版。

〔2〕参见高刘阳:《新时代纪检监察学科建构的内在逻辑》,载《廉政文化研究》2023年第2期。

〔3〕参见杨抒见:《监察法律关系刍论》,载《西南政法大学学报》2020年第6期。

〔4〕参见王旭:《建构中国自主的纪检监察学知识体系》,载《求索》2022年第6期。

〔5〕参见王建学:《论监察法学的学科建设与人才培养——以新文科建设为背景》,载《新文科教育研究》2022年第2期。

〔6〕参见秦前红主编:《监察法学教程》,法律出版社2019年版,第20页。

法学教育。[1] 二级学科是组成一级学科的基本单元,纪检监察学设定为一级学科后,监察法学作为纪检监察学独立二级学科是应有之义。当前学界习惯从宪法、行政法、诉讼法、法律史的学科视角分析监察制度和规范,一时难以完成研究视角的转换,导致监察法学理论研究缺乏系统思考。纪检监察学科的产生,是对构建党中央集中统一领导、全面覆盖、权威高效监察体制的理论回应,是纵深推进法治反腐的客观需求,基于党规国法协同共治的内在要求,对监察法律规范和监察法治实践的研究应该成为纪检监察学科的核心内容。监察法学并非专属于纪检监察学一级学科,其以监察法律法规为研究对象和法教义学为主要研究方法,决定了其同样可以作为法学二级学科。封利强认为,即使将监察法学设置为纪检监察学的二级学科,监察法学仍然是法学的重要分支。[2] 作为新时代法学学科体系探索革新的重要成果,监察法治现象和监察法治理论也应该成为法学学科的重要研究内容,高校可以在法学一级学科下自主设置监察法学作为二级学科,开展学术研究和人才培养工作。

其次,监察法学是拥有复合知识结构的独立二级学科。一方面,监察立法内容的复合性导致监察法学知识结构具有交叉性。监察法采"综合立法模式",包含了组织法、行为法、程序法等多种法律内容。监察机关的组成、任期、职权职责、上下级关系等规定属于组织法范畴,是对宪法关于监察机关规定内容的具体化。监察管辖、监察调查、审理、证据收集、留置等程序性规定属于程序法,具备了与行政诉讼法、刑事诉讼法等公法制度中的公法程序一样的基本属性及特征。[3] 监察机关及其工作人员的法律责任、国家赔偿等规定属于对监察法律关系主体的权利义务规定,属于实体法。另一方面,监察法需要政治学、法学、马克思主义理论、公共管理等多门类知识的阐释和支撑,监察法学科具有交叉性特征,各门学科交织、渗透和融合形成特有的知识体系和方法论,才能真正形成独立的监察法学科。[4]

---

〔1〕 参见马怀德主编:《监察法学》,人民出版社 2019 年版,第 16 页。

〔2〕 参见封利强:《监察法学的学科定位与理论体系》,载《法治研究》2020 年第 6 期。

〔3〕 参见马怀德主编:《监察法学》,人民出版社 2019 年版,第 217 页。

〔4〕 参见蒋安杰:《"首届监察法学学科建设与发展"研讨会在京举行》,载《法治日报》2022 年 4 月 27 日,第 11 版。

二、监察法学教学体系建构的内在遵循

(一)以新文科建设与新时代法学教育改革为话语背景

2020年11月,教育部新文科建设工作组主办的新文科建设工作会议发布了《新文科建设宣言》,其中指出:“应对新变化、解决复杂问题亟须跨学科专业的知识整合,推动融合发展是新文科建设的必然选择。进一步打破学科专业壁垒……”2023年2月,中共中央办公厅、国务院办公厅印发《关于加强新时代法学教育和法学理论研究的意见》,指出新时代法学教育和法学理论研究的工作原则是坚持和加强党的全面领导,确保法学教育和法学理论研究始终沿着正确政治方向前进。

一方面,应确定监察法学作为知识融合型独立二级学科的地位,明确其内涵和外延,用交叉学科研究方法不断创新发展。新文科的“新”应当体现为文科专业之间的融合、文科与理工农医之间的融合,以现代信息技术赋能文科教育。在课程设置、教师培养、研究生教育等方面要充分考虑交叉学科的特点,用新思维、新方法推进法治反腐理论创新。另一方面,应注重从优秀传统监察文化中汲取营养。新文科建设有助于增进文化自信,新文科建设的内在要求推动中华优秀传统文化创造性转化、创新性发展。中国古代监察法在形成与发展的过程中积累的丰富经验,对于当前的监察法制建设很有借鉴意义。[1] 我国古代有着丰富的治吏经验和廉政文化,通过对监察法史的研究,可以挖掘其蕴含的合理成分以助力新时代监察法治建设。

(二)以构建中国特色监察法治话语体系为价值诉求

不同于西方代议制下国家机关互相制约的监督模式,国家监察体制改革旨在建立独立专责的国家监督机关,专责监督的合理性源自党管干部原则。在监察法学学科建设中,尽管可以通过比较法研究方法借鉴域外监督理论,但国外并无既成模板可循,因此,要构建中国自主的监察法治话语体系。

---

〔1〕 参见张晋藩:《中国古代监察法的历史价值——中华法系的一个视角》,载《政法论坛》2005年第6期。

首先,应当构建中国自主的监察学科知识体系。从知识来源上看,监察法学学科根植于党的百年奋斗历程中对监督工作所积累的制度和实践经验,受到中华优秀传统监察文化的影响,深具中国经验与中国逻辑。从概念范畴看,“国家监察”“监督”“谈话”“政治监督”“秉公用权”等词语并非严格意义上的法律术语,要对其进行准确理解,必须有一套建党学说和党的建设学说作为支撑。[1] 构建自主的监察法学话语体系,政治引领是根本,必须明确监察机关的政治属性。在此基础上,要以监察法律法规为基础,重视对法律文本的研究;要以实践为支撑,在法律解释、原理运用、思维方式等方面回应纪检监察工作的实践需要。

其次,应当构建党规和国法贯通协同的思维方法体系。中国特殊的党政体制决定了监察体制要以党规国法协同共治为价值诉求,若以传统法学视域观察和阐释监察法律制度与实践,定然无法产生符合中国逻辑的监察法理论体系,要形成中国特色的监察法治话语体系必然要坚持党规国法贯通协同的思维模式。要实现思维的一体融通,需要在法学学科思维外培养纪理思维,纪理揭示了党的纪律建设基本原理,包括概念、属性、渊源、党员权利与义务、违纪行为、违纪责任、纪律审查等内容。[2] 通过对党纪运行基本原理与法律运行的内在规律在交叉范围内的结合,使二者发生化学反应,最终形成纪法贯通的方法论。

(三)以新时代纪检监察实践与专业人才培养为客观导向

纪检监察是一项实践性极强的工作,仅靠理论教育无法满足客观需求。监察法学学科建设应以实践为导向,坚持理论塑造与技能培养相统一,具体可通过设置监察法实务课程、合作共建纪检监察科研基地和实践基地、教材编纂突出实践特点、学科期末考核侧重实践考察比重等方式。同时,信息技术的蓬勃发展重塑了纪检监察工作模式,智慧纪检监察、大数据纪检监察等新概念在实践中广泛运用,监察法学教学体系应当突破传统授课范式,注重在数字时代培养学生运用互联网、大数据、云计算等计算机学科相关知识技能分析问题、解决问题的能力。

---

〔1〕 参见王旭:《建构中国自主的纪检监察学知识体系》,载《求索》2022年第6期。

〔2〕 参见丁英华、刘旺:《“纪理”的概念引入及内涵研究》,载《中国纪检监察》2022年第14期。

监察法学学科建设应当以培养高质量纪检监察人才为目标。从人才培养的"质"上看,虽然纪检监察机关人才招录时通常不要求通过法律职业资格考试,但这并不意味着对用人标准的降低,纪检监察机关作为国家专责监督机关具有政治性、法治性双重特点,其工作人员既需要掌握理论知识也需要具有实务技能。从知识储备的"量"上看,政治思维、法治思维、纪法贯通思维成为纪检监察工作者的必备素养。然而,当前纪检监察学科建设出现了人才总体力量不足、人才结构不合理、人才资源分布不均、学科研究方法不够创新等问题,[1]制约着纪检监察学科的发展和完善。在新文科视域下审视纪检监察人才培养,应当以教育理念的变更作为价值引领,不断优化教学内容,形成以课程思政和专业课程为主要内容的课程体系,着重培养政治型、专业性人才,推动教材编纂工作,形成总论分论兼备、执纪执法融通的学科体系。[2]

三、监察法学教学体系建构的基本路径

(一)理论教学体系:以监察法制度与理论为中心

以监察法制度规范体系和监察法基本原理为基础,可以将监察法学理论教学内容归纳为6个方面,即监察法基本原理、监察组织论、监察职权论、监察程序论、监察权控制论、反腐败国际合作论。[3] 监察法基本理论是监察法学总论,是对监察制度、监察活动等一系列重要问题的理论概括。[4]监察组织论主要包括宪制层面国家监察机关与其他国家机关关系、不同层级监察机关的关系,微观层面应关注监察机关自身产生方式、内设机构、领导体制以及监察官任免、管理和职业保障。监察职权论是对"监察权"概念的系统展开,旨在通过明确监察机关的职权以保障监察活动的合法性,要全面理解监督、调查、处置三大职责。监察调查是教学中的重点和难点,要

---

[1] 参见曹雪松:《论纪检监察学科人才队伍建设》,载《廉政文化研究》2014年第6期。

[2] 参见董石桃、刘婧:《新文科视域下纪检监察人才培养模式构建》,载《广州大学学报(社会科学版)》2023年第6期。

[3] 参见池通、刘宏宇:《监察法学理论体系的建构》,载《江苏法治报》2023年8月29日,第7版。

[4] 参见秦前红、石泽华:《新时代监察法学理论体系的科学建构》,载《武汉大学学报(哲学社会科学版)》2019年第5期。

从理论和制度层面系统阐释15项权限措施。程序思维是现代民主政治发展的必然逻辑，[1]监察程序论是程序法治思维的重要载体，应重点关注监察管辖、派驻制度、法法衔接、纪法衔接、职务违法证明标准和证据规则。监察权控制论旨在解决对监察权的监督问题，监察机关掌握庞大的组织和行动资源，要设计完善的监督体系来避免权力滥用，通过建构内外协同的监督机制保证监察机关依法用权、依规监察。反腐败国际合作论关注中国反腐与国际反腐的互动，加强反腐败国际合作、区域合作和双边合作成为国际社会的共同诉求，要在国际反腐中表明中国立场、发出中国声音，贡献中国经验和力量。

（二）实践教学体系：探索立体多元实践教学路径

监察法学的实践属性决定了监察法学教学体系应充分考虑对实践的回应。《监察官法》第32条明确提出，高等院校要探索培养德才兼备的高素质监察官后备人才。纪检监察学科培养的人才能够服务于实践需要，顺利达成理论学习与实践运用的过渡是师生、高校以及实务界共同追求的目标。实践教学体系的实践性应当体现在教学内容、教学方法两方面。

监察法的教学中应注重对案例的运用来提高学生的实务素养。案例获取方面，监察法案例和民法、刑法案例表现形式有所不同，应将中国裁判文书网和中央纪委国家监委网站、各省级纪委监委网站公布的案例资源有机结合，实现职务违法、职务犯罪等多元案例类型的全面覆盖，保证案例质量和案例分析的权威性。案例教学方面，选定与本教学内容相关的典型案例，包括文字、图片、视频材料等形式，视情况由学生在课前或课堂观看。在此基础上，采取"提出案例——分析案例——追问答案——思辨提升"的分析方式，让学生在过程中习得监察法理论和制度规范，并锻炼学生分析归纳实际问题的能力。体验式、情景化教学法是法律诊所和模拟法庭课程中常用的教学方法，监察法教学与纪检监察实践密不可分，为了实现监察法理论教学与纪检监察监督办案实践有效互动，可以引入体验式、情景化教学法。课堂教学中，在学习基础知识后，通过播放贪污贿赂案件庭审实录，模拟监督检查程序、模拟谈话讯问、模拟留置程序等方式，强化学生的

[1] 参见秦前红、叶海波等：《国家监察制度改革研究》，法律出版社2018年版，第87页。

实景体验感,更好领会监察法学理论知识。

(三)教学资源体系:实现多维资源协同支撑

教学支撑资源建设在学科建设中具有战略性地位。教学科研师资队伍是监察法学课程教学与理论研究的主体。由于纪检监察学科尚在初创阶段,师资来源于多个学科,造成监察法学授课时仍采用原有的研究方法并受到原学科思维模式影响,这就要求教师转变思维,采用符合纪检监察学科运行规律的方式授课。另外,缺乏纪检监察实践经验是制约教学质量的重要问题,可以通过选派优秀师资参与纪检监察监督办案实践、实行“理论+实务”双导师制度加以缓解。

教材是监察法学教学活动开展的基本载体。目前围绕监察法学已经出版诸多教材,总体而言,很多教材从内在视角出发,侧重于分析监察法律制度规范,而对监察法基本原理、纪检监察体制中的监察法治等问题缺少系统深入的学理分析。制度规范解读固然重要,但深入阐释制度原理才能型构出具有内在理论逻辑结构、体现监察法学理论品格的学科体系。在监察法学同属于纪检监察学一级学科和法学一级学科的情况下,教材内容的安排应该兼顾两个学科的内在逻辑,以中国特色监察法治体系建构为根基,以纪检监察实践为依托,实现政治性和法律性在知识结构中的贯通融合。具体而言,监察组织论可参考行政法律法规的教材编写模式,监察职权论、监察程序论、监察权控制论可参照刑事诉讼法律法规,以惩治腐败和保障人权两大价值目标为立足点,引入程序公正与实体公正、诉讼效率基本理念,结合监察法自身特色加以改造,进而形成监察法学教材独有的方法和原理。

实务资源是监察法学教学与学科建设的重要支撑。由于纪检监察领域的实践工作具有极强的政治敏锐性,[1]纪检监察机关在接受本方向学生实习时一般采取较为谨慎立场,开设监察法学科单位的教学过程中,缺乏实务资源导致的学生缺少相应实操机会制约了学科建设的完善。而实习机会缺少使得学生在监察教学中掌握的内容和原理无法在实践中得到检

〔1〕 参见李莉、吴江:《纪检监察学课程的设置、偏好及发展对策——基于实验和访谈的研究》,载《广州大学学报(社会科学版)》2023 年第 6 期。

验,导致学生在真正进入该领域工作时无法胜任监察工作的要求。为实现培养高质量纪检监察人才的目标,高校可以探索与纪检监察单位共建科研基地和实践基地,为学生提供更多的实习平台。高校具备教学资源优势,实务单位长期在纪检监察工作的前线,有着丰富的实务经验,可以通过开展纪检监察干部培训、共同攻关理论和实务难题等形式实现优势资源互补。

第七部分　法学实践教学

刍议法学教育与检察工作的融合发展
——以高邮市人民检察院与南京审计大学法学院合作共建为例

张 勇 陈宏明 徐秀雯*

摘 要:一直以来,法学教育以通识教育为主,教学内容侧重于法律概念、理论框架等基础理论知识的传授,但对于这些理论知识在实践中的转化应用,课堂上鲜有提及,而实践中发生的案件也无法与理论完全契合,所以当学生亲身经历实际案件后会发现其和书本理论存在巨大差异,导致难以准确适用法律。检察机关是国家的法律监督机关,也是法学教育和法治人才培养的重要实践基地。为进一步加强法学研究与检察实务的良性互动,建设学习型、研究型检察院,高邮市人民检察院以检校合作为契机,已与南京审计大学法学院开展5年合作共建,针对法学教育如何与检察工作更好、更优融合发展的命题,提议建立"基层实践机制""人才互动机制""返校深造机制""伦理教育机制"等四项工作机制,深化检校合作共建,推进法学教育现代化。

关键词:法学教育 检察工作 检校共建 职业教育

习近平总书记指出,全面推进依法治国是一项长期而重大的历史任务,要坚持中国特色社会主义法治道路,坚持以马克思主义法学思想和中国特色社会主义法治理论为指导,立德树人,德法兼修,培养大批高素质法治人才。[1] 法学教育兴方能法治兴,法治兴方能国家兴。法学教育既关涉

---

* 作者简介:张勇,高邮市人民检察院党组书记、检察长;陈宏明,高邮市人民检察院检察委员会专职委员;徐秀雯,高邮市人民检察院第五检察部检察官助理。

〔1〕 参见《习近平在中国政法大学考察时强调:立德树人德法兼修抓好法治人才培养 励志勤学刻苦磨炼促进青年成长进步》,载中国共产党新闻网,http://dangjian. people. com. cn/n1/2017/0504/c117092 - 29253516. html。

法学学科的发展,还关涉国家的法治进程。治国凭圭臬,安邦靠准绳。党的二十大擘画了在法治轨道上全面建设社会主义现代化国家的宏伟蓝图。检察机关是国家的法律监督机关,是保障国家法律统一正确实施的司法机关,是保护国家利益和社会公共利益的重要力量,是国家监督体系的重要组成部分。推进法学教育和法治人才培养,高校是第一阵地,检察机关是重要实践基地,检校共建是联系高校和检察机关的重要平台。司法一线与学术一线的碰撞交流,旨在将检察实践与法学理论研究深度融合。深化检校合作是时代所向,是检察所需,是大局所期。未来,检校双方将进一步携手打造更高质的法治产品,为推进新时代法治建设提供更加有力的人才保障和智力支持,助力中国式现代化。

一、深化基层实践机制,推动法学教育知行合一

司法实践是法学生获取法律工作经验的首要途径。法律制度必须通过法律技术才能转换为现实的法律秩序。[1] 法学本身是一门实践性较强的学科,社会对法学的实践能力要求更高。没有经过深入系统的实践教学,法学生无法形成基于经验的判断。因此,法学专业的学生培养不仅是理论知识传授和学术科研培养,还应培养训练学生作为法律工作者所必备的专业技能和综合素质。当前,很多高校开设了模拟法庭、法律诊所等实践类课程,但是也存在难以解决的问题。例如对于一个刑事案件的起诉,学生对法定量刑幅度的选择,即使理论功底再深厚,对法定的量刑情节考虑得再慎重,实际上也是不全面的。因为缺少相关实践经验,所以学生无法做到完全准确量刑。而刑罚涉及被告人的人身自由,必须慎之又慎,因此,只有深入实际案例中,让学生明白自己的量刑建议真切地关系到个人的利益,其才会在每一个细节上反复思量,进而做到精准指控。整个实践过程,不仅会强化学生对法学理论的理解,也会对理论产生更高的需求,促使理论学习更加自觉,让法学教育形成闭环。

基层实践教学是培养法律专门人才的一种有效手段。新时代建设法

---

〔1〕 参见李洪杰:《法律类高等职业教育之发展路径探析——以城市社区法律人才培养为出发点》,载《黑龙江省政法管理干部学院学报》2010 年第 11 期。

治国家、法治政府、法治社会,关键在党,落脚点在基层。基层检察院处在司法办案的最前沿,联系、服务人民群众最直接、最广泛,基层检察院的案件类型多、案件量大,每年办案量占检察机关办案总数的90%以上,是实实在在的"群众身边的检察院"。理论知识可以复制,但实践经历无法复制,新时代的法科生不仅仅要配备扎实的理论功底,更要具备将所掌握的法律知识转化为分析、解决实际问题的能力。基层工作虽然琐碎繁重,但同时也最锻炼人。法学生应当到基层来实践,把社会的需要作为考卷,把检察院、法院等司法机关作为考场,在实践中检验理论不仅可以让所学理论真正发挥出实效,也更能壮筋骨、增才干。

二、建立人才互动机制,推动法学教育提质增效

成事之要,关键在人。无论是法学教育,还是司法实践,都离不开法学人才的支撑。对人才的渴望,是高校与司法机关共同的需求。高校是法学学术的一线,司法机关是法学实践的一线,对人才的培养,是双方共同的任务。同时,在人才培养方面,双方都有一套成熟和完善的机制,可谓是各有特色、各有侧重。

以检校共建为平台,通过"人来人往",在高校与司法的碰撞交流中,发挥各自优势,拓宽合作领域,推动法学理论和检察实践深度融合。检校合作是法学理论与司法实践互动互通的渠道,检察机关与高校要积极探索法治人才培养新模式,发挥检校资源优势,以更高定位、更宽视野推动合作向更深层次、更广领域全方位迈进。检察机关可邀请高校专家学者挂职机关工作,并设立"教授工作室",为检察办案提供严谨、多元的思路和丰富的理论支持。检校双方还可在典型案例培树、课题研究、检察实务等领域深入开展交流合作,不断拓宽合作领域,消除高校与体制的壁垒。这既可为检察机关的高质量发展提供内生动力,同时也能为高校教师提供参与前沿实务案件的窗口和渠道,为高校的法学理论研究提供基层实践样本。此外,高校亦可聘任办案经验丰富的优秀检察官担任大学讲师,对法科生授课,分享实务经验,促进理论与实务的结合,从而实现检察工作与法学教育的双赢多赢共赢。

三、探索返校深造机制,推动法学教育学用相长

法学专业教育既是一种人文教育,亦是一种职业教育。[1] 法学本身是一门实践性较强的学科,社会对法学的实践能力要求更高。因此,只有经过学习——实践——再学习——再实践的循环往复,才能实现法学人才综合素养的螺旋上升。

科学总是在实践中不断向前发展,法学同样也不例外。随着社会经济的发展,立法、执法、司法、守法都在不断变化,法学教育、司法实践都应与时俱进,方能实现良法善治。现实中,大量的司法工作人员秉持了不断学习、终身学习的习惯,但这种学习也呈现碎片化、间隔化、零散化的不足。新时代,检察工作创新发展,涌现出了许多全新的理念,但这些新领域的研究者主要集中于检察系统内部人员,偶有学者参与,学界参与度较低。而检察人员在理论研究方面又存在一定短板,因此检校双方可以探索返校深造机制,鼓励已在岗的检察人员重返校园深度研修,汲取借鉴前沿理论和业务经验,接受法学再教育,重新审视司法实践。以检校合作的方式提升专业化水平,推动检察队伍专业化、职业化进一步发展,不断提升检察干警融入新时代基层治理的司法能力、监督能力,实现法学理论与检察实践的有机统一,推动司法办案政治效果、法律效果、社会效果再上新台阶。

四、深化伦理教育机制,推动法学教育初心如磐

近年来,部分司法人员违背初心,为欲望所驱使,衍生诸多违法违纪的乱象,曾经的“屠龙勇士”蜕变为“恶龙”。法律职业伦理危机已经成为法治建设的障碍,因此,加强职业伦理教育刻不容缓。

法律人职业伦理是法律从业人员的基本修养和行为准则,是法律人专门化、职业化的应有之义,是牢固树立司法良知、提升法律人道德素养、确保公正司法的思想基础,也是筑牢思想防线、防止司法腐败的基础工程。知行合一的“知”当有双重含义,不仅是知识层面的认知,也涵盖了价值层

[1] 参见徐红等:《法学课程建设和加强实践教学的一些探索》,载《课程教育研究》2019 年第 29 期。

面的判断,是一种带有道理伦理意义的“知”。法律从业者在拥有“知”的基础上去实践“知”的内容,并且以“知”的伦理要求规范个人的行为,方能笃行致远。实践教学为学生解决法律实践中的道德困境提供了真实的场景,承担着法学专业教学中非常重要的一个环节,这个环节通过课堂理论教学是难以完成的,那就是司法人员职业道德与品质的教育。法学生除掌握必要的法学基础理论知识外,还应当对法律职业道德和职业信仰有更深层次的认知。建议高校加强法律人职业伦理教育,注重价值引领,助推扣好法律人的“第一粒纽扣”。职业伦理要从法科学子抓起,从一开始就要牢固树立职业伦理道德,在检察人员返校研修时,也要将职业伦理作为主要授课内容,不断加以强化和固化,使之成为检察人员的自觉行为。同时,注重强化与法院、检察院等司法部门的交流与合作,将法律职业伦理培养贯穿于法科学生理论课程与实践课程的全过程,逐步建立优势互补、资源共享、良性互动的法律职业教育共同体,推动法学生与司法人员永守初心。[1]

问渠那得清如许,为有源头活水来。下一步,高邮市人民检察院将继续探索推进更加多元、更加灵活的检校合作新路径,进一步提升合作效能,共同撬动法学教育、法学研究与检察实务的多赢杠杆,以法学教育现代化和检察工作现代化深度融合的基层探索服务保障中国式现代化江苏新实践。

〔1〕 参见郭哲:《“德法兼修”下法律职业伦理之构建》,载《南京社会科学》2019年第6期。

法学教育如何推进“职业化”培育

李小红*

摘　要:法学教育与法治职业密切关联,法学教育是构建法治职业话语体系的关键环节。法学教育的“职业化”培育与“职业教育”不同,前者注重职业素养培育,后者更关注职业技能等。实践教学有助于法学专业学生职业化素养养成,但不应将法学专业的职业化教育解读成“法学实践教学”,法学职业化教育的重点在于发挥教学内容和方法的职业化素养培育价值。法学教育推进职业化培育,可借力于实务工作者的“职业”经验或“职业化”培养优势,但教育是教育者的职业,不应过度依赖法治实务工作者,而应着重通过相关机制,提高法学教育师资队伍的职业资质,增加其法治实践经验,针对性地提升其职业化育人能力。

关键词:法学教育　法治人才培养　职业化素养　职业教育　师资队伍建设

法治人才的职业化素养始终是法学教育的关注点,法学教育亦是法治人才职业化养成的重要路径和关键环节,相较于法律职业资格考试、法治职业培训等,法学教育是基础性职业化育成环节。在此环节,学生通过接受系统的专业基础理论教育,掌握法治术语体系、知识体系、价值体系,通过初步的职业技能训练,明确法治职业架构、职业技术需求等。

多年来,为推进职业化培养目标,相关方面提出了一系列举措,如教育部、中央政法委员会于 2011 年发布的《关于实施卓越法律人才教育培养计划的若干意见》(教高〔2011〕10 号,以下简称《卓越法律人才培养意见》)即提出构建“高校—实务部门联合培养”的育人机制,为强化实践教学,要求

* 作者简介:李小红,法学博士、法社会学博士后,江苏省社会科学院法学研究所、江苏高校协同创新中心副教授,研究方向:法理学。

“开发法律方法课程,搞好案例教学,办好模拟法庭、法律诊所等”,“充分利用法律实务部门的资源条件,建设一批校外法学实践教学基地”;在法学教育师资队伍建设方面,启动了高校与法律实务部门人员互聘制度等。2023年,中共中央办公厅、国务院办公厅印发的《关于加强新时代法学教育和法学理论研究的意见》中,进一步强调要推动法学院校与法治工作部门的深度衔接,提出要建立法治职业实务部门等接收法学专业学生实习实训工作制度。这些政策性文件不断强化法学教育的职业化,以至于有相当一部分法学教育工作者认为,法学是一门应用性科学,“着重培养应用型法律人才已成为时代趋势”[1]。基于政策推动、行业趋向,各法学教育机构为推进职业化培育工作,不断调整、创新专业建设和学科方向,组织演讲、辩论、模拟法庭等赛事,开展法律诊所、法庭旁听、公益法律咨询等成为培养学生职业能力的标准动作。甚至有学校组织四年一贯制职业化项目训练,设应用法学院,开设应用法学二级学科,等等。[2] 法学教育中的职业化培育比重大有不断加大趋势,针对这一现象,有必要审慎思考法学教育中的职业化培育相关问题,本文着重分析了法学教育中的职业化教育定位,以及工作推进中的两个基本问题,即教育教学方法和师资队伍建设。

一、法学教育中的“职业化”素养培育定位

法学教育中的职业化素养培育,不同于纯粹的职业教育,尽管教育部2018年版、2021年版《法学类教学质量国家标准》中,均将法学类专业教育定性为“素质教育和专业教育基础上的职业教育”,但依然有学者指出“法学教育的培养目标不能局限于培养法律从业者,法学教育也不能和职业教育完全等同起来”,“我国的法学教育改革不可能走单纯职业化的道路,不可能完全移植西方的实用主义教学模式”,“职业化的法律人才单靠本科法学教育很难完成”等。[3] 《教育法》和《高等教育法》规范法学教育,《职业

[1] 郝艳兵:《法治中国语境下的法律人才培养模式研究》,西南交通大学出版社2015年版,第117页。

[2] 参见刘振红:《如何成长为卓越法律人》,中国政法大学出版社2016年版,第28页。

[3] 参见郝艳兵:《法治中国语境下的法律人才培养模式研究》,西南交通大学出版社2015年版,第5页。

教育法》是职业教育的专门法,职业教育是“职业学校教育与职业培训并举”式教育,狭义的学历学位类法学教育不应混同为职业教育。对于教育的定性,我国《教育法》第5条规定为“教育必须为社会主义现代化建设服务、为人民服务,必须与生产劳动和社会实践相结合,培养德智体美劳全面发展的社会主义建设者和接班人”。依此规定,任何教育类型都有职业化培育因素,只是法学专业的应用性特征,使其职业化素养养成更为重要,但法学教育的“职业化”培育与“职业教育”不同,前者侧重关注教育,后者侧重关注职业,前者更重综合素养,后者更重职业技能。

培育法科学生的职业化素养,应在具体法学教育教学工作中,兼顾职业培育因素,在专业教育中能动完成职业化素养育成。以职业人格为例,自律、审慎、衡平中立、理性、严谨等是法治职业人格的重要内容,这些人格的养成需要受教育者洞悉法治职业关系中的权能、责任,这种洞悉能力需要以不断夯实的专业知识为基础,也需要不断接续的博雅教育教会其思考问题的方法。特别是法学本科低年级,应开设文学、历史学、哲学、政治学、社会学、心理学等各类与法治职业相关的人文类课程,使学生在各种知识的教化下,心智不断成熟,理性思维能力不断提高,从而能对法治实务工作相关境遇作出独立、正确、专业的选择与判断。

二、法学实践教学中的“职业化”素养训练

为了在法学教育中培育学生的职业化素养,需要进行一定数量、多元形式的“准职业训练”,以提升学生的职业技能和素质。例如可通过演讲、辩论类训练,培养法治人才的表达能力、应变能力、法律思辨能力等;又如可通过与法治职业用人单位的对接,向法治人才具体展示各法治职业的工作场景等。需要注意的是,实践教学有助于法学专业学生职业化素养培育,但不应将法学专业的职业化教育机械地解读成“法学实践教学”,从而过度追求场景实体化。事实上,不搞模拟法庭、法律诊所,甚至不建校外实践基地等,未必无法完成职业化教育。随着现代教育技术的更新迭代,微课、慕课、反转课堂等新兴教育模式的娴熟选用,以及司法公开的力度不断加大,法学教育方寸课堂可联通世界,培育职业化素养的教学资源获取途径不断拓宽,专业实践教学的内涵一定程度上可类同于专业实习。

法学“职业化”教育，着重点在教育内容，法学实践教学则只是一种教学组织形式，形式多样的实践教学，并不必然带来法治人才的职业化素养提升，重要的是提升实践教学的职业化素养育成作用。以案例教学法的运用为例，对案例的不同运用方式，其职业化素养培育力度亦是不同的，如果只是量“法律条款”而简编案例，可加深学生对法律条款的印象，但对学生法治职业需要的分析、判断能力并无训练。如果以法律知识、法律规范为中心，让学生在信息时代大量的案例资源中，去完成检索，形成研究结论，进而解决教师设定的法律问题，就是一种开放式、研究式案例教学。在这种案例教学过程中，可引导受教育者对比分析不同法治职业群体对同一法律问题思考的视角差异以及分歧与共识等，进而可训练其精准检索、综合分析判断等法治职业化素养。对学生职业化素养培训力度最大的案例教学方式是实案对抗式案例教学，这种案例教学方式适合在法学本科高年级教学中运用，当受教育者具备一定量的法科专业知识时，教师选取优质案型，将学生分配到不同对抗性角色组，通过角色扮演方式开展案例教学。在这一教学过程中，案件所涉法律问题的实体规范分析运用、诠释解读，推进案件处理的程序设计与选择，都没有标准答案，受教育者需要根据自身的知识储备去设计、去构想、去推进，教师通过引导与点评，诠释知识点，解读职业实操，从而既可训练受教育者的实案办理能力，也可提升其理论学习积极性，还可训练法科学生精准适用法律的能力，对学生职业化素养的培育效果更为明显。由上述分析可以看出法学教育中职业化素养培训与场所、地点本身关联不大，职业化训练在课堂教学中亦能实现，法学教师应避免实践教学流于形式，“实践性”关联的应是法科学生的职业化素养培育。

三、法学教师的“职业化”育人能力提升

法学师资队伍的“职业化”教育能力，是制约法科学生职业化培养工作的关键。《卓越法律人才培养意见》提出的一系列“加强法学师资队伍建设”举措，其政策目的正在于此，要提升法学教育中的职业化培养水平，理论教学、实践教学师资队伍都应有意识、自觉提升“职业化”教育教学能力。换言之，能力是关键，工作岗位是其次。近年来，政策推进实施的高校与实

务部门人员互聘“双千计划”,对法学教育机构与法治职业实务部门人员互聘的目标任务、选聘条件与程序、考核管理、政策保障等有一系列针对性部署。2018 年,通过《关于坚持德法兼修实施卓越法治人才教育培养计划 2.0 的意见》,相关部门进一步提出构建“法治人才培养共同体”的问题,倡导“推动建立法治实务部门接收法学专业学生实习、法学专业学生担任实习法官检察官助理等制度,将接收、指导学生实习作为法治实务部门的职责”,提出“选聘法治实务部门专家到高校任教,选聘高校法学骨干教师到法治实务部门挂职锻炼”。依此,有的地方按区域总名额分年度向域内高校和法律实务部门分配互聘推荐名额,有的法学教育机构探索设立“实务教师岗”,有的则通过柔性聘用、非全时聘用,聘用兼职导师、专题讲师等多样化方式聘请法治职业实务工作者作为开展法学教育工作的编外教师。如此,法治职业实务部门工作人员即可直接参与到法治人才培育的具体工作中,该类教师的重要作用即培育学生的职业化能力,参与方式除传统的开设专题讲座、实训课程,指导实习、见习等外,还包括参与制定培养方案、设计课程大纲与体系、编写实训教材、指导论文写作等。

如此种种创新做法,借助实务工作者的“职业”经验或“职业化”培养优势,使其深度参与到法学教育中,对法科学生的职业化素养提升大有裨益,但依此即认为法学的职业化教育中,法治职业实务工作者施教效果一定优于法学专职教学人员,则是片面的。无论是法学教学科研人员,还是法治实务工作者,都有严格规范的入职条件和职业(执业)资格。二者的工作内容和工作行为都与法学、法律、法治等密切关联,但二者的职业发展路径和培训方式各不相同,法学教学科研人员在上岗前一般需要经过教育行政主管部门,以及任职教学科研机构的集中培训。其一方面要求相关人员对教育学、心理学、教师职业道德等有系统了解,有的还要求进行集中考试考核;另一方面也要对现代化的教学技术运用、课堂教学具体组织方式、教育教学基本理论方法等进行全面了解。相较于法治职业的实务工作者,法学教学科研人员的入职要求更为严格。法治职业实务工作者有丰富的“相关法治职业”经验,是一名优秀的立法、司法或执法类实务工作者,但并不必然就会是一名适格的、优秀的法学教育工作者。法治职业的实务工作者对特定法治事务的解决多数必须非此即彼、是非分明,而法学教育工作者对法治问题的分析并不一定需要给出确切的结论，其需要的是给学生拓宽思路，带动学生探寻分析问题。法学教育机构在选聘实务工作者担任法科学生实训教师时，选聘条件设定应兼顾两类职业对资质的要求，对兼职或挂职任教的法治实务部门专家的思想政治素质、法律实务工作经验、职业素养和专业水平、分析研究能力、作为教育者的素养和技能等都应有所考量。期望达到的最好状态是法治实务工作者，能运用恰当的教育教学方法，将其从事法治实务工作过程中积累的职业经验，科学能动地融入受教育者的知识体系、能力体系，应避免个体的实务经验反冲学生的知识体系。要达到这一标准，法治实务工作者必须有教育者的视角和自觉，甚至教书育人的专业能力，这对其是较大的挑战，需要投入较多精力，操作起来困难重重，实践中，“选聘到高校兼职或挂职以后，在原部门的实际工作量没有减少，也没有专门的时间给予备课”，导致“这些专家在高校的时间并不多，一般上完课即离校，与学生的接触、交流较少”。[1]

基于此，笔者认为，培育法科学生的职业化素养，不必过度依赖法治实务工作者，将实践教学工作外包给法治实务工作机构或实务工作者更是不妥，教育是教育者的职业，应着重通过相关机制，提升法学专职教学科研人员的职业化教育能力，使其方便拥有相应资质和经验，从而既能从事专业理论教学，也能有效承担职业技能训练任务，甚至还可引领法科学生直接开展法治实务工作。实践中，法学教学科研工作者轮流到法治实务部门兼职、挂职，或者担任仲裁员、陪审员、人民监督员等，深入切实地参与到具体实务工作中，具体地参与审理、代理、监督工作，制作起诉书、裁决书、辩护词等，都是可行的方法，都有利于法学教师对法治实务工作形成更直观的体验。同时，还“因其长期从事科研、教学工作，一方面更善于对相关工作展开理论探索和学术总结；另一方面基于自身教学工作的需求，也较实务工作者更加注意那些习以为常但对教学却有实质意义的工作内容”[2]。

[1] 参见王立民：《“双千计划”与法治人才的培养》，载《上海政法学院学报（法治论丛）》2017年第5期。

[2] 李小红：《法治职业共同体研究》，东南大学出版社2021年版，第117页。

数字化背景下法学实践可选路径
——法律智能操作系统*

方晓霞　宫宝芝　游文静　周爱春**

摘　要：随着数字化技术的快速发展，“智慧法院”“数字检察”“数字法治”等信息技术将司法活动与现代科技手段深度融合，法律职业人不仅应具有法律素养，还应具有数字素养。链接法律职业领域的实践教学，有必要在教学中引入与实务操作接轨的智能系统，以帮助学生实现数字素养与法律素养的综合提升。江苏大学法学院近年来依托法律智能操作系统，开展类案检索、判决书拆解、诉讼案件全流程模拟的实践教学，有效提升了学生的法律职业综合能力。

关键词：数字化　法学实践教学　数字素养　法律智能操作系统

随着信息技术的快速发展和普及，传统物理空间意义上的世界越来越多地以数字化的方式呈现，数字化发展提高了社会生产力和生活质量。数字化技术为人们提供高效便捷的服务，如在线支付、智能交通、智能家居等；数字化技术进一步实现了生产自动化和管理智能化，如无人生产车间、大数据产品分析、智能内控管理系统等；数字化技术为政府提供更加高效的公共服务和治理手段，如公共服务云端转型、公共服务互联网、聚合公共服务资源碎片等。在司法领域，数字技术的应用可以提高各项工作的效率、精准度，推动司法工作的高质量发展，更好地满足人民群众对公平正义

---

* 基金项目：本文为江苏大学教改项目“实践主义法治观下法学实践教学改革研究”（项目号：2021JGYB089）的研究成果。

** 作者简介：方晓霞，江苏大学法学院副院长、副教授，研究方向：商法；宫宝芝，江苏大学法学院副教授，研究方向：行政法；游文静，江苏大学法学院讲师，研究方向：经济法；周爱春，江苏大学法学院副教授，研究方向：知识产权法。

的需求。

一、司法领域数字技术的发展

（一）法院

2016年中共中央办公厅、国务院办公厅印发《国家信息化发展战略纲要》，将建设“智慧法院”列入国家信息化发展战略。各地法院以互联网、大数据、人工智能、区块链等技术为支撑，大力推进智慧法院建设，建立起立案、缴费、调查、庭审、送达服务平台，形成系统化的“互联网+诉讼服务”。在全国法院的共同努力下，一站式多元解纷和诉讼服务体系基本形成。[1]随着大数据、人工智能等数字技术的加速发展，数字技术与司法工作不断深度融合，成为推动法治进步的重要动力和维护社会公平正义的有效手段。

2017年全国第一个互联网法院在杭州正式成立，互联网技术与司法活动深度融合，极大地提高了办案效率。据相关统计，截至2019年10月31日，杭州、北京、广州互联网法院共受理互联网案件118,764件，审结88,401件。[2] 互联网法院不仅普遍研发了裁判文书自动生成、类案判决推送、裁判风险偏离度预警等智能化监督管理平台，而且还进一步探索建立了更为高端的区块链治理服务体系。

智慧法院和互联网法院的逐步推广体现出司法裁判与人工智能的深度融合，也意味着对法律与技术相结合的融通型法律人才的迫切需求。

（二）检察院

为深入贯彻中央部署要求，2018年最高人民检察院印发《关于深化智慧检务建设的意见》，提出智慧检务建设重大战略，要求形成“全业务智慧办案、全要素智慧管理、全方位智慧服务、全领域智慧支撑”的智慧检务总体架构。

在实现数字化办案和管理方面，各级检察机关陆续建设基于数字检察的平台系统，如电子案件管理系统、电子证据管理系统、电子卷宗管理系统

〔1〕 参见《建设智慧法院　促进绿色发展　成效分析报告》，载中国法院网2021年8月24日，https://www.chinacourt.org/article/detail/2021/08/id/6225389.shtml。

〔2〕 参见最高人民法院编：《中国法院的互联网司法》，人民法院出版社2019年版，第6页。

等。通过这些平台系统,检察人员可以实现电子化办案、信息共享和协同办案。此外,一些地方检察机关还进行创新实践,创建更具特色的智慧检务系统,如通过人工智能技术实现案件自动分流和辅助决策系统、相对不起诉量化评估系统等。

基于数字检察的平台系统的建设,解决了传统检察工作中存在的问题,并在特色业务上进行了创新。数字检察的发展为检察工作提供了更多便利和更高效率,同时也为未来的检察工作提供了更多的发展方向。

(三)司法服务

1. 公共法律服务

2018 年司法部办公厅印发《"数字法治　智慧司法"信息化体系建设实施方案》,实施"数字法治　智慧司法"科技工程。2021 年底司法部发布《全国公共法律服务体系建设规划(2021—2025 年)》,提出"建成覆盖全业务全时空的法律服务网络"。利用数字技术,司法服务开启了智能化之路,各地纷纷展开"数字技术 + 公共法律服务"的新型法律服务实践,如"黔南智慧司法"服务平台,成为民族地区推进公共法律服务体系建设的样板。[1]《江苏省公共法律服务条例》明确规定地方人民政府推进公共法律服务信息化、智能化、数字化建设的责任。[2]

2. 律师法律服务

人工智能技术与大数据分析技术在律师行业得到广泛应用,各律所以及法律科技公司开发了多种多样的服务于律师的智能化工作平台。例如,融合人工智能和法律专业知识数据研发而成的"法蝉";又如借助大数据和人工智能技术,帮助律师快速完成数据检索与分析的 Alpha 法律智能操作系统;再如瀛和律师事务所旗下开发的诸多互联网法律平台。除此之外,

〔1〕 参见《公共法律服务"掌上办"!用互联网 + 给司法行政装上"数字翼"》,载中国长安网 2023 年 11 月 1 日,http://www.chinapeace.gov.cn/chinapeace/c100060/2023 - 11/01/content_12692758.shtml。

〔2〕 参见《江苏省公共法律服务条例》第 35 条规定:"县级以上地方人民政府应当推进公共法律服务信息化、智能化、数字化建设。司法行政部门应当会同有关部门和单位完善公共法律服务数据资源库和数据标准体系,推进跨领域、跨部门数据资源共建共享共用;加强公共法律服务数据汇聚、分析和应用,推动公共法律服务规范化、精准化。人民法院、人民检察院,发展改革、科技、工业和信息化、公安、民政、政务服务、市场监督管理等有关部门和单位,应当在服务运行保障、技术研发应用、服务平台对接、数据资源共享和安全管理等方面,为公共法律服务提供支持。"

还有诸如无讼、律届、e 律师、元典、律达、法天使等,这些智能化平台不断推进律师法律服务中的法律数字化进程。

数字中国战略目标之下,智慧法院、数字检察、智能化法律服务等信息技术成果快速涌现。以互联网、大数据、区块链、人工智能等为依托的各类科技法律工具不断迭代,数字素养自然而然地成为法律职业者的基本素养。在此背景下,以高素质法治人才为目标的高校法学本科生培养,不仅需要强化法学实践教学内容,还应跟上时代的发展,将法律科技实践能力作为法学实践教学的重要一环。

二、数字化发展下法科生的核心素养

司法系统的数字化迭代发展给法学实践教学带来了机遇和挑战,促使高校必须推进相应的变革以适应人工智能时代的发展。高校应当针对人工智能的特点,深入探究其无法替代的领域,并在法学实践教学活动中予以重点关注和突出训练。

(一)法学核心素养

数字化时代不仅要求教授学生法律知识,更要求教授学生运用数字化系统自主学习、运用法律知识的方法,后者正是人工智能无法取代的法学核心素养。

1. 法律思维能力

法科学生应具备较强的抽象思维能力,能够运用逻辑推理和法律推理能力解决问题。不仅仅要掌握和理解法律规则和条文,还要能应用法律原则、规则和条文分析案例和法律问题,并提出合理的法律解释和观点。

2. 法律研究能力

法科学生应具备进行法律研究的能力。随着社会科技的快速发展,新事物新问题不断出现,能在掌握法学研究方法和技巧的基础上,充分利用数字技术,快速查阅法律文献和资料,运用合适的研究方法和工具进行上述新生事物研究,是未来法科学生胜于人工智能的能力。

3. 法律伦理意识

法科学生应具备高度的法律伦理意识和职业道德,尊重和遵守法律规范和职业规范,保持公正、廉洁和诚信的态度,维护法律的公正性和社会的正义。进入人工智能时代,数字正义给法律的各个领域都带来了挑战,要提升法科学生法律伦理意识,发挥法律人的主观能动性,以保障法律公平,实现社会公正。

(二)数字能力素养

数字时代背景下,各个行业人员都要处理和运用大量的数据。不久的将来,数字素养会成为法律职业人员必不可少的素质和能力。

1. 数字工具应用能力

数字素养要求个人熟悉并能够灵活运用各类数字工具,如计算机操作、办公软件、数据处理和分析工具等。此外,个人还需了解并能够使用网络和互联网资源,包括搜索引擎、社交媒体、在线学习平台等。

2. 数据分析和决策能力

数字素养要求个人能够理解和分析数据,能够运用统计学和数据科学方法进行数据挖掘和数据分析,并能够基于数据做出合理的决策。个人还需具备数据可视化和报告撰写的能力,能够将分析结果以简明易懂的方式呈现给他人。

3. 信息获取和评估能力

数字素养要求个人能够有效获取和评估信息,包括识别和筛选可靠的信息源,判断信息的真实性和可信度,避免被虚假信息误导。

4. 数字安全和隐私保护意识

数字素养要求个人具备数字安全和隐私保护意识。个人需要了解常见的网络安全威胁和攻击手段,掌握网络安全防范和应急处理的基本知识。此外,还需尊重他人的隐私权,合法、合规地处理和使用个人数据。

三、法律科技实践——以法律智能操作系统为例

为弥补法律实践教学资源的单一性和有限性,江苏大学在2017年筛选使用了某法律智能操作系统,旨在以线上法律实践教学资源弥补线下法律实践教学资源的缺口。

(一)法律智能操作系统概况

法律智能操作系统是一个集法律大数据、专业法律应用和团队管理于一体的智能法律科技系统,主要涵盖以下模块。

1. 大数据系统

法律智能操作系统大数据集成 20 多个法律专业数据库,包括案例库、法规库、司法观点库、法律实务文章库等,设置智能化案例检索,提供 20 多个检索项,以及争议标的、量刑幅度、案由分布等深度检索项,并以“可视化”方式呈现案由、客户、律师、律所、法院、法官、地域、高频法条等数据结果。法律智能操作系统大数据,将案例库、法规库和司法观点库全部关联并打通,一键获取所有信息,一键生成各类表格检索报告。

2. 智能证据系统

法律智能操作系统运用大数据技术,通过智能化识别证据,阅读和标记证据,制作大事件图和证据清单,极大地节省了阅卷整理证据的时间,并且通过可视化的图表,整个案件事实经过清晰明了,具有较强的说服力。法律智能操作系统为团队合作的案件,节约了关键证据讨论时间。

3. 案件管理

法律智能操作系统将项目管理方法和法律工作相结合,通过丰富自由的流程部署,结合任务模板、项目模板、文书模板等自定义功能,实现对案件的管理。通过标准模板导入,便捷发起案件流程,最大化呈现法律服务的价值。

此外还有线上法学院,围绕律师诉讼和非诉讼业务的新动向和新热点,提供业务提升和市场拓展两大类课程;行业雷达,提供全国各地 100 多个行业的法律诉讼信息、行业风险信息、招投标信息等,为尽职调查提供了基础性数据。

(二)法律智能操作系统的使用

该法律智能操作系统是针对律所开发的一款软件,相比虚拟模拟实践软件,真实反映实务应用场景,但在教学使用时,必须根据教学需求,拓展软件系统的功能,使其成为一款有效的教学实践软件。根据软件的特点,课程设置了三类教学项目,每一项目设定教学实践的具体目标,老师提供相应的指导,并建立必要反馈。

1. 类案检索训练

健全完善类案检索机制,使在先案例成为法官作出裁判的参照或参考,是统一法律适用、促进司法公正的重要制度保障。最高人民法院从

2010年发布《关于案例指导工作的规定》建立指导案例制度,到2020年发布《关于统一法律适用加强类案检索的指导意见(试行)》,不断健全完善类案检索机制。类案检索成为法官办案的基本手段之一,熟练进行类案检索,是法科生进入法律职业的必备技能。因此,我们选择依托法律智能操作系统进行类案检索的训练。

(1)类案检索的目标

熟悉法律案例的结构和要素,了解案例中的法律问题和争议,能运用合适的法律原则和法律法规来分析和解决问题。具体来说,主要包括:理解类案检索的概念和原理,熟悉类案检索的常用方法和技巧,掌握类案检索的步骤和流程,提升类案检索的能力和技能,培养逻辑思维和分析能力。

(2)类案检索的前期准备

第一阶段是知识准备,即学习类案检索的基本原理、常用方法和注意事项,包括如何选择关键词、如何利用检索工具、如何筛选合适的类案等。第二阶段是实践准备,即给学生提供一些类案,并引导他们分析和提取关键信息,通过实例分析,帮助学生理解类案检索的具体操作步骤。

(3)类案检索的步骤

首先,通过学习最高人民法院《关于统一法律适用加强类案检索的指导意见(试行)》等司法解释,明确类案的概念及其检索范围。除指导性案例以外,优先检索近三年的案例或者案件。

其次,确定类案检索思路。通过案由检索,确定整体检索的方向。在此基础上检索事实相近案件、关键争议焦点相近案件、相近裁判依据案件。然后根据情况,进行管辖问题、诉讼请求或者抗辩事由得到支持的依据、案件背景等具体问题检索。

最后,学生在检索过程中不断集中争议焦点或发现新问题,开展小组讨论,通过扩展和限缩两个向度不断调整检索方式。

(4)类案检索平台和方法

法律智能操作系统为类案检索平台,作为一个专业的律师智能操作平台,使用与实务律师完全相同的平台,能充分满足和保障学生类案检索实践需求,可以实现与实务案件无缝对接。该平台检索的基本方法包含关键词检索、法条关联检索、案例关联检索等,同时通过高级检索,实现关键词、案由、争议焦点等的精准化检索。

(5)类案检索报告制作

为达到真正与实务一致的实践训练,类案检索报告制作要求以最高人民法院的要求为准,包括检索主体、时间、平台、方法、结果,类案裁判要点以及待决案件争议焦点等,并对是否参照或者参考类案等结果运用情况予以分析说明。

2. 判决书拆解训练

法学专业学生在课堂学习过程中,按照教科书的体例结构,学习体系化的知识,但在具体处理案件过程中,需要打破原有的教科书体系,整合多个部门法的知识,从程序到实体,从证据事实到法律适用,才能作出相应的司法裁判。而法院判决书体现了司法裁判的全部要素,法院判决书既是法科生理论学习的基础性材料,也是全面理解法官裁判思维的主要依据,通过判决书的拆解训练,强化学生对法律规范的理解与运用,训练法官、公诉人、律师多角度的法律思维。

(1)判决书拆解的目标

全面了解判决书的基本结构、核心要素、语言模式、格式等,了解判决书各部分之间的相互关系和内在联系;以多种视角和思路完整呈现判决书的逻辑结构,培养和锻炼学生的法律思维和法律分析能力;深入感受和理解法律规范、法学理论在司法实践中的适用及其在判决书中的表达模式。

(2)判决书拆解的前期准备

知识准备:在老师的指导下,学习法律智能操作系统线上课程即"流程化拆解判决书",掌握流程化拆解判决书的方法。实践准备:对比训练,分步指导学生结构化阅读、提取重点信息、分析法律,通过比对成熟的拆解示例,提高对判决书的理解能力。

(3)判决书拆解的步骤

首先,选取一份争议焦点明确、逻辑清晰、说理较为透彻、能回应当事人的诉请和理由、符合最高人民法院发布的《民事诉讼文书样式》规定的判决书。其次,研究作为拆解对象的判决书所涉及的法律问题,对该问题所涉及的法律规范以及相关理论知识进行回顾性学习。最后,梳理原被告之间的争议焦点及其事实和法律依据,法院的观点和论证及其论证逻辑。

(4)问题清单及可视化图表制作

进一步梳理、检索、补充涉案法律规范以及相关基础理论(不仅仅局限于判决书),并以上述信息为依据,反思一审判决在事实认定、法律适用、论证逻辑、结论等方面存在的疏漏和模糊之处,据此制作问题清单。在此基础上,利用 Xmind、Process on、幕布等工具(不限,但能够以可视化图表形式呈现的工具)进行可视化分析,制作判决结构图,完整反映梳理内容。

3. 诉讼案件全流程模拟

无论是民事案件还是刑事案件,从受理案件到一审判决,根据相关诉讼法的审限规定,民事和行政一般审限为 6 个月,刑事案件从羁押开始计算,期限远远超过 6 个月。所以,一般学生参加专业实践,很难跟完一个案件,不能了解案件处理的全貌,更不能获取相关的实务操作技能。通过法律智能操作系统,学生可以全面了解和掌握相关的诉讼案件代理流程,并进行法律文书的撰写。

(1)诉讼案件全流程模拟的目标(通常以民事案件为素材)

全面了解和掌握一审民事诉讼案件代理的流程,系统学习诉前阶段、起诉阶段、财产保全、审理阶段、申请执行、执行继承和卷宗归档各个阶段的任务要求。通过多种角色扮演,完成诉讼各阶段的工作,培养学生的法律文书撰写能力、法律问题处理能力、解决实践问题能力,提高学生在民事诉讼中的实际应用能力和思考能力。

(2)诉讼案件全流程模拟的准备

知识准备:根据给定的小组案例,全面回顾案件所涉法律法规以及法学基础理论,梳理诉讼过程中的各类文书,并清楚各类文书的写作要求。实践准备:学习法律智能操作系统案例模板的使用方法,根据给定的案件事实,对相关的证据材料、信息内容、纠纷焦点内容等进行整理,形成代理思路。

(3)诉讼案件全流程模拟的步骤

学生通过法律智能操作系统,创建虚拟案件任务,形成每位学生独立代理的案件。然后,根据案件任务要求,在不同的阶段,分别完成如委托书、起诉状、证据清单、质证意见、代理词、财产保全申请书、和解协议、调解协议、办案小结等法律文书,形成案件代理卷宗。在全流程模拟中,以项目驱动,强化法律文书的写作。

结 语

对于法学实践教学而言,法律智能操作系统的使用突破了地域和时间的限制,使实践教学更加便捷高效。特别是其所具有的集成检索系统,可以进行类案检索,并提供各类规范化法律文本和司法意见,省时省力,高效高维。但法律智能操作系统并不具备法律思维能力,无法理解专业化的法律术语和概念,也就无法通过该系统形成规范性思维。此外,法律智能操作系统更无法提供开阔的办案思路或寻找案件突破点,也难以运用缜密的逻辑思维经过层层推理形成有效的结论。因此,在运用法律智能操作系统进行法学实践教学的同时,要发挥指导教师的作用,关注法律思维训练,实现数字素养和法律素养的双提升。

心理咨询技术在模拟家事调解中的运用

任　凡　牛建平*

摘　要：家事调解是家事审判工作的重要组成部分。家事调解需要大量运用心理学知识和心理咨询技术。法学实践教学应重视专门的家事调解模拟教学活动，深入剖析“尊重”、“共情”、“倾听”、“内容反应”与“情感反应”、“具体化”、“开放式提问”与“封闭式提问”、“面质”、“情感表达”与“内容表达”等心理咨询技术并设计案例，将其运用于法学实践教学，可有助于法科生家事调解能力的提高，既符合卓越法治人才培养计划的要求，也契合当前民商事审判实务的工作要点。

关键词：家事调解　法学实践教学　心理咨询技术　心理学

经过两年的全国试点改革，2018 年 7 月最高人民法院出台了《关于进一步深化家事审判方式和工作机制改革的意见（试行）》，专门规定了家事审判中家事调解的适用范围、工作程序、调解员构成等内容，以及家事审判中专门心理疏导工作的介入情形、介入流程、法院与专业机构的协作机制等。该意见第 47 条第 1 款更是明确规定“审理家事案件的法官，除法律知识外，还应当掌握一定社会学、教育学和心理学知识”。本文从解析心理咨询技术出发，论述心理咨询技术作用于家事调解的可操作性，并设计模拟案例以供家事调解实践教学的实务操作。

* 作者简介：任凡，南京审计大学法学院副教授，法学博士，国家二级心理咨询师，研究方向：民事诉讼法。牛建平，南京审计大学法学院助理研究员，心理学硕士，国家二级心理咨询师，研究方向：教育心理学、法学教育。

一、“尊重”、“共情”与“倾听”技术的运用

本文所论“家事调解”系指专门以家事案件为处理对象的调解工作。此处家事案件是指以身份关系为基础的涉及身份关系、财产关系的民事纠纷;调解主体包括法院和人民调解组织;调解工作既包括不涉诉的人民调解,也包括与诉讼交织的法院调解及法院委托其他组织进行的调解。尽管调解员不是心理咨询师,家事调解工作也不是心理咨询工作,但不论是哪一种主体进行的调解,对心理咨询技术的真正理解与恰当运用都有助于家事调解的成功及家事矛盾的真正化解。

心理咨询技术中的首要一项是“尊重”,它有别于普通意义上的“尊重”。罗杰斯首次提出应无条件尊重来访者,并对其有真正的共情。[1] 他认为对来访者的真正尊重及为其建立安全的、可信赖的咨访关系可促使其人格转变。将心理咨询技术中的“尊重”运用于家事调解中,包含两层意蕴:一方面,调解员将所有当事人在价值、尊严、人格等方面与自己视为平等主体,整个调解过程并无裁判者视角;另一方面,也指对双方当事人彼此平等对待,并不因为案件情节、是否有过错、职业身份、年龄、性别、民族等有所区别。心理咨询技术中的“尊重”表现在家事调解过程中包括:不频繁打断调解对象的陈述,不将内心的价值观明显流露于言行表情中,即便有所引导也是在将调解对象视为有独特经历、不可剥夺自主性的个体对待的前提下,善意而审慎地表达引导性观点。但应注意,尊重的同时应控制调解对象情绪的极端化,避免矛盾激化以及调解工作效率过分低下。

心理学层面的“共情”是指体验来访者内心世界的能力。它包含三个方面的含义:咨询师借助来访者的言行,深入对方内心去体验他的情感、思维;借助于知识和经验,把握来访者的体验与他的经历和人格之间的联系,更好地理解问题的实质;运用咨询技巧,把自己的共情传达给对方,以影响对方并取得反馈。家事调解员在办理案件时如果能设身处地理解当事人并恰当地将之反馈给当事人,当事人会因此产生悦纳的情绪,从而信赖调解员及其给出的建议。调解员表达共情既可以使用口头语言,也可以使用

〔1〕 参见徐光兴:《临床心理学:心理健康与援助的学问》,上海教育出版社2001年版,第175页。

躯体语言,充满关切和理解的眼神、给哭泣的当事人递上纸巾,都是表达共情的良好方式。需要注意的是,调解员的共情不能仅止于共情,而应紧密围绕调解工作的开展,在共情的同时取得当事人信任,探明案件事实,基于法律规定与道德规范劝导纠纷双方,消弭分歧、达成共识才是调解员的工作目标。

作为一项心理咨询技术的“倾听”是指在接纳的基础上,积极、认真、关注地听来访者讲述,并在倾听时适度参与。倾听既可以表达对来访者的尊重,同时也能促进来访者的表达。而在家事调解实务中,调解员对双方当事人的耐心倾听是对其尊重的最好表达,也能促使其陈述更多的案件事实或有助于调解工作的信息。

案例1:男方先是夜不归宿,后直接和妻子提出离婚,理由是与妻子无共同语言。女方坚持夫妻感情深厚,虽有矛盾但感情并未破裂。夫妻多次吵闹后引起社区关注,经女方申请,人民调解委员会指派调解员为双方进行调解。调解开始时,女方大量诉说其与原告相识相恋的经历,丈夫白手起家,创业时自己负担全部家务,辛苦持家,如今丈夫事业有成却另觅新欢,说到动情处突然情绪激动,近乎歇斯底里,咒骂对方是现代陈世美不得好报,若想离婚必须将婚后所有财产包括不动产、男方名下公司的股份、个人存款等财产以及未成年女儿(7岁)抚养权判给自己。

家事调解训练要点:

1. 调解员应具备相关婚姻法知识,知晓女方在情绪不稳状态下的诉求明显不符合法律规定,不可能得到法律支持。

2. 调解员在女方情绪激动时,应保持尊重、共情并认真倾听。技术要点包括:充分理解和接纳当代女性基于传统社会分工,让渡工作机会,长期退居家庭后的失落、辛苦(共情),同时尽可能让其把与案件事实有重要关联的内容说出来,也允许其有一定的情绪宣泄。眼神应注视对方,面部表情是认真和关切的,可以用点头或者“嗯”表示回应(尊重+共情+倾听);如果陈述过长、重复过多,情绪失控,要及时干预,语气应温和而不是暴躁和不耐烦,可以递纸巾过去,也可以回应“理解理解,我给你倒杯水,来,喝口水”(尊重+共情+倾听)。这样可以避免女方情绪极端化,尤其在“面对面”调解时,应特别注意对调解对象过激化情绪和陈述的控制,避免造成对对方心理的刺激,以至于激化矛盾,不利于调解。

3. 调解员应始终保持冷静和理性,观察女方情绪激动时的陈述是否合乎情理,以及男方的反应,从而判断是否存在男方过错,双方感情有哪些可以转圜的地方?

二、"内容反应"、"情感反应"与"具体化"技术的运用

内容反应技术,也称"释义技术"或"说明",是指咨询师把来访者陈述的主要内容经过概括、综合与整理,用自己的话反馈给来访者,以达到加强理解、促进沟通的目的。内容反应技术的目的是加强理解、促进沟通。情感反应技术是指咨询师把来访者所陈述的有关情绪、情感的主要内容经过概括、综合与整理,用自己的话反馈给来访者,以达到加强对来访者情绪、情感的理解,促进沟通的目的。[1] 家事调解中,通过内容反应可概括、提炼当事人冗长、反复的陈述,提炼出跟纠纷相关的事实、主张和证据;通过情感反应,可帮助上述主体更好地看清自己的内心需求,并有助于将想法升华至合理的法律诉求,更好地化解纷争。

具体化技术是指咨询师协助来访者清楚、准确地表述他们的观点以及他们所用的概念、所体验到的情感以及所经历的事情。法律的专业性会导致当事人无法用精准的法律语言将自己的诉求表达出来,包括诉讼请求不具体不明确、于法无据不可能执行,事实陈述混乱,前后主张矛盾,等等。借助于具体化这一咨询技术,澄清当事人所表达的模糊不清的主张、混乱无头绪的事实经过,以及内心深处的真实想法,有助于调解员查明案件事实,掌握当事人真实心理,为调解顺利进行,双方达成合意提供帮助。

仍然以案例 1 为脚本,设计以下实务训练内容:

由于感受到女方其实不愿意离婚,调解员对男方进行了单独调解("背对背"),一方面试图印证双方感情并未完全破裂,另一方面希望查明男方在婚姻中有过错。

实务训练要点:通过具体化技术探明男方真实的离婚原因,通过情感

---

〔1〕 参见中国就业培训技术指导中心、中国心理卫生协会组织编写:《国家职业资格培训教程:心理咨询师(三级)》,民族出版社 2015 年版,第 100 ~ 101 页。

反应和内容反应技术,对男方进行共情,获得信任,并让其在内容反应中重温相濡以沫的过往,从而找到弥合情感裂缝的机会。

实务训练内容:

调解员:刚才你妻子情绪很激动,现在她在隔壁房间休息,我想跟你聊聊,听听你的想法。

男方:我没什么可说的,我就是跟她过到头了,不可能再继续下去。

调解员:这么严重啊,具体说说,怎么就过到头了呢?(同时递杯水过去)(尊重+内容反应+具体化+开放式提问)

男方:就是没感情了呗。(这里可以看到男方带有一些阻抗,需要进一步使用技术突破阻抗,探明本人真实想法)

调解员:刚才她说跟你谈恋爱和刚结婚时怎么不容易,我听你也说"是",我看你当时不像讲假话,还是挺诚恳的。(内容反应)

男方:(沉默一会)我承认过去我很穷,她不嫌弃我,但我今天的成就都是我自己打拼来的,跟她没关系。

调解员:你的意思是当初她没有嫌弃你穷而是基于喜欢你这个人所以选择了你,你也为了她违背了父母安排的相亲,这些都是事实对吧?(内容反应+限制性提问)婚后也是一起克服了不少困难,过到今天对吧?(内容反应+限制性提问)

男方:当时结婚差不多是这样。但是后来我的钱都是我自己不分白天黑夜打拼来的。

调解员:(点头)嗯,确实是挺不容易的,没有依靠,挣到这么大家业,不容易(共情+情感反应+内容反应+情感表达+内容表达)

(男方在短暂沉默后进行了更详细的陈述,流露出点滴对妻子相濡以沫的感激,阻抗突破成功,初步证明双方感情并未完全破裂)

案例2:一起男方起诉女方的离婚案件中,女方虽然一直说不想离婚,但是言词并不激烈,对男方的离婚原因不很确定。

实务训练要点:通过对女方进行单独调解("背对背"),运用具体化技术,将其模糊不清的抗辩予以澄清,以期查明婚姻状态以及女方真实想法。

实务训练内容:

女方:听到他跟我说要离婚,我整个人都懵了。虽然我们关系一直不太好,但我从来没想过离婚。他经常不回来,我也不愿意去想去追究,好歹他每个月给不少生活费。结果他竟然要离婚,说跟我没有共同语言。是他不跟我说话,怎么有共同语言?要是离婚,他不管这个家,我和孩子生活怎么办?我不上班很久了……

法官:你刚才说你们关系一直不太好,能具体说说吗?(具体化+开放式提问)

女方:就是经常吵架,不吵架也没话说,就像陌生人,他就给我和孩子生活费,我也懒得管他。

(法官通过具体化技术,初步弄清这对夫妻的真实生活状态)

三、"开放式提问"、"封闭式提问"与"面质"技术的运用

所谓开放式提问技术就是咨询师对提出的问题没有预设的答案,来访者也不能简单地用一两个字或一两句话来回答。封闭式提问技术是指咨询师对提出的问题带有预设的答案,来访者的回答不需要展开,从而使咨询师可以明确某些问题。[1] 封闭式提问所提出的问题经常使用"是不是""对不对""要不要""有没有"等词,而回答也是"是""否"式的简单答案。例如"你还爱你先生吗?"答案只能是爱或者不爱。"你欠外债的数额是多少?"答案只能是一个具体的数字。

开放式提问可以帮助调解员收集较多信息,同时引导当事人整理思路,表达观点和宣泄情绪,封闭式提问容易引起提问对象的抵触情绪,因此家事调解更多使用开放式提问。尽管如此,但开放式提问一般不直接使用"为什么"来提问,因为这样的词语过于直接,带有一定逼问和谴责的色彩,对于收集信息、调解的展开不利。在必须要询问原因的时候,可以注意措辞,选择开放式提问但使用间接性的问法,比如,"刚才你提到了……,这是什么意思呢?"或者"你刚才说了……,我可以问问你这是为什么吗?"因此,"开放"区别于"封闭"的关键之处在于提问者的态度是开放性的态度,不是用自己的架构去套问对方,而是给对方自由回答的空间,从而有利于说出

[1] 参见中国就业培训技术指导中心、中国心理卫生协会组织编写:《国家职业资格培训教程:心理咨询师(三级)》,民族出版社2015年版,第97~98页。

本人最真实的想法。同时,即便是开放式提问也注意不要一次问多个问题,否则连珠炮的感觉也会给当事人紧张和压力。尽可能一次一个问题,语气和缓关切,给予当事人思考和喘息的时间。

此外,封闭式提问也不是一概不能使用,只是要注意使用方法。可以在假设情形时,使用封闭式提问,即限定问题背景。比如,在案例1中,调解员可以对男方提问:"假如你俩离婚了,你觉得你的女儿会开心吗?"在这个提问中,调解员进行了假设,基于这个背景进行了封闭式提问,避免了直接用现实问题逼问对方,同时又帮助他正视问题。

面质技术又称"质疑""对质""对峙""对抗""正视现实"等,是指咨询师指出来访者身上存在的矛盾,促进对来访者的探索,最终实现统一。虽然调解应尊重、共情,避免逼问,但在必要时,可以使用面质技术,使当事人面对其一直逃避的问题,或者戳破其前后矛盾的说法,促使其面对现实,或帮助调解员了解真实情况。

案例3:一起抚养权纠纷中,男方说自己很爱儿子,一定会抽出时间陪伴儿子,但是孩子上学以来从没有参加过家长会、儿子的生日聚会,为此他解释为工作太忙。

实务训练要点:通过质疑男方所称工作繁忙和陪伴孩子难以兼顾,从而让其正视自己并不是最佳抚养权人。

实务训练内容:

调解员:你一直坚持会经常陪伴孩子,但是你作为单位负责人,经常加班,事实上你过去确实没有参加过孩子的家长会、成长活动。

男方:那是过去,现在我醒悟了,孩子的成长需要父亲陪伴,以后我一定会减少工作,多陪伴儿子。

调解员:但是你刚才还提到了,你最近升职了,由省一级负责人升为整个华东地区负责人,工资收入也会增加很多,收入增加肯定对孩子教育的经济支出有利,但是这样不是更忙,会有更多出差,也更没有时间陪伴孩子了吗?(内容反应+面质)当然,你经济条件好,在物质上多给予,孩子长大了也会感激你的。(内容表达)

(调解员通过上述面质技术的使用,使男方正视自己并非最佳抚养权人的事实)

四、"情感表达"与"内容表达"技术的运用

情感表达技术就是咨询师将自己的情绪、情感及对来访者的情绪、情感等告知来访者,以影响来访者。内容表达技术是咨询师纯粹地表达自己的意见。虽然内容反应中也含有咨询师所施加的影响,但比起内容表达来,则要显得隐蔽、间接、薄弱得多。[1] 上述技术同样可以运用于家事调解。

继续展开案例1的调解。

实务训练要点:通过适时适度地进行情感表达和内容表达,查明案件事实,同时帮助当事人正视离婚后果,看到配偶一方在婚姻中的付出,激起内疚与留恋,并关注到健康婚姻对子女成长的重要性。

实务训练内容:

调解员:你刚才说了,你不分白天黑夜在外面打拼,那么家里和孩子都是谁管呢?

男方:(愣了一下)家务是她做,孩子我爸妈带过一阵子。

调解员:你爸妈去世以后孩子的生活学习也都是她管是吗?之前听你们说,你们家女儿很优秀,会弹钢琴,会跳芭蕾,校内成绩都双百,英语也不错,真是让人羡慕。(封闭式提问+内容反应+情感表达)

男方:(笑了笑)女儿像我,学什么都很快,也很爱学习,老师同学都很喜欢她,特给我长脸。

调解员:你平常不管孩子,女儿这么优秀,那都是她妈妈辛苦给接送各种培训班吧?(内容反应+内容表达)

男方:(低头)嗯。但是钱是我出的,她不工作。

调解员:她不工作不也是为了配合你吗?否则没有老人帮忙,孩子的培养谁管呢?(封闭式提问+内容表达)

男方:(沉默)

调解员:如果你们离婚了,你觉得女儿会不会伤心?像我们家女儿,她

[1] 参见中国就业培训技术指导中心、中国心理卫生协会组织编写:《国家职业资格培训教程:心理咨询师(三级)》,民族出版社2015年版,第111~112页。

爸爸去外地封闭式培训一个月,她就时常哭个不停,跟她爸视频里就会说爸爸快点回来。(封闭式提问+自我开放)

男方:(沉默一会)小孩子不会懂,跟我过我会给她最好的物质生活。

调解员:还会有更好的妈妈照顾她吗?(封闭式提问)

男方:(沉默)

调解员:(微笑)是不是有其他人可以做她妈妈?(封闭式提问)

男方:没有,就是性格不合适,跟她没有共同话题。

调解员:不可能完全没有共同话题吧,你刚才还很欣慰地说孩子很优秀是遗传你,说明你很了解孩子的情况,不跟她妈妈交流怎么能这么了解呢?说明还是有共同话题,也有不少交流啊。(面质+内容表达)

男方:(沉默)

(调解员随后进一步动之以情晓之以理,从心理学角度讲述了父母离婚对儿童心理的影响,并转达了之前和孩子交流时孩子对爸爸妈妈的依恋和希望。男方眼眶湿润,沉默良久后表示再考虑考虑。)

结　　语

家和万事兴,调解对于家事审判工作的重要性毋庸赘言。做好家事调解工作,需要法官、调解员掌握必要的心理学知识并适当运用心理咨询技术。教育部、中央政法《关于坚持德法兼修实施卓越法治人才教育培养计划2.0的意见》特别提出“培养学生跨领域知识融通能力和实践能力”,以及“积极探索实践教学的方式方法”。故,模拟实事调解应作为法学实践教学的重要组成部分。本文论述了心理咨询中的若干基本技术如何运用于模拟家事调解,并设计了若干实训案例,希望有助于上述人才培养计划的实现以及今后我国家事审判工作的更好开展。

产教融合视域下法学实践课程教学体系改革研究*

游文静　方晓霞　王　坤**

摘　要:“法律诊所”实践课程教学一直走在产教融合前沿,探索法学教学课程体系与经济社会发展需求的衔接,积累了一定教学经验与成果。但深挖教学实践问题会发现当前依然存在产教双方利益对接不稳定、产教融合系统化进程不完整等问题,阻碍了教学与市场的深度融合。回应这些问题,本文在产教融合视域下探索法学实践课程教学体系改革的方向和路径,提出深挖价值融合扩大产教各方共同利益、推进职业融合适应市场发展需求的改革方向,以及以职业类型化育人为核心的改革内容,并通过加强专业融合促进产教课程系统化进程等四条路径促进改革的落地。

关键词:产教融合　实践课程　法律诊所　职业类型化育人

近年来,国家人才培养政策调整,高校产教融合实践成为我国人才培养方式转变的重要方向。按照规划,至 2025 年,国家产教融合试点城市将达到 50 个左右,将在全国建设培育 1 万家以上产教融合型企业。[1] 文献分析结果显示,高校产教融合相关理论研究已成为学术热点,学者们从宏观、中观、微观不同视角对论题开展分析论证。但由于该实践的持续推进,其经济社会背景与市场发展需求也在不断变动,以此为内容的教改研究需

---

* 基金项目:本文系江苏大学 2023 年高等教育教改研究课题立项建设项目“产教融合视域下法学实践课程教学体系改革研究”(项目批准号:2023JGYB039)的阶段性成果。

** 作者简介:游文静,江苏大学法学院讲师,研究方向:法学实践教学;方晓霞,江苏大学法学院副教授,研究方向:法学实践教学;王坤,北京盈科(镇江)律师事务所管委会主任,研究方向:法律实践。

〔1〕 参见《八部门:到 2025 年国家产教融合试点城市达到 50 个左右》,载百度网 2023 年 6 月 13 日,https://baijiahao.baidu.com/s? id = 1768554292147805260&wfr = spider&for = pc。

长期、深入、具体地开展,应对不同职业门类下的具体方案和实践试点进行适时总结和反思。

此前,江苏大学法学专业实践教学已积累多年经验,也取得了一定教学成效,“法律诊所”课程获评国家一流课程。在螺旋式上升过程中,教研组以产教融合赋能提升实践效能为指导思想,进一步思考高校法学实践课程学什么、怎么学、在哪里学等核心问题,以职业类型化育人为思路重构实践教学改革方案。

一、江苏大学法学院通过产教融合开展实践教学的经验

江苏大学法学专业实践课程“法律诊所”采取“do by learning”的教学理念,以“模块化、项目制”为基础,建立了“教学——实践——反哺社会”的链式机制,实现理论教学与实践应用相结合的教学模式。学生通过法律诊所教育,除学习法律知识和职业技能外,更侧重沉浸式提升法律职业道德、法律职业伦理、社会责任感等内在法治素养。

(一)“法律诊所”实践课程理论基础

法律实践性教学是利用社会真实场景及实务问题作为学习情境,通过实际操作、实践探究和实务应用等方式,促进学生感知法治精神、理解法制规则、运用法律规定,全面提升学生法治素养的过程。为实现此目标,“法律诊所”实践课程主要运用了社会学习理论和合作学习理论。

1. 社会学习理论的运用

课程建设了线上 Alpha 平台实践学习项目和线下实践单位实训两大模块,在学生自主选择的基础上,结合实训资源的分布,协助学生进入虚拟或真实的社会场景,在专业领域的社交场景中提升法治素养。教研组紧扣“适应社会法治环境”这一学习目的,关注知识和技能、过程和方法、情感态度和价值观等综合性目标,通过角色扮演、情境教学、实务介入等方法来引导学生了解社会法治环境、参与法治事务,以社会法治的实践交往引导学生主动学习。特别是线下实践单位实训部分,课程依托合作单位开展社会教育,通过接待当事人、观摩庭审、撰写法律文书、提供法律援助、参与法治宣讲等形式,在司法活动或法治类社会公共活动中提升法科生的职业情感与职业技能。

2. 合作学习理论的运用

课程采用合作式学习目标的设置结构,将项目组或实训小组的目标与成员目标相结合,创设了积极的人际关系,使小组成员对同组伙伴所做努力给予积极的社会强化,形成小组内部协作。教研组在线上 Alpha 平台创建实践项目组,指导学生负责不同的角色和任务,通过问题研讨,分享观点和经验,培养学生的团队合作及沟通能力。线下实践单位实训过程中,教研组还将学生按法律职业分成小组,在同一单位中担任不同角色,互相交流与合作,共同讨论实践内容、解决问题或完成任务,在团队合作中促进个体展示自身优势,思考职业规划。

(二)“法律诊所”实践课程主要经验

1. 行业化协同培养模式

为保障实践教学的开展,学校努力建设校外实践基地、党建合作基地,以法律专业就业口径为半径,集成了一批法院、检察院、律师事务所类合作单位。在合作单位支持下,“法律诊所”以法治重点行业社会活动为实践内容,以行业法治素养提升为实践特色,形成巧妙的结合。实践教学依托于产教融合教育共同体的协作,组织理论教学水平高、实践指导能力强的专业人员开展课程教学活动;也尝试以就业为接口,反向为合作单位输送专业人才,为法科生的长期培养夯实基础。

2. 多样化实践教育手段

“法律诊所”注重实践教学,精选与法治相关的实践活动,如参加法律实习、参与模拟法庭、分析典型案例、观影感受法治文化等,促进学生在真实案例的指导下进行案例分析、法律咨询和解决方案制定等,锻炼学生的法律逻辑和法律精神,培养其对法治的敏感性和理解能力。课程还邀请法学专家、法官、律师等行业人士开设讲座、研讨会等交流活动,促进学生了解法律领域的最新动态,拓宽他们的法治视野。

3. 角色化团队育人方式

“法律诊所”指导学生在司法情境中沉浸式扮演法律职业角色,与当事人、法律人、社会相关方沟通、交流,学习诉讼代理、法律咨询、破产管理、司法程序等具体事项。同时,课程培养学生的团队合作精神与能力,将学生组成实践小组,共同承担案件调查、法律研究和案件解决等任务,在团队合作解决法律问题中体验法治协作的力量。

4. 内化法治精神

"法律诊所"开展"以'寸草心'报'三春晖'"的活动,指导学生在专业实践学习结束时向实践单位反馈一份"感谢信",以"认知、情感、实践"的教育思路,在"认知——实践——感受——表达——升华(服务)"的教育步骤中,集中实现了体验职业精神、正向引导学习心理、提升道德水平三个维度的教育内容。通过指导学生参与社会服务活动,如为弱势群体提供法律咨询和援助,走进社区协助开展纠纷调解,走进学校进行预防校园欺凌、预防诈骗等宣传教育,引导学生真正践行法治精神,强化学习效果,优化后续法律实践能力提升规划。

二、产教融合视域下法学实践课程教学面临的主要问题

"法律诊所"实践课程在持续探索中,凝聚了学校与合作单位、校内外导师、学生们的共同努力,但依然存在深度和广度上的不足,主要问题如下。

(一)产教双方利益对接不稳定

法学实践课程需要学校、企业和研究机构之间的合作,但目前的合作机制不够完善。一方面,法律人才培养输出对象主要为司法机关、公司法务、律师事务所等,现有合作多是基于"私人情感"或临时性需求而开展,由于校外导师采取无偿兼职形式,欠缺稳定、持续的利益对接,产教协同育人培养根基不牢。另一方面,实践性教学依赖于教师与学生、学生与学生、学生与相关方等的多维合作,而社会交往和事务处理的实践过程中,合作者、合作内容、合作期间、合作方式等均存在偶发性,合作控制力大为减弱,合作利益难以得到保障。

(二)产教融合系统化进程不完整

现有法律实践课程主要采取短期实训形式,周期短、内容精缩,易造成大学生产教融合培育目标不够精准、差异化教学难以全面覆盖、持续改进和提升教学效果尚待完善等问题。更深层次的问题是,实践教学只是作为法学教学体系中的一门课程,在教学队伍教研室相对独立的组织环境下,难以对法律实践运用中涉及的各门专业课程内容做到有效衔接。江苏大

学法学院目前实践课程的教学对象为大学二年级学生，其自身专业法律知识薄弱，在实践中难以将所学法律理论知识与实际情况准确结合，若无完善的教学系统体系支撑无法满足产教融合的市场需求。

（三）产教融合教学师资力量不足

开展高质量的法学实践课程需要具备丰富实践经验和专业知识的师资力量，导师的个人能力和实践经验不足可能影响教学效果。目前江苏大学法学院法学实践课程校内外导师的数量和质量都有待提高，需要从意识、能力、职业责任感等多方面加以提升。此外，实践教学内容和方法需要更贴近实际，以培养学生应用法律知识和解决问题的能力，但由于欠缺实际的产教融合激励政策和稳定人才支持，合作方处于松散状态，欠缺制度约束的基础，导致在教学设计、运行、监管、评估等实施过程中存在风险。

（四）产教融合运行机制不畅

法学实践课程的教学内容需与实际法律实践需求相匹配，需要学生参与真实的法律实践活动，但现实中学校、实践单位和服务机构之间缺乏稳定的沟通和协作机制，各自的权责与合作方式不明确，导致合作难度较大、学生参与实践活动的机会较少。此外，学校与各单位共同建立的实践基地，由于欠缺稳定的投入，无法形成常态支撑，难以共享教学所需的社会资源和育人要素。

（五）产教融合教学效果难以评估

实践性教学涉及面广、参与方众、能力素养评价维度多，教学评价体系需要动态优化。目前实践课程教学评价存在内容不够全面、评价标准不够细化、评价反馈不够及时等问题，可能导致评价结果的主观性和不准确性，造成无法客观地评估学生法治素养提升效果，从而不能为提升产教融合的教学效果提供科学依据。已经开展的法学实践课程产教融合程度不深，经常要面对真实案件缺位、学生偏重于场景模拟和程序训练的情况，呈现出蜻蜓点水的困境，受教对象期待更具实效的实践培养。

三、产教融合视域下法学实践课程教学体系改革的探索方向

中共中央印发的《关于深化人才发展体制机制改革的意见》为高校人才培养目标改革指明了方向，应当针对产业内各类单位差异化的人才需

求,探索产教联合培养模式。教研组以“模块化、项目制”为基础,采用“通识型+职业类型化”的培养方式,拟建立“教学——实践——反哺社会——改进教学——改进实践——服务社会”的链式机制,主要改革思路如图1所示:

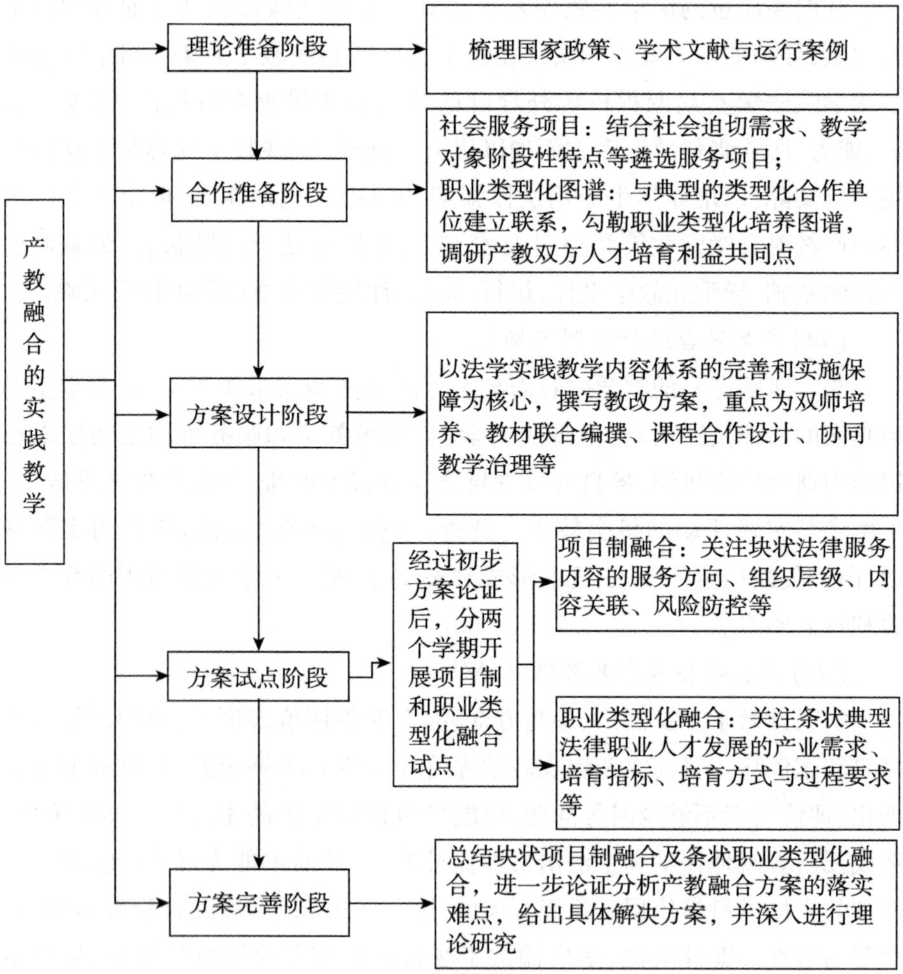

图1　“模块化、项目制”产教融合实践教学方案设计

在产教融合视域下探究法学实践课程教学体系改革的方向,教研组认为有两项重要内容:一是深挖价值融合扩大产教各方共同利益,二是推进职业融合适应市场发展需求。

（一）深挖价值融合扩大产教各方共同利益

在产业和教育融合的领域中，只有促进产业界和教育界之间的合作与交流，将产教各方的价值元素进行有效整合，才能实现产教融合的课程目标和双方互利共赢的社会目标。首先，践行产教融合理念，在合作中建立起互信、互利、互惠的关系，为积极推动合作的深入发展夯实基础。课程前期可通过访谈、座谈、问卷等形式深入调查研究，动态反馈产教双方利益需求，根据不同类型的实践单位，分析、探索双方可以接纳的产教融合点，论证其融合的可能维度。其次，将各方利益诉求加以对接。例如，社会声誉方面，各司法单位均有党建需求或工作指标要求，将此类需求目标分解为合作任务，双方取长补短，共同推进开展社区服务、特殊人群法律援助、法治文化宣讲等活动。由此提高合作频次，以项目式法律服务为工作内容打造产教利益共同体，实现产教双方的利益一体化。再次，在进一步了解双方需求的基础上，教研组可通过实践拓宽双方合作维度。例如，在教学内容上与实践单位进行深度对接，将实践与理论相结合，提供更具实用性的专项培训，如家族财富传承法律方案设计等，并通过法律服务产品的共同研发，联动产教双方利益诉求，在市场竞争中创造产教融合的经济价值。此外，高校应与产业单位建立信息共享机制，及时了解双方的需求和资源，为学生提供更多的实践机会；也可协同实践单位定向培养，创新实践学分取得方式，激励具备实践能力的学生在校期间参与单位工作，为产业发展注入新鲜血液。最后，教研组还可通过定期合作评估、双向反馈机制等动态反馈，及时了解产教融合的效果和问题，调整、优化合作方式和内容，围绕双方既定利益目标，融合性实现实践教学协同治理。

（二）推进职业融合适应市场发展需求

基于"法律诊所"课程培养的职业模块为法院、检察院、律师事务所三种基本类型，可结合法律职业的具体素养要求，采取"两线三块"模式将产教融合目标融入不同的职业实践中。所谓"两线"，一线是在应用层面提高知识和专业技能，二线是在修养层面提升法治观念、精神、能力；所谓"三块"，即结合法院、检察院、律师事务所三种职业方向。

实践性教学应针对不同培养内容采取差异化培养方法。就法律应用层面而言，可采取类型化育人模式，即以主要的法律就业方向为指引，提炼法院、检察院、律师事务所“三块”在岗位设置、工作职责、工作内容、工作流程等上的要求,从规则、程序入手,教导学生遵守规章制度、学习团队协同、感恩合作,在敬业、保密、沟通与协作等具体操作层面,修正认知,持续改善行为。在法治修养层面,实践性教学应紧扣学生法治思维的培养,引导其树立权力服从于法律的权力思维、理性平等的权利思维、依法办事的程序思维、自觉主动的法律责任思维,提高对法治的践行能力和运用能力。

四、产教融合视域下法学实践课程教学体系改革的路径思考

法学实践课程重在培养学生运用所学理论知识、服务社会的能力,培育“有品行、有能力、有担当”的卓越法治人才。结合前期教学难点,可从以下路径探索改革。

(一)加强专业融合促进产教课程系统化进程

产教融合视域下重构法学实践课程的系统,应紧扣学生主体角色,从传统的体验式、程序式的法律知识训练,扩展到以学生职业素养提升为中心的系统化教学。法学实践课程不是孤立存在的,而是需与其他教学内容有机衔接。在理论教学模块,可结合实际案例和最新研究成果,将法学理论教学与实践相结合,培养学生的创新思维和解决问题的能力。通过案例研究、问题研究、类案对比等教学方法,让学生结合实践问题认识和理解法学理论,并引导其探索实践问题的理论解决路径。在实践教学模块,可以高校为媒介,连接产业需求与学生需求,提供闭环式的法律服务项目训练及职业类型化的法律诊所学习,指导学生在法律诊所中参与和处理真实法律纠纷,锻炼自己的法律实践能力和解决问题能力。

(二)提高管理融合畅通产教运行机制

可由产教双方共同创建“一体双师一平台”管理模式,多元化构建产业方参与实践施教的环节与方式。首先,教育合作单位应当制定合作协议,约定合作原则、资源共享、管理团队等内容,以确保合作能够顺利进行。其次,各方应在管理层面形成产教融合教育治理共同体,培养双师型人才稳定产教融合育人队伍,打造信息共享平台提高产教融合各方沟通效率。再次,引入智能化教育管理方式,通过平台的学习数据分析,提供个性化学习计划和资源推荐;开展智能双师评价,及时对教学结果进行反馈和改进等。

最后,以就业为指挥棒加强产教人才交流,建立常态化、制度化、长效化的产教融合运行机制,最大程度提升教学效果。

(三)促进资源融合夯实产教课程基础

产教双方应注重资源共享,构建实践课程支持系统。可打造跨单位、跨地区的共享性教学资源在线协作平台,共同建立实验室或实训基地,通过共享教学课件、共享教学案例、共享法律工具和学术研究、联合性实践活动等,为学生提供丰富的法律课程资源支持,为提高实践教学效率和质量奠定协作基础。此外,双方还可联结社会各界力量,打造社会支持型教学资源系统。例如联动司法部门、街道、律师协会、商会、公益组织等单位,为大学生参与社会活动提供从需方到供方的全流程对接服务,并建立专业导师团队,邀请专业律师或商业精英担任顾问,为学生提供专业的实践指导和经验分享。

(四)加深服务融合提升产教创新成果

法治人才需要有较强的责任感和担当精神,能够勇于担当起维护法治社会的责任。应鼓励产教双方建立长期稳定的合作关系,共同开展项目研究和人才培养,可根据高校学生创新意识高、学习能力强的优点,合作研发创新型法律服务项目。通过开展创新型法律实践活动和法律服务,一方面培养学生的社会责任意识和团队合作精神,让学生在实践中体验法律人的创新过程。另一方面也将产教融合推向未来发展,融入创业孵化,通过产业单位提供实践机会和资源支持,链接共享办公空间、创业导师指导、创业人才项目等方式,帮助有创业意愿和能力的学生将创新想法转化为实际的商业项目,实现产业需求和人才培养的有机结合。

结　语

我国人才培育理念与方法正在发生深刻转变,高校课程教学也逐渐走出象牙塔,正视市场在人才资源配置中的决定性作用,向符合市场需求的方向调整,力图实现专业知识与职业技能的共同培养。法学实践教学是打通法律类教育和产业链的重要环节,由产教双方在法律职业技能训练和法律服务项目的闭环管理中,完成学生法律应用能力的提升和法律精神价值的塑造,并培养学生的专业精神、职业道德和社会责任感等深层人文素养。

法律职业伦理课程之实践教学探究

陈秀萍[*]

摘　要:法律职业伦理课程承担“德法兼修”的卓越法治人才培养目标中“德”方面的功能。鉴于课程本身的目的和人类行为的特殊性,该课程开展实践教学非常必要。为此,在课程教学中除了提升学生对法律职业伦理的认知,还要通过实务导师入课堂、经典案例研判、情景模拟、经典著作阅读分享、经典影片赏析、法律伦理实践日记等实践教学方式提升学生在法律职业伦理方面的行动能力,并运用多元化的考核方式和评价体系,提升课程教学效果,培育学生法律职业能力。

关键词:法律职业伦理　实践教学　考核方式　评价体系

根据卓越法治人才培养要求,各高校2020年版法学专业的人才培养方案中,将法律职业伦理课程作为必修课程,承担了法学教育中“立德树人”功能。法学专业学生的职业伦理能力提升不仅要通过法律职业伦理理论知识的讲解来达到,更要通过提升知行能力、强化实践教学、构建多元化的课程考核和评价体系等途径来实现。

一、法律职业伦理及其实践教学的必要性

随着全面依法治国工作的推进,“德法兼修”的卓越法治人才培养成为法学教育的重要任务。作为培养法治人才“德”的一面的法律职业伦理成为法学专业的必修课,其主要任务是通过法律职业伦理的理论和知识的学习结合具体的法律实践,培育学生的职业道德素质和职业伦理精神。

---

* 作者简介:陈秀萍,河海大学法学院副教授,江苏省习近平新时代中国特色社会主义思想研究中心河海大学基地成员,研究方向:法律理论与伦理文化。

(一)法律职业伦理课程的“德法兼修”功能

改革开放以后,随着法治建设向前推进,除法律制度不断完善外,在我国的法学教育、法治人才的培养方面,律师资格考试、国家司法考试、国家统一法律职业资格考试制度等都得到了较快的发展。然而,取得法律执业资格的法律人,特别是政法界的高级官员在司法实践中的知法犯法、将法律专业知识作为自己牟取非法利益的工具的违法犯罪行为使法律人的良知不断受到民众的质疑和拷问。为此,有学者呼吁“中国法律界最缺的是良知(包括律师、法官和法学界)”[1]。这引起了人们对法学教育的反思:长期以来,我国的法学教育更加注重法律专业知识和技能的训练,而在一定程度上忽视了法律人的道德品质和法律职业精神的培育。为此,2017 年 5 月 3 日,习近平总书记在中国政法大学考察时发表重要讲话,提出“立德树人,德法兼修,培养大批高素质法治人才”[2]。2017 年 6 月 18 日,教育部高等学校法学类专业教学指导委员会正式明确了法律职业伦理的必修课程地位。2018 年 9 月 17 日,教育部、中央政法委发布了《关于坚持德法兼修实施卓越法治人才教育培养计划 2.0 的意见》,提出“厚德育,铸就法治人才之魂”。所以,“德法兼修”的“厚德育”就是在法治人才的培养中,“加大学生法律职业伦理培养力度,面向全体法学专业学生开设‘法律职业伦理’必修课,实现法律职业伦理教育贯穿法治人才培养全过程”[3]。

(二)法律职业伦理课程实践的必要性

法律职业伦理课程实践教学的重要性既是由课程本身的性质和目的所决定,也受人类行为的规律影响,还和法律职业者“德”的特殊性有关。

首先,法律职业伦理是法律人在法律职业过程中的行为规范和要求,调整法律人的职业行为,而学生主要是学习法学知识,较少真正地进行法

---

〔1〕 朱苏力:《中国法律界最缺的是良知》,载微博 https://weibo.com/ttarticle/p/show? id = 2309634613544107966565。

〔2〕 习近平:《习近平在中国政法大学考察时强调:立德树人德法兼修抓好法治人才培养 励志勤学刻苦磨炼促进青年成长进步》,载中国共产党新闻网 http://dangjian.people.com.cn/n1/2017/0504/c117092 - 29253516.html。

〔3〕 教育部、中央政法委:《关于坚持德法兼修实施卓越法治人才教育培养计划 2.0 的意见》,载教育部网 http://www.moe.gov.cn/srcsite/A08/moe_739/s6550/201810/t20181017_351892.html。

律职业实践,故对职业行为规范很难有切身的体会。学生通过具体的法律实践才能真正体悟和感受坚守职业伦理的意义。

其次,人是独特的思想、情感和意志的结合体,人类的行为选择与特定的情境有密切关系。法律人在执业过程中会遇到各种情境下的人,也会遇到令人想象不到的现实生活情境。此时,即使知道法律职业伦理的具体要求,也不一定知道如何去应对。因此,在具体的实践情境中感受、思考对学生的职业行为能力的提升尤为重要。

最后,由于对法律职业者"德"的要求一般比较抽象、概括,与丰富多样的日常生活距离较远,有时不一定能直接对应并实现与具体生活现实的连接,因而可能会导致学生在具体的实践情境中感到茫然和困惑。因此,学生需要通过法律实践的具体情境,调节可能产生的各种情绪并进行深入思考,才能真正理解具体的人和事,并更好地应对。

总之,法学本来就是一门实践性很强的学科,我国法学教育中的诊所式教育、法律援助等法律实践教学也积累了不少经验。此外,国外关于法律职业伦理教育也有部分可供我们参考的实践经验。这些都为我们的法律职业伦理课程实践提供了必要的条件。

二、法律职业伦理知行能力之提升

法律职业伦理课程教学不仅要讲解法律职业伦理的基本理论和知识,更要让学生在面临具体的案件和日常生活事实时,能够坚持自己的原则,使理论知识与实践生活相联结,作出符合法律职业伦理的行为。

(一)法律职业伦理之把握

法律职业伦理的基本内容一方面来自法律本身,另一方面来自法律人在法律职业过程中与其他人的应有社会关系。

正义是法律的灵魂追求,是衡量法律良善的一个关键标准;同时,法律又为正义从理想进入现实提供了介质,为千变万化的正义设定了一个表演的舞台。在理想情境下,经过足够的交流与沟通程序,法律职业者可以对基本正义原则达成共识,因而能够实现符合特定社会基本正义的法律价值。[1]

---

〔1〕 参见王申:《我国法律职业伦理建构的德性要义》,载《政治与法律》2023年第4期。

但立法者的有限理性、日常生活的纷繁复杂和丰富多样使有限的法律条文无法为所有的生活事实提供依据。在司法过程中,学生以“法律职业者”身份加入,一方面通过具体个案的参与,了解司法过程的具体环节,使法律条文与具体个案的生活事实结合起来,加深对法律正义价值的理解;另一方面,学生在努力为需要帮助的人提供法律服务的过程中,加深对日常社会生活的认知,增强将日常生活事实转化为法律事实的能力,培养社会责任感。

法学专业学生作为未来的“法律职业者”在进行法律实践的过程中,除了需要与当事人有必要的沟通和交流,还需要与其他法律人进行沟通和交流。对当事人和其他法律人之间“应有关系”的认识是建立良好沟通的基础,也是法律职业伦理的基本内容。作为未来裁判者的法学专业学生,要忠诚于体现特定社会伦理的法律,要充分尊重和公正对待双方的当事人,通过仔细权衡和充分说理的方式作出双方都认为比较公正并能够接受的裁判。作为未来“法律服务者”的法学专业学生在提供法律服务的过程中必须与委托人建立起一种特殊的信赖关系,履行“勤勉义务”和“保密义务”。在为刑事案件的被告辩护时,应该尊重被告的意愿,坚持“被告是被告最佳利益的判断者”,认可被告的个人尊严、人格和自决权。

(二)法律职业伦理之行为实践

法学学科具有很强的实践性,学生除专业知识外,还要通过处理案件来加深对法律知识的理解,提升运用法律知识的能力,培育法律职业伦理精神。法学专业学生的法律职业伦理课程也一样,不能只向学生传授规则化、法条化的职业伦理规范,而要坚持知行合一的教学理念,重视对学生职业伦理精神的培养与塑造,注重让学生在具体实践中领悟和把握职业伦理的内涵,使之内化于心,真正成为自己的价值尺度与行为准则。正如学者所说:“法律职业伦理的培养应采取‘走出去’的策略,通过法律援助、法制宣传等手段,将其延伸到社区、律师事务所、政府司法部门、法院、检察院等场所,为法学专业学生的法律职业伦理培养提供广阔的平台。”[1]

---

[1] 孙鹏、胡建:《法学教育对法律职业伦理塑造的失真与回归》,载《山西师大学报(社会科学版)》2015年第1期。

无论是诊所式教学、专业实习,还是司法实务,这些法律实践教学方式在职业伦理教育方面均有很强的优势。一方面,实务教师的“教”来源于现实中一个个鲜活的案例,其在案件处理过程中会遇到各种利益诱惑、情感纠结和伦理冲突等直接体验,因而在传授法律职业伦理时具有较强的感染力和说服力,从而更易于被学生接受。另一方面,教师在指导学生处理实际案件的过程中,通过和学生一起参与办案,不仅可以言传,更可以身教。学生可以通过法律援助为贫困的当事人提供无偿的法律服务来养成或体悟到这种爱心、公益心和奉献精神。

总之,“一定要有法律学问,才可以认识并改善法律;一定要有社会的常识,才可以合于时宜地运用法律;一定要有法律的道德,才有资格来执行法律”[1]。

三、法律职业伦理的实践内容和方式的强化

要实现“德法兼修”的培养目标,不能单纯地靠灌输来实现,而要通过经验、情感、意志等心理过程的参与积极地建构,因为“任何人都不能被灌输或施加条件来诚实地讲话或公正地判决,因为实施这些美德都要求一种自觉意识和自由选择的品质”[2]。

(一)强化法律职业伦理的实践内容

法律职业伦理的课程实践内容与法律职业伦理理论方面的内容相一致。在理论方面的教学,可以通过具体案例来探讨法律本身所具有的伦理意义,挖掘法律规则所蕴含的伦理精神,从而培养法律人的良知和德性。对于法律人所从事的法官、律师、检察官、公证员等的具体要求则通过结合不同职业的特点和在司法制度体系中的运作机理来确定。学生可以通过分组进行案例研讨和评析等实践途径来获得其职业伦理的具体情感体验,培养其法治精神与伦理素养。因此,在法律职业伦理课程的教学目标和设计中,应该包含一定比例的实践内容。这些内容可以与法律援助、学生实习、法院旁听、模拟法庭等实践教学内容相衔接。同时在设计该课程实践

[1] 孙晓楼:《法律教育》,中国政法大学出版社 1997 年版,第 12~13 页。

[2] [美]麦克莱伦:《教育哲学》,宋少云、陈平译,三联书店 1988 年版,第 324~325 页。

的方式时充分考虑以下方面:第一,体验具体情境,亲身感受法律职业工作中可能遇到的伦理难题和选择困境。第二,对具体案例或法律事务中所涉及的问题再三斟酌与仔细权衡。第三,涉及自己的相关利益或面对诱惑或遇到其他困难时,展现如何通过自己的思考和信念坚守法律职业伦理的过程。

(二)法律职业伦理实践教学之具体方式

根据课程内容,该课程的实践教学可以采取以下具体方式:第一,实务导师进入课堂,即通过实践教学的法律援助或法律诊所等平台,聘请兼具职业精神和丰富经验的法官、检察官和律师等实务人员参与到法律职业伦理课程的教学中,将“言传”和“身教”相结合。通过实务中的鲜活案例将抽象职业伦理规范具象化,引导学生深入理解法律理论知识,提高执业技能,熟练把握保守秘密、避免利益冲突、廉洁自律等职业伦理的内涵。第二,经典案例分析。在法学专业的教学中,案例教学一直是非常常见和普遍的方式,法律职业伦理也不例外。正是在司法者适用法律规则时的仔细斟酌和权衡中,对司法个案的深入分析中,法律的伦理性得以更明确的体现,学生的道德判断推理能力获得提升。第三,情境模拟。这是指通过模拟某个具体案件,模拟与当事人和其他人员交流案件、相互商谈的各种情境,让学生扮演不同的角色,进行对话沟通和处理事务,也可以通过对这些不同情境的视频拍摄与分享,针对法律职业人的扮演者在具体情境中的对话和沟通效果进行分析和评判,提出更为合理化的建议。第四,经典著作阅读。法律职业伦理课程的背景知识和相关理论抽象程度高、哲理性强,故需要法学专业学生深入地研读与思考,并与其他同学分享、讨论和交流,才能更加深刻地理解法律与法律职业。第五,经典影片赏析。优秀的法律影视作品通过扣人心弦的艺术手法展现复杂矛盾的故事情节,容易使学生产生更多情感体验和思考。对影视作品中的法律职业伦理问题进行分析不仅可以帮助学生开阔视野、丰富想象力、激发学习兴趣,还可以培养学生发现问题、解决问题的能力,从而促进其整体素质的提高。第六,辩论或模拟法庭辩论。无论是模拟法庭还是模拟辩论,都是通过对与法律伦理相关的论题或案件中的不同的、互相对立的观点进行说理、分析、辩论,推翻对方的观点并进一步论证自己观点。辩论能够促进学生对某一论题的思考和对某个具体案件的深入分析,提升学生的思维能力和判断推理能力,形成学生对某些社会问题或案件全面而科学的认识。此外,可以结合学生参加的一些法律实践活动或者对学生旁听、援助的法律案件进行记录和整理,提出其中所包含的法律职业伦理内容和相关经验并进行分享。对于课程中比较简单的教学内容,可以通过学生讲解、老师点评的方式进行。

四、多元化的课程考核方式和评价体系的构建

法律职业伦理的课程实践既要在教学内容和方式的设计中充分体现实践内容,也必须要构建科学合理、结构多元化的课程考核方式与评价体系。

(一)课程考核方式

法律职业伦理教育与知识型法学专业教育存在区别,其目标是培养"德法兼修"的卓越法治人才,实践性更为突出。因而该课程的根本要求不在于能背诵多少法律条文,关键在于能否将法律知识运用到现实生活中并公正地解决现实中的问题。因此,法律职业伦理的考核方式也必然是多元化的。[1] 课程考核应该摒弃传统的闭卷考试或结课论文的考核形式,即除了必修课程所要求的期末考试或结课论文,还应当增加平时的过程考核和实践考核的内容。实践考核方式可以采用案例分析和其他开放性的实践考核方式,这种考核方式有助于考查学生的实践能力,有助于培养学生的法律职业伦理观念。

多元化的考核方式至少应该包括以下几个方面:第一,必修课所要求的一些基本知识和原理的掌握情况,这个主要通过通常的期末考核,即通过期末考试或结课论文的方式实现。期末考试的内容中尽可能增加开放性试题的考核,即不设置标准答案,让学生对具体案例或事件进行分析,给予学生自主发挥的余地,着重启发学生展现自己对法律职业伦理的理解与把握。第二,增加过程性考核。法律职业伦理不是一朝一夕就能养成的,而是一个持续性的过程。在授课的过程中学生参与课堂的情况和课堂中

---

〔1〕 参见郭逸斐:《论我国高校法学教育中的法律职业伦理教育》,载《福建教育学院学报》2022年第10期。

的讨论交流情况、课堂作业完成情况等，也是考核的重要内容。第三，实践考核。在课程考核中，增加实践考核内容，即让学生通过分组共同选择教师提供的实践考核方式，如模拟法庭辩论、经典法律职业伦理著作阅读、法律情景剧、法律援助及法律实习日记分享、经典案例研判等。[1] 实践考核过程由全班同学参与，考核成绩由学生代表和老师共同完成。考核过程既是全班同学学习的过程，也是学生职业伦理素养展示的过程。

（二）课程评价体系

职业伦理教育效果的评估不同于其他课程，一个人的职业伦理养成是长期熏陶和修炼的过程。因此，对法学专业学生法律职业伦理的评价至少包括过程评估和效果评估。而效果评估主要包括学生的批判性自我反思能力是否得到培养，法律从业者的基本技巧学生是否掌握，职业道德的困惑是否寻求到解决途径，法律研修能力是否明显增强等。评估方式可以通过学生提交法律实践中的职业伦理日记、各种职业伦理困惑的指导交流和会谈记录等体现。

为此，建议该课程安排分成两个部分，1.5 个学分的理论讲授课程集中讲授。由于课程实践不能局限于课堂，故 0.25 个学分的课程实践部分可以安排到课外进行，这样老师的课后指导和学生的课后实践安排都能自由、灵活。0.25 个学分的实践汇报考核可以安排在同一学期不同时间的课堂完成。这样就可以让学生能多一些时间加深对法律职业伦理的理解和认识。法学专业的法律职业伦理的课程安排上也可以分成两个阶段，第一阶段是对法律职业伦理的基础知识和理论的集中讲授，第二阶段是对与法律实践教学相结合的法律职业伦理实践的提升。

基于以上考核理念，法律职业伦理课程考核最后成绩 = 期末考核成绩 40% + 平时成绩 30% + 实践成绩 30%。期末考核的客观性试题占 60%，开放性试题占 40%，平时成绩中考勤成绩占 60%，平时作业占 30%，课堂表现占 10%；实践成绩由分组选择一种实践方式进行展示分享和互动的方式来完成，最后成绩由分享和展示成绩 80% 和提交材料的成绩 20% 两部分构成。这样的考核方式能更加全面地评价学生法律职业伦理的水平和能力。

---

〔1〕 参见袁钢：《我国法律职业伦理课程教学的关键问题》，载《中国大学教学》2023 年 Z1 期。

“三创融合　协同育人”视域下的新法科类实践教学模式探索
——以河海大学为例

范艳萍　鞠尚志*

摘　要：习近平法治思想引领新时代“新法科”建设，鼓励高校合理应用现代教学手段完善新法科人才“三创”教育体系。同时，各高校共同打造“三全育人”新局面，为开展“课程协同育人”提供了理论遵循和逻辑方法。新法科类实践课程对于培养学生的理论学习及实践应用能力具有重要作用。文章结合河海大学法学院的实践教学经验，以法律援助劳动、法律诊所等新颖课程为例，结合新法科类学科特点，提出融合“三创”教育的新法科类实践教学新模式，在教学环节、模块拓展、内容优化等方面提出建设路径，着力构建“三全育人”工作体系，不断提升人才培养的针对性和实效性，建立互补型师资结构和多导师联合培养机制，同时确保“三创”教育在实践课程教学中的协同和可持续发展。

关键词：三创融合　协同育人　实践教学

一、“三创融合　协同育人”新法科类实践教学情况概述

（一）“三创融合　协同育人”新法科类实践教学的内涵

1. 三创融合

习近平总书记强调，创新驱动实质上是人才驱动。“三创融合”是以价值塑造、能力培养、知识传授“三位一体”的创新创业教育理念作为人才培

* 作者简介：范艳萍，女，汉族，法律硕士，社会学博士，副教授，硕士生导师，国家二级心理咨询师，兼职律师；鞠尚志，男，河海大学法学院学生。

养的新思路,通过将创意、创新、创业融合,设计竞赛实践等环节,实现跨学科专业交叉融合、教学与科研实践融合、创新创业教育与专业教育融合,以提升教育教学的创新创业水平,培养学生的实践创新能力。〔1〕

2. 协同育人

党的十九届五中全会提出健全学校、家庭、社会"协同育人"机制,"十四五"规划、党的二十大报告和2035年远景目标纲要都确定要健全学校、家庭、社会"协同育人"机制。〔2〕"协同育人"着眼于学校、家庭、社会三方主体,努力达成学校充分发挥协同育人主导作用、家长切实履行家庭教育主体责任、社会有效支持服务全面育人的共同目标。

3. 新法科类实践教学

习近平法治思想内涵丰富、科学系统,为"新法科"建设指明了方向。推进新时代背景下的"新法科"建设,要加快推动中国特色社会主义法学学科体系构建。与此同时,加大法学学科建设的对外开放力度,通过共建国际科研合作平台等举措,不断深化中外法学教育资源融通交流。此外,新法科实践教学要求积极回应科技革命对法治中国建设提出的新需求,利用最新科技引入法学研究范式。运用人工智能、大数据技术分析等新兴科技解决法学问题,赋予法学学科以新的活力,开创中国法学学科发展新局面。〔3〕

(二)国内外实践教学现状

当前,国内外各高校针对"三创融合　协同育人"的教育研究已取得初步进展,形成了地域化理论建设及制度化建构特色。美国制定并颁布如"美国新法科创新战略"等法规,打造家校联合教学体系,注重科研成果转化,助力创新创业教育发展及协同育人体系完善;〔4〕德国依托高校成立专门的法科创业文献数据库与协同交流平台,便于创新创业研究;英国在法

〔1〕参见国务院办公厅《关于进一步支持大学生创新创业的指导意见》(国办发〔2021〕35号,2021年发布)。

〔2〕参见教育部等13部门《关于健全学校家庭社会协同育人机制的意见》(教基〔2022〕7号,2023年发布)。

〔3〕参见黄兰松:《新法科视野下法学案例教学法的开展研究》,载《北方论丛》2023年第1期。

〔4〕参见陈诗慧、张连绪:《大学生创新创业教育的国际模式、经验及借鉴——基于美国、德国、日本等三国的比较》,载《继续教育研究》2018年第1期。

律保障、创新成果转化等方面出台政策,为创新创业教育提供资金及协同环节支撑,有完善的高校管理与保护机制。[1]

聚焦于国内高校,“三创融合　协同育人”实践教学起步较晚,三创教育及协同育人的模式尚未成熟,但受到国家政府的重视且扶持力度较大,并于高校法学院设立专门化创新创业教育机构、新颖化创新创业教育平台、体系化协同育人课程,探索新法科类实践教学的新模式。

(三)我国实践教学存在的问题

我国的“三创融合　协同育人”教学体系初步突破了以往的形式化阶段,但该教育模式在课程的最初设置、课程中期的考核评估以及最终课程教学的效果反馈等方面仍显露出许多问题。

1. 初期课程建设:学科单一且目标指向不明

从最初课程的设立来看,我国创新创业课程多为独立授课,具体表现为独立的创新创业教育课程指导,与法学学科等其他学科的理论及实践融合性不足,无法保证创新创业教育的专业性与融合性实现有效联结。与此同时,有共同的育人目标是学校、家庭、社会协同育人的前提,而部分新法科类实践课程教育目标指向不明确,缺乏针对性的教育规划指导。

2. 中期考核评估:范围笼统且评定层级片面

就中期的考核评估而言,我国部分高校对于创新创业以及协同育人方面的考核评估仅停留在规模化统计以及理论层面的论文评定,未对课程学习的具体内容进行实操考核,如新法科学习过程中缺乏对部门法律知识以及法律援助条款的现实运用考核,从而使学生学习的侧重点过分倾向知识记诵与理论成绩。

3. 后期效果反馈:联系不足且教学内容割裂

从最终教育教学的效果反馈来说,许多高校缺乏学生校园创新学习引导,学生反馈无法形成与家庭、社会的有效联系,无法将课堂内容运用于法科实践与就业生活,难以实现三创教育的融合并达到协同育人的目的。

因此,本文结合新法科学科特性及应用型高校人才培养定位,提出“三

---

〔1〕 参见崔鹏:《国外创新创业教育实践及其启示——基于美、英、德三国比较研究》,载《创新与创业教育》2018 年第 6 期。

创融合　协同育人”的新法科类实践教学模式,从课程建设融合性不足等方面入手,努力形成多方相互促进的良性互动,为实施素质教育创造良好的学校生态、家庭氛围和社会环境,推动教育的高质量发展。

二、“三创融合　协同育人”新法科类实践教学新模式

(一)教学案例介绍:“创新协同”实践教学典型

河海大学法学院围绕建设社会主义法治国家需要,秉承“入主流、显特色、促融合”的发展理念,努力探索“三创融合　协同育人”融入新法科类实践教学模式,为全面推进依法治国贡献智慧。

近年来,河海大学法学院坚持创新实践教学模式,全面实施“引进来,走出去”的教育方针,形成了实践教学全方位育人的培养特色。一方面,邀请校外知名法律专家走进校园授课,开展“司法实务导师进校园”活动,丰富校园教学模式。另一方面,积极拓展学生实践平台,引导学生参观检察院等司法机构;通过广泛开展“模拟法庭”“新媒体普法”等法律实践教学活动,加强课堂教学与社会服务的联系,充分体现出新法科类实践教学特色。

(二)教学内容研究:“环环相扣”实践教学方式探索

与传统的课程安排相比,“三创融合　协同育人”的新法科类实践课程坚持在践行中立德、过程中树人,将“创新创业”与“三全育人”的教育目标相融合,努力做到环环相扣,以适应社会主义法治国家建设对法治人才的需要。

在课程设置方面,教学大纲的制定应融合创新创业教育理念,并将其与新法科课程逐步进行有机结合,如鼓励学生通过专业化创新创业课程做到“互联网 + ”“挑战杯”等赛事与本学科的联动及成果转化,做到课赛结合。

1. 第一环专业认知:了解与构建

法学具有很强的应用性和实践性。法学专业教育要培育具备创新精神和实践能力,能在司法机关等领域从事法律工作的复合型人才。专业认知对于“三创融合　协同育人”的实践教学模式具有不可或缺的奠基作用,激发学生对于法学学科的兴趣以及将法学学科运用于创新创业实践过程的未来可能性。

2. 第二环课程实践:操作与应用

课程实践在新法科知识的操作与应用方面发挥重要作用,助力学生更深入理解并运用所学专业课知识,即根据学生的认知度与实操能力,设置法律援助等劳动课程,并通过翻转课堂等创新实践方式,培养学生的沟通与合作能力,以及批判性思维和进行创造活动的思维方法,能够辨析本专业及相关领域问题。

法律援助劳动课程:带领学生实地参与法律帮扶,于校园创新创业小镇打造法律援助基地并进行模拟训练及实务分工。进行法科学生法律援助咨询排班,形成体系化法律援助劳动公约,实现法律援助劳动化、过程化、留痕化,使学生在课程中感受法科知识的运用,"做中学、学中做",在公平正义中感受法律。河海大学法学院的"法律援助劳动实践活动"荣获2023年首届高校劳动教育示范案例展播优秀案例。

法律诊所训练课程:通过真实案例引入多元视角,打造新颖实践学习方式,优化课堂结构、关注能力建设。保持"新格局、新时代、新理念"的新维度,推动法律诊所与法律援助的有效结合。并针对数字化时代背景,注重学生培养转型,学为中心、适性发展,需求驱动、开放创新,人机协同、技术赋能,生动体现实践教学的创新性与协同性。

法律文书写作课程:进行民商事案件诉讼文书写作摘要指导,以案话写作,教导学生逐步学习实务过程中如何写好答辩状、代理意见等。进行非诉法律文书对比学习,通过对比法律实践中的律师函,帮助学生在真实案件中感受法律知识的运用,真正做到"三创融合　协同育人"的实践教学。

3. 第三环课外实践:创新与拓展

法学家霍姆斯曾言:"法律的生命,不在于逻辑,而在于经验。"课外实践指引学生将所学的课堂法科知识运用于学校、家庭、社会等多个层面,进行法科实践及创新创业赛事活动。

法律援助中心活动:组织学生参与校园、社区法治宣讲,以及"河海法援"公众号、抖音"河海小援"等新媒体普法,于实践教学中提升学生的法治素养;引领同学参加法院导诉、"关爱环卫工法律助无忧"等公益性活动,进行实践学习,积累法科实习经验;河海大学法学院的"法爱相融　援来有你"法律援助实践活动荣获2022年度江苏省高等学校劳动教育优秀项目一等奖,助力推进劳动教育融入思政课一体化建设,创新营造法律援助劳动教育建设氛围。

暑期社会实践:河海大学法学院暑期实践旨在培育学生的人文底蕴、科学精神和法律职业伦理,了解国情社情民情。同时,通过暑期社会实践,学生不断培养解决法律实务问题的能力,恰当应用现代信息技术工具解决实际问题。

法科赛事:积极组织学生运用所学法律知识参与各类法科赛事,如全国大学生环境资源模拟法庭大赛等,着力培养"德法兼修"的高素质法律人才。

与此同时,"三创融合　协同育人"的考核方式不局限于结课论文评定或是理论考试,而是以学生的思维能力提升与实践效果反馈作为检验标准,考核评估从创新创业项目的完成情况等方面进行综合考量,以真正做到实践课程的理论知识融入科技创新锻炼。

(三)教学不足分析:"寓教于学"实践教学模式反思

河海大学法学院的"三创融合　协同育人"的新法科类实践教学具有较为完善的实践体系,包括专业认知、课程实践以及课外实践,做到多方协同育人,促进学生德智育全面发展。然而,在实际教学中仍存在以下问题。

1. 课程时间受限

专业实践课以及创新创业课程的课时相对于大类基础课等课程时长受限,无法补齐实践育人的短板,短时间内所进行的创新创业教育学习难以保证学生获得真才实学。部分学生把实践活动当作"玩",缺乏对教学活动的思考与回顾。

2. 课程内容固定

研究的深度难以匹配不同年级的学生,教学内容较为固定,研究内容有重复性。因此,需要加强对学科实践目标和活动方式的规划。从课程实践性的角度看,新法科类实践课程学习应当以学科实践为基础,对具有学科特征的各类学科实践进行整合,用跨学科的方式解决真实问题。

三、“三创融合　协同育人”的新法科类实践教学保障体系

(一)优化协同教育体系,明确三方协同育人目标

1. 推动师资队伍建设,打造学科发展“排头兵”

学校作为协同育人的主阵地,师资队伍发挥着显著作用。一方面,应当打造法学学科教育高质量发展的排头兵,以高素质教师人才培养为引领,以高水平教师教育体系建设为支撑,提出新时代基础教育教师队伍筑基提质的思路举措,推动教师队伍建设创新。〔1〕另一方面,应当注重师资教学水平培训,着重增强教学的启发性。河海大学法学院坚持以学生为本,设计创新创业课程等环节,以全面育人格局的形式,把“立德树人”作为教学的综合教育理念。〔2〕

2. 保障社会育人资源,描绘教育理念“同心圆”

各类社会资源是强化实践育人的重要途径,高校创新创业教育的可持续发展,与完善的政策支持密不可分,科学有力的政策可以优化创新创业教育环境,并为其科学发展保驾护航。〔3〕社区应当面向学生开展公益性实践活动,努力做到将社会教育服务体系完善。明确社会协同育人责任,切实增强育人合力,将社会协同育人工作成效纳入教育质量评价工作考核体系。

(二)立足社会发展现状,促进创新创业教育转型升级

河海大学法学院坚持以学生为中心展开教学工作,大力开展新法科教育,结合学生特点和专业需求开展以实践锻炼为核心,以培养卓越法治人才为目标的教学活动。高度重视与校外法学界的交流与合作,通过举办“河海法家大讲坛”,引导学生向名师咨询学科问题。与此同时,加强学校创客空间等项目建设,创设良好的孵化环境,推进数字化赋能教学质量提升,培养创新型人才。

---

〔1〕 参见魏碧霞、陈飞、黄彬:《融合“三创”教育的工科类实践课程研究与探索》,载《黑龙江教育(理论与实践)》2023 年第 11 期。

〔2〕 参见徐杰、丁朝刚等:《习近平总书记贺信精神融入实践类课程的方法研究——以微纳米制造技术及应用课程为例》,载《高教学刊》2023 年第 28 期。

〔3〕 参见崔鹏、李涛:《高校融合创新创业教育的意义、原则及途径探析》,载《创新创业理论研究与实践》2018 年第 3 期。

河海大学法学院积极推进学位互认项目，打造学科交流平台。与我国台湾地区铭传大学法律学院实施联合培养双硕士项目；举办国际水权论坛等大型国际学术会议，学习国际前沿法学创新成果，打造“走出去”战略需要的涉外法治研究“国家队”。

(三)审慎规范课程设置，构建特色实践育人体系

1.适当提高实践课程占比，规范创新创业教育体系

依据“提升高阶性、突出创新性、增加挑战性”的原则要求，积极培育和建设实践一流课程。针对部分高校实践课程课时较少等问题，开设与创新创业相关的通识必修课，提高实践课程占比，课时设置比例要符合创新创业教育的要求。鼓励学生积极参与课外实践及实习活动，及时了解法学实践研究前沿动态，掌握中国特色社会主义法治国家建设动态。

2.着力引导理论实践结合，培养多层次全方位法治人才

坚持以学生为本，在授课时将真实案例引入相关理论知识讲解中。同时鼓励支持学生参加各类竞赛活动，如“挑战杯”全国大学生课外学术科技作品竞赛、全国大学生环境资源模拟法庭大赛、江苏省仙林成才杯模拟法庭大赛等。将法学学科实践课程与创新创业、案例分析等比赛和项目结合，在解决项目问题和创新性研究中进行实践训练。如学院教师指导学生团队完成的《延续千年传承：“非遗进校园”优化路径探究——基于大理市130所小学的调查》项目弥补了实践课程体系现有的缺点，同时培养了学生的科研能力。

此外，课程设置应当适当引入跨学科知识，如心理学、社会学、经济学等，帮助学生更好地理解案件背后的社会背景和心理因素；通过开设创新思维课程、组织创新项目竞赛等方式，激发学生的创造力和创新能力。同时，应加强道德素质培养，引导学生树立正确的职业道德观，以满足高素质法治人才的需求，完善“三创融合　协同育人”的新法科类实践课程教育保障体系。

中国法律史教学问题分析与课程建设探索

许梦阳*

摘　要:中国高校法学专业的中国法律史课程教学,长期以来面临诸多困境。通过对学生的问卷调查进行综合分析,总结出原因主要有学习兴趣缺失、阅读书籍困难、历史知识匮乏、抵触平时作业及授课模式单一等方面。在新时代新文科教育建设的大背景之下,中国法律史课程教学也可尝试专业之间深度通融及利用现代信息技术等方法,提升学生的对课程的兴趣。关于解决教学困境的方法,可尝试将视频、音频等融入传统课堂;以微信公众号、微博等辅助教学;以网络慕课补充线下教学;线上作业取代平时线下作业并提高平时成绩占比等方式激发学生学习兴趣,拓展专业论著阅读并增强专业知识记忆。

关键词:中国法律史教学　问卷调查　课程建设探索

一、引　言

当前,关于中国法律史以及相关课程的教学问题研究成果颇丰。主要围绕教学困境的分析、对教学现状的反思及对教学改革提出的建议等。面对课程教学中所出现的种种困境,学界前辈早已洞悉。例如,"学生对专业的内心衡量存在着冷门和热门之分"[1],"被认为对学生今后的就业或作为法律人执业的效用不大"[2],以及"课程设置边缘化造成学科地位下降"[3],等

---

* 作者简介:许梦阳,南京审计大学法学院讲师,研究方向:中国法律史、审计史。

〔1〕 李凤鸣:《法律史教学的迫切反思》,载《社科纵横》2008 年第 1 期。

〔2〕 张寒:《中国法制史教学的应用性教学方法探索》,载《科教导刊》(上旬刊)2015 年第 31 期。

〔3〕 钟盛:《"双一流"建设背景下中国法律史教学改革的思考》,载《现代教育科学》2019 年第 8 期。

等。关于困境的解决之道，主要有营造环境、更新理念、改善评价机制、优化教学环境、合理安排教学内容、建设师资队伍等。[1] 值得思考的是，学界早在21世纪初就对中国法律史教学的困境有所洞见，并经过反思和自省，提出诸多的解决之道。但时至今日，针对这一困境的纾解，仍旧存在较大的努力空间。

二、基于调查发现的问题

教师与学生，是教学过程中最为重要的两端。教师对于本课程的诸多观点已经了然，学生的反馈亦很关键。笔者随机从本科4个年级中抽选100名学生以问卷形式进行调查，搜集学生对本课程的看法及建议，加以统计汇总，主要涉及学生对本课程的兴趣、相关书籍的阅读情况及对本课程的相关建议等，呈现为图1，并进行分析。

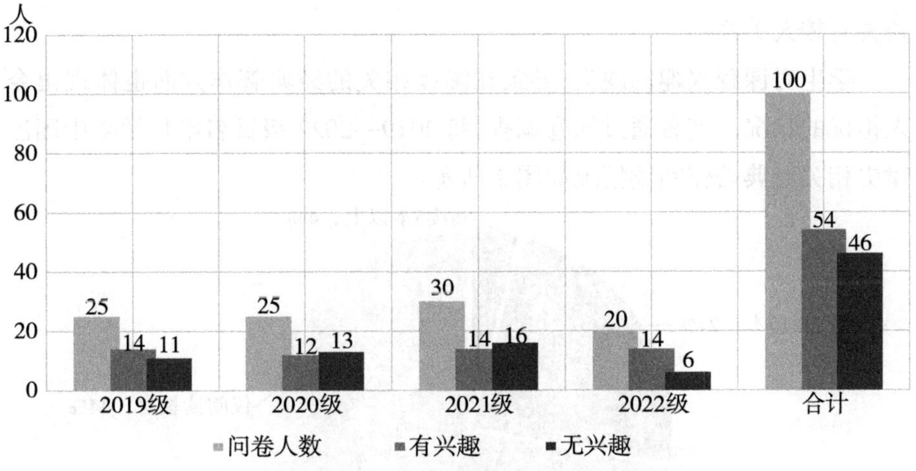

图1　2019—2022级百位学生课程兴趣调查

由图1可知，100名同学中有46名同学对本课程缺乏兴趣，54名同学具有兴趣。若采样基数扩大，两者人数或接近于持平。笔者散发问卷进行调研时，基本选取学期中叶，在学生对本课程内容及授课形式具有相当了解之后。学生对课程的感兴趣程度，会直接体现在课堂纪律、课堂注意力、

[1] 参见薛秀娟：《困境与出路：中国法制史教学改革》，东北师范大学出版社2017年版，第139页。

课后作业及考试成绩之中。整体而言,接近半数的同学缺乏兴趣,对授课效果有消极的影响。虽然"现代大学生普遍表现出学习兴趣低、学风堪忧,学生学习功利化、学习无用论现象日益突出"[1],但学生对于中国法律史课程兴趣可能低于同专业其他课程。

多数学者把高校课程教学的效果视同为学生应试所取得的综合成绩,以此来考量高校课程的教学效果。[2] 笔者经过数年来对学生期末成绩的统计,发现历届学生成绩分布呈正偏态,分数集中在中等及低分,总评成绩与平时成绩为高度相关,取得85分以上高分的寥寥无几,但不及格人数也较少。由于缺乏兴趣,学生不愿在本课程中耗费过多精力,甚至以"及格万岁"的心态应对考试。学生在期末复习阶段以反复背诵、加强记忆为主要方式,抗拒在日常课堂学习中倾注精力。笔者也曾多次发现,学生在课堂上阅读其他课程的教材或无关书籍。以上情况的出现,均与学生学习兴趣缺失有较大关系。

学生对课程兴趣的缺失,导致在阅读相关的经典著作方面也体现出令人担忧的状况。笔者通过问卷调查,将2019—2022级百名本科学生中国法律史相关经典著作阅读情况如图2所示:

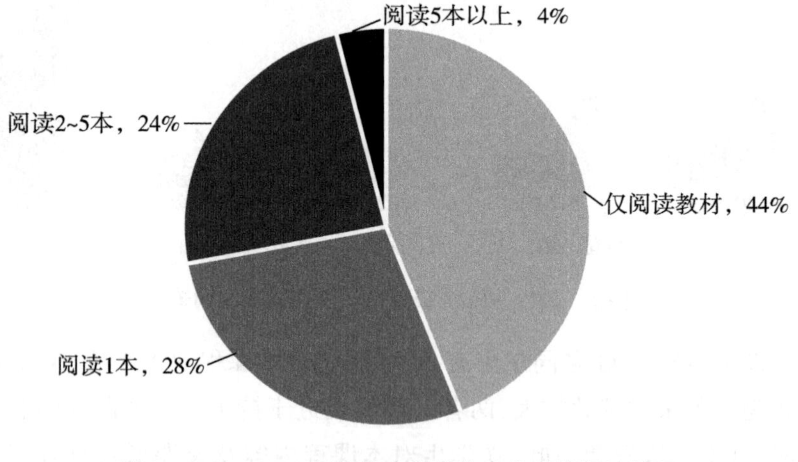

图2 2019—2022级百位本科学生专业书籍阅读情况

---

〔1〕 牛亏环:《大学生学习过程评价研究》,上海师范大学2015年博士学位论文,第3页。

〔2〕 参见陈璐蓉:《我国高校思想政治理论课教学效果的影响因素研究——基于大学生的视角》,厦门大学2020年硕士学位论文,第17页。

由图2可知,100名学生中的44人只阅读教材,28人仅阅读1本相关著作,24人阅读2至5本,仅有4人阅读5本以上的经典著作。尽管教师在授课过程中,都会向学生介绍及推荐与课程相关的著作,但通过调研发现,学生的响应程度较低。一方面,这种情况与当前学生的碎片化阅读趋势有较大的关系。手机成为最常用的阅读设备,微信、QQ、微博、抖音等社交软件成为频繁使用的碎片化阅读平台。[1] 笔者在授课过程中,将中国法律史相关书单与电子书分享给学生,但囿于兴趣缺失与碎片化阅读等因,学生的阅读效果较差。即便是将强制要求每人必须阅读一部经典著作并完成读书笔记作为平时作业,问卷中仍有44%的同学选择仅阅读教材。如何扭转学生视阅读与完成读书笔记为负担的现象,是当前亟待解决的问题。碎片化阅读与网络平台的运用,使检索、复制与粘贴成为常态。笔者即使要求学生以手写形式完成读书笔记,也时常发现多份作业呈现相似甚至完全雷同的情况。另一方面,中国法律史在阅读的过程中涉及大量的古文,浩如烟海的史料,使学生理解非常吃力,相当一部分同学把中国法律史当作高中历史课的延续。[2] 阅读和理解的困难,使学生产生畏难情绪,又进一步加深了兴趣的缺失。

面对以上种种问题,笔者通过问卷形式聆听学生的建议,并总结如图3所示:

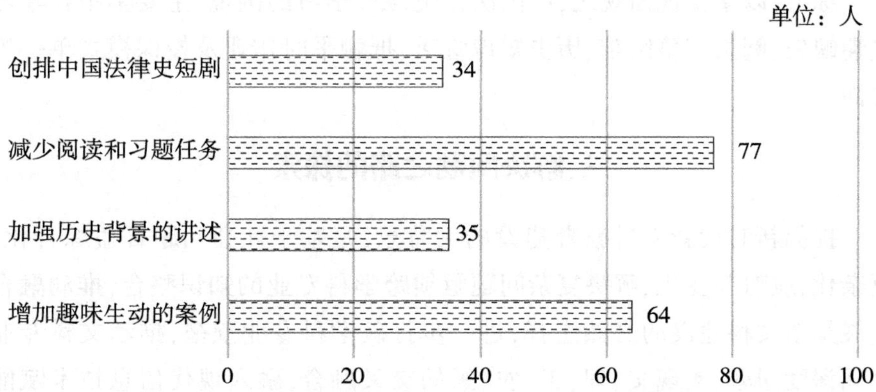

图3　2019—2022级百位学生对本课程的相关建议

---

〔1〕 参见孙蕊:《移动互联网环境下高校大学生碎片化阅读行为研究》,天津工业大学2018年硕士学位论文,第26~27页。

〔2〕 参见郝振垒:《中国法律史教学改革的反思》,载《法制博览》2022年第17期。

首先,100名同学中,有34人希望以创排中国法律史短剧的形式改革原本一言堂的教学模式。此类模式在中国近现代史纲要及历史学相关课程中的运用较为多见,有学者认为这样更适合大学生的学习心理,并能够缩小教材带来的距离感,从而摆脱纯理论教学的枯燥乏味,激发学习兴趣。[1] 其次,有77名同学希望减少阅读和习题任务,占参与问卷的绝大多数。事实上,中国法律史课程的习题与阅读作业量,较法学专业其他课程少,但学生仍旧希望降低作业负担,足以显示学生对本课程作业的抵触情绪。尽管其他学科也有类似现象,如很多高校学生即使平时不听讲、不完成作业,考前进行突击式的学习,也可通过考试,[2]但这种情绪的弥漫,最终将使学生学习效能破坏殆尽。另有35位同学希望加强历史背景的讲述,这是对历史知识背景的认识缺失导致的。法科中的大多数学生,在高中时期选择文科方向,但仍有少数学生属于理科。此类学生对本课程的学习颇为吃力,体现在历史知识缺乏,如对于"儒家化""大一统""门阀制度""礼教"等专业领域知识点概念不清等。最后,有64位同学希望在授课过程中,增加趣味生动的案例,这与创排中国法律史短剧有类似的诉求。笔者也的确发现,以生动案例讲述知识点的方法,能够激发学生的学习兴趣,并集中他们的注意力,如"缇萦救父""公主之死""阿云案"等。

综上,以学生视角观之,中国法律史课程学习的困境,主要集中在学习兴趣缺失、阅读书籍困难、历史知识匮乏、抵触平时作业及授课模式单一等方面。

三、解决问题之路的探索

提倡新时代新文科教育建设的大背景,是基于社会问题日益综合化、复杂化,应对新变化、解决复杂问题亟须跨学科专业的知识整合,推动融合发展是新文科建设的必然选择;进一步打破学科专业壁垒,推动文科专业之间深度通融,实现文、理、工、农、医的交叉融合,融入现代信息技术赋能

[1] 参见陈建锋:《中国近现代史纲要短剧式课堂实践教学模式的思考》,载《教学研究》2016年第2期。

[2] 参见金爱娟、郑天翔、李少龙:《关于大学生作业情况的思考》,载《上海理工大学学报(社会科学版)》2017年第4期。

文科教育,以实现自我的革故鼎新。[1] 中国法律史,作为法学与历史学的交叉学科,具有天生的新文科赋能条件。

在推动新文科建设的浪潮之下,中国法律史课程的变革也须进一步加强专业间的深度通融,并融入现代信息技术。鉴于学生在问卷中普遍认为对课程失去兴趣这一难题,可以利用现代化技术手段予以适当解决。PPT的普遍运用,取代了传统的课堂板书,基本上所有的大学课堂都具备多媒体教学的硬件条件。课堂教学过程中知识的传达,已不仅限于课本,也可以通过视频、音频甚至大数据等手段呈现。相信很多高校教师,在授课过程中均有和手机、平板争夺学生的体验。一方面,“数字技术不仅加速教师、学生对虚拟社会世界的关注,侵占线下课堂互动交流的空间”[2]。另一方面,数字技术也赋予了教师丰富课堂形式,重新唤起学生兴趣的机遇。笔者发现,在课堂中以视频形式引申书本知识时,往往能够唤醒沉闷的学生,将他们从电子设备的屏幕里拉回课堂。

较之于其他学科的课程,中国法律史教学的视频素材获得颇为不易,这需要教师在台下备课时,花大力气、下深功夫,寻找合适的资源。例如,在讲授中国古代监察制度中的巡按御史时,笔者播放了作家马伯庸《显微镜下的大明》所改编的影视剧片段,使原本较为枯燥的知识点生动立体起来,学生对于古代中国的监察制度的认知,也相应清晰。在此,也要注意甄别视频内容的可靠与否,否则在教学过程中播放,可能起到适得其反的作用。例如,在讲授古代中国死刑覆奏制度和会审制度时,学生曾提问:“为什么影视作品中,那么多草菅人命的审判,甚至县官也可以宣布死刑?”这明显是受到戏说、杜撰的文学影视作品的影响。以上情况须引起教师的重视,还原历史本真,注重课程思政。也有学者认为,利用视频等多媒体教学,或将诱发部分教师的惰性,[3]使课堂教学过分依赖于他者和技术手段。另外,历史虚无主义作为一种错误思潮,借助网络平台在高校传播中出现

[1] 参见全国新文科教育研究中心编:《新文科建设年度发展报告》,山东大学出版社2021年版,第3~4页。

[2] 赵秋倩、丁舒娜:《场域、理念与技术:高校课堂教学质量提升的三重维度》,载《高教论坛》2023年第6期。

[3] 参见蔡宛平:《多媒体辅助教学在高校历史教学改革中的作用辨析》,载《中国多媒体与网络教学学报》(上旬刊)2023年第6期。

嬗变,呈现出传播主体隐匿化、传播内容杂糅化、传播方式诱导化等隐蔽渗透特点,[1]这也是在中国法律史教学中非常值得注意的问题,教师对此责无旁贷。

除播放视频教学法之外,针对当下学生阅读不勤、碎片化阅读等情况,也可利用公众号、微博等网络平台进行知识点的传播、学术信息的发布及研究著作的推介等。教师可以利用公众号与微博为学生提供课程信息、推送教学大纲与课程作业、共享学习资源,并通过网络平台及时为学生答疑解惑。通过检索发现,当前中国法律史教学与科研相关的公众号中,主要分为两类。一类以专业教师个人为公众号的运营主体,例如北京大学李启成教授的“燕园中法史”。该公众号主要内容是传递为本科学生开设的相关课程教学信息、学术名家的论著,分享课件和推荐书目,等等。另一类是由相关学术及科研机构官方运营的,例如中国政法大学法律史学研究院的同名官方公众号及四川大学近代法文化研究所主办的“近代法史”等。此类公众号更加侧重于传播学术信息、分享前沿研究及公布机构动态。以上两类平台,均可以助力于中国法律史教学,帮助教师及学生及时掌握学术动态,并增加学习兴趣。有学者认为,利用微信、微博平台进行教学除了激发学习兴趣、强化师生关系及扩大课程影响力这些优点,还存在进一步使知识碎片化、教学本末倒置、书籍阅读与写作进一步边缘化等消极影响。[2]笔者认为,虽然存在一定的消极影响,但仍不妨碍学生获取学术营养,并可以扩大学生的学习兴趣,与课堂教学相得益彰。

面对学生抵触作业的状况,可采用多元化的作业形式进行调适。原有作业形式,基本围绕课后习题及读书笔记进行。学生在抵触情绪的作用下,多以抄书的方式完成作业,一方面作业质量较低,另一方面不利于课程的学习效果,若仍以强制手段要求学生完成,可能造成学习兴趣尽失。针对以上情况,可采用多元化的作业布置,例如将原有的手写作业借助中国慕课网课后习题等方式呈现,学生在收看网上慕课后,即可完成随堂习题,以“触屏幕”的方式取代了“动笔头”,这并不妨碍学生获取知识。

---

〔1〕 参见李紫娟、王琼:《历史虚无主义对高校思政课教学的影响及其应对》,载《学校党建与思想教育》2022年第23期。

〔2〕 参见宋钰颖:《新时期高校教学中对两微一端的利用》,载《传播力研究》2020年第15期。

最近三年来,绝大多数高校师生都经历过线上教与学的锻炼,并能够适应这一模式。理想状态下的在线学习交互过程应该是重在参与、探讨、分析和创造反思,这利于培养学生的在线分析问题及解决问题的综合能力。[1] 以线上习题的形式完成平时作业的考核,具有节约批改时间,方便分数统计等优点。笔者所在学校于疫情时期将慕课及线上作业系统开发并投入使用,一方面以慕课作为课程教学的补充和加强,另一方面以线上作业为考核平时成绩的依据,取得了较好的成效。当下,线上慕课与线下教学及线上作业的形式继续发挥着较好的作用,学生抵触作业的情况得到一定改观。大多数课程的过程式考核,只是简单地增加考核环节,如出勤、平时作业等,但是缺少对考核结果的分析和反馈,[2]线上系统在学生完成作业之后可将答案登出,强化了学生的知识记忆。

学业评价在教育评价中处于核心地位,不仅能测评和促进学生发展而且是提升大学生学习质量的重要手段之一,具有很强的导向、激励、诊断、改进和促进功能。[3] 除了变革作业布置与批改的方式,提升平时作业在期末总评分值中的占比也是激发学生学习兴趣的有效方式。笔者所在高校,将课程分值占比设置为平时 40%、期中 10%、期末考试 50%,以期提升学生加强对平时作业及测试的重视程度,也获得了一定的成效。从学生的角度思考,或希望提升平时及期中成绩以弥补期末考试可能出现的失误,但实际上在平时作业中倾注较多精力之后,期末考试往往不会马失前蹄,反而会获得更好的成绩。

结　语

朱腾教授指出,“从改革开放之初法学研究重启阶段的学科内‘领军’地位,转向日益被边缘化乃至成为‘无用之学’的境地,在中国法律史学界内部也弥漫着因学科生存危机而产生的焦虑情绪”[4]。事实上,这种危机

---

[1] 参见杨扬:《高校线上教学实践探索研究》,内蒙古民族大学 2022 年硕士学位论文,第 45 页。

[2] 参见颜学雄等:《高校课程过程式考核方法的思考与探索》,载《计算机教育》2016 年第 6 期。

[3] 参见王文娅:《福建省普通本科高校学生学业评价研究——基于学生视角的调查》,福建师范大学 2020 年硕士学位论文,摘要第 1 页。

[4] 朱腾:《走出中国法律史学“危机”论——从缺乏共享平台的学科间的对话说起》,载《中国法律评论》2022 年第 1 期。

感在中国法律史课程教学中也无处不在。中国法律史五个字,承载了数千年的深厚历史积淀,仅仅依赖教科书的讲授,是难以将其内涵完整呈现的。但是在教学过程中,不能急切地希望莘莘学子迅速掌握课程的全部精髓。教育的目的,并不是苛求春种一粒粟,秋收万颗子,而是要坚持不懈地耕耘。作为一名踏入中国法律史教学领域不久的后学,希望能够与诸多前辈一起努力,在教学与科研的路上砥砺前行。

拓展法律诊所课程实案来源的路径探索

冯　翔*

摘　要：诊所式法律教育作为一种新型的法学教育模式，在我国的本土化发展为全方位培养高素质的法治人才发挥了积极作用，其具有单纯的理论法学教学所不能替代的特殊功能，重视实案教学是法学理论联系社会实际的需要。目前法律诊所课程在我国法学实践教学中存在缺乏实案来源等主要问题，针对该问题应丰富拓展路径，加强与律所、其他社会团体等的合作；同时利用互联网优势，联合当地政府部门，共建智能化法律援助服务平台；创新探索新方法，创建诊所微信公众号，拓展实案来源，打破案源困境。

关键词：法律诊所　实践教学　实案来源

一、法律诊所教育模式本土化发展中的实案来源困境

传统大陆法系国家法学教育通常的模式是以概念、原理、体系为中心进行授课，该种教育是将法官、学者、检察官、律师等一起进行培养，若想进入实务界，则需要接受另外一种教育，即在司法研修机构学习一段时间以获取职业技能与职业素养。具体到我国，无论是法学本科教育还是研究生阶段的教育，都侧重于法学理论，即传统大陆法系国家的第一阶段的教育，至于后续的职业技能与职业素养教育并没有系统化，学生通过法律职业资格考试，毕业后又通过公务员等考试直接进入了

* 作者简介：冯翔，南京审计大学法学院副教授，研究方向：商法学、司法制度。

法律实务领域,在实务领域中进行再学习。实践性教学的薄弱是法学教育中长期存在的问题。[1] 法学教育与司法实务能力培养的脱节导致了中国法学教育过于理论化,不能适应当代社会对应用型法律人才的需求,因此有必要引入既能够弥补该种缺陷又不至于增加学生法学教育成本的法律诊所教育模式。

法律诊所教育(Clinical Legal Education)又称为"临床法学教育",于20世纪60年代起源于美国法学院,主要借鉴了医学院学生的临床实习方式,教师指导学生参与法律实践,通过接触实案中真实当事人,以代理人的身份办案,为处于困境中的委托人提供咨询,"诊断"法律问题,开出"处方",为委托人提供法律服务。我国自2000年起开始开设该课程,20多年来,诊所式法律教育模式不断被推广,已经成为中国法学教育中不可或缺的一种模式,也成为中国实践性法学教育中非常重要的一部分。随着法律诊所课程规模的不断扩大,法律教育者们进一步意识到真实案件来源对于课程发展的重要性。

然而当下法律诊所课程发展面临着以下实案来源方面的困境:

一方面,我国现行法律框架下,可供诊所教学的实案数量少,案由较单一。我国的现行法律框架下无法实现学生直接代理案件,与诊所教育的发源地美国存在制度差异,这便使用于诊所教学的实案受限。美国的立法机关和司法机关为法学院实习学生委托代理案件在立法上给予了支持,其法律诊所学生有权代理诉讼,并且重点关注青少年犯罪、家庭暴力等公益性质案件,帮助了大量的中低收入者,因此也获得了当地政府机构与非政府组织的合作基金。而在我国,很多案件学生无法直接代理,与法学院庞大的学生数量相比,符合法律诊所教学要求的真实案例数量相对稀少,往往一个班的学生一学期能切身接触到的实案数量有限,满足不了诊所教育的需要。不仅如此,实案案由也不够丰富,大部分高校法律诊所课堂的实案都是通过社区或者与政府部门合作获得的,实案种类集中在婚姻家事、劳动争议等案件类型。案件量少,且案由单一的境况,既不能让学生较全面

[1] 参见彭锡华、麻昌华、张红:《司法研修与诊所法律教育——兼论中国法律教育职业化之途径》,载《环球法律评论》2005年第3期。

的了解掌握真实案件处理流程及方式,也无法让学生接触各类案由的案件。

另一方面,实案来源不稳定,影响了教学计划与教学目标的实现。目前我国各高校的法律诊所课程的实案主要来源于社区、司法局、派出所等单位,但上述单位往往无法提供稳定实案。学生外出实践时是否能接触到实案可谓"可遇而不可求",有不少学生甚至一学期过去在外出实践点均接触不到一个实案。

二、拓展法律诊所课程实案来源的必要性

法学是实践之学。法学学科的实践性决定了拓展法律诊所课程实案来源的必要性。2017 年 5 月 3 日习近平总书记在中国政法大学考察时强调,法学学科是实践性很强的学科,法学教育要处理好知识教学和实践教学的关系。要打破高校和社会之间的体制壁垒,将实际工作部门的优质实践教学资源引进高校,加强法学教育、法学研究工作者和法治实际工作者之间的交流。法律诊所课程正是融合多种资源,通过讲授与实案演习,给予在校学生接触真实社会法律纠纷的机会,在法科生的学习过程中,发挥着不可替代的重要作用。[1]

法律诊所课程自身的特点与教学目标也决定了拓展法律诊所课程实案来源的必要性。自 1930 年耶鲁大学法学院首创"法律诊所"后,"法律诊所"现已经成为美国律师协会认证法学院普遍开设的实践课程。[2] 该课程最突出的特点是:教师根据实际案件办理进程的各个阶段,制定教学计划和教学内容,确定具体的教学目标。同时,有计划、系统地安排学生执业技能的培训和职业道德的培养,使学生能够理论结合实际,即"通过法律实践学习律师的执业技能"。美国著名大法官霍姆斯指出"法律的生命不在于逻辑,而在于经验"。法律诊所课程的目的就在于让学生们具有真实的、像律师一样的法律实践经验,从而将理论知识转化为实践运用,从法律实务

〔1〕 参见冀祥德:《以诊所法律教育统领法律实践教育:可行性及制度设计》,载《山东大学学报(哲学社会科学版)》2017 年第 5 期。

〔2〕 参见江悦庭:《美国法律诊所的特色与启示——以美国堪萨斯大学为例》,载《兰州教育学院学报》2020 年第 8 期。

技巧的培养、法律意识和法律头脑的形成、人格的形成和道德的完善三个方面对学生进行培养教育,加深其对律师职业准则的理解也会产生更广泛的社会效益。[1] 因此真实案件是必不可少的,它是法律诊所课程的基础,是传统法学教育中"成品事实"所无法替代的。传统法学教育中学生平时做的案例分析均是提炼好的"成品事实",所谓"成品事实"就是指省去了实务里法庭调查中查明事实的分析过程,直接假设所分析的案例为已经认定的事实。学生由此所得到的锻炼是提升对法律关系的分析能力,熟练各类法律法规,能够学会如何适用法律。但在实务中,法院最终认定的事实需要诉讼当事人通过各自举证的证据推断,并非"成品事实"。如何做到让法院认定的事实有利于己方需要的不只需要理论能力,更需要丰富的实践办案经验的积累。

当前我国高校法学院法律诊所课程案源匮乏、不稳定的现状,不仅会大大削弱学生对诊所课程学习的积极性,更对学生法律意识与法律思维的全面培养造成阻碍,直接影响到诊所课程教学目标的实现。实案是诊所教育方式能够实施的素材,丰富、稳定的实案来源是促进法律诊所课程发展的重要因素。因此,如何拓展合适的案源,从而让学生参与到真实案件的办理中,是各高校开设诊所课程努力探索的方向。

三、拓展法律诊所课程实案来源的路径探索

(一)注重常态化实践基地建设与利用,加强与法律实务部门的合作

国内高校的法律诊所课程应重视实践基地建设,常态化建设与利用可为诊所教育持续提供实案。以南京审计大学为例,目前通过法律诊所课程开发了6个定点基地和42个乡村、社区基地作为学生实践活动的场所。校外实践基地主要有珠江社区、江浦司法所、浦口区法律援助中心等。学生通过实践基地定点和上门法律服务相结合的形式了解乡村、社区等基层法治状况和需求,从而认识社会、理解社会和服务社会,能够不断提升自我。"送法上门"过程中可训练学生接待、谈判、调解、辩论等法律职业技能。这种形式打破了主要以模拟训练的方式进行职业技能培养的局限性,以实际

[1] 参见甄贞主编:《诊所法律教育在中国》,法律出版社2002年版,第12页。

行动践行以人民为中心的法治思想,并且在帮助弱势群体维护自身权益的过程中获得职业的使命感和责任感。

加强与法律实务部门的深度合作,是诊所课程的案源保障。以南京审计大学法学院为例,在常态化实践基地建设的基础上,按照诊所课程课内理论教学与课外实践教学1:3的比例,课外实践教学安排诊所学生在当地社区、派出所、司法局、矛盾调处中心、交通事故调解室等合作实务部门轮流值班。在深入社区进行专题普法宣传过程中,学生们主动为老年人、残疾人、贫困者、农民工等弱势群体提供“送法上门”、一对一法律援助服务,弥补法律援助机构援助范围较窄、质量较低、人员不足等问题,主动为居民们解答法律问题,力所能及地化解矛盾纠纷;在派出所、司法局等单位,学生们通过阅读过往的办案卷宗、调解记录,通过接待实案中的当事人,锻炼自己解决实际问题的能力。这些单位、部门是帮助人民群众解决纠纷的一线场所,所提供案源主要与婚姻家庭继承纠纷、劳务纠纷、交通事故纠纷、民间借贷纠纷、侵权纠纷及诈骗行为相关。这类案件法律关系相对简单,在处理此类纠纷的过程中,学生们能学习到接待当事人的注意事项,锻炼沟通交流能力,勇敢发表自己的见解与看法,且这类案件对学生专业知识水平的要求相对较低,作为诊所实案入门训练难度适宜。同时,婚姻继承案件蕴含家庭伦理,学生更容易感同身受;劳动争议案件为即将走入社会的学生提供借鉴,学生的积极性更强。办理这两类案件,可以引导学生深入思考,帮助学生树立正确的家庭观和事业观。在合同纠纷、侵权责任纠纷、相邻权纠纷等民事案件的起诉、答辩、谈判、调解等训练中,可以引导学生诚实守信,培养责任意识,学会与人相处与合作。上述案件能够让学生们从最贴近自己生活的事情入手,运用法律知识处理纠纷,极符合法律诊所教学案例的要求。

(二)加强与党群部门的合作,积极参与法律援助实案办理

党群服务中心往往是大多数高校法律诊所忽略的合作对象。新时代背景下党群服务中心衍生的一个辅助功能,主要是针对社区内居民个人或者集体的需求,提供相应的法律援助服务。要加强习近平法治思想对诊所式法律教育的指引,将思想政治教育、专业教育与社会服务紧密结合,加强与党群部门的合作,组织学生积极参与法律援助实案办理,更好地完善党

群服务中心的法律咨询、法律援助服务。

我国的法学教育旨在培养治国理政人才,高校的实践教学不能仅注重法律职业技能的培养,更要在学生心中点亮中国特色社会主义法治理念的星星之火,培育中华民族伟大复兴的践行者。美国诊所式法律教育的教学目标是"通过法律实践学习律师的执业技能"。任何法治文明背后都有特定的文化支撑,最具生命力的法治体系一定扎根在最深厚的文化土壤之中,我国的法律人要坚定不移地走中国特色社会主义法治道路,自觉践行社会主义核心价值观。社会的复杂性在法律行业尤其突出,法律人靠着法律工作安身立命的同时必须要坚定正确的价值立场,在执业过程中要坚持不偏法,不离德。坚持以人民为中心,是全面推进依法治国的力量源泉,也是法律教育的指导思想。人民是依法治国的主体,社会主义法治建设必须为了人民、依靠人民、造福人民、保护人民。诊所式法律教育正是要着重培养未来法律人才以人民为中心的坚定理想和信念,其直接体现为为弱势群体提供法律服务。诊所式法律教育进一步鼓励学生在老师的指导下无偿为当事人提供法律援助,参与办理人民群众生活中真实发生的案件,主观感受百姓生活,这种实践有效地将正义和公平的理念植入学生的头脑,在夯实法学专业知识的同时,培养了学生为人民服务的职业责任心,努力让人民群众在案件中感受到公平正义。

(三)充分发挥校内双师型教师优势,大比例引入校外法律实务型教师,通过诊所教师自身资源拓展实案来源

国内高校的法律诊所课程师资方面大多由校内老师与校外实践导师构成。以南京审计大学为例,目前该课程校内教师有6名,绝大部分为兼职律师;校外教师有10名,主要包括律师、法官、检察官、政府机关人员等,其工作主要是进入课内教学、承担学生校外实践活动指导、为学生开展实践教学讲座。南京审计大学法律诊所课程开设以来,得到了各大律师事务所、法院、检察院的支持,实务部门面对的都是真实发生的案件,所需要的是将所学的法学知识与现实相结合,切实解决当事人的问题。通过实务部门校外实践教师对学生进行讲授和训练,学生们在接待当事人、客户咨询解答、谈判、事实调查、证据收集、法律分析、法庭辩论、调解、法律文本撰写、辩护策略制定、团队合作、抗压能力、沟通能力和时间管理能力等诸多

方面的综合能力得以提高。因此,高质量实践师资团队的打造,可以保障充足、持续性的实案,拓展学生接触实践的领域,帮助学生巩固法学基础理论知识,同时使学生初步确定未来的职业发展方向,更好地实现诊所课程的教育目标。

而相比于公检法部门的公职人员,律师的工作自由灵活度高,更有时间和精力甄选出适合诊所课程的实案,使学生得以有针对性地展开实训。美国的法律教育重点是以培养律师为目标的律师教育。诊所式法律教育源于美国司法体制的当事人主义理论,当事人主义诉讼模式将诉讼的主导权完全赋予双方当事人,法官只是消极、被动的裁判者,以当事人为中心推动案件的解决。但当事人未受过法律职业训练,非法律工作者,对法律不甚了解,必然需要借助于专业的人才,即必须依靠律师,进而促使美国的诊所式法律教育以培养律师为本质特征。虽然美国以律师教育为目标的法律教育未必适合我国,但目前我国试点推行由职权主义向控辩式转变的诉讼模式进一步反映了我国在诉讼中逐渐强化律师的作用。因此,可进一步加强大学与律师事务所的合作共建与联动,律所为学校提供实践基地的同时,可指派实践经验丰富、法学理论功底深厚的专职、兼职律师承担法律诊所课程的授课任务,以此减轻诊所师资力量不足的压力;法学院可以利用学科优势,为律所深入提供理论支持。双方可以充分利用在各自领域的专业优势,通力协作、互惠双赢,实现共同发展。律所的大量案件可由律所指派律师与学校老师协同臻选、整理和研究,形成典型案例库以供诊所课程教学使用,拓展、保障了实案来源。校内外不同专业领域的优秀律师,带来的适合诊所教学的实案能够使学生得到更全面的训练,使诊所课程取得更好的效果。

(四)善用现代网络互动优势,拓展线上实案来源

时代更迭,互联网将全世界的智慧和知识联结起来,实现了人类历史上前所未有的资源大整合。互联网以其开放性、共享性和及时性打破了校内与校外、人与人之间的壁垒,实现了信息的即时互通,网络上的海量资源为老师的教学和学生的学习带来极大的便利,学生的学习渠道得到显著拓宽。法律诊所应因势利导,充分利用“互联网+”平台,引入真实教学案例。如何利用“互联网+”平台拓展实案来源是当前迫切需要思考的问题。考

虑到互联网资源信息丰富,一方面,给用户提供了较大的信息空间;另一方面,大量毫无价值的冗余信息给用户造成了很大的麻烦。因此,需要一个专门的法律平台来过滤无用的信息,筛选出贴合诊所课程教学的信息,以供学生们学习和参考。可从普及性、可行性和有效性出发,搭建法律诊所微信公众号平台。首先,目前微信普及性极高。查询微信软件的官网得知,截至2023年5月11日,微信的用户有12.6亿人。选择微信公众号作为宣传法律、获得实案的平台不仅便利,打开手机微信便能查阅到公众号里的内容;而且快捷,省去了输入网址及登录账号密码的各种步骤;再加上转发起来十分方便,宣传效果好。其次,就可行性而言,创建微信公众号不像搭建网站那般,需要CSS语言、DIV+CSS布局和数据库等技术的支持,相比之下,开通一个微信公众号只需几个步骤。组织学生从创建法律诊所的公众号开始,到确定公众号的具体内容、排版素材和推广宣传一系列流程等,增强学生对法律诊所公众号的责任感和担当。最后,法律诊所微信公众号平台的搭建给学生们提供了一个了解实案、了解社会的机会,同时在投稿者和解答者之间搭建了一座桥梁,在锻炼法学生与"当事人"沟通交流的能力的同时,提升了学生理论联系实践的能力,真正做到学以致用。

具体而言,微信公众号可由"法律问题咨询""社会热点事件""普法宣传"等板块组成。对"法律问题咨询"版块根据不同类型法律关系、案由进行分类,主要负责接收读者留言投稿的其现实中遇到的、受困扰的法律问题和事件,目的是为人们提供免费法律咨询的同时,让学生有更多机会接触到真实案例,并通过自己的学习进行解决,提升学生实务技能,达到"双赢"的效果。"社会热点事件版块"主要针对前沿热点问题,例如针对近来抖音、微博等一些平台传播的关于家庭暴力、劳动争议、电信诈骗等问题,学生可以进行点评。"社会热点事件版块"不仅引入了更多的实案,而且能够给公众号增加吸引力和流量,吸引人们积极留言投稿。党的二十大报告强调,要"深入开展法治宣传教育,增强全民法治观念"。随着全面依法治国战略向纵深推进,群众对法治宣传教育的需求和期待日益提高。相较于长篇文字,大众更青睐视频终端,与文字相比,短视频具有画面感强、信息量大、传播范围广等特点,大大提升了新闻传播的时效性、到达率、趣味性。

因此,应深入分析选取紧贴基层群众需求的法律问题,配以日常生活工作场景画面及相关法律法规,再进行口语化解析,增强普法的可读性和趣味性,吸引更多受众,为法律诊所公众号夯实粉丝基础,拓展实案来源。[1] 在互联网短视频时代,新形式的普法与传统街头普法相比具有更广泛的受众群体和更广阔的受众地域。同时能扩大法律诊所的社会影响力,让更多的群众知道我们这种公益性的法律服务机构。法律诊所公众号主要以"法律问题咨询"版块为基础,打造适合法律诊所课程学生的实际运行方案,让公众号落到实处。以学生运行为主,老师监督为辅,共同运营公众号。与读者互动交流是公众号运营的基础之一。回答读者的问题、征集读者的意见、与读者展开有趣的互动活动,这些都能增加读者的参与感,吸引更多读者加入进来。通过添加合理的文案、标签、关键词等方式,提高搜索引擎的收录率和排名,增加公众号的曝光率和知名度。

(五)打造特色实践品牌,多途径拓展案源

当下各学校都在不断努力探索法律诊所课程实案来源,以满足课程要求。消费者协会、残疾人联合会、妇女联合会、青少年联合会等社会团体,也可以为高校诊所学生提供较熟悉领域的实案,为诊所学生的学习提供更广阔的实案训练场所。此外,法律诊所课堂还可以将当地政府发布的行政法规和地方性规章作为课堂研究材料。

在多途径拓展案源的同时,可打造出特色实践品牌,增加诊所课程的社会影响力。以南京审计大学为例,在课程建设中,致力于打造特色实践品牌,从而获得经费,为更丰富的实践活动提供物质支持。2016 年,学校指导学生自行组建成立了浦口区润泽法律服务中心社团法人,并设置了一系列组织架构、管理制度。为了增强学生的综合管理能力,该法律服务中心由学生自行管理。目前,该服务中心组织管理了多项法学院的社会实践项目,取得了亮眼的成就。其创设的"送法上门"品牌活动,已形成了一套完整的法律援助体系,拥有固定的工作场所、专业的课程培训、有力的资金保障,具有专业性强、活动稳定、志愿者多、保障体系完善等四大优势。迄今

---

〔1〕 参见郭延冉、冯欣妤:《用短视频做活法治宣传教育的探析——山东法制报"普法小剧场"的经验梳理》,载《全媒体探索》2023 年第 2 期。

为止,中心已连续5年与浦口区司法局合作开展“送法上门”法律服务,长期服务于浦口区的48个社区,持续开展上门为社区、乡镇居民提供免费的纠纷调解、普法宣传、法律咨询等法律服务活动。截至2021年12月底,组织学生开展的志愿服务时长已累计达到13,086小时,使社区居民在家就能获得专业的上门法律服务,为政府致力于法治社会构建提供一份助力,获得了学生、居民、社区、政府的一致认可。润泽法律服务中心的相关法律服务连续4年被浦口区司法局政府采购,连续3年被江苏省司法厅政府采购,获得了23万元左右的经费支持。品牌的建设和运用,为法律诊所的实案来源提供了有力支撑。

结　语

“纸上得来终觉浅,绝知此事要躬行。”法学是一门实践性极强的学科,没有经过法律实践是无法真正学好法学的。然而实案来源问题是法律诊所当前面临的困境,我们应当深入剖析问题根本,探索解决办法,破除窘迫困境,本着以实践检验认知的宗旨,把握好线上和线下两种方式。在传统的课堂讲授、案例分析等教学方法的基础上,加强加深与社区、派出所、矛盾调处中心、司法局和交通事故调解室的合作,新增与律师事务所的联合,利用互联网优势积极创新,运用社交平台吸引关注,拓宽案源。“真正的学习是在社会互动中,在冲突、混乱和惊慌中产生的”,以实践探索引导法律诊所前进的方向,使学生最大限度地获得学习利益,并在发展中促进中国特色社会主义法治化进程。

论“共建共享型”法学专业大学生校外实习基地的建设*

何新容　张丽艳**

摘　要:法学专业大学生校外实习基地不仅是提高法科学生实践能力、培养应用型法律人才的主要平台,还是实习单位解决人才缺口、发掘可用之才的重要途径,同时也是实习单位与高校实现产学研合作、资源共享、优势互补的关键渠道。当前以学校主导型模式为主的法学实习基地仅仅满足了学校的单项需求,不利于实习基地的健康发展。必须以“优势互补、合作共享、互利共赢、共同发展”为指导思想,构建满足高校与实习单位双向需求的“共建共享型”法学专业校外实习基地,同时制定完善的实习基地运行机制、保障机制以充分发挥法学专业大学生校外实习基地在应用型法律人才培养方面的作用。

关键词:法学　实习基地　建设模式　合作共享　运行机制

全国现有600多所高校建有法学院(法律系)进行法学专业人才培养,近年来随着经济社会的快速发展,用人单位对法学专业学生的实践应用能力的要求越来越高,法学专业的教育既面临着新的挑战,又迎来了创新发展的难得机遇。为了解决法学专业人才培养模式单一、复合程度和实践能力不强等问题,教育部和中央政法委员会在2011年联合部署了旨在培养应用型、复合型“卓越法律人才”的教育培养计划。2018年5月,教育部召开

---

* 基金项目:江苏省高等教育教改研究项目“大学生校外实习基地建设模式和运行机制的研究与实践——以法学专业为例”(2017JSJG245)。

** 作者简介:何新容,南京审计大学法学院副教授,法学博士;张丽艳,南京审计大学法学院副教授,法学博士。

产学合作协同育人项目对接会,会上提出:高等教育创新发展势在必行,要全面推进“新工科、新医科、新农科、新文科”等建设。2018 年 9 月,教育部、中央政法委员会发布《关于坚持德法兼修实施卓越法治人才教育培养计划 2.0 的意见》。该意见对法学教育的实践性提出了新的要求。所谓新文科是指突破现有文科人才培养的学科专业限制,在更大范围内实现理科、文科、工科等各专业之间的交叉,对文科人才培养的基本理念、目标定位、组织形式、课程体系等重新认识或实现结构重塑。[1] 上述有关新文科建设的内涵与新时代应用型法学人才培养要求不仅高度契合,而且可以说,有关新文科建设的要求为法学实践教学赋予了新的意义。在新文科建设要求下,传统教育模式已经不能适应新的法学专业实践教学的要求,而提高法科学生实践能力的一个重要举措就是充分发挥校外实习基地在培养与锻炼法科学生实践能力上的作用。在法学专业大学生校外实习基地建设的过程中,各高校法学专业积极修订人才培养方案,不断拓展实习基地的范围并且推进与实习基地合作方式的多样化;作为实习基地的法律实务部门也摆脱了过去的狭隘认知,充分认识到应用型法律人才的培养不是由高校独自完成的,而是高校和法律实务部门的共同责任和使命。

一、法学专业校外实习基地建设:现状与问题梳理

(一)学校主导型实习基地模式忽略了高校与实习单位的双向需求

当前大学生实习基地建设模式主要可以分为实习单位主导模式、学校主导模式、共建共享模式、创业孵化模式等类型。目前法学专业实习基地建设模式以学校主导型为主,实习部门往往仅成为提供学生实习机会的平台。该种模式存在的问题在于其忽略了实务部门在法治人才培养中应当发挥的作用,实务部门应该成为法治人才培养的主体之一,或者说成为法治人才培养共同体的一员,并非只起到提供实习平台的作用。[2] 所以,应当推动法律实务部门参与法学教育实践教学的顶层设计,推动法律实务部门深度介入法治人才培养全过程。法学专业校外实习基地建设既要满足

[1] 参见周毅、李卓卓:《新文科建设的理路与设计》,载《中国大学教学》2019 年第 6 期。

[2] 参见柴葳:《法治人才培养如何应对挑战》,载《中国教育报》2015 年 7 月 20 日,第 1 版。

高校与实习单位培养应用型人才的需求,又要满足进一步加强高校与实习单位产学研合作的需求。因此,必须对高校与实习基地的双向需求进行深入调查,为实习基地模式的建构夯实基础。

(二)功能单一的实习基地未能成为高校与实习单位合作互动的平台

当前,大多数高校法学专业实习基地仅具有为学生提供短暂实习场所的单一功能,实习基地单向为高校提供容留实习生实习的服务。由于司法实务部门工作性质的特殊性,学生在见习、实习阶段只能做一些辅助性工作,如装订卷宗、通知当事人、协助填写送达回证、法律检索等,而不能参与会见、查阅卷宗等实质性工作,学生普遍反映缺乏实习的积极性。[1] 实习基地在法律人才培养过程中,没有真正成为高校和法律实务界互动的平台。该种功能设置首先导致优质的高校法学教育资源无法指导司法实践;其次,导致实务部门优质的司法资源(如卷宗、庭审资料等)长期闲置,无法收集整理并转化为教育资源;再次,实务部门优秀的法律实务工作者不能充分进入高校的课堂,参与到法律人才培养当中;最后,高校法学家与法律实务部门专家不能开展充分的交流与互动,不能共同参与推进应用型法律人的培养以及促进法律共同体的形成,无法有效发挥实习基地本应具有的资源共享、优势互补、信息交流与反馈等功能。

(三)运行机制与评价机制的缺乏使得实习基地建设流于形式

当前我国法学专业校外实习基地建设存在明显的形式主义倾向,片面追求校外实习基地数量和校外实践导师数量的现象普遍存在,许多实习基地建设仅停留于一纸协议的签订,缺乏有效的运行维护机制,也没有科学的评价机制,导致大多数实习基地建设流于形式。一方面,为数众多的实习基地仅仅是签订了一纸协议或者举行了挂牌仪式,此后便形同虚设。另一方面,就少数投入使用的实习基地建设而言,缺乏一系列保证实习基地运行的相关规章制度,没有明确实习单位与高校双方在基地建设和维护上的权利和义务,没有明确学生实习教学计划、实习的相关管理规定与考核规定以确保学生完成预定的实习目标。

〔1〕 参见黄彬、吴小勇:《新文科视域下的法学人才教育培养探析》,载《教育教学论坛》2022年第24期。

就实习基地建设的评价机制而言,目前对实习基地建设的评价,主要通过实习生与用人单位反馈等方式来进行,评价的对象也局限于学生,该评价具有一定的随意性,不具有客观性、权威性与科学性。目前尚未建立高校、实习单位、学生等主体全面参与的实习基地建设评价机制,以确保评价的客观性与全面性。

(四)保障机制不足制约了实习基地建设的后续发展

首先,实践教学的经费不足,无法为实习基地建设提供充分的物质保障。一方面,受法学教育的大规模扩充、学校的财力状况、学校对校外实习基地建设重要性的认识不到位等各种主客观因素影响,学校对校外实习基地建设的投入不足;另一方面,作为实习基地的校外法律实务部门基于自身利益、经济效益的考虑,缺乏为实习基地建设进行相关资金投入的动机。其次,实践教学的师资力量不足,无法为实习基地建设提供必要的人力保障。具有有良好学术造诣和实践经验的教师,是确保学生在实习基地开展实践的关键环节。当前,负责学生实习的实践教学指导老师在人员数量和质量上都存在严重的缺口。一方面,就校外导师来看,由于法律实务部门工作人员工作繁忙,学校难以聘请到有丰富实践经验的法务工作者为学生进行讲学或者实习指导。另一方面,就学校内部的师资力量来看,当前高校普遍存在重科研、轻教学的趋向,缺乏鼓励教师从事实践教学的激励机制和保障措施,使得高校教师偏重于科学研究,忽视教学尤其是对实践教学的指导。

二、法学专业校外实习基地建设模式:“共建共享型”模式

当前以学校主导型为主的法学专业校外实习基地建设模式仅仅满足了学校安排学生实习的单项需求,忽略了实习单位的需求,这也是导致实习单位对实习基地建设积极性不高、物力与人力投入不足的重要原因。为此,必须就双方对实习基地建设的双向需求开展充分调研,在此基础上签订双向合作协议,构建实习单位与高校“共建共享型”的实习基地建设模式。实习基地建设需要满足以下需求:不仅要成为为高校提供学生实习的平台,还要成为实务部门与学校协同育人以及实现产学研合作的平台。具体的各方需求如下:

学校对实习基地的需求包括：实习基地作为高校提供实习的重要平台，为实习学生提供充分的指导；学校可以聘请实习单位有经验的法律实务工作者作为实习指导老师或者客座教授，及时反馈、传授法律实务中的新动向、新问题与新经验；实习基地可以和高校共同开展有关法科人才培养的调研，及时反馈法律实务部门对法治人才的新需求，协助高校根据实践需要修订人才培养方案，参与课程建设、教材建设等，共同培养符合社会需求的应用型法学人才。

实习单位的需求包括：实习单位需要学校为单位提供各种冠名与挂牌，对实习单位进行宣传，扩大实习单位的影响；需要学校发挥其在理论研究方面的优势，为实习单位提供相关的咨询服务，提供智力与人力支持；需要高校不断输送优秀的法科毕业生到实习单位实习和工作，充实壮大实习单位的力量。

总体而言，实习单位与高校“共建共享型”的实习基地建设模式充分考虑了高校与实习单位对实习基地建设的双向需求，实现了双赢。在该模式下，校外实习基地不仅是法科学生实习的重要平台，还是实习单位解决人才缺口、发掘可用之才的重要渠道，同时也是实习单位与高校在实现资源共享、优势互补基础上形成的产学研一体化的合作窗口。

三、完善法学专业校外实习基地的运行机制：健全人才培养与资源共享机制

就人才培养运行机制而言，法治人才的培养是包括高校、法律实务部门等在内的法律共同体的共同职责。法学专业校外实习基地的首要任务是确保学生在实习基地圆满地完成各项实习任务，充分锻炼和提高自身的实践能力。为确保上述目标的实现，首先，双方应当以共建、共享和共赢为根本指导方针，签定合作协议，明确双方的权责、合作内容等。其次，以协议为基础，制定确保学生实习开展的各项规章制度，如《校外实习基地管理与使用规范》《学生实习指导方案》《实习考核规范》《实习指导老师管理与激励规范》等。

就高校与实习基地的资源共享合作运行机制而言，校外实习基地既要满足大学生实践能力培养的需求，又要适应实习单位对实践应用型法律人

才的需求,还要推进高校与校外实习单位的产学研合作,实现优势互补、资源共享,从而达到双方互利共赢的目标。高校与实习基地要构建常态化合作运行机制,实现协同融合,实现双向、互动式资源共享;要本着“优势互补、合作共享、互利共赢、共同发展”的基本指导思想,积极推进法学教育创新,强化高素质应用型人才的培养,为地方经济建设与社会发展服务。

首先,要打破高校与法律实务部门的信息分享壁垒,建立信息分享机制,全面加强高校与作为实习基地的法律实务部门在司法资源、法学理论成果共享上的同步性。一方面,推进司法数据同步进入教学环节,由实习基地向学校定期传送案件数据,让学生在教室内实现对司法系统任何角色、岗位和办案环节、流程的模拟和实训,模拟法官、检察官去还原、重走每个案件的实际流程。[1] 另一方面,推进高校的最新理论研究成果进入法律实务部门,为法律实务部门办理案件提供依据,也为法律实务工作者开展理论研究提供参考。

其次,加强实习基地与高校人力资源的共享,建立高校与实习基地人才交流的常态化合作运行机制,健全实习基地和法学院校双向交流机制,构建“双师联合培养制度”,创设高校法学教师走进司法实务部门、司法实务部门工作人员走进校园的互聘制度,力争建设一支专职与兼职相结合的师资队伍。[2] 要推动法学院校、科研院所与法治工作部门人员双向交流,加大法学教师、研究人员和高等学校法务部门工作人员到法治工作部门挂职力度,在符合党政领导干部兼职等有关政策规定基础上,探索建立法治工作部门优秀实务专家到高等学校任教以及到智库开展研究制度,实施人员互聘计划。[3] 例如,高校可以委派部分教师去实习基地单位挂职交流,汲取最新的法律实务信息的同时为实习单位提供服务;学校也可以聘请实习基地的一线法律实务专家深度参与高校教学人才培养工作并进入教学环节,邀请他们担任客座教授,讲授实务课程。同时双方还可以通过多种

〔1〕 参见黄进等:《创新同步实践教学模式 培养卓越法律人才》,载《中国高等教育》2014年第17期。

〔2〕 参见张翼杰:《依法治国视域下法学人才培养目标的重新定位》,载《山西经济管理干部学院学报》2020年第1期。

〔3〕 参见包振宇、李云波:《供给侧视角下法学实践教学体系的构建与完善》,载《黑龙江省政法管理干部学院学报》2018年第6期。

形式加强合作交流,如开展疑难案例研讨,开展理论、实务等多方面的研讨会,联合进行课题申报等,实现优势互补。

四、法学专业校外实习基地的维护:健全保障机制和评价反馈机制

就校外实习基地的保障机制而言,包括建立经费、组织、师资等人财物的保障机制,以确保实习基地的有效运行。就经费保障而言,应当制定长远的对实习基地的经费投入规划,着力解决如场地的建设维护费用、实习指导老师的津贴补助、学生实习所花费的费用以及其他必要的经费开支等实习经费不足的问题。高校与实习单位必须遵循互利互惠的原则,加大对实习基地建设的投入。高校法学院系作为培养学生专业实践技能的事业单位,是实习基地建设的直接受益方,也是实习基地的主要经费投入者。另外共建共享型的法学实习基地建设一旦落到实处,实习单位也会从中受益,解决其有关实践能力强的法律优秀人才缺口的问题等,所以实习单位也要加大投入,以缓解高校基于自身财力限制投入不足的问题。从政府角度来看,要加大对高校实习基地建设的资金和政策扶持力度,如提供政策和配套资金的有效支持,给予与高校积极合作的实习单位税收减免等优惠待遇,调动实习单位在合作建设法学专业校外实习基地过程中的积极性,并提高基地建设的附加效益。[1]

就组织保障而言,高校与实习基地之间要建立专门的协调机构,为双方合作推动法学专业校外实习基地建设提供有力的组织保证。在常设的协调机构的组织支撑下,围绕法学专业校外实习基地的合理化利用,探索建立常态化的项目合作形式,在双方之间建立起一条密切联系的纽带。

就师资保障而言,首先,探索校外实习单位实务专家与高校教师进行深入合作交流的互动机制,打造一支适应应用型法律人才培养需求的实践教学师资队伍。就高校而言,一方面,着力加强“双师型”教师队伍的培养,安排法学院教师赴实习基地挂职锻炼,丰富教师的法律实践经验,借此打

〔1〕 参见王俊峰、丁利明:《法学专业教育实践基地建设探究》,载《大连民族大学学报》2017年第4期。

造高素质的专兼结合的实践教学师资队伍,以此推进实践教师的体系化培养。另一方面,聘请实习单位有丰富实践经验的法律实务专家到高校担任兼职老师,开设以案例分析、法律职业技能训练、法律职业道德培养为主要内容的课程,训练学生案例分析能力,信息收集、整理、分析能力,语言表达能力,法律文书制作能力,法律认知、推理和论证能力以及法律职业道德素养。其次,加大投入,确保实践教学教师队伍的稳定性。学校应出台各种奖励政策鼓励教师担任学生的实习指导老师,一方面,提高实践教学的工作量计算标准,采取具体措施提高实习指导教师的待遇;另一方面,在职称评定和考核方面给予一定的倾斜,吸引优秀人才投入实习指导工作。[1]

就法学专业校外实习基地建设的评价反馈机制而言,首先,建立完善的评价指标体系,具体的指标体系可以分为对教学基地建设的考核指标体系(包括指导思想、场地设置、组织建设、师资队伍建设、合作机制、激励机制、经费保障等),对学生实习管理的考核指标体系(包括实习指导方案、实习流程、实习秩序与管理、教师指导过程、实习报告、实习考核等)。其次,改变过去以学生为主体的单一评价机制,建立高校、学生、实习单位等主体全面参与的评价机制,检验实习基地建设效果,确保实习基地运行结果评价的科学性和权威性。最后,建立完善反馈与改进机制,通过实习基地与高校的良性互动,不断调整法学专业人才培养目标,修订人才培养方案,使得高校培养的法科人才不断接近用人单位的实际需求,不断提高法学专业人才培养的质量。

[1] 参见李喆:《法学专业学生实践教学的困境与出路研究》,载《法学杂志》2014 年第 9 期。

本科阶段案例研讨课的开展模式和方法*

夏静宜**

摘 要:本科阶段案例研讨课的目标是实现智能技能教育,即培养认定、分析事实的能力和理解、适用法律的能力。案例教学存在多种开展模式。案例释法型案例教学侧重于对法规范体系的确认,应当作为讲授课的组成部分。鉴定式案例分析课程是请求权基础型案例教学的典型,能够有效实现对法律思维的训练,但是,鉴定式案例分析课程与我国法学教育在目标设定以及基础准备等方面均存在不适配性。要件事实论的导入和先例规范抽取型案例教学的构建有助于消解这种不适配性。本科阶段的案例研讨课应当采用小班建制,并设置为高年级阶段的选修课程。

关键词:鉴定式案例分析 案例释法 请求权基础 先例规范抽取 要件事实论

一、问题的提出

《关于加强新时代法学教育和法学理论研究的意见》重申了实践教学的重要性。[1] 如何将实践教学要素融入本科法学教育,固然是不可回避的重要课题,而作为实践教学的预备、理论教学的深化,案例教学的意义亦不

---

* 基金项目:本文系扬州大学2021年度教改课题(博士专项)"案例研讨课程在法学本科阶段的开展路径研究"(YZUJX2020-C4)的阶段性研究成果。

** 作者简介:夏静宜,京都大学法学博士,扬州大学法学院讲师、硕士生导师。

〔1〕《关于加强新时代法学教育和法学理论研究的意见》指出,应当"强化法学实践教学,深化协同育人,推动法学院校与法治工作部门在人才培养方案制定、课程建设、教材建设、学生实习实训等环节深度衔接"。

容小觑。近年来,鉴定式案例分析课程的风行印证了这一点。[1] 但是,已有学者指出,这种照搬德国模式的鉴定式案例分析课程与我国法学教育在目标和定位方面存在龃龉,且实施成本高昂,很难大规模推行。[2] 因此,即使在鉴定式案例分析课程蔚然成风的背景下,仍有必要重新审视案例研讨课程在本科阶段的开展模式和具体方法,寻求另辟蹊径的可能性。这正是本文的写作目的所在。

二、本科阶段案例研讨课的目标设定

课程的教学目标取决于人才培养的目标。依据教育部、中央政法委员会《关于实施卓越法律人才教育培养计划的若干意见》(教高〔2011〕10号),"培养应用型、复合型法律职业人才,是实施卓越法律人才教育培养计划的重点"。之所以将人才培养的目标设定为"法律职业人才的培养",是因为法学教育本质上是一种实践性教育,法学专业的毕业生主要从事法律实务。[3] 在培养法律职业人才的目标设定下,本科阶段的法学教育不仅要实现专业知识的传授,更要强调职业技能的培养。

所谓法律职业技能,既包括智能技能(intellectual skills),又包括实务技能(practical skills)。前者指认定、分析事实的能力和理解、适用法律的能力。后者则包括口头或书面表达能力、沟通技巧、合作能力等。实务技能的培养更侧重于"身教",而非言传,因此很难依托大学教育(尤其是本科阶

---

〔1〕 近年来,包括北京大学法学院、上海财经大学法学院、中国政法大学、华东政法大学、中南财经政法大学、西南政法大学在内的多所院校纷纷开设鉴定式案例分析教学的选修课程或者暑期班,并由此产出丰富的教学研究成果。参见吴香香:《法律适用中的请求权基础探寻方法——以"福克斯被撞致其猎物灭失案"为分析对象》,载陈金钊、谢晖主编:《法律方法》第7卷,山东人民出版社2008年版;葛云松:《一份基于请求权基础方法的案例练习报告——对于一起交通事故纠纷的法律适用》,载《北大法律评论》2015年第2期;金晶:《请求权基础思维:案例研习的法教义学"引擎"》,载《政治与法律》2021年第3期。

〔2〕 直至今日,开设鉴定式案例分析课程的主体仍集中于政法类院校,且多采用暑期班的模式。综合性大学的法学院多欠缺开展鉴定式案例分析课程所需的师资力量。

〔3〕 参见葛云松:《法学教育的理想》,载《中外法学》2014年第2期;田士永:《"民法学案例研习"的教学目的》,载黄进主编:《中国法学教育研究》第4辑,中国政法大学出版社2014年版。与之相对,另有学者指出,考虑到我国法学专业的毕业生多数并不成为职业法律人(法曹),而是走向各行各业,应当将素养教育设定为法学教育的主要目标。参见章程:《继受法域的案例教学:为何而又如何?》,载《南大法学》2020年第4期;曾宪义、张文显:《法学本科教育属于素质教育——关于我国现阶段法学本科教育之属性和功能的认识》,载《法学家》2003年第6期。

段的教育)展开;与之相对,智能技能的培养本质上是一种思维训练、思考教育,它与以规模化、专业化为特征的大学教育较为适配。[1] 因此,应当将智能技能教育设定为案例研讨课的目标,通过对各类案件的研习和讨论,培养学生对于案件事实的认定、分析能力以及基于案件情况查找、理解、适用法律的能力。

三、本科阶段案例研讨课的开展模式

(一)案例教学的各种模式

1. 作为案例教学前提的案例研究的方法

案例教学以案例研究为前提。根据学者的归纳,案例研究的方法主要包括三种,即解题式案例研究方法、论文式案例研究方法和规范抽取式案例研究方法。[2]

解题式案例研究,又称教学型、解析型案例研究,是指通过对案件具体事实与法律规范意义限度之间的评价和推理,为当前待处理案件或设例提供法律适用的方案,或判断法院已有判决是否符合法理。解题式案例研究多见于课堂教学、案例教程以及法官所撰写的案例分析[3]之中。从严格意义上说,解题式案例研究并非真正的"研究",而是通过对案例的分析来展现判决思路、训练法律思维和法律解释能力的手段。因此,解题式案例研究本质上是以请求的法律基础和法律条文的结构为前提的涵摄法训练。[4]

论文式案例研究,即对案件所涉及的政治、经济、社会背景或社会影响所作的研究,或者以案件为切入点阐述自己学术观点的研究。尤其是后种情形,案例研究的核心并非案例本身,而是仅仅将案例的事实和结论作为引子、论据或者批判的对象,围绕案件进行学说研讨和比较法分析等,进而

[1] 参见夏静宜:《日本法学教育中的研讨课制度及其对我国的启示》,载《法学教育研究》2020年第1期。

[2] 这种分类以及相关论述,参见周江洪:《作为民法学方法的案例研究进路》,载《法学研究》2013年第6期。

[3] 比如,《人民法院案例选》《人民司法》《人民法院报》上刊载的案例评析就属于解题式案例研究的范畴。

[4] 参见国家法官学院、德国国际合作机构:《法律适用方法:合同法案例分析》(第2版),中国法制出版社2014年版,第18页。

引出问题意识或者某种学术观点。[1] 作为问题意识的来源,论文式案例研究有助于发现实务中出现的新问题,及时掌握实务发展的动向。但是,由于其对案例的“指导性”和“类似性”的解读不足,难以发挥指导和统一司法实践的作用。[2]

规范抽取式案例分析,即抽取包含在评释案件中的先例拘束性规范或者先例指导性规范(统称先例性规范),并确定先例性规范的适用范围(射程)的分析方法。[3] 在我国案例研究领域,先例规范抽取式案例研究曾长期缺位,不过,随着案例指导制度的推进,这种案例研究方法日益受到学界的重视。[4] 这种案例研究方法的导入,有助于扭转“学者中心主义”的解释论,从而进一步区分案例研究中的“发现的过程”和“正当化的过程”,推动案例研究方法本身的多元化,进而有利于推进司法实务与学说的进一步互动。[5]

2. 各种案例研究方法在案例教学中的落实可能性

如前文所述,案例研讨课的主要目标是培养法律职业技能。在上述三种案例研究方法中,论文式案例研究方法侧重于引出问题意识或者阐述某种学术观点,相较于职业技能教育而言,更偏向法学理论研究,因此不适合作为案例教学的内容。解题式案例研究和规范抽取式案例研究本质上都涉及事实的认定、分析和法律的理解、适用,因此均有可能成为案例教学的内容。解题式案例教学可以进一步区分为案例释法型案例教学和请求权基础型案例教学。

---

〔1〕 参见解亘:《案例研究反思》,载《政法论坛》2008 年第 4 期。

〔2〕 参见周江洪:《作为民法学方法的案例研究进路》,载《法学研究》2013 年第 6 期。

〔3〕 参见解亘:《案例研究反思》,载《政法论坛》2008 年第 4 期。

〔4〕 周江洪教授撰写的案例评释(周江洪:《债权人代位权与未现实受领之“代物清偿”——“武侯国土局与招商局公司、成都港招公司、海南民丰公司债权人代位权纠纷案”评释》,载《交大法学》2013 年第 1 期)、编写的案例教材(周江洪主编:《合同法案例研习》,法律出版社 2019 年版)被认为是先例抽取性案例研究的范本。参见解亘:《先例性规范的抽取》,载《法律适用(司法案例)》2019 年第 4 期;章程:《继受法域的案例教学:为何而又如何?》,载《南大法学》2020 年第 4 期。此外,先例规范抽取的思路在其他留日学者所撰写的案例研究论文中亦多有体现。参见王亚新:《一审判决效力与二审中的诉讼外和解协议——最高人民法院公布的 2 号指导案例评析》,载《法学研究》2012 年第 4 期;朱芒:《什么是或者不是“社会稳定”——(2010)沪二中行终字第 189 号行政判决评析》,载《华东政法大学学报》2011 年第 3 期;解亘:《冒领存款纠纷背后的法理——王永胜诉中国银行南京河西支行储蓄存款合同纠纷案评析》,载《浙江社会科学》2013 年第 2 期。

〔5〕 参见周江洪:《作为民法学方法的案例研究进路》,载《法学研究》2013 年第 6 期。

所谓案例释法型案例教学,即通过援引案例的方式,明确法条或制度的适用情形。典型的比如课堂教学或者教科书中的各种设例。有些设例源自真实案例,但并非真实案例的原状呈现,而是剪裁和加工的结果。[1]还有些设例并无真实案例支撑,而是教师编写出来的"案例"。后一类设例,与其称之为案例,不如直接称之为事例更为妥当。[2] 无论是改编案例还是设例,均仅服从于"明确法条或制度的适用情形"这一目的,因此,它们篇幅都较为短小,信息量有限。由此可知,案例释法型案例教学仅能实现对法规范体系的确认——帮助学生认识到法规范的体系,而无法实现对法规范体系的强化——基于法规范体系进行思维训练。从这个意义上说,案例释法型案例教学的主要阵地是讲授课,将案例穿插于法规范的讲授过程中,帮助学生更有效地理解关于法规范的知识,认识法规范的体系。

与之相对,请求权基础型案例教学则以训练体系化方法为主要目标,以此强化既有的教义学体系。作为请求权基础型案例教学之素材的案例,与前述作为案例释法型案例教学之素材的案例并无本质不同。不过,考虑到思维训练的需要,教学案例应当具备相当篇幅,包含相当程度的信息量。"鉴定式案例分析"是请求权基础型案例教学的典型。"鉴定式"是"判决式"的对称,揭示了这种案例教学的特征,即假设所有的可能情况,再逐一论证,最后得出结论。[3] 这种"鉴定式"要求解题者严格遵循预选——涵摄——结论的步骤对案例进行解析。[4] 其核心是"涵摄法"(或译"归入法",Subsumtion),即审查待决案件事实是否可归属于某一法规范的构成要件之下,从而得出法律效果是否发生的结论。[5] 这种三段论的严密逻辑推演确保了法律适用的科学性。此外,解题者被要求客观仔细地将事实与法律规范对照、比较,不遗漏、不增加任何事实因素和法规范的构成要件,从

---

〔1〕 比如,程啸教授所著的教科书《侵权责任法教程》中的设例大多由真实案例改编。

〔2〕 王泽鉴教授在大陆巡回演讲时,就经常提及事例题。参见解亘:《案例研究反思》,载《政法论坛》2008 年第 4 期。

〔3〕 参见夏昊晗:《鉴定式案例研习——德国法学教育皇冠上的明珠》,载《人民法治》2018 年第 18 期。

〔4〕 参见朱晓喆:《请求权基础实例研习教学方法论》,载《法治研究》2018 年第 1 期;吴香香:《法律适用中的请求权基础探寻方法》,载《法律方法》第 7 卷,第 224~225 页。

〔5〕 参见朱晓喆:《请求权基础实例研习教学方法论》,载《法治研究》2018 年第 1 期。

而确保了法律适用的准确性。[1] 正如学者所形容的那样,“这种训练课程把解决法律问题变得像解析数学题一样步骤明确”[2]。

(二)本科阶段案例研讨课的模式选择

1.鉴定式案例分析课程的现实难题

尽管鉴定式案例分析课程是请求权基础型案例教学的典型,是实现法律思维训练的有效手段,但在我国法学教育背景下,开展鉴定式案例分析课程却存在现实难题。

(1)法学教育目标设定的差异

鉴定式案例分析技术根植于德国的法学教育土壤之中。众所周知,德国法学教育以培养“完全法律人”(Volljurist)为目标,并且以法官为主要培养对象。鉴定式案例分析技术正是法官所需的基本技能。与之相对,我国法学教育的目标设定更加多元。在早期阶段,相较于法律职业技能而言,素养教育被认为是我国法学教育的主要目标。[3] 近年来,如何实现法律职业技能的培养,逐渐成为法学教育者和法律职业共同体关注的焦点。但是,一方面,法律职业技能教育并不等同于法官教育,律师实务技能的教育也是其不可忽视的重要组成部分。另一方面,从法学专业毕业生的就业分布上看,我国的法学专业毕业生中,仅有少部分进入法律职业领域,大部分毕业生则走向其他行业。因此,将法律职业技能作为本科阶段法学教育的唯一目标,推行以培养“完全法律人”为目标的鉴定式案例分析课程,可能与我国法学教育的现状不相适配。

(2)法教义学的功能差异

更重要的是,无论何种案例教学,都建立在法教义学的基础之上,而作为继受法国家的我国和作为原创法国家的德国,在法教义学的功能上存在明显差异。具体而言,原创法国家的法教义学有自历史积累而来的天然动能,因此主要发挥强化和延展法规范体系的功能;与之相对,继受法国家的

[1] 参见朱晓喆:《请求权基础实例研习教学方法论》,载《法治研究》2018年第1期。

[2] 卜元石:《德国法学教育中的案例研习课:值得借鉴?如何借鉴?》,载方小敏主编:《中德法学论坛》第13辑,法律出版社2016年版。

[3] 参见曾宪义、张文显:《法学本科教育属于素质教育——关于我国现阶段法学本科教育之属性和功能的认识》,载《法学家》2003年第6期。

法教义学积累薄弱，因此，继受法国家的法教义学更注重对法规范体系的确认和调试。[1] 鉴定式案例分析技术，是强化法规范体系的技术，这种技术与德国的法教义学背景完全适配，却并不符合继受法国家(比如我国、日本)法教义学的具体情况。如后文所述，先例规范抽取型案例教学可能与继受法域的法教义学更为适配。

2. 改造对策

(1)要件事实论的导入

考虑到我国的法学教育并非单纯的法官教育，有必要在法学教育中兼顾其他职业技能的培养，比如律师实务技能的培养。就案例教学而言，无论是法官还是律师，请求权基础思维都必不可缺；在此之外，不妨借鉴日本法学教育的经验，在案例教学中导入要件事实论的相关训练，以强化攻防意识，从而兼顾律师思维的培养。[2]

(2)规范抽取式案例教学的建构

考虑到我国不仅属于继受法域，而且采取了复杂的混合继受模式，以稳定的法教义学为前提的鉴定式案例分析在我国事实上难以推进。考察同为继受法国家的日本的经验可知，先例规范抽取式案例研究以及以此为前提的先例规范抽取型案例教学是法学研究和法学教育不可或缺的组成部分。不同于以确认法规范体系为目标的案例释法型案例教学和以强化法规范体系为目标的请求权基础型案例教学，先例规范抽取型案例教学的目标是实现法教义学未尽之处的体系延展。[3]

四、本科阶段案例研讨课的开展方法

(一)案例选择

无论是案例释法型案例教学，还是请求权基础型案例教学，都可以依赖改编案例或者设例进行。既可选用学者集团编写的各种案例集，[4] 也可

[1] 参见章程：《继受法域的案例教学：为何而又如何？》，载《南大法学》2020年第4期。

[2] 参见章程：《继受法域的案例教学：为何而又如何？》，载《南大法学》2020年第4期。

[3] 参见章程：《继受法域的案例教学：为何而又如何？》，载《南大法学》2020年第4期。

[4] 就民法领域而言，比如周江洪等主编：《民法判例百选》，法律出版社2020年版；彭诚信主编：《民法案例百选》(第2版)，高等教育出版社2022年版。

以《人民法院报》《人民司法》等刊载的案例为原型作适当改编,并增加相关设问,以供学生练习。与之相对,作为法教义学的体系延展,先例规范抽取型案例教学必须以鲜活、真实的案例为素材。鉴于先例性规范的特征,其应当尽可能选用具有统一裁判功能的高审级裁判案例。首选是最高人民法院的指导案例,其次是最高人民法院公报案例,最后是各省高级人民法院的经典裁判案例。

(二)班级设置

案例研讨课的目标是实现智能技能教育,而技能的习得有赖于反复多次的练习,因此案例研讨课应当采用小班建制,以20~30人/班为佳。考虑到多数法学院的师资力量有限,以教师团队合作为前提的鉴定式案例分析课程难以为继。不妨借鉴日本的法学教育经验,由教师分别认领一个小班的教学任务,根据自己的研究进度和教学安排,确立相关的主题,围绕该主题选取相关案例,开展教学活动。

(三)课程设置

案例研讨课的开展以学生已掌握一定的法律专业知识为前提,因此只能在高年级阶段开展。此外,考虑到师资力量有限,不妨将其设定为选修课程。考虑到法学教育目标设定的多元性,不妨借鉴日本法学教育的经验,在选修课程中同时设置非法学专业课程,比如公共政策研讨课或者政治学研讨课等,提供多种选择,以兼顾实现素养教育。

结 语

案例教学是践行法律智能技能教育的最佳方式,但如何进行案例教学,一直是困扰法学专业教师的难题。鉴定式案例分析课程的风行为我们提供了一种路径,但这种路径与我国法学教育的实际并不完全适配。寻求和发现案例教学的新模式、新方法仍是未来法学教育的重要课题。本文对于本科阶段案例研讨课开展模式和方法的讨论,只是一个很小的尝试,尚有诸多问题未厘清——比如以法释案型案例教学与先例规范抽取型案例教学的分配比例如何,先例规范的抽取作业如何具化为教学内容等,唯有留待将来研究予以解明。

江北新区产业链发展的法律服务需求对法学教育的启示

陆海波*

摘　要:南京江北新区拥有六大产业链,新区为保障其发展,以“产业链+法律服务”为指导,为其提供了较好的法律服务。但六大产业链基于各自特征,形成了不同的法律服务需求,这种需求对法律服务工作者提出了更高的要求。基于此,在培养法学人才时,应转变法学教育的理念,将企业行政合规的内容融入法学教育,在宏观的部门法教学之外引入专题教学,从传统法学教育向新法学教育转型,只有如此,才能实现理论与实践教学的融合,适应时代发展的需求。

关键词:产业链　法律服务　法学教育　转型

依据新区内六大产业链的产业结构特征及其可能面临的法律问题,对其高质量发展过程中法律服务需求的梳理,可以为产业链法治人才的培养提供指引,使法学教育更具有针对性,更契合实践的需求,从而提升法学生的就业能力。

一、江北新区产业链法律服务成效

(一)以“产业链+法律服务”专项行动为指导

新区内国有企业处于产业链和价值链的核心环节,掌握大规模战略性市场且拥有较强的科技创新能力和规范的管理机制,具有雄厚技术实力和市场牵引能力。此外,辖区内还存在大量中小微企业,其虽不在核心环节,

* 作者简介:陆海波,南京审计大学法学院讲师,法学博士,主要从事行政法学与卫生法学的研究。

但作用不容忽视。在我国由中等收入国家迈向高收入国家的征途中,既需要具有外向竞争力的大企业作为“踏板企业”完成登梯,也需要中小微企业的高速发展以夯实经济增长的微观基础。很多“踏板企业”往往是新兴企业和民营企业,它们是从中小微企业迅速发展壮大而来的企业。而大量中小微企业的涌现,对江北新区的经济增长起到了至关重要的作用。

基于上述考量,新区依据区内链上企业的总体分布与经营特征,辅之以数据分析,通过传统法律服务与法律风险治理相结合的方式,以知识产权保护、企业合规管理为重点抓手,在突出对重点企业知识产权、合规管理方面进行保障的同时,不忘从制度入手,关注中小微企业的健康发展,以对产业链进行全方位护航,助力其高质量发展。

(二)借助法律服务搭建制度框架

实践中,企业对法律风险的估计不足或处理不当,往往会给其带来严重损失甚至造成毁灭性打击。因此,新区从以下方面为企业搭建风险屏障。

1. 法律咨询服务伴随企业设立全程,为企业入驻提供标准框架。为充分落实事前防范政策,新区以制度蓝图为引领,通过完善制度设计,降低产业链上的中小企业组建、落户江北新区过程中可能面临的法律风险,打消中小企业入驻顾虑。

2. 制定统一合同模板,为中小企业减少人事、劳务纠纷,为中小企业减轻法律负担。江北新区内很多小微企业自身体量不够,难以与律所建立长期、稳定的合作,因此在劳动合同的制定与签订方面,时常会选择从互联网寻找模板,从而忽视产业特征及员工需求,引发大量纠纷。鉴于此,新区经过协调与努力,在统一劳动合同模板方面取得了有效成绩,为小微企业降低了涉诉的风险。

3. 注重法律风险识别,防范化解重大风险。传统法律服务以律师针对具体个别风险为工作对象,以事后救济为主,如诉讼代理服务。法律风险治理服务是一种以事先预防、事中控制为主的企业法律风险控制体系,完全不同于事后救济式的服务。因此,新区除对企业面临的内部风险作出努力,参与企业的设立,审查相应的文件,保证企业以良好势态运行外,还积极与企业保持沟通联系,通过法律风险诊断,加强对企业法律风险的治理。

4. 积极促进律所入驻,搭建律企沟通平台。对产业链法律风险的防范功能是顾问律师法律服务中的一项重要工作。在注意到上述问题后,新区积极促进律所入驻。据统计,2019 年辖区内共有律所 11 家,律师总人数不足 50 人,2022 年辖区内共有律所 18 家,律师总人数已接近 400 人。

二、六大产业链高质量发展的差异化法律服务需求

虽然新区对产业链的发展提供了多方位的法律服务,但这些服务都是统一的,缺乏针对性。链上企业在发展过程中会遇到一些相同的法律服务困境,但不同的产业链之间,其法律服务需求的侧重点却存在一定的差异。

(一)三大主导产业链的差异化法律服务需求

1. 新材料产业链顺应国家级新区的发展要求,优化产业结构,坚持绿色环保,故而在绿色发展方面存在较高的法律服务需求。针对该产业链涉及民生的环境保护问题,为链上企业提供从外部到内部的合规管理咨询,防范潜在发生的环境污染风险,避免企业因违反有关环境保护法律法规和地方相关政策而遭受行政处罚乃至刑罚,如缴纳排污费、罚款,关、停、并、转、迁等,甚至构成污染环境罪。以绿色发展为核心,产业链中的各企业应当遵守环境影响评价制度、"三同时"制度、排污收费制度等环境保护法律制度的基本内容和深化要求,自觉树立良好的环保形象、提高内部清洁生产水平,提高企业的环境竞争力。

2. 智能制造产业链由于其生产线有一定的自动性,对需要人力劳作的岗位需求量并不是特别大,故而在劳动法律服务方面存在较高的需求。智能生产条线逐步进入企业,就意味着不断有人力生产岗位被替代。企业在面对这些用工风险时,没有按照企业自身的实际情况来处理,没有考虑到智能生产线的逐步推出时间和实际人力资源需求的情况下,采用普遍的劳动合同模板进行签约,故而企业在飞速发展的同时又造成了大量无价值人力成本冗余。因此,在智能制造产业链中的企业需要在公司的发展规划中,将人力成本进行充分考量,事先防范一些潜在的劳动用工法律风险。

3. 汽车及轨道交通产业链在生产及运营过程中存在较高的法律服务需求。面对庞大的客流冲击,城市轨道交通运营的安检、城市轨道交通调配、人员疏散等均受到极大的考验,某个环节稍有疏忽便可能引发公共事

件,因此需要在运营风险发生之前做到合规管理,妥善应对大客流冲击。此外,设备运营中同时存在新式与旧式的车辆,这形成了更大的管理复杂性;新线路投入运用之后,新器材负担相关运输工作,或是针对原本设备采取更新等处理措施,其在磨合阶段有着显著偏高的故障风险;此外,新线路投入运用也会导致检修、维护等方面的运行复杂性大幅提升,这会对最终的车辆运转造成极大的隐患;原本的建筑体系等要素,导致新的技术未能实现有效运用,或者其中所存在的相关缺陷,造成了相应的安全隐患。

(二)三大新兴产业链的差异化法律服务需求

1. 集成电路产业链涉及的主要法律服务需求侧重于技术风险领域。芯片设计、芯片制造、芯片封装、芯片测试四大关键环节由于其自身的专业性,法律服务人员仅仅掌握一定的法律知识并不足以帮助企业规避知识产权方面的风险。而在行政合规视野下,对集成电路产业的法律专业能力提出了更高的要求。其中,技术秘密作为集成电路企业的核心竞争力,与之有关的知识产权法律服务的重要性不言而喻。

2. 生物医药产业链主要的法律服务需求侧重于知识产权以及人力资源领域。新区以打造引领国际产业创新前沿的“基因之城”为目标,面向国家生物医药产业发展重大需求、面向人民群众生命健康,不断深化制度集成改革,加快推动前沿技术创新,其必然面临技术发展上的难题。高精尖技术的创新,不仅仅是医学领域的一个突破,还需要利用法律的手段将其固化成为有效的知识产权来进行发展利用,促进生物医药产业快速确权,实现专利快速受理、快速审查、快速授权,打通知识产权创造、保护、运用与服务全链条。

3. 现代服务产业链主要法律服务需求侧重于数据管理方面。在数字经济时代,数据是链上企业的核心竞争力。但是,数据也面临着风险和危机,稍有不慎便可能成为引发个人信息保护、市场秩序、社会治理和国家安全等问题的导火索。因此,数据是否合规是现代服务产业生存发展的基石,其在注重提升服务质量的同时,也需要为掌握的大量客户信息做到数据方面的合法性管理。具体而言,各链上企业需要在数据标准、数据分类、数据存储、数据安全、数据文化等方面做到合法合规。

三、新区产业链发展法律服务需求对法学教育的启示

法学教育不应当仅限于纯粹理论的教学，还需要适应时代发展的步伐，关照现实，契合事物发展的需求，如此才能形成理论与实践的互动、互补、互进，使法科生对从校园到社会、从学习到工作、从学生到法律服务者的转变不至于产生不适。从新区产业链发展的法律服务需求来看，法学教育需从以下几个方面予以改进。

（一）将企业行政合规的内容融入法学教育

近年来，有企业因违反国内法律法规而被严厉整顿，有企业在“走出去”后因触犯当地法律或违规而被巨额罚款，也有企业因管理体系不完善而出现内部腐败以致影响正常经营的情况。这些个案无不昭示着合法经营直接关系到企业的生死存亡。再将视角从企业自身延伸到国内外的经济格局，可以发现，随着中国的经济发展进入改革深水区，链上企业行政合规化发展已经成为经济转型升级的内在要求；同时，在越来越多中国企业逐步走向国际舞台，而国际局势越发错综复杂之际，企业行政合规化发展也成为应对国际挑战、参与国际竞争的必由之路。

党中央明确提出加快建设世界一流企业的目标，一流的企业必须要有一流的法治工作为其保障。在当前国际竞争越来越体现为规则之争、法律之争的大背景下，产业链面临的国内外环境和风险挑战日趋复杂严峻，必须加快提升链上企业依法经营管理水平，确保改革发展各项任务在法治轨道上稳步推进。因此，针对当前的法学教育，需引导学生从单纯的法律服务理念走向行政合规的服务理念，这将有助于实现产业链企业承担社会责任，推动产业链企业实现可持续发展，实现政府对链上企业的有效监管，促进社会公共利益的有效保护。

（二）在宏观部门法教学之外引入专题教学

宏观的部门法学教育是必要的，但从新区产业链发展的法律服务需求来看，不同产业链中的需求是不一样的，且更加地体系化。因此，在宏观部门法教学之外，还需引入专题教学。当然，专题教学不能随意设置，而应当“以问题为导向，依据教学要点、课程目标、社会热点、学生需求等

设置"[1]。

专题教学作为传统法学课程的补充,二者不仅在教学方式上有所不同,专题教学相对于传统理论教学来说,更能吸引学生的注意力,甚至引起他们对专题研究的兴趣。在专题化的教学中,由于现实案例的引入,理论与实践有机融合。在分小组讨论时,其更能发挥学生的主观能动性,进而提高创新能力。以产业链法治保障专题的研究为例,可以引导学生参与编制这一领域内的法律服务清单,如此,可使法科生能够知晓一种产业链或专题内所有流程中的法学知识,进而形成系统化的思维。

(三)从传统法学教育向新法学教育转型

产业链全球化的发展趋势对法学教育提出了更高的要求,需要法律服务者更懂具体产业链的专业知识。此时,传统的法学教育已不再适应这种变化,它只专注于法学自身,而忽视法学与其他学科的互动与交叉。因此,需要加强法学与其他学科之间的交叉研究,即转向新法学的研究与教学。

"新法学应当是更多地呈现出中国特色、时代特色、科技整合特色,更加关注和回应中国问题并在法治人才培养模式上发生重大转变的时代法学。"[2]新法学教育可以对招生专业予以更加放开,部分高校招生时,对人文社科不再划分,而是以文科实验班的形式招生,但条件只限于文科生,应不再将其限定为文科,而是文理并招,从而吸纳更多的理科生进来。除此之外,应根据国家发展战略要求、学校强势专业特征等,形成具有特色的法学教育标签。在课程设置上,"课程内容、课程体系、培养方式、考试考核方式等都应更新。应增加科学技术的内容,让学生了解科学技术的前沿知识"[3]。只有如此,法学教育所培养的人才方能契合社会的需求。

结　语

2023年2月,中共中央办公厅、国务院办公厅印发了《关于加强新时代

---

[1] 张有奎、彭元清:《高校思想政治理论课专题教学的若干关系探析》,载《思想理论教育》2022年第1期。

[2] 杨宗科:《论"新法学"的建设理路》,载《法学》2020年第7期。

[3] 徐显明:《新文科建设与"新法学"教育的挑战和应对》,载《新文科教育研究》2021年第1期。

法学教育和法学理论研究的意见》，明确提出要“加快发展社会治理法学、科技法学、数字法学、气候法学、海洋法学等新兴学科……推进法学和经济学、社会学、政治学、心理学、统计学、管理学、人类学、网络工程以及自然科学等学科交叉融合发展，培养高质量复合型法治人才”。因此，法学教育应当开放怀抱，拥抱其他学科，如此才更具有生命力，才能真正发挥出法治保障的作用，实现法治现代化，从而助推中国式现代化的发展。

第八部分　部门法学教育

民法教学中司法案例的作用及应用形式*

关 悦**

摘 要:司法案例与民法教学的联系密切,前者对于丰富后者的内容、完善后者的形式具有重要意义。司法案例能够激发学生的学习兴趣、加深其对于知识点的理解与记忆、形成体系化思维,并能够将课程思政以"润物细无声"的方式融入民法教学中。司法案例的广泛来源、与时俱进、本土化特征与信息化保障,为其应用于民法教学提供了可能。在实际应用司法案例的过程中,案例讨论、课堂辩论与小组研习均为典型形式,教师应在不断的实践中逐步完善司法案例的应用形式。

关键词:司法案例 民法教学 裁判文书 实践教学

2020 年 5 月 29 日,习近平总书记在十九届中央政治局第二十次集体学习时指出:"民法典调整规范自然人、法人等民事主体之间的人身关系和财产关系,这是社会生活和经济生活中最普遍、最常见的社会关系和经济关系,涉及经济社会生活方方面面,同人民群众生产生活密不可分,同各行各业发展息息相关。"[1] 作为"社会生活百科全书"的民法,其教学与研究均无法脱离社会生活而只谈理论,也无法仅关注规则本身而忽视其在解决社会生活实际纠纷时的效用。司法案例不仅能够检验规则设置的科学性、可行性,亦能够展示法院在具体适用法律规则时的裁判技术,是推动规则

* 基金项目:江苏高校哲学社会科学研究一般项目(2024SJYB1590)。

** 作者简介:关悦,江苏大学法学院讲师,研究方向:合同法学、电子商务法。

〔1〕 习近平:《充分认识颁布实施民法典重大意义 依法更好保障人民合法权益》,载《新长征(党建版)》2021 年第 2 期。

不断完善的动力。同时,随着信息化技术的发展,司法裁判已经不仅仅是司法机关、当事人所能掌握的传播范围有限的材料,还是可以通过各种技术化的处理与分析,成为服务于类案裁判、学术研究以及实务研讨的重要素材。民法教学亦应与时俱进,积极发掘司法裁判中蕴含的法律适用智慧,使司法裁判更好地辅助民法相关概念和规则的理解,加强理论与实践的交流,提高学生学以致用的能力。

一、民法教学中应用司法案例的必要性

高等教育肩负着立德树人的重要使命,高校的法学教育亦在全面依法治国尤其是法治人才培养中居于基础性、先导性、源头性地位。[1] 中国社会进入信息化时代,这不仅为法学教育提供了获取丰富学习资源的途径,亦对教学方式、教学内容的与时俱进提出了更高的要求,单纯的知识传授已经不足以应对学生日益多样化的学习需求。民法学科本质上是一门实践学科,为有效回应社会现实中涌现的真问题,需要更加重视案例教学、实践教学。[2] 司法案例围绕社会生活中真实发生的纠纷,集中展示了法官释法说理的智慧,是民法教学的重要素材之一。

(一)引入课堂教学内容,激发学生学习兴趣

民法教学中司法案例的运用系将抽象问题具体化的过程。民法的知识体系呈现出高度的逻辑性,民法中的许多专有名词亦具有抽象性,初学者理解和记忆这些概念、规则面临一定困难。因此,民法教学中如果仅有概念的列举与规则的堆叠,难以使学生产生学习兴趣,很容易导致事倍功半的效果。而在民法案例教学中,司法案例通常能够反映社会生活中真实存在的纠纷,使学生对于案例所涉事实有具象化的感知,唤醒学生的生活记忆,从而激发学生的学习兴趣,进而使学生对所学的抽象的知识产生不断探索的好奇心。

(二)展示司法裁判观点,加深知识理解记忆

司法实践中存在裁判观点不一致的情形。很多学术研究的问题意识

[1] 参见黄文艺:《论新时代中国法学教育理论》,载《中国大学教学》2023 年第 9 期。
[2] 参见王利明:《构建中国特色的民法学理论体系》,载《中国大学教学》2021 年第 3 期。

从裁判观点的分歧出发,试图提出导正司法裁判的路径,在民法的教学中,亦应重视裁判观点的对照。例如,在讲授关于电子商务合同成立时间的规则时,商品信息展示页面为要约抑或要约邀请的性质认定将影响合同成立的时点。如果将商品信息展示页面认定为要约,则消费者提交订单成功时,合同已经成立,此时是否订立合同的决定权掌握在消费者一方;如果将商品信息展示页面认定为要约邀请,则消费者提交订单的行为构成向经营者发出要约,经营者向消费者发送的订单确认邮件或实际向消费者发货的行为构成对要约的承诺。司法实践中,法院的司法裁判均有采纳上述观点的例证,未成定论。例如,在"北京世纪卓越信息技术有限公司与宁某某买卖合同纠纷案"中,二审法院认为,经营者的商品信息展示符合要约的特征,原告确认订单,支付价款,应当视为进行了承诺。自此,经营者网站的"使用条款"对原告并无约束力,且在双方无其他特殊约定的情况下,经营者与消费者之间的合同已经成立。[1] 然而,在"张某某与南京硕怡捷电子科技有限公司买卖合同纠纷案"中,法院则认为,买卖双方应受到《京东用户注册协议》的约束,现商品未实际出库,被告未作出承诺,双方买卖合同未成立。[2] 由此可见,司法裁判分歧作为课堂讨论的典型素材,有助于激发学生的兴趣。在此基础上,授课教师结合法律规定对相关知识点进行讲解,将会加深学生的理解与记忆。

(三)有助于学生形成体系化思维

民法规则具有明显的体系化特征,这要求民法的学习者具有体系化思维,能够将知识点加以串联和贯通,也对教师在教学过程中时刻牢记体系化的民法教学方法提出了要求,司法案例在民法教学中的应用可以很好地实现这一要求。例如,在最高人民法院指导案例 189 号中,主播与经纪公司、直播平台经营者签订《主播独家合作协议》,约定主播在平台独家进行某款游戏的第一视角游戏直播和游戏解说,后因主播带领所在直播团队至与上述平台有竞争关系的另一平台进行直播,平台经营者提起诉讼。在这一案件中,涉及《主播独家合同协议》是否成立、合同的解除、违约金的酌定

---

〔1〕 参见北京市第三中级人民法院民事判决书,(2014)三中民终字第 09381 号。

〔2〕 参见北京市顺义区人民法院民事判决书,(2017)京 0113 民初 12284 号。

等问题,尤其在违约金的酌定上,法院综合考虑了主播的知名度及收益情况、合同剩余履行期间、双方违约情况及各自过错大小、直播平台经营者能够量化的损失、直播平台经营者已对约定违约金作出的减让、平台现状等情形,并根据公平与诚实信用原则以及主体间的利益平衡,酌情调整了违约金的数额。[1] 由此可见,这一案例将《民法典》合同编中的多个重要知识点进行了串联,对于学生形成体系化的民法思维有所裨益。

(四)有助于践行课程思政

习近平总书记指出:"要聚焦民法典总则编和各分编需要把握好的核心要义和重点问题,阐释好民法典关于民事活动平等、自愿、公平、诚信等基本原则。"[2]早在2015年10月,最高人民法院即制定了《关于在人民法院工作中培育和践行社会主义核心价值观的若干意见》。2021年1月,最高人民法院《关于深入推进社会主义核心价值观融入裁判文书释法说理的指导意见》指出法官在释法说理中培育和弘扬社会主义核心价值观的作用。最高人民法院于2020年5月、2022年2月和2023年3月分别发布了三批人民法院大力弘扬社会主义核心价值观的典型民事案例,涉及居住权、健康权、名誉权等纠纷,其释法说理不仅体现出严谨的法律逻辑,而且蕴含了社会主义核心价值观的精神理念。此外,最高人民法院发布的其他类型的典型案例,亦充分体现了社会主义核心价值观的内在要求。例如,最高人民法院发布十起消费者权益保护典型案例之三为周某某、肖某诉某演绎公司合同纠纷案,该纠纷系某演绎公司将原告婚礼过程的摄像资料丢失所引发,法院经审理认为,婚礼现场的影像资料是具有人格象征意义的纪念影像,其丢失给当事人造成了不可弥补的精神损失,因此应由演绎公司赔偿精神损害抚慰金。此案的判决不仅体现了司法对于婚姻家庭文化建设的重视,也敦促经营者不断规范经营行为,还对弘扬社会主义核心价值观具有重要的积极意义。[3] 由此可见,司法案例中蕴含着丰富的社会主

---

〔1〕 参见上海熊猫互娱文化有限公司诉李岑、昆山播爱游信息技术有限公司合同纠纷案,最高人民法院指导案例189号(2022年)。

〔2〕 习近平:《充分认识颁布实施民法典重大意义 依法更好保障人民合法权益》,载《新长征(党建版)》2021年第2期。

〔3〕 参见《最高人民法院发布消费者权益保护典型案例》,载中国法院网,https://www.chinacourt.org/article/detail/2022/03/id/6575927.shtml。

义核心价值观的内容,将其应用于民法教学,可以起到“润物细无声”的作用,实现课程思政与教学过程的有机融合。

二、民法教学中应用司法案例的可行性

司法案例是法律实践教学的重要素材。法律实践教学是一种教学方法,以问题解决为载体,以法律实践过程或模拟法律实践过程为手段阐明法律原理及法律规则。[1] 诚然,民法的学习是一个漫长的训练过程,为使学生能够习得解读法律、运用法律及提出个案解决方案的能力,授课教师应当继续深入运用教义民法学向法学专业学生讲授民法中价值判断方法、法律解释方法和案例分析方法,[2]并在对学生不断的训练中提高其分析问题、解决问题的能力。目前,这样的学习训练已然具备了实现的前提和工具基础。

(一)司法案例的来源广泛

最高人民法院《关于完善统一法律适用标准工作机制的意见》指出,指导性案例是总结审判经验、统一法律适用标准、提高审判质量、维护司法公正的重要措施。最高人民法院原院长周强曾指出:“要加强指导性案例应用,法官审判执行案件进行类案检索,应先行检索现行有效指导性案例,对指导性案例应当参照作出裁判。”[3]截至 2023 年 11 月 16 日,最高人民法院已经出台了 211 件指导性案例,此外,人民法院亦不断发布公报案例、典型案例、期刊案例汇编等(如表 1 所示),为民法的教学与研究提供了丰富的素材。上述案例均经过较为严格的筛选程序,其涉及的法律关系具有典型性,对法律适用上的复杂疑难问题提出了有针对性的解决方案,从而保证了教学与研究素材的权威性、典型性。

---

〔1〕 参见蔡立东、刘晓林:《新时代法学实践教学的性质及其实现方式》,载《法制与社会发展》2018 年第 5 期。

〔2〕 参见孟强:《法典化时代的民法教学变革——兼论教义民法学的运用》,载《中国大学教学》2021 年第 3 期。

〔3〕 孙航:《周强出席全国法院案例指导工作推进会讲话强调 深入学习贯彻习近平法治思想 切实加强案例指导 确保严格公正司法》,载中国法院网 2022 年 1 月 13 日,https://www.chinacourt.org/article/detail/2022/01/id/6484229.shtml。

表1　人民法院发布的典型民事案件

单位:件

参照级别	数量
最高人民法院指导性案例	125
最高人民法院公报案例	936
最高人民法院发布的典型案例	1429
地方人民法院发布的典型案例	8529
各省、自治区、直辖市高级人民法院发布的参阅案例	817
人民法院报	1090
人民司法·案例	3161
人民司法·应用	52

数据来源:北大法宝数据库(https://www.pkulaw.com),数据检索时间:2023年11月16日,案由:民事。

(二)司法案例的与时俱进

民法教学中司法案例的选取,应重视案例的时效性。当前,社会生活瞬息万变,各类社会纠纷复杂多样,一些新类型的疑难复杂的案件,如"套路贷"、公益诉讼、环境保护、直播带货等层出不穷,[1]因此提出了法学学习要与时俱进的要求。例如,针对环境污染问题,最高人民法院连续出台了环境污染、生态破坏民事公益诉讼的指导性案例;针对社会广泛关注的个人信息保护问题,最高人民法院出台了一系列针对侵犯公民个人信息行为的指导性案例。

需要注意的是,《民法典》修改了很多以往民事单行法的规定,针对社会生活中的典型问题增加了新的规定。因此,在民法教学中,应慎重选择依据修改前的规定甚至已删除的规定作出裁判的案例,即使选用,也应在教学过程中以显著方式列举出原有规定与现行规定,并着重讲解两者的区别,指出同一案件如果适用现行规定,是否会导致不同的裁判结果。这是司法案例与时俱进的体现之一,亦能够使学生了解到现行的法律规定相比于原有规定进行了哪些修改,防止学生产生混淆或者进行规则的误用。

---

〔1〕　参见李文超:《法官说:案例检索与类案判决》,人民法院出版社2023年版,第16页。

(三)司法案例的本土化特征

我国的《民法典》是一部针对中国社会现实需要、具有中国特色的法典。在民法教学中,应研究中国的本土资源,从中国的实际出发,研究具有价值的实践案例,提升学生对《民法典》的应用能力。[1] 例如,物权编为适应农地"三权分置"改革的需要,与时俱进地规定了土地经营权,使土地经营权在符合法定条件时成为长期稳定的财产权;再如,《民法典》规定了建筑物区分所有权,以保护人民对自有房屋享有的权利,包括专有部分的权利、共有权及共同管理权,是《民法典》保护财产权的体现之一。[2] 具有中国特色的民法规则是对具有中国特色的司法实践的总结与回应,因此,研判具有中国特色的司法案例,对于规则的正确理解与适用具有重要意义。

(四)司法案例的信息化保障

随着信息网络技术的发展,司法案例的呈现形式更为多样,民法教学、学术研究中获取司法案例素材的渠道更为广泛。相关的信息化平台为加强案例的分析与应用、提高学生熟练运用信息技术开展案例研习的能力提供了保障。除通过案例检索工具线上获取裁判文书外,中国庭审公开网实现了庭审公开与庭审回放,保证了最大限度地远程参与及在线围观,也使庭审过程视频永久存档。[3] 截至 2023 年 11 月 16 日,最高人民法院累积直播数已达 7681 场,全国累积直播数已超过 2248 万场。[4] 如果说带领学生实地观摩线下庭审,能够实现学生对于庭审过程的亲身感知,那么通过观摩线上庭审,则实现了学生对于不同层级、不同地区、不同类型案件的"全方位"了解,让学生更为立体地感知庭审过程,更为全面地获取司法案例研学素材。

三、民法教学中应用司法案例的具体形式

司法案例在民法教学中应用的具体形式是一个动态调整的过程。一

[1] 参见王利明:《构建中国特色的民法学理论体系》,载《中国大学教学》2021 年第 3 期。

[2] 参见王利明:《民法典的中国特色实践特色时代特色》,载《光明日报》2020 年 8 月 21 日,第 10 版。

[3] 参见蒋海松:《庭审直播 让正义看得见》,载中国法院网 2020 年 12 月 22 日,https://www.chinacourt.org/article/detail/2020/12/id/5674939.shtml。

[4] 数据来源:中国庭审公开网(http://tingshen.court.gov.cn/)。

方面,教师尝试不同的应用司法案例的形式,在这个过程中逐渐摸索出更适合授课对象的应用形式;另一方面,学生参与民法课堂中案例教学部分的积极性、主动性,亦能够给予教师及时的反馈,从而不断优化案例选取与应用形式。在民法教学过程中,教师在司法案例的选择上应占据主导地位,以确保应用于教学的案例具有典型性、权威性;学生在司法案例的研讨中应占据主导地位,以确保案例教学真正发挥作用。作为法律实践教学引导者的教师,应充分重视司法案例在教学中的作用,自主研习大量司法案例。此外,实践教学还应强化学者型专任教师的职业技能,以学院为主导,选派法学教师到法院、检察院等实务单位挂职锻炼,从而增加教师接触真实司法案例的机会,增强教师解决司法实践问题的能力,并促使教师将其在实务部门习得的专业技能应用于日常教学中,[1]使理论与实务相得益彰,教学与实践各取所长。

(一)案例讨论

案例讨论是司法案例应用于民法课堂的最常见形式。教师在讲授某一部分内容时,辅以适用相关规则的司法案例,可以使学生即时将所学知识点用于分析具体问题,使其感受到法律规则在司法案例中的运用,从而加强学生对知识点的理解与记忆。例如,《民法典》第 19 条是有关限制民事行为能力人的规定,在讲解这一部分内容时,授课教师讲授的基础知识部分包括认定未成年人为限制民事行为能力人的年龄界限,其系从《民法通则》第 12 条的"十周岁"改为《民法典》第 19 条的"八周岁",以及依据最高人民法院《关于适用〈中华人民共和国民法典〉总则编若干问题的解释》第 5 条,阐释限制民事行为能力人实施的民事法律行为是否与其年龄、智力、精神健康状况相适应的判断标准。

在讲解基础知识后,教师可以引入司法实践中依据《民法典》第 19 条作出裁判的案例,如"梁某、广东欢太科技有限公司网络服务合同纠纷民事一审案"[2],网络游戏充值行为与学生的日常生活息息相关,未成年人在游戏中大额充值引发纠纷,法院通过适用民事行为能力规则保护未成年人的

---

〔1〕 参见蔡立东、刘晓林:《新时代法学实践教学的性质及其实现方式》,载《法制与社会发展》2018 年第 5 期。

〔2〕 参见辽宁省葫芦岛市南票区人民法院民事判决书,(2023)辽 1404 民初 293 号。

利益,对于学生更好地理解该制度的目的、形成良好的消费观具有重要意义。

(二)课堂辩论

司法案例应用于民法教学的一种典型形式为组织模拟法庭,但民法教学中,受限于课时、空间等,课堂上通常难以实现模拟法庭的完整过程,因此,将司法案例作为课堂辩论的素材、使学生就案件争议焦点进行课堂辩论,是较为适合课堂教学的一种案例应用模式。在此种模式中,所选案件事实部分的法律定性应具有一定的争议性。尽管所选用的司法案例的裁判结果是确定的,但案件事实的法律性质具有讨论的空间,这可以激发学生参与课堂辩论的积极性。例如,广州互联网法院发布十大案例之三是网络购物合同纠纷的案例,郑某认为天猫擅自更改优惠信息的行为构成违约,且让其在亲属中的人格尊严受到伤害,因此起诉天猫请求判令赔偿1元,并赔礼道歉。[1] 上述案件与学生的日常网络购物行为息息相关,法律关系较为简单,但天猫超市发布的优惠信息的性质、天猫超市修改优惠信息的行为是否构成违约、原告要求赔礼道歉的诉讼请求是否应当予以支持等,可以作为课堂辩论的问题,仍具有讨论的意义。

(三)小组研习

司法案例在民法教学中的应用模式还可以体现为组织学生进行小组研习。“真正的实践教学必须以案例教学为基础,才能够有效培养学生的动手能力,也就是分析、解决现实问题的能力。”[2] 小组研习的意义不仅仅在于巩固某一具体的知识点或者展示该知识点在司法实践中的应用,还可以鼓励学生针对某一具体问题进行团队式的自主学习,学生通过收集材料、广泛研读以及小组研讨感受到基础知识的学习与学术研究的不同,教师在此过程中不断培养学生发现问题的能力、开展初步学术研究的能力以及团队协作的能力。在小组研习的过程中,如果学生能够发现自身对于民法研究的兴趣,甚至寻找到其有意愿且有能力继续从事研究的方向,则对于其未来的学习亦有所裨益。

---

〔1〕《广州互联网法院发布十大案例》,载北大法宝数据库2019年9月23日,https://www.pkulaw.com/pal/a3ecfd5d734f711dd7cfe6b578f8fb53f22602ba24740333bdfb.html。

〔2〕王利明:《民法典时代的教学与研究初探》,载《中国政法大学学报》2022年第3期。

结　语

司法案例之于民法教学具有重要意义,民法教学中司法案例的应用亦较为普遍。然而,相比于学术论文、著作、研究报告等对于司法案例的广泛关注、深度挖掘与大数据分析,学术研究对司法案例在民法教学中的应用则关注有限。本文认为,司法案例在民法教学中的应用,有其必要性,亦有其可行性。如果能够充分发掘司法案例中蕴含的丰富素材并恰当地应用于民法教学中,则对于优化民法教学的形式和内容均有裨益。需要注意的是,教师和学生在民法案例教学中发挥着不同作用,教师在司法案例的选取上应占据主导地位,学生在司法案例的研讨上应占据主导地位,从而充分发挥司法案例促进民法教学的功能。

思政视角下的婚姻家庭继承法教学

胡晓涛*

摘　要:习近平总书记在全国高校思想政治工作会议上强调要把立德树人作为中心环节,把思想政治工作贯穿教育教学全过程,要使各类课程与思想政治理论课同向同行,形成协同效应。婚姻家庭继承法课与政治理论似乎无关,但是婚姻家庭法律规范的内容具有极强的伦理性,是法律化的道德、道德化的法律,其内容与社会主义核心价值观中某些内容是具有高度一致性的。现实生活中,当代年轻的学生因多为独生子女而受到家庭的过度关注与保护,独立的社会经验严重不足,因此,在家庭教育、社会观念变化以及媒体舆论影响下,往往容易对于婚姻家庭问题形成片面的、不利于将来生活与成长的理解与认识,因此,在该门课程的教学中,有必要对学生在婚姻家庭方面的认识以及价值观现状进行适当地引导,提炼婚姻家庭继承法中的思政因素,将其恰当地融入课程教学内容与过程中,并鼓励学生总结、提炼、讨论、模拟运用婚姻家庭继承法律规范中的核心价值观内容,从而提升学生的思政素质,让同学们既能够把握婚姻家庭继承立法中的规范要求,又能在生活中自觉践行其中所蕴含的社会主义核心价值观要求。

关键词:核心价值　优良家风　友善　和谐　文明

曾经在婚姻家庭继承法课教学的课间与同学们聊婚姻家庭生活,问同学们对将来的婚姻、家庭有什么规划或者设想?准备什么年龄时结婚?认为一个家庭有几个孩子比较理想等,未料有数位同学一致回答“不准备结婚”“不要小孩”,哄堂一笑后还有不少同学附和。看着座位上尚还透着稚气的笑脸,我却不由心头纠结“现在的孩子是怎么啦”?而很显然的是,有这种想法的年轻人,在当下社会是很普遍的存在。不由人不思考,作为教

---

* 作者简介:胡晓涛,南京审计大学法学院副教授,法学硕士,毕业于南京大学法学院,研究方向:婚姻家庭继承法。

师的我们,应该如何更好地引导学生思考人生,思考婚姻家庭的意义以及自己对于社会的责任、存在的价值。

2020年教育部印发的《高等学校课程思政建设指导纲要》明确指出“立德树人成效是检验高校一切工作的根本标准。落实立德树人根本任务,必须将价值塑造、知识传授和能力培养三者融为一体、不可割裂”。而不同的课程,培养目标与思政建设的偏重点是不同的,本人认为,在婚姻家庭法的教学中,重要的任务就是培养起学生对于家庭的责任感、对于社会的责任心,因为家庭是社会的细胞,家庭的稳定直接关系到社会的稳定,家庭的融洽直接影响社会的祥和安宁。

在教学过程中,需要对学生的心理进行一定的了解,从而对学生进行价值引导,更好地帮助学生形成正确的婚姻家庭观念,提高对于婚姻家庭的责任感,对于婚姻家庭义务与权利形成正确的意识,并自觉地抑制社会不良风气、观念的影响,从而为其将来更美好健康的人生进行思想准备,也更能为社会稳定、和谐增添活力。而为达到这一目的,提高教学效果,在婚姻家庭法的教学中,融入习近平新时代中国特色社会主义思想中“良好家教家风”、社会主义核心价值观中“和谐、平等、友善”等思政元素会有重要的意义。

一、影响学生婚姻家庭观念的因素分析

(一)家庭教育

现在坐在大学课堂上的本科生,大多为家中独生子女,从小“集万千宠爱于一身”,对于分享、奉献、礼让的亲身体验相比较于他们的父母辈几乎就是空白的,生活中大多没有感受到这种需要。学生无须争取,家庭长辈就会竭尽全力给予其最好的生活,从而容易养成自我的性格,相对来说会较少地考虑、顾全到他人的感受。

婚姻家庭的社会功能之一就是教育。良好的家庭教育,对养成健全人格、培养思想品德、实现文化传承等具有很重要的意义,这一切都是在潜移默化中进行的。[1]

[1] 参见马忆南:《婚姻家庭继承法学》(第4版),北京大学出版社2019年版,第4页。

（二）社会观念变化

随着经济的发展，现代社会的家庭生活条件变得优越起来，家庭财产的规模可以说是急剧地膨胀起来，同时，生活中人们的“平等”观念越来越强，女性社会地位更是明显提高，这间接使民众的婚姻家庭观念发生变化。尤其在经济条件相对发达的地区，男女差别越来越小，长时间存在于国人意识中的男尊女卑、养儿防老等已经为现代男女平等、养老靠自己、不为儿女添麻烦的思想所替代。对于子女父母只希望他们以后能过得好，认为“自己宝贝呵护着长大的孩子，凭什么到别人家要受委屈”，如此很多年轻人便容易养成一切以自己利益优先，自己开心最重要的思想。相互包容、宽厚待人的传统观念逐渐淡化。

（三）媒体宣传影响

当今社会，人们对于大量信息的把握很大程度来源于媒体宣传，对于学生而言，其比以往任何时候都更受到开放的媒体的影响，从专业文献资料查阅到社会交往、人际沟通都完全依靠互联网，网上的信息传播比任何途径都来得快。但是，网络上的信息缺乏有效的甄别机制，真假混杂，且由于经济利益的追逐，部分自媒体更是极尽夸张之能事，突出不寻常事件以博人眼球，世事从来都是“好事不出门，坏事传千里”，公众人物的婚姻家事问题更是网络上乐此不疲的话题，尤其是他们的婚变、出轨等。童话般的爱情总是以分手告终让年轻的同学对于婚姻没有信心。更有家暴、继承纠纷等抹杀了年轻人对于婚姻的美好想象。

二、婚姻家庭继承法课程教学中的思政元素

大学教育，不只是专业知识的传授，更是国家建设人才的培育，教育应该为社会服务。如今国际社会各种势力并非均对我们国家友好，中国的发展与强大，总是会触及某些大国的利益，因此作为大学教师的我们，需要把思想政治教育贯穿人才培养体系，全面推进高校课程思政建设，发挥好每门课程的育人作用，提高高校人才培养质量，这是教师的责任。但是，思政课程不应该是简单的说教，在婚姻家庭法的教学中，将思政元素融入教学点，以润物无声的方式让学生有所感触应该更能达到教学目的。

婚姻家庭法的立法内容与司法实践中融入了社会主义核心价值观的

要求,虽没有涵盖全部,但婚姻家庭法的立法规定对“文明、和谐、自由、平等、法治、诚信、友善”等价值观始终得以突出体现:

(一)婚姻家庭关系处理中的倡导性原则体现了对文明、诚信、友善价值观的追求

党的十九大以来,习近平总书记曾在多个场合强调家庭建设的重要意义,早在2015年的春节团拜会上,他就指出:“不论时代发生多大变化,不论生活格局发生多大变化,我们都要重视家庭建设,注重家庭、注重家教、注重家风。”2021年开始施行的《民法典》婚姻家庭编中的第1043条明确将婚姻家庭中的道德规范上升为了法律要求:“家庭应当树立优良家风,弘扬家庭美德,重视家庭文明建设。”“夫妻应当互相忠实,互相尊重,互相关爱;家庭成员应当敬老爱幼,互相帮助,维护平等、和睦、文明的婚姻家庭关系。”但是当下社会,人们在生活中越来越强调自我需求的满足,传统中国家庭“四世同堂”的和乐融洽的相处模式逐渐被人们尤其是年轻人所放弃,老年人在“自觉”地不为儿女添麻烦,年轻人在成立自己的小家庭后,享受父母“帮助、照顾”的同时常以工作忙等理由,忽略了年迈父母的孤独及他们对儿孙承欢膝下的渴望。“常回家看看”成了父母的期盼,而对于大多数子女,仅仅是偶有触及的感念。固然,社会的发展变化、科技进步,让人们的生活条件有了很大的改善,也必然会带来观念的变化,但是,亲属关系是永恒的关系,古人便明白修身齐家治国平天下,修身齐家显然是最根本的。“一屋不扫何以扫天下”,如果婚姻家庭中的关系都不能处理好,谈何其他。婚姻家庭是社会的细胞,家庭的稳定关系社会的稳定,而要维系家庭的稳定和睦,首先就应该从思想上重视优良家风的建设。《民法典》婚姻家庭编对婚姻家庭关系提出了最基本的要求。在课堂教学中,亲属关系、婚姻中夫妻关系、其他亲属间权利义务关系的规定及继承法律规范的内容,都可以围绕这一核心展开论述分析。

中国传统思想更是强调“和为贵”,这正与社会主义核心价值观中“和谐”具有一致性。家庭和谐正是每个人所追求的理想家庭生活状态。

(二)亲属间关系立法内容契合“和谐、友善”核心价值观的要求

中国的婚姻家庭法在维系婚姻家庭关系的基础上同样重视社会伦理道德观念和效果。利他主义是伦理的动机,也是实现家庭功能的基础,它

能够有效增强家庭的向心力、凝聚力和家庭幸福感。人类社会的发展证明，自私是人的本性，但是，对于婚姻家庭生活而言，利他才是能够幸福的重要前提。奉献、服务和分享是利他主义的具体表现形式。利己主义体现了法律存在的必要性，而利他主义在婚姻家庭以及社会领域都能够体现其价值取向。[1]

我国婚姻家庭立法在夫妻财产制度方面确立的是以婚内所得共有制为原则、以个人特有财产制度为补充的法定夫妻财产制度，依此规定，婚内所得工资、奖金、劳动报酬、生产经营收益、投资收益、知识产权收益乃至继承和接受赠与所得均可为夫妻共同财产，法律尽管也肯定夫妻约定财产制，但有严格的条件限制，因此从本质上而言，我国的法定夫妻财产制度更主张夫妻之间在婚姻关系存续期间的合作、分享、奉献。

此外，在日常生活中，中华民族传统的"孝文化""齐家思想""老吾老以及人之老，幼吾幼以及人之幼"深入人心，是大多数人基本的道德要求。无论是现代化国家或地区的婚姻家庭立法还是仍处于追求现代化进程中的我国婚姻家庭法，传统并未被其全面否定或抛弃，而是不断在坚持传统基本框架的基础上注入更多新的价值观，使原有制度得以改造，同时创设了若干新制度，丰富了婚姻家庭法。[2]

只有幼有所育、老有所养，弱者有人帮扶的家庭关系才能和乐美满。在《民法典》婚姻家庭编中规定了夫妻之间、父母子女之间、祖孙之间、兄弟姐妹之间的权利义务关系，其中夫妻相互扶养、父母对于未成年子女的抚养、特定条件下的(外)祖父母对于(外)孙子女的抚养、特定条件下的成年兄姐对未成年弟妹的扶养义务的规定，子女对父母、(外)孙子女对(外)祖父母的赡养义务的规定，收养章中对收养人收养子女的一般条件规定，以及继承编中遗产分配时的必留份、酌情分配等的规定都体现了法律对于弱势群体(老年人、未成年人、残疾人)的保护，从而为社会和谐提供一定的保障。

---

〔1〕 参见郑东瑞：《婚姻家庭法中的利他主义》，载《社科纵横》2019 年第 8 期。

〔2〕 参见蒋月：《20 世纪婚姻家庭法：从传统到现代化》，中国社会科学出版社 2015 年版，第 102 页。

(三)婚姻关系及遗产继承与分配直接体现了“自由、平等”价值观的追求

婚姻自由原则是我国婚姻家庭立法的基本原则之一,尽管现在年轻人在结婚、离婚等问题方面依然会受到父母较大的影响,甚至受到直接的干涉,但是究其原因很大程度在于当下很多年轻人在组建家庭时的物质基础往往对父母的依赖性大,法律本身规定禁止包办婚姻、买卖婚姻,禁止借婚姻索取财物。而婚姻缔结后,家事问题的处理允许在法定制度之外进行夫妻间约定,并明确夫妻约定对于婚姻双方当事人的约束力。此外,在遗产继承方面,允许财产所有权人在生前通过遗嘱指定继承人或受遗赠人,也允许财产所有权人与法定继承人之外的自然人或组织签订遗赠扶养协议。以上所有内容的法律规定都体现了自然人对于自己的家事问题以及私有财产的处分拥有完全的自由。

同时,我国《民法典》婚姻家庭编更明确规定了婚姻家庭关系中的男女平等原则,而为了在法律适用结果上实现实质的男女平等,还规定了一些照顾性规则,恰是这些看似不平等的照顾性规则使男女平等得到实质性的落实。

三、教学过程中的思政融入

课程思政的教育内容,不能如理论知识一般灌输,当下的大学生由于媒体的发达而接受了丰富的信息,并且一般均非常有主见,不会唯命是从,对于课堂上教师的讲解内容并非完全无条件地吸收,而是会有自己的想法甚至完全不赞同课本或教师的观点。这种积极思考的态度是我们应该鼓励的。为了让同学们在学习中不是仅停留在法律条文的内容记忆,而是更好地掌握立法的精神价值,接受婚姻家庭立法中的思政内容,并在将来进入社会及组建自己的家庭之后能在自己的工作、家庭与婚姻关系中践行社会主义核心价值观的要求,在教学中,本人认为可以采取如下方式有技巧地将思政教育融入婚姻家庭继承法的日常教学:

(一)通过法律规定的纵向、横向比较,引导同学讨论婚姻家庭立法体现的价值追求

婚姻家庭问题是人类永恒的话题,关于婚姻家事问题的法律规范自古有之。不同历史时期的婚姻家庭立法反映了当时的统治者的思想,但是,

婚姻家庭法律规范同时又具有很强的伦理性,因此,也与当时的风俗民俗、道德标准具有一致性。因此,在教学中应该重视相关立法内容的不同国家、不同历史时期的发展变化,引导同学思考为什么会有这样的变化,远者如对于婚姻历史类型的变化、财产制度的历史沿革等,近者如家事代理制度、离婚时家务补偿制度等,并让同学探讨这样的一种制度内容体现了什么目的。

(二)通过热点案例讨论,让同学自主思考相关思政元素在婚姻家庭法中适用的要求

作为法学院的同学,不需要人云亦云地盲目附和,而是要从专业的角度进行分析,探求法理的正当。以社会热点案例让同学进行思考,不只是考虑案件本身,还要通过案件的处理,把握法律问题处理的尺度,更要思考案件背后的意义。比如,在婚姻家庭立法中,我们惯常会将“泸州继承案”给同学们进行讨论,对于此案,理论界是一直存在一定的争论,在本人看来,此案的实践意义不只在于该案中所涉及遗嘱的效力问题,更凸显的是其中“公序良俗”原则的讨论。法律上固然肯定意思自治层面的“自由意志”,但自由从来不是无限制的,通过对于热点案例的讨论,让同学更好地认识到每个人自由意志实现的同时,也受到法律的约束。

(三)通过模拟婚姻家事问题的处理,让同学感知、体验核心价值观的内涵要求

在婚姻家庭继承法的教学中,尤其在婚姻家事法律诊所课堂上,我们一直采取的一种方式是角色模拟,通过角色模拟,让同学们更直观地感受婚姻家庭继承立法在解决实际纠纷时所要追求的社会价值,在对抗型的模拟中把握在婚姻家事中平等、公平、友善地处理问题的重要性,理智地化解矛盾纠纷。事实证明,同学们通过角色模拟,每学期后期比初期在法律正义的把握、解决纠纷的合理性途径的选择等方面有明显的进步。

(四)以考核方式引导学生对自己的家庭成员分析各自的权利和义务,明确自己的家庭地位与责任

自然,作为一门课程,最终都会有考核的任务,在婚姻家庭继承法的课程考核方面,通过设计开放性的题目,让学生以自己为本位,对于婚姻家庭方面的法律问题明确表达自己的看法并陈述理由,如“请谈谈你对彩礼的

看法”“你对家庭中婆媳天然是敌对的观点怎么看”“对于视频号上诸如‘如果你不带孙子以后别指望给你养老’之类的内容从法律上应如何应对,你认为此种说法正确吗”“你认为幸福的婚姻是什么样的”等,这样的一些问题并无现成标准的参考答案,但是必然引发同学的思考,思考之下或多或少会对于自己的婚姻、家庭有一定的想象,从而也能在一定程度上让同学明确自己在婚姻家庭中的责任与担当。同时,对同学在这类答题中所呈现的思想倾向可以在以后的教学中进行更恰当地引导。

结 语

每个人都源出于特定的家庭,因此婚姻家庭的重要性在于它对于个人成长、民族进步、社会和谐、国家发展有基础性作用。[1] 现在的大学生不久之后就将步入社会,成立自己的家庭,直面婚姻家庭关系中的各种角色,他们的婚姻家庭观、他们对于婚姻家庭成员间关系的认识以及他们对于婚姻家庭关系中矛盾的处理,直接关系到自身生活的幸福,同时也影响到社会的稳定。婚姻家庭幸福,必然对于社会、对于国家的认可度高,对于社会贡献的积极性也高。正如习近平总书记在全国高校思想政治工作会议上所强调的“高校立身之本在于立德树人。要坚持把立德树人作为中心环节”“各门课都要守好一段渠、种好责任田,使各类课程与思想政治理论课同向同行,形成协同效应”。大学生走出校园后不久就将在生活中从权利受众变成义务主体,独立承担家庭的责任,要关心生自己的、自己所生的,还有关心身边的,这需要做好充分的思想准备,否则婚姻破裂就是必然的走向。因此,在婚姻家庭法的教学中,从思想上对学生进行正确的引导,帮助学生树立起正确的价值观、婚恋观,便是婚姻家庭法教学“责任田”中最大的收获。

---

〔1〕 参见薛宁兰:《婚姻家庭法定位及其伦理内涵》,载《江淮论坛》2015 年第 6 期。

知识产权法教学回应高质量发展人才培养需求的改革研究

梁 艳*

摘 要:新发展格局下,学界对知识产权人才培养的研究发展已到统筹推进知识产权强国建设的阶段,以构建中国自主的知识产权知识体系、进行中国特色的知识产权学科建设为代表。知识产权法教学,在马克思主义理论研究和建设工程(以下简称"马工程")教材体系中,构建了以知识产权本体论为基础,立法维度的标准化教学体系。在新发展阶段,由于新技术、新业态的爆发,加之我国处于实体和程序多规制体系,因此知识产权司法中法律适用主观性较强。学者对司法判决的不认同,加深了知识产权法的教学困境。为避免学生对该学科知其表、失其理,或者知其体、失其用,建议知识产权法学教学改革能够纳入多维度的应用视野,回应智能时代、数字时代以及基因时代的知识产权问题。

关键词:知识产权法律人才培养 知识产权学科 知识产权法学教学改革

新发展阶段,推动高质量发展是保持经济持续健康发展的必然要求。知识产权强国建设离不开知识产权人才培养。对于知识产权法律人才培养的研究,内容更趋理论化。

然而,新发展阶段中,新技术、新业态爆发,热点的知识产权问题,无论是网络热搜中的知识产权问题,还是司法审判与专家点评,总让喜欢知识产权的法学生莫衷一是。多种矛盾观点的表达都在加剧瓦解知识产权法律适用的统一性,对知识产权法教学提出挑战。

* 作者简介:梁艳,盐城师范学院法学院专任教师,上海交通大学法学博士。

在培养未来知识产权领域的司法人才时,建议能够容纳多维度的知识产权法教学体系;马工程教材确立的知识产权法教学体系能够在争议领域提供权威的有效指导,甚至是以发展论的维度回应新技术、新经济、新形势的知识产权保护需求。

一、知识产权法律人才培养的理论化研究趋势

习近平总书记指出,知识产权保护工作关系国家治理体系和治理能力现代化,关系高质量发展。知识产权保护工作需为贯彻新发展理念、构建新发展格局、推动高质量发展提供有力保障。[1] 知识产权强国建设对知识产权人才培养提出了新的时代需求。

(一)法学体系下的知识产权独立学科的人才培养

习近平总书记围绕知识产权工作的系列重要论断,为新时代知识产权事业发展提供了根本遵循和行动指南。[2] 在此基础上,"中国自主的知识产权知识体系""知识产权学""中国特色知识产权理论体系"[3]"知识产权法学"[4]等逐步成为研究热点。

有研究者认为,法学一级学科中的知识产权的学科体系包括知识产权总的基本理论,研究知识产权的定义、性质、特征、主体、客体、内容、限制、利用、保护等;研究涉及知识产权各类客体的法律法规;研究知识产权与物权、债权、人身权的区别和联系;研究知识产权的支配权、请求权、抗辩权、形成权,以及内含的绝对权、相对权;研究民法典体系中的总则、物权、合同、人格权、婚姻家庭、继承、侵权责任等方面的规则在知识产权领域的适用等。[5]

有研究者认为,知识产权法的理论体系不能局限于法学的研究范式,

---

〔1〕 参见习近平:《全面加强知识产权保护工作 激发创新活力推动构建新发展格局》,载《求是》2021 年第 3 期。

〔2〕 参见中共国家知识产权局党组:《党领导新中国知识产权工作的历史经验与启示》,载国家知识产权局官网,https://www.cnipa.gov.cn/art/2021/11/25/art_2565_171692.html。

〔3〕 余俊:《面向知识产权强国建设的知识产权学科治理现代化》,载《知识产权》2021 年第 12 期。

〔4〕 易继明:《党的二十大与知识产权法学发展》,载《中国社会科学报》2023 年 3 月 31 日,第 6 版。

〔5〕 参见王肃:《"知识产权学"的学科体系建构》,载《知识产权》2023 年第 1 期。

提出该体系的研究论纲包括“知识产权法学理论体系”“知识产权正当性的哲学追问”“知识产权相关经济学分析”“知识产权国情调查”“知识产权管理与保护理论”“知识产权制度史与未来走向”“国际关系视角下的知识产权”等。[1]

有研究者认为，知识产权的学科体系不能局限于法学科学。吴汉东教授提出“自主知识产权知识体系”，是总结自主建设中国特色知识产权科学认识和经验的系统，为知识产权学科建设提供学理化、系统化基础。其知识产权的知识谱系，是以法学理论为基础，结合经济学、管理学、政治学、社会学、伦理学、政策科学以及技术科学等学术元素而形成的多视角、交叉性、综合型的知识系统。吴汉东教授将“自主知识产权知识体系”总结为“法律本土化理论”“制度创新理论”“利益平衡理论”“协同保护理论”“司法裁判理论”“产业发展理论”“强国建设理论”“国际战略理论”的理论体系。[2]

上述专家的观点体现出知识产权的复杂性。知识产权的复杂性和综合性决定了知识产权人才培养难以在单一学科领域完成。现行知识产权学科，形成了以法学学科范式为主干，兼具管理学和经济学学科范式的具有中国特色的二级学科体系。[3]

(二)知识产权一级学科的人才培养

知识产权属于法律、经济与科技深度融合应用领域，基于知识产权应用的需求，该领域成为法律、科技、经济和管理等专业领域的交叉学科。有研究者提出，面对产业变革与国际环境变化，知识产权制度客观上自始与自然科学技术和政治社会经济进步相辅相成，知识产权人才也被要求具备与时俱进的自然科学技术和政治社会经济的复合知识储备。[4] 法学学科的研究范式和话语体系，显然与知识产权应用领域的现实需求相去甚远。有研究者认为我国亟待突破传统知识产权学科束缚，以知识产权驱动国家

---

〔1〕 参见董涛：《“中国特色知识产权理论体系”研究论纲》，载《知识产权》2013 年第 5 期。

〔2〕 参见吴汉东：《试论中国自主的知识产权知识体系》，载《知识产权》2023 年第 1 期。

〔3〕 参见余俊：《面向知识产权强国建设的知识产权学科治理现代化》，载《知识产权》2021 年第 12 期。

〔4〕 参见单晓光：《培养复合型国际化人才，建设中国特色的知识产权强国》，载上海国际知识产权学院 2021 年 12 月 3 日，https://sicip.tongji.edu.cn/_t707/70/7a/c13008a225402/page.htm。

创新与全球竞争的战略视野,构建新的知识产权学科体系框架。[1]

有研究者认为,基于《知识产权强国建设纲要(2021—2035年)》涵盖的知识产权制度功能,知识产权学一级学科可以初步涵盖知识产权的创造、保护、运用、管理、服务、国际知识产权、知识产权史、知识产权基础理论八个视角的学科体系。[2]

研究者还提出了"知识产权学"的概念,推动"知识产权"一级学科建设。认为"知识产权"早已超越知识产权法的范围,与科学、行业和经济等联通交融,"知识产权"的领域不断扩张,有了自己的领地,成为独立的研究对象,可将其命名为"知识产权学",用以研究统筹规划"知识产权"的知识领域。该研究者将"知识产权学"归纳为以知识产权法学为底色,包括知识产权的经济学、管理学、信息学、社会学、教育学、史学、哲学等的"知识产权+"学科群体。[3]

(三)法学体系下知识产权法律人才培养

在众多知识产权独立学科或者知识产权一级学科的论证中,亦有坚守知识产权属于法学学科体系的观点。刘春田教授认为,学科建设与专业教育有联系,但却是目标和功能两个不同的概念。知识产权法学是以揭示知识产权的概念、本质、特征、功能、范围和相关构成,描述其在法的体系中的性质、地位等内涵、外延为己任的法律学科的一个分支。从学科建设的角度,把与知识产权相关的工程技术、管理科学、经济学、信息情报等不同学科的内容糅杂在一起的方案,无法将不同学科的知识归纳、提炼、抽象为具有同一的质的知识。碎片式的杂糅、捆绑,无论怎么搭配,也会因其欠缺内在联系,无法形成体系化的秩序。称作"专业"或名之曰"交叉学科",逻辑与实践不通。[4]

---

〔1〕 参见毛昊:《我国急需增设知识产权一级学科》,载上海国际知识产权学院2019年9月25日,https://sicip.tongji.edu.cn/_t580/1c/83/c13008a138371/page.htm。

〔2〕 参见赵勇、单晓光:《我国知识产权一级学科建设现状及发展路径》,载《知识产权》2020年第12期。

〔3〕 参见王肃:《"知识产权学"的学科体系建构》,载《知识产权》2023年第1期。

〔4〕 参见刘春田:《知识产权学科的性质与地位》,载《中国军转民》2022年第1期。

二、知识产权人才培养体系下的知识产权法学教学困境

在中国知识产权人才培养体系日趋理论化的同时，当前的知识产权法学科体系并不能有效回应知识产权人才培养的实践需求。

（一）知识产权人才培养理论约束下的知识产权法学教学短板

国家知识产权强国战略的知识产权人才培养需求，需通过教育体制，落实在知识产权法学教育系统和知识产权学科人才培养方案中，并呈现在由权威研究者所撰写的全国通用教材中。整个社会最普适的知识产权法律人才培养，是法学教学体系中，以马工程教材为依托，以知识产权本体论为体系，以知识产权系列法规为内容，立法维度的统一、标准化教学体系。

知识产权制度和知识产权应用的基础是知识产权系列法规。如果独立学科的知识产权人才培养目标是专业化，能够提供更多专业经验，则知识产权强国战略下服务于知识产权创造、保护的专业人才，通过司法践行知识产权保护时，需依赖精通知识产权法的法律人才。法学培养体系中精通知识产权的法律人才，是知识产权法律服务、司法的中坚力量。法学教育和法学理论研究承担着为法治中国建设培养高素质法治人才、提供科学理论支撑的使命，在推进全面依法治国中具有重要地位和作用。[1] 然而，科技创新诞生的新的智力成果需要知识产权保护时，知识产权保护国际合作、制度完善等更高层次的人才难以满足需求。这表明，知识产权法的教学难以回应新发展格局中知识产权法律人才的专业需求。

（二）知识产权法理论体系的窠臼与新技术知识产权之间的割裂

马工程教材，作为唯一准入普通高校法学必修课程教学体系的教材，其中的《知识产权法学》，采用法律对客体的归类和抽象，脱离了纷繁复杂的具象实体表达。知识产权法学对知识产权系列法规进行法学范式的体系化表达，形成了标准化、抽象化维度的知识产权法共识。以法学研究方法解读现行法律的知识产权法学教学维度，与纷繁复杂的法律适用的司法维度、知识产权创新保护的政策维度，形成了理论范畴上的割裂。正如上

〔1〕 参见中共中央办公厅、国务院办公厅：《关于加强新时代法学教育和法学理论研究的意见》，载中央人民政府网 2023 年 3 月 10 日，https://www.gov.cn/gongbao/content/2023/content_5745286.htm。

述刘春田教授的观点,这是不同层次、不同范畴的概念。这导致在诸多知识产权热点问题中,对于一些基础性问题,并没有形成法律群体的共性认知。

在数据时代、人工智能时代、自媒体时代,新的作品形式、新的作品应用业态都对知识产权的法律适用提出了挑战。我们能够理解教材编写专家在颇具争议的领域留白,维护知识产权法教学对法律事实抽象后的规则统一。这有利于学生学习知识产权法学时,构建具有理论性、一致性、标准化的知识产权法律保护体系。这一基础性工作非常重要。但当同学们将该理论体系具象到具体案件的法律适用时,如果缺乏相对一致的来自撰写规划教材的权威指导,将指导权交给更加广泛的知识产权教师时,则转化为知识产权法学教师的教学困境。

同样,在新业态、新行业中的知识产权问题中,都能看到权威专家在学术领域的各种观点。无论是权威的学术期刊,还是如国家知识产权局、国家互联网信息办公室等官方网站,或是北京知识产权法院等各类官方网站的观点,其权威性对绝大多数一线法学教师都有碾压之势。如果都将解读法律适用的教学目标落实在法学教学第一线的教师身上,难免会在法理和法律的统一性,与现行的争议之间形成取舍。

(三)知识产权法学术体系与司法应用之间的割裂

当前知识产权法学教材内的学术观点尚存在不统一的情况,若教师将教材外的网络观点引入知识产权法学的教学中,则更难使学生对知识产权法的司法适用规范形成统一认知。这种教师,而非教材,对新技术、新产业的知识产权问题回应,所培养的法律人才进入司法实践,难以形成统一于成文法逻辑下的司法判决。各类知识产权典型案件纠纷,在司法实践中形成了截然相反的判决结果。即使被实践广泛关注,亦可以看到多种观点。判决的自由化损害了法律的权威。知识产权法上权利法定和法律弹性之间的矛盾冲突比传统民法上的冲突更为激烈。基础理论认知的不一致,导致不同教师的课堂,对同一理论字面表达的解释,有完全不同的范畴。

对于知识产权司法中法律适用的主观性,早有研究者对知识产权司法应用中的法官主观性较强的现象提出批判。其认为法院对于个人创造成果保护范围或者某些客体的范围的认定,对整体社会成本和福利有着重要影响,故知识产权法需要维护知识产权法定原则,限制法官的主观随意性。[1] 知识产权法需要直面科学技术、文化艺术和商业贸易飞速发展所带来的源源不断的新问题。基于法律的稳定性,知识产权立法不能跟上社会发展节奏,无法对这些新问题做出及时回应。这在一定程度上形成了知识产权法学教学系统与司法实践的矛盾和割裂。

三、对于知识产权法教学时代回应性改革举措的建议

基于上述问题,建议知识产权法学教育的组织者和教材的编写者,能够关注并回应知识产权法学的教学困境。

(一)理论层面构建容纳多维度的知识产权法教学体系

现行知识产权法学教学建立在知识产权法本体论的视野,以知识产权的概念、性质、特征、主体、客体、利用、限制、保护、体系等作为研究内容,述及知识产权的构成要素与本质属性、法律关系与运行方式、保护范围与体系框架。[2] 完美的自循环体系在面对多样化的应用领域时,则必然进入法律适用和法律解释的司法维度。立法和司法维度的法律适用结果直接决定智力成果价值时,法经济学视野中的"理性人"思维就决定了其所创造和保护知识产权的行为,从而决定"创新驱动"或者"保守跟随"的经济行为。坚守"成文理性",其有限性和局限性,会导致知识产权法律服务人员,在面对新发展格局中知识产权保护问题时,做出形式僵硬的"技术理性"选择。

以新发展格局下知识产权强国建设对知识产权法律服务的需求为目标,知识产权法学教育亦需改革,以回应知识产权法与科技、经济的互动关系。建议拓宽知识产权法学教学的维度,法学学生对知识产权法的学习与知识产权运用、运营和保护相衔接,必要时也需要将教学维度拓展到知识产权的创造、管理和服务,以供给满足知识产权强国建设需求的知识产权法律人才。

(二)从教材层面回应新技术、新业态的知识产权法律问题

无论是对新业态的知识产权保护,还是对专业人士争议较大的领域,

[1] 参见崔国斌:《知识产权法官造法批判》,载《中国法学》2006 年第 1 期。

[2] 参见吴汉东:《知识产权理论的体系化与中国化问题研究》,载《法制与社会发展》2014 年第 6 期。

通过掌握话语权的法学教材,回应现实问题,促进未来司法实践的统一,均不仅是司法实践迫切需要,亦是法学教师的需求,更是社会相关领域从业者的行为动因。有研究者早已关注到法律对社会范式转变的回应性特征,并提出知识社会预示着一个新的社会范式的转换,表现为法律的回应性特征凸显。[1] 当新的技术形式出现,基于法律的稳定性,知识产权法尚未能够有效回应社会需求时,知识产权法学教育对新发展格局下的新业态、新技术的回应,对于知识产权法律适用的统一性具有重要价值。针对新问题的回应,建议由高校指定教材及时对此类问题给出更合适的教学建议,以推动新一代的知识产权司法人员在更多的问题上形成法律认知的共识。

(三)平衡知识产权法律的稳定性与多可能性司法之间的冲突

中国法律应对社会发展的方法是以成文法为主导。经常修改的、不稳定的法律也自然影响到成文法律所应具有的共知性。法律共知性一旦丧失,成文法所具有的双向约束性的功能就会减弱,对执法者的控制能力降低,即所谓的"从而给守法与变法的两难境遇更渲染了一层紧张的气氛"[2]。

在知识产权领域,与其放任对新技术、新业态和极具争议的知识产权问题由未来的司法体制对司法从业人员进行规训,导致莫衷一是的司法判决,不如由法律专家在更专业的层面完成知识产权法的回应性。获得教材编写权的法律专家在法学体系中有最大共识。通过普适性的法学教材传递,影响未来的从业者,有助于寻求一条可能获得法律和科技变革协调发展的路径。建议法学教材能够及时关注、明确、统一保护合理的新兴领域和特定领域知识产权规则体系,整理、完善新技术、新产业、新业态、新模式知识产权保护规则。

结　语

尽管知识产权法教学本身存在学科体系、学术体系和教学体系等诸多外在限制,难以容纳无限的知识产权创新保护问题,但笔者依然认为,知识

---

[1] 易继明:《知识社会中法律的回应性特征》,载《法商研究(中南政法学院学报)》2001 年第 4 期。

[2] 季卫东:《"当代法学名著译丛"评介(选登)》,载《比较法研究》1994 年第 1 期。

产权法学教学体系需要走出本体论的知识产权法学方法构建起来的规范体系,回应新发展格局下完善产权保护制度的现实需求。在教材层面进一步规范、统一法律适用,可避免法官的主观随意性,及该主观随意性可能导致的打破法定的利益平衡,威胁公共领域的行动自由和法律的统一性。

数字法学背景下行政法课堂教学的反思与完善

刘文凯*

摘　要:伴随着数字时代的到来,数字法学已经成为当代法学研究和法学教育迭代升级的重要推动力。在此背景下,行政法教学不仅面临容易与现实行政脱节的传统危机,而且受到数字行政法治化和行政法治数字化的新型挑战。为应对这些挑战,行政法课堂教学过程中教师应积极主动关注和研究数字行政法治,加快培养学生的数字行政法治思维,逐步实现数字行政法治成果的嵌入,不断推进法学与相关学科的交叉融合,为数字法治人才培养奠定坚实基础。

关键词:数字法学　数字行政　数字行政法　课堂教学

伴随着数字时代的到来,数字法学作为当代法学研究和法学教育发展的代名词,已经取得广泛共识。学界对于数字法学的认识已经不限于其是现代法学的增补或者现代法学新的分支,还将其上升到了现代法学为适应数字时代变革发展而整体系统转型升级的高度。[1] 在此背景下,如何建构数字法学体系以及实现数字法学教育的迭代升级也就显得越发迫切。行政法学作为一门重要的部门法学,同样也面临着数字行政法体系建构以及数字行政法教育迭代升级的重要课题。

---

* 作者简介:刘文凯,南京审计大学法学院讲师,研究方向:行政法与行政诉讼法学。

〔1〕 参见马长山:《数字法学的理论表达》,载《中国法学》2022 年第 3 期。

一、数字法学背景下行政法教学面临的挑战

(一)行政法教学面临的传统危机

法学是一门实践性极强的学科。然而,也正是其具有极强的实践性,导致法学教育始终面临着课堂教学与法律实践脱节的危机。这一危机在行政法教学中即表现为行政法课堂教学与现实行政的脱节。行政法教学的传统危机虽然对良好的行政法学教育产生了一定的不利影响,但是由于其大多只是教育教学方法的问题,即便存在部分理论和实践冲击也仍可在既有的行政法学体系中得以消化,因此只要教师不断改进教育教学方法、提升教学质量,其便可在很大程度上得以化解。譬如,针对行政法学理论比较抽象的问题,可以通过案例教学、加强课堂研讨等方式,实现理论与实践的有效衔接。再如,针对公私合作、行政协议和行政约谈等新型行政现象,可以通过吸收最新理论研究成果以及运用行政法释义学等方法,实现行政法学知识体系的查漏补缺。

(二)行政法教学受到的新型挑战

与行政法面临的传统冲击不同,数字行政对行政法体系的冲击不是分散和局部的,而是全面和系统的。一方面体现在数字经济、数字社会、数字政府、数字生态、数字中国建设的宏伟目标上,另一方面体现在数据治理、自动化行政、信息行政、算法规制等微观演变中。申言之,数字行政并非对传统政府及其规制方式进行的部分改进和优化,而是对其进行的系统升级和重塑。更为根本的是,它改变了传统行政从事实到规范,再到作出决定的行政结构,创设了一种从数据到算法,再到决策的新型行政结构。由于数字行政的行政结构与传统行政的行政结构存在根本差异,因此行政法治体系的系统重塑似乎已经成为必然。即便是在行政法治体系如何系统重塑这一问题上,实际也需要及时建构和确立数字法治的原则、制度与机制,由此行政法领域便产生了数字行政法治化[1]和行政法治数字化[2]两大

---

〔1〕 参见王锡锌:《数治与法治:数字行政的法治约束》,载《中国人民大学学报》2022 年第 6 期;于安:《论数字行政法——比较法视角的探讨》,载《华东政法大学学报》2022 年第 1 期;王敬波:《数字政府的发展与行政法治的回应》,载《现代法学》2023 年第 5 期;高秦伟:《数字政府背景下行政法治的发展及其课题》,载《东方法学》2022 年第 2 期等。

〔2〕 参见马长山:《数字法治政府的机制再造》,载《政治与法律》2022 年第 11 期;刘权:《数字政府建设中数字化与法治化的融合》,载《当代法学》2023 年第 6 期;解志勇:《数字法治政府构建的四个面向及其实现》,载《比较法研究》2023 年第 1 期;等等。

核心议题。

两大核心议题的产生虽然为行政法学的理论研究提供了方向指引,但与此同时也为数字时代的行政法学教育带来了新的挑战。这些新挑战包括但不限于:为适应数字时代发展,法学教育应当如何培养兼具法学专业知识和数字技术的复合型法治人才;为防止数字时代行政法学课堂教学与现实行政严重脱节,行政法教学应当如何将数字行政和数字行政法治知识引入课堂;为提升数字法治人才培养质量,行政法教学应当如何培养学生的数字法治思维,帮助学生了解数字行政规律和数字法治实践,提升学生适应数字法治时代的研究能力和实践能力等。

二、行政法教学应对数字行政法发展的困境

相较于数字行政法在学术研究领域的蓬勃发展,其在行政法课堂教学中的引入和讲授仍然面临诸多困境。

(一)数字行政法体系仍在探索之中

一般而言,成熟稳定的知识体系是课堂教学的前提和基础。然而,从我国数字行政法的发展现状来看,很难说其已经形成了比较成熟稳定且具有系统性的知识体系。这一方面体现在数字行政法的理论研究还没有完全跟上数字行政实践的发展。另一方面体现在既有研究仍然处于基础研究阶段,还未深入具体领域;比较注重域外学术成果和法律制度的参考和借鉴,还未形成立足于本土的学科、学术和话语体系;主要集中于个别数字行政实践的分析和研究,还未对数字行政一般性理论和制度进行提炼和把握等方面。在此背景下,如何将数字行政法融入行政法课堂教学以及将哪些内容融入课堂教学等均需授课教师认真筛选和深度把握。

(二)教师对数字行政法的关注不够

除了数字行政法的知识体系尚未成熟,授课教师对于数字行政法的关注度不高,也是数字时代行政法课堂教学容易与现实行政脱节的重要因素。受传统行政法学理论研究惯性影响,部分行政法学者比较热衷于研究传统行政法学领域,对于数字行政法并不是很感兴趣,甚至对于数字行政法研究的技术化现象存在抵触情绪。这在教师个人学术旨趣的选择上无可厚非,但在从研究到教学任务转换、从学者到教师角色转换的情景下,应

积极适应数字时代的发展,根据数字法治人才培养的实际需要及时作出调整。

(三)学生对数字行政法的了解较少

学生虽然对于数字经济、数字社会、数字政府、数字生态、数字中国等国家宏观目标均有一定了解,但是一到具体领域,对相关知识了解便较少。在行政法领域,绝大多数学生都对数字政府、数字社会、数字中国等有所了解,但是对于数据治理、自动化行政、信息行政、算法规制等数字行政方式则了解不多。就法学学科的实践性而言,学生对于法律规范对象或现象的了解程度,很大程度上也会影响其对相关知识掌握的广度和深度。由此,如何通过课上和课下让学生对数字行政具有更多的了解和兴趣,某种程度上决定了数字行政法融入行政法课堂教学的质量和效果。

三、数字法学背景下行政法课堂教学的调试

虽然数字法学教育在行政法课堂教学中的落实存在一些现实困境,但是由于数字法学教育转型升级是现代法学转向数字法学的必然要求,[1]因此当下仍有必要充分利用既有条件,积极为数字法治人才培养奠定基础。

(一)积极主动关注和研究数字行政法治

"从现代法学教育转向数字法学教育,绝非意欲抛弃现代法学而另起炉灶,而是在对现代法学予以迁移继承和更新重建的基础上,对数字时代的生产生活规律进行法学提炼,使现代法学与新兴数字法学理论构成一体融合的学科体系,从而更有效地满足数字时代的发展要求。"[2]具体到行政法教学中,授课教师应当逐渐消除对于数字行政和数字行政法在学术研究旨趣上的消极和抵触情绪,积极发挥数字法治人才培养优势,主动适应数字法学教育的迭代升级,不断拓展和提升对于数字行政和数字行政法治的认识和了解,努力为数字行政法融入课堂打下坚实基础。此外,还可在满足课堂教学需要的基础之上,利用学术研究优势和特长,积极投身到数字行政法治的研究和提炼之中,推动数字行政法尽早成熟稳定、形成体系。

〔1〕 参见马长山:《数字法学教育的迭代变革》,载《中国人民大学学报》2022年第6期。

〔2〕 马长山:《数字时代的法学教育转型》,载《上海政法学院学报(法治论丛)》2023年第1期。

(二)加快培养学生的数字行政法治思维

如前所述,数字行政改变了传统行政从事实到规范再到作出决定的行政结构,创设了从数据到算法再到决策的新型行政结构。这一变化不仅深度改变了行政法治的方式,而且对行政法治思维也产生了根本影响。在此背景下,学生不仅需要应对数字技术作为规范对象的理论思维转变,还需掌握数字技术作为法治工具的应用思维转变[1],从而能够既关注到数据权属、数据处理、数据安全、数字垄断、数字鸿沟、算法黑箱、算法歧视、算法权力等法治问题,又能够有效运用数字法治工具对其进行有效制约和平衡,以实现数字正义。这就要求行政法课堂教学应当致力于为学生详细系统地阐明数字行政和数字行政法的底层逻辑及展开路径[2],加快培养学生的数字行政法治思维。

(三)逐步实现数字行政法治成果的嵌入

鉴于数字行政法体系仍在探索之中,尚未形成成熟稳定且具有系统性的知识体系,目前比较适宜采用嵌入的方式逐步将数字行政法的相关成果融入到行政法课堂教学中。具体而言,对于已经理论定型和具有广泛共识的数字行政法理论和实践,可通过教师讲授的方式开展课堂教学;对于尚未理论定型和达成共识,但已经有过广泛研究的数字行政法理论和实践,可以采用课堂研讨的方式,引导学生对其进行全面分析和把握;对于既未理论定型也未达成共识,有关研究仍然比较匮乏的数字行政法理论和实践,可以通过布置课后作业或者向学生推荐研究选题的方式,促使学生对其进行了解和把握。

(四)不断推进法学与相关学科的交叉融合

数字法治人才归根结底就是要培养兼具法学专业知识和现代信息技术的复合型法治人才。由此,通过行政法课堂教学不断推进法学与相关学科的交叉融合,便成为数字时代新文科、新法学建设的必然选择。从当前全国高校推进法学与相关学科交叉融合的现状来看,不同高校可以结合自身资源条件以及学科特色,通过法学专业授课教师拓展讲授网络与数据法

[1] 参见胡铭:《数字法学:定位、范畴与方法——兼论面向数智未来的法学教育》,载《政法论坛》2022 年第 3 期。

[2] 参见王锡锌:《数字法治政府建设的底层逻辑及展开路径》,载《数字法治》2023 年第 2 期。

学专业知识、介绍数字技术和信息技术，组建交叉学科、跨学科教学团队共同授课以及专门建设数字法学教研机构、独立设置课程体系等方式，提升学生的学科交叉视野和能力。[1]

[1] 参见孙晋：《数字时代网络与数据法学课程的教学探索》，《中国大学教学》2022年Z1期。

论法律电影在国际法教学中的应用*

韩雨潇**

摘　要:法律电影作为电影门类的一种,一方面可以吸引公众的眼球,另一方面也引发公众对于法律制度的重新思考。国际法学的课程相对比较抽象,和学生的日常生活也比较遥远,学生在理解方面存在难度,传统的教学模式不能很好地将国际法的相关知识传授给学生,预期的教学效果难以实现。在国际法教学中合理运用法律电影作为教学的手段,不仅能够将抽象的国际法知识运用影视的方式表现出来,增强国际法课程的趣味性,让学生在真实的场景中感受国际法带来的魅力,而且是对于国际法教学的重要补充和拓展,让学生更生动形象地学习国际法知识,对于探索国际法教学的新模式具有重要的意义。将法律电影引入国际法教学中,需要教师在实践中积极稳妥地探索应用,从而充分发挥法律电影在提高国际法教学效果中的作用。

关键词:法律电影　国际法　教学改革　法学教育

国际法是教育部所列高等学校法学专业的14门核心课程之一,属于法学专业的基础课程。通过对国际法的学习和研究,可以认识调整国家、国际组织等国际法主体之间关系的各种原则、规则和制度,但是这些内容对于学生来说在生活中一般很难接触到。如果教师在教授国际法课程时,能够引入相关的法律电影,通过法律电影将国际法中的基础知识展现在学生面前,不仅能够让学生更生动、形象地学习国际法知识,还能够激发学生学习兴趣,增进教学信息双向交流,促进教学目的和教学效果的实现。

---

* 基金项目:2023年扬州大学教学改革研究课题——"互联网+教育"背景下《国际法》翻转课堂教学模式探索与构建,项目编号YZUJX2023—D2。

** 作者简介:韩雨潇,扬州大学法学院讲师,研究方向:国际法,知识产权法。

一、什么是法律电影

有很多电影都是关于法律题材的,那么是否具有法律的元素就能被界定为“法律电影”？答案是否定的。法律电影其实是一种特定类型的电影,需要从主题、情节、场景等元素去界定一部电影是否能被归属于“法律电影”这个分类。

从电影主题上来看,一个电影的主题应该是电影的中心内容或者核心内容,一般我们看完一部影片之后就能够判断出一部电影的主题是什么。法律电影的主题应该是通过情节的不断展开来表达一个法律问题,如果只是对于实体法或者程序法的描述,那么其只能被视为一种纪录片,而不能被界定为法律电影。

从电影情节上来看,法律电影常常和庭审密切相关,因为法官、律师、证人等会在法庭上产生很多针锋相对的冲突,冲突之后的判决也会给观众留有很多悬念,这些都为电影提供了很多戏剧性、悬念性和动作性的素材。然而,法律电影并非一定要通过庭审来展现,因为法律制度渗透于生活的每个角落,即便不在法庭中也可以将法律制度充分地展现。比如整部电影中一个法庭场景都没有的《万里归途》可以作为外交与领事关系法的研究对象,《万里归途》不仅能让学生了解国际法上的撤侨行动,还能让学生了解外交官鲜为人知的工作情况。

从电影场景上来看,场景是电影中故事发生的空间环境,担负着塑造人物性格、渲染故事氛围等责任,是电影中非常重要的造型元素。“正义”这个概念在法律电影中扮演了很重要的角色,所以在法律电影中会出现很多象征着公平和正义的图像,比如法庭、天平等,彰显在面对现实案件中情感与法律产生的对立时,能够站在法治角度平衡理智与情感。和国际法相关的很多电影中,还会出现中国的国旗,这体现了中国国旗背后的中国法律体系,以及具有现实意义的保护原则及其可操作性。比如电影《战狼2》中男主角胳膊上套着中国国旗,坐在卡车上高举红旗带领车队与民众顺利通过交战区,这不仅体现了国旗背后的力量,也体现了国际法的力量。[1]

综上,法律电影就是一种将法律题材以电影艺术的方式展现出来的电影。无论是依据真实的案件改编还是虚构案件,无论是以法庭作为核心还是以法庭情景剧的方式呈现,只要是内容与选材来自司法案件或者事件,通过情节的不断开展来反映一个国家的法律制度的电影,就能够被界定为法律电影。

二、法律电影在国际法教学中的意义

在学习国际法的过程中,各种条约、各国法律原则等国际法理论让学生应接不暇,如果在教学过程中,引入法律电影,可能使学生处于真实的问题情感之中,强化学生主动参与的学习行为,能够帮助学生将所学的内容与真实的生活相连接。因此,将法律电影融入国际法教学中,是对于国际法教材的重要补充和拓展。与传统的教学方式相比,把法律电影引入国际法教学中具有如下的意义。

(一)提高学生学习的积极性和主动性

就国际法而言,学生是愿意读《国际人道法》的相关条文呢,还是想看电影《纽伦堡审判》呢?答案肯定是后者。国际法中的很多理论,比如国际法的基本原则、国际空间法等不仅是抽象的,而且和学生的生活距离比较远,学生常常在学习过程中因为觉得其难以理解而丧失学习的兴趣,而在教学中引入法律电影,可以减少学生与国际法之间的隔阂感。一方面,可以用法律电影形象直观地呈现一些传统教学不容易表现的教学内容。比如在讲解国际刑法、国际人道法等相关内容时,无论多少文字的讲解也不如观看《战狼》系列电影的效果来得实在,在观看了《战狼》系列电影后,学生对于战争罪、战时平民的保护、联合国维和部队等概念也会有更深层次的理解。另一方面,在教学过程中学生运用的感觉器官越多,相应的知识就越能被其记忆和理解。运用法律电影让学生沉浸在一个生动逼真的教学环境中,可以全面调动学生的视听感官,让学生了解国际法学在实践中的运用,学生从被动的知识接受者转变为主动的知识探索者、发现者,使学

[1] 参见官盛奎:《法学院里的电影教学与研究》,载《清华法治论衡》2014 年第 2 期。

生增加了学习的积极性和主动性,共同探索法律的奥秘。[1]

(二)增加师生的互动

法律电影通常是围绕司法案件或者司法事件展开,具有情节性、典型性等特点。在国际法教学中引入法律电影时,教师可以根据电影设计一定的问题,或外露,或含蓄,留待学生去挖掘。通过这些问题引起学生的思考,给学生留下充分的思考空间。在这个过程中,学生通过不断地与其他学习者、与教师进行对于法律电影的讨论和分析,在交互中达到学习目标。比如通过电影《流浪地球》让学生大胆探索未来国际法的走向,并思考如果出现电影中"地球迁移"这样重大的事项,是否需要一个强有力的行政执行机构,而现有的联合国机构能否承担这样的重任。一般给学生讲授国际组织法中联合国相关内容时,很多学生无法理解联合国的重要性,但是他们在观看了电影《流浪地球》后,都认为建立一个高度权威、统一性的国际组织为人类的共同命运作决策很有必要。

(三)使单一的教学模式多元化

传统的法学课堂的教学模式,一般就是教师在讲台上讲授,其间有可能提问也有可能不提问,课堂相对比较沉闷。在国际法教学中引入法律电影,可以使这种状况得到改观,因为电影通过视听媒体带来的感官与心灵的互动能够调动学生的积极性,法律电影又与学生学习的内容联系紧密,学生在观看之后表达的欲望会增强,可以使法学课堂教学变得生动起来。将法律电影融入国际法教学是对于国际法教学模式的一种探索,但是这并不意味着教师就要舍弃传统的课堂教学。比如以粉笔和黑板为代表的传统教学模式,其及时性是其他教学模式无法替代的,并且板书也是体现教师课堂教学魅力的一种重要方式。教师可以把板书和法律电影的播放结合起来,通过板书强调本次课程的重点和难点,使学生可以在看电影的时候根据知识点进行思考,帮助学生较好地掌握相关的知识点。

三、国际法课程教学中运用法律电影的策略

在国际法课程教学中运用法律电影,需要大量的法律电影作基础,好

[1] 参见马浩:《法律电影素材在法学教学中的运用》,载《中国电影报》2023年2月8日,第11版。

的法律电影,是法律电影教学策略的关键。如果在课堂上滥用或者误用法律电影,不仅不会提高教学质量,还会影响教学效果。因此,教师在选取法律电影时应注意以下几个问题。

(一)法律电影的选取原则

1. 针对性

针对性是指法律电影的选取要针对教学目标的需要,教师应该确认所选的法律电影是否与教学内容很好地契合,能否反映学习内容的重要概念;需要选择与教学内容和教学目的密切相关的典型法律电影,寓所教理论于案例之中,让所选法律电影成为国际法课堂教学的良性载体。比如《马背上的法庭》是一部典型的法律题材的电影,其主要是针对法制史课程的,观看此影片可以让学生了解我国偏远山区的法治现状,体会我国法治建设的艰难与不易,但是和国际法课程的关联性不大,如果在国际法课程上选取该法律电影就不是十分恰当。又如《柏林大审判》这部美国电影改编自三名东柏林男子劫持飞机逃亡西方的冷战真实故事,其涉及的国际法知识包括国际法基本原则、难民问题、联合国宪章、国际法中的司法管辖权原则、国际人权法等,尽管该电影可以运用于国际法教学中,但是并不是所有内容均适用于国际法的每一章教学需要,这就需要教师根据每一章的具体内容有针对性地选择合适的法律电影。

2. 现实性

法律电影并不一定是真实的案例改编,也有可能是虚构案件,但是其表述的观点应当具有浓厚的现实基础。人们关注的、社会影响大的、能引人深思的法律电影比较适合在课堂上放映,因为电影中人物的思想、行为、意识等会对学生产生非常大的影响。能够引起学生共鸣的法律电影,才能吸引学生进入案例情境中,激发学生的兴趣与参与热情。典型性和现实性并不矛盾,所以,教师在选取法律电影时,既要注意到真实性,又需要兼顾典型性。此外法律电影中展示的故事应当完整,事件发生的时间、地点、人物等要素都应当按照一定的结构展示出来。[1]

[1] 参见钟志贤:《信息化教学模式》,北京师范大学出版社2006年版,第25页。

3. 问题性

将法律电影引入国际法教学是为了培养学生发现问题、分析问题、解决问题的能力，教师在教学的时候一定要蕴含或者设计一定的问题，这些问题要能够引起广泛讨论，以锻炼学生的思维能力和探索能力，并且这些问题应该具有一定的难度，如果设计的问题学生一看就非常清楚，则难以激发学生思考、分析、讨论的兴趣和热情，法律电影教学策略也就失去了意义。比如电影《红海行动》是根据2015年中国海军也门撤侨真实事件改编的，电影开场临沂舰舰长就下令“绝对不能进入他国领海”，影片借此想要表达中国对于国际法的遵守和对于他国领土主权的尊重，展现一个负责任的大国形象和风范，那么教师就可以引导学生思考国际法上关于“领海”是怎么规定的？一国军舰不得进入他国领海有何依据？他国领海是否绝对不能进入？从而激发学生的思考。

4. 法律电影长度要适宜

法律电影一般都比较长，至少需要一个小时才能播放完毕，而国际法课程的课时是有限的，如果在课堂上播放一部完整的法律电影，就无法完成国际法课程的教学任务。如果把电影节选太短，材料又可能会缺乏完整性。因此，教师需要运用视频处理软件对法律电影进行再加工，使其变成时长较合适、内容较匹配、结构较完整的法律电影教学素材。此外在播放法律电影的时候需要注意选择合适的时机，比如用来导入新课的法律电影需要在课堂开始就播放，从而引发学生思考；如果是用来辅助解释法学抽象概念的法律电影，则需要放在理论讲解之后播放；如果是看完以后需要讨论和留下相关习题作业的法律电影，则需要留下充足的讨论时间或者组织学生课下观看。[1]

（二）法律电影在国际法课堂教学中的主要模式

法律电影在国际法课堂教学中的运用主要就是借助法律电影使抽象的国际法理论知识变得具体生动，激发学生的学习兴趣，从而产生学习的意愿，概括起来主要包括以下几种模式。

---

〔1〕 参见孙天立：《多媒体视频教学在“思想道德修养与法律基础”课程中的应用》，载《教育与职业》2011年第8期。

1. “先放映后讲授”模式

在这个模式之下,首先教师会进行课程引入,一般包括展现课堂目标、内容总览等,帮助学生了解这一堂课的要点、需要知道的内容以及教学结束之后应当达到的能力水平;其次,教师要设计适合讨论的问题,主要围绕本节课的内容去进行设计,难度也要恰当,太难的问题会引起学生过度焦虑,使学生丧失学习的热情;再次,放映相关的法律电影素材,引导学生在观看电影素材时围绕相关问题进行思考;最后,教师和学生分析讨论,并且由教师进行概括总结,在这个阶段教师结合教材对相关的法律电影进行评价,帮助学生对整堂课的内容进行复习、概括、组织和强调,有助于学生更好地整合前面所学的知识。

2. “先讲授后放映”模式

这种模式需要教师先对教材的内容进行讲述,然后再播放电影,最后由教师和学生分析讨论再结合教材进行总结。其中最为重要的是讲述环节,教师需要通过引导学生的认识需求、理论内容阐述、告知预期学习成果等一系列的活动,激发学生对于国际法课程的学习兴趣,为后续的边观看法律电影边思考做好准备。此外,在此模式之下,对于法律电影的选择也很重要,需要结合课程内容的相关性去进行选择,并且还需要注意对观看法律电影引发的一些其他的不当想法进行正确的引导。

3. “穿插放映”模式

在这种模式之下,教师的教学过程和法律电影的播放过程是穿插进行的,所以此模式下使用法律电影的时机选择很重要,即教师在何时播放法律电影素材。一般来说,教师需要把本节课内容划分为几个部分,教师对于基本的理论进行教授,然后通过法律电影的方式来展现或者支撑教师的讲解内容,阐述和放映两个环节之间相辅相成,最后教师需要对于课程的内容进行总结,一方面由教师引导学生对于问题进行讨论;另一方面教师要补充完善学生的观点以及在学生交流的基础上进行概括总结。

结　语

国际法是法学专业本科生的主干课程,是学科专业必修课。国际法课程通过教学,使学生全面、系统地了解国际法的历史、作用、原理以及相关原则与制度,并能够正确分析、研讨国际法案例,从而使学生树立具有国际法视野的意识与理念,提高法学修养。然而要想圆满完成这一任务,就应该努力挖掘一切有效形式,提高教学质量。将法律电影引入国际法课程教学中,是对课堂教学的一种新尝试,需要教师勇于打破传统的教育模式,在实践中积极稳妥地探索应用,从而充分发挥法律电影在提高国际法课程教学效果中的作用。

论面向非法学专业学生的法学教育*

谌 杨**

摘 要:开展面向非法学专业学生的法学教育符合建设社会主义法治国家的目标,符合我国"新法科"建设的要求,有利于培养具有综合素质能力的学生。但在目前我国面向非法学专业学生的法学教育中,存在课程设置不合理、学生学习动力不足、教师教学能力不足等问题。对此,应当通过合理进行课程设置、培养学生的学习动力、重视教学团队建设等途径予以应对。

关键词:法学教育 非法学专业 "新法科"建设 人才培养

在现代社会,法律所涉及的方面非常广泛,特别是在一个相对成熟的法治社会中,法律应当能够对社会生活的各个方面实现全覆盖,以使整个社会在法治的框架下运行。相应地,法学研究的对象也应当是广泛的,应当能够涵盖社会中的各类现实问题,这就要求研习法律者具有较为丰富的社会经验和多重的知识结构,如此方能应对实践中各类复杂的法律问题。事实上,在法学知识体系之中,除了完全属于法学范畴的专业知识内容,还融合了其他的自然科学和社会科学知识,如经济法学的内容中包含了经济学的相关知识、环境法学的内容中包含了环境科学的相关知识等,因而具备多重知识背景的人在研习法学时通常具有天然的优势。正因如此,在一些法学教育体系较为成熟的国家,法学教育通常被确立为本科后的教育,即学生在报考法学专业之前,应当已经获得其他专业的学士学位。〔1〕

---

* 基金项目:2023年南京审计大学高教研究课题"面向非本专业学生课程的教学团队建设研究"(2023JG052)。

** 作者简介:谌杨,南京审计大学法学院讲师,研究方向:环境法学、法学教育。

〔1〕 参见孟涛:《美国法学教育模式的反思》,载《中国政法大学学报》2017年第4期。

在我国的高等教育体系中,本科阶段即设置了法学专业,故我国有专门的法学本科教育。此外,我国也有面向非法学专业学生的法学教育,这类法学教育主要体现为三种形式:一是以通识课或公选课形式开设的讲授法律常识的选修课程,这类课程的选修者通常是非法学专业的学生;二是大学思想政治理论课中的"思想道德修养与法律基础"课程,该课程既面向法学专业的学生开设,也面向非法学专业的学生开设,是所有本科生的必修课;三是部分高校专门为非法学专业学生开设的法学课程,例如面向经济管理类(以下简称"经管类")专业学生开设的经济法学课程、面向公共管理类专业学生开设的社会保障法学课程、面向公安类专业学生开设的刑事司法学课程等。

在这三类面向非法学专业学生的法学教育中,又以第三类的重要性和研究价值最高,原因是这类专门为非法学专业学生开设的法学课程,通常被列为学生的必修课或专业核心课,其课程地位和重要性较高。同时,这些课程所讲授的法学知识的难度较大、专业性较强,与仅讲授法律基础知识的通识课、选修课等存在较大的区别。如前文所述,面向非法学专业学生的法学教育在一定程度上更为契合"研习法学需要多学科知识背景"的一般规律,因而对于培养高素质、复合型法律人才而言是极为重要的。因此,本文以"专门为非法学专业学生开设的法学课程"为研究对象,分析我国面向非法学专业学生的法学教育中存在的问题,并尝试给出相应的解决方案。

一、面向非法学专业学生进行法学教育的重要性

(一)符合建设社会主义法治国家的目标

法治兴则国兴,法治强则国强,当下我国正处于全面推进依法治国、建设社会主义法治国家的关键时期。建设社会主义法治国家,必然离不开大批法律人才的培养,正如习近平总书记所言:"法治人才培养上不去,法治领域不能人才辈出,全面依法治国就不可能做好。"[1]法律的生命力在于实

[1] 胡明:《全面提升法律人才培养能力 为全面依法治国提供坚实人才保障》,载《光明日报》2023年1月31日,第5版。

施,法律的实施在于人,[1]在一个真正的法治社会中,每个公民都应当自觉遵守法律,每个公民的学习、工作、生活等各项日常行为,都应当在符合法律规定的前提下进行,任何人都不具有逾越法律的特权。因此,提升全体公民的法治意识和法治素养,是当下我国建设社会主义法治国家的重要内容。[2] 从这个层面上来说,开展普适性的法学教育意义重大。

长期以来,一些西方国家鼓吹所谓的"法学是精英教育""法学是权术之学"等错误思想,试图将法学教育脱离群众,而成为部分统治者的特权。事实上,在一个法治国家里,法学应当是一门普世之学,每个公民至少应当掌握基本的法律知识。因此,我国不应当将法学教育的对象限定为法学专业的学生,而应当将法学教育定位为面向全体公民的一项基础性教育,通过向全社会普及必要的法律知识,厚植中国的法治思维根基。在这项任重而道远的工作中,作为国家培养人才主阵地的高等院校应当发挥带头作用。开展法学教育的高等院校不仅要重点培养高素质的专门法律人才,更应当肩负起向各专业学生普及法律知识、培养具有较高法治素养的新时代公民的社会责任。而这一目标的达成,需要高等院校在持续开展专门性法学教育的同时,进一步重视面向非法学专业学生的普及性法学教育。

(二)符合我国"新法科"建设的要求

所谓"新法科",是指法学顺应时代需要,与其他社会科学、理工医等交叉而形成的复合型学科和新教育格局,其内容包括传统法科与非法科的理工科、社会科学相交叉而形成的新知识和新课程等。[3] "新法科"不是不同学科研究范围的简单交叉或叠加,也不是一般意义上课程设置的重合,而是一种价值体系、知识体系和话语体系的全方位和深层次重构。[4] 在2023年2月中共中央办公厅、国务院办公厅印发的《关于加强新时代法学教育和法学理论研究的意见》中,指出"推进法学和经济学、社会学、政治

[1] 参见郑维炜:《强化法治建设人才保障 加快完善法学教育体系(新知新觉)》,载《人民日报》2023年8月15日,第9版。

[2] 参见李北凌:《不断提升全体公民法治意识和法治素养》,载《河北日报》2023年7月5日,第7版。

[3] 参见左卫民:《努力成为新法科人才》,载《法治日报》2021年9月22日,第10版。

[4] 参见李卓谦、池泽梅:《推进"新法科"建设 探索多元育人模式》,载《民主与法制时报》2022年10月27日,第8版。

学、心理学、统计学、管理学、人类学、网络工程以及自然科学等学科交叉融合发展,培养高质量复合型法治人才”。

由此可见,在目前我国“新法科”建设的背景下,高等院校开展法学教育的目的不仅仅在于培养专门性的法律人才,更在于培养具有多学科背景的复合型法律人才,特别是兼具法学专业知识和其他学科专业知识的“新法科”人才。因此,我国高等院校开展法学教育的对象也应当作出相应的拓展,由法学专业学生延伸至非法学专业的学生,这就使我国的法学教育必然面临向非法学专业学生开设法学课程、讲授法学知识的情况。

(三)有利于培养具有综合素质能力的学生

近年来,本科毕业生的就业率持续走低成为我国高等教育面临的一大难题。据统计,因受到经济、疫情等多重因素影响,我国2021届高校毕业生以确定单位方式就业的比例仅为32.1%。[1] 实践中,一些就业率较低的专业如生物工程、化学工程、环境工程、材料工程等,甚至被戏称为“天坑专业”,在高考选专业时普遍遇冷。客观来说,目前我国高校本科毕业生的就业率较低的原因是多方面的,既包括外部的市场环境因素,如行业遇到阶段性困难、人才供给比例发生变化等;同时也不能排除高校自身在人才培养方面存在不足,例如培养方案制定不合理、课程设置与实践需求脱节等。

习近平总书记指出:“就业是最基本的民生。”促进高校毕业生高质量就业是高校人才培养的应有之义。当下较低的就业率,必然倒逼高校在人才培养方面作出转型。其中,改革人才培养体系,培养具有跨专业和跨学科背景的复合型人才,成为高校人才培养工作转型升级的一个重要途径。基于这一目的,目前我国已有多所高校在工科、医科等专业的基础上引入法学专业,开设双学士学位项目,培养复合型人才。例如为了契合近年来生物医药产业蓬勃发展,亟须能够处理生物医药知识产权问题的专门人才的现状,苏州大学依托法学院和医学院开设了“知识产权 + 生物制药”双学士学位培养项目,培养既掌握知识产权专业知识,又熟悉生物制药专业知识的高素质、复合型人才;又如广州医科大学、安徽医科大学等医科院校相

---

〔1〕 参见郭娜:《近20年高校毕业生就业有何趋势》,载《劳动报》2023年10月19日,第10版。

继开设了“医学+法学”双学士学位培养项目,旨在培养能够胜任涉医法律事务处理等医法融合工作的应用型、复合型人才。

总而言之,在当下高校毕业生的就业形势整体不佳的情况下,有必要通过开展面向非法学专业学生的法学教育,培养具有“法学+”综合能力的高素质、复合型人才,提升学生在就业市场上的竞争力。

二、面向非法学专业学生的法学教育中存在的问题

(一)课程设置不合理

法学是一门古老而悠久的学科,数千年来人类社会实践经验的不断积累与发展,使法学的知识体系得以不断充实和完善,特别是目前我国所建成的中国特色社会主义法律体系,涵盖了包括宪法相关法、民商法、行政法、经济法、社会法、刑法、诉讼与非诉讼程序法在内的七大法律部门,内容博大精深。学生在接触较为复杂的法学知识体系以及学习相应的法学知识时,掌握科学而高效的学习方法尤为重要。通常来说,法学知识的学习过程是有一定的基本规律的,例如法理学、民法学等课程的内容具有一定的基础性,通常作为法学专业学生的先修课程。而经济法、知识产权法等课程的内容则具有较高的专业性,这些课程中的很多知识需要以法理学、民法学等课程的内容为基础。因此,未系统学习过法理学、民法学等法学基础课程的学生,在直接学习经济法、知识产权法等较为复杂的法学专业课程时,通常会存在一定的困难。

但在实践中,由于面向非法学专业学生开设的法学课程的课时总量一般较少,客观上使非法学专业学生可能无法从基础部分开始法学知识的学习。例如非法学专业学生可能会在没有学习过法理学、民法学等法学基础课程的情况下,直接学习经济法、知识产权法等较为复杂的法学专业课程。显然,这样的教学安排一定程度上违背了法学知识的学习规律,增加了学生的学习难度,导致学生的学习效果不甚理想。不仅如此,由于经济法、知识产权法等法学专业课程的知识内容普遍较多,因此教师在课堂上讲授相关知识时,往往只能“蜻蜓点水”或“浅尝辄止”,难以深入解释相关理论或概念,进一步导致学生的学习效果不佳。

(二)学生学习动力不足

如前文所述,目前我国许多高校通过打造"法学+"培养模式,开设"法学专业+其他专业"的双学士学位培养项目,培养具有较高综合素质能力的多学科复合型人才。但毋庸讳言,由于"法学+"培养模式尚处于探索阶段,在培养双学士学位学生的过程中呈现出了一些问题。例如由于双学士学位项目的学生需要同时学习两个专业的课程,课业压力较大,因此学生不得不在多门课程中作出一定的取舍,其在学习不同课程时所花费的时间和精力通常存在差异。而由于法学属于文科,大部分双学士学位项目的学生认为文科知识较为简单,故更倾向于在另一个专业(如工科、医科专业等)的学习中投入更多的精力,这就导致法学专业的课程在一定程度上被学生所轻视。此外,学生在面对较为陌生的法学知识时,有时也会存在一定畏难情绪,导致其学习积极性不高。以上情形,均会造成非法学专业的学生在学习法学知识时存在学习动力不足的问题,使面向非法学专业学生的法学课程的教学效果不佳。

(三)教师教学能力不足

教师教学能力不足导致面向非法学专业学生的法学课程的教学效果不佳,具体可以从教师缺少合适的教学方法和教师缺少相应的教学经验两个方面进行分析。首先,从教师缺少合适的教学方法方面来看,在传统法学教学中通常使用的辩论式教学方法、案例教学法、模拟法庭教学法、诊所式教学法等多种教学方法,其适用前提是学生已经具备一定法学基础知识、已经了解法律运行的基本规律,甚至已经对诉讼、庭审、辩论等法律实务工作有所熟悉,否则这些教学方法很难得到有效适用,或者虽然可以适用但适用效果不佳。[1] 但对于非法学专业的学生而言,通常并不具备相应的法学基础知识,遑论对法律实务工作有所了解,故教师在面向非法学专业学生授课时,传统的法学教学方法通常难以直接适用。其次,从教师缺少相应的教学经验方面来看,法学专业的教师由于通常并不具备面向非法学专业学生授课的经验,可能不太了解非法学专业特别是工科、医科等专业学生的学习习惯和思维特点,因而在面向非法学专业学生授课时,往往

---

〔1〕 参见杨岩砚:《法学本科课程教学方法改革反思》,载《教育文化论坛》2016年第4期。

会因为缺少相应的教学经验而教学效果不佳。

三、面向非法学专业学生的法学教育中存在问题的解决思路

(一)合理进行课程设置

针对目前我国高校面向非法学专业学生的法学教育中存在的课程设置不合理问题,可以根据不同情形分别予以改进:首先,就属于“法学+”培养模式的双学士学位项目而言,为了解决学生学习两个专业的课程而导致的课业压力较大的问题,可以考虑适当延长双学士学位项目学生的学制,例如可以参考医学类专业本科生的5年制培养体系,将双学士学位项目学生的学制由通常的4年延长至5年。如此,一方面可以适当增加学生的总学时数,使学生能够有机会接触更为完整的法学知识体系,另一方面可以在一定程度上减轻学生每学期的学习压力,使学生可以将更多的时间和精力分配到法学课程上来。

其次,就面向非法学专业学生单独开设的法学课程而言,例如面向经管类专业学生开设的经济法课程,由于在经管类专业学生的培养计划里仅有这一门法学课程,虽然学生在学习该课程时缺少必要的法律基础知识,导致其通常难以取得较好的学习效果,但如果因此额外为经管类专业学生增加大量的法学基础课程,则又会极大增加学生的学习负担,甚至可能打乱经管类专业的教学体系,故缺乏相应的必要性。因此,可以考虑对面向非法学专业学生单独开设的法学课程的教学方法进行适当变革,例如可以引入线上课程作为辅助,安排学生在课余时间或其他空闲时间通过手机端或电脑端观看讲授法学基础知识的线上课程,通过学生自学的方式弥补其法学基础知识的不足,教师在课堂上则以讲授重点和难点知识为主。如此,通过线上与线下、课上与课下相结合的教学方式,提升学生的学习效果。

(二)培养学生学习动力

对于非法学专业的学生在学习法学知识时的动力不足问题,也可以根据不同情形分别予以应对:倘若是双学士学位项目的学生因课业压力较大而忽视了法学课程的学习,则如前文所述,可以通过适当延长学制的方式,使学生有更多的时间投入法学课程的学习中来。倘若是学生认为法学课

程相较于其他课程而言重要性较低,则可以从思想层面入手,引导学生认识到全面依法治国、建设社会主义法治国家等重要目标的实现离不开法律人才的培养,鼓励学生重视法学知识的学习。

倘若是学生因为缺少对法学专业的认识而对学习较为陌生的法学知识存在畏难情绪,则可以在教学中加入若干实践案例,帮助学生了解"法律源于生活"的属性特征,培养学生的学习兴趣。事实上,法学是实践之学,是旨在解决社会实践中存在的真实问题的学科。[1] 通常来说,法律问题都是因社会实践而产生的,没有脱离社会实践而单独存在的法律问题,即使是所谓相对"纯粹"的法学理论研究命题,也都滥觞于社会中的真实情境,而与社会实践有着或多或少的联系,这便是在法学教育中特别强调实务教学及实践操作的重要原因。因此,在面向非法学专业学生的法学教学中加入实践案例,可以增加学生对于法学知识的感性认知,从而在一定程度上缓解学生的畏难情绪。

(三)重视教学团队建设

在培养法律人才的过程中,高素质的教学团队是必不可少的前提。如前文所述,在面向非法学专业学生的法学教育中,存在教师缺少合适的教学方法和教师缺少相应的教学经验两个方面的问题,这两方面问题一定程度上可以通过加强教学团队建设的方式予以应对。具体而言,在组建面向非法学专业学生课程的教学团队时,可以吸纳具有不同学科背景的教师加入教学团队,优化教学团队成员结构。[2] 例如在面向经管类专业学生开设的经济法课程的教学团队中,应当包含一定数量的具有经管类专业学习背景的教师,这些教师通常对经管类学生的学习习惯和思维特点有所了解,在面向经管类学生进行授课时往往能取得较好的教学效果。此外,对于部分团队教师缺少相应的教学经验的问题,则可以引入学科带头人对团队教师进行指导,开展相关的教学技能培训,以及与其他优秀教学团队进行交流学习,从而提升团队教师的教学能力,为非法学专业的学生提供更好的课程教学。

---

〔1〕 参见王利明:《试论法学的科学性》,载《法治研究》2022 年第 3 期。

〔2〕 参见张晨睿:《新时代高校思想政治理论课教学科研团队建设现状与优化策略》,载《河南理工大学学报(社会科学版)》2023 年第 3 期。

结 语

开展面向非法学专业学生的法学教育,培养更多的高素质、复合型法律人才,既是贯彻习近平法治思想中关于增强全民法治观念及全民守法的必然要求,也是完善以宪法为核心的中国特色社会主义法律体系的应有之义。对于我国开展法学教学的高校而言,应当进一步重视面向非法学专业学生的法学教育,明确其在我国法学教育体系中的重要地位,重点打造一批善于面向非法学专业学生授课的教学团队,不断提升面向非法学专业学生开设的法学课程的教学质量,培养更多具有较高法治素养的新时代公民,助力社会主义法治国家建设。

提升法学生法律职业伦理素养

刘　森*

摘　要：贯彻习近平法治思想，加快培养德法兼修法治人才，坚持建设德才兼备的高素质法治工作队伍，引导学生培育和践行社会主义核心价值观，提升法学生法律职业伦理素养势在必行。

关键词：法学生　法律职业伦理　社会主义核心价值观

中国法学教育历史悠久、源远流长。而法律职业伦理是一门历史悠久而又年轻的学科。其要把法律实务工作人员的道德观念从单方位引向全方位。由此可见，法律职业伦理的研究范围不仅包括司法中的伦理学问题，还包括伦理学中的司法问题；其既具有职业道德的内容，又具有司法科学道德的内容，不能用职业道德代替其全部内容，更不能用司法伦理道德的概念去重复说明一个学科的内容。因此，其应在法学教育中占有重要的地位。但事实上，目前人们尚未把其提到这样一个高度来认识，这就是要探讨的问题。

一、加强法律职业伦理的教学目的

纵观我国百余年的法学教育史，20 世纪 90 年代末，法律职业伦理才作为一门正式的课程进入法学教育体系中。国内几乎所有的法律院校均开设了这门课，有的作为必修、必选课，有的作为选修课或讲座。要搞好法律职业伦理教学，首先必须明确这门课程的教学目的。

英国著名思想家培根有句名言："一次不公正的审判，其恶果甚至超过

* 作者简介：刘森，女，江苏大学法学院教师，法学硕士，主要研究方向：经济法学、知识产权法学。

十次犯罪。因为犯罪虽是无视法律——好比污染了水流,而不公正的审判则毁坏法律——好比污染了水源。"[1]历史事实证明,官吏腐败,以及司法的腐败,是最大的腐败,是滋生和助长其他腐败的重要原因。若执法人员本身有问题,何以治人?深刻揭示了法律职业者的职业伦理对社会正义实现的重要性。所以,法律院校开设法律职业伦理课程主要有以下几个目的:(1)激发道德想象力;(2)认识伦理问题;(3)发展分析的技能;(4)理解道德义务和责任。由此可见,法律职业伦理的教学目的不是单纯灌输道德准则的绝对标准,而是重点解决法学上引起伦理学争议的问题,如司法人员在法律工作和司法制度中所承担的职责、所属性质等重要问题,使法学生明确司法人员的义务和责任,掌握基本的法学道德规范,培养法学生分析问题、解决问题的伦理能力。使法学生做到尊崇法治、敬畏法律,运用法治思维和法治方式开展工作,做尊法、学法、守法、用法的模范,确保所有的行为都符合宪法法律规范。

根据这个教学目的,法律职业伦理可以分两个阶段进行。第一阶段使学生认识伦理学问题的性质和作用,唤起学生对社会共有的伦理学问题的反应;第二阶段是开发、发展学生在法律实务中解决伦理问题的技能。因此,法律职业伦理教育既是思想政治工作的一部分,传播思想、传播真理,又是法学教育的一部分,塑造灵魂、塑造生命、塑造新人;既是德育,又是智育,两者是统一的。

二、法律职业伦理教学目标的具体实施

(一)运用中外法学史上法学家、思想家的言行,启迪学生重视法律伦理修养

法律职业伦理教育的目标不仅是传授一门知识,更重要的还在于净化一个人的心灵。在回顾法律职业伦理历史的章节中,介绍中外法学史上的名人高尚事迹,启迪学生重视法律伦理修养,培养高尚的法律道德情操是很重要的教学环节。

在中外法学史上有许多著名的思想家与法学家,不仅学术精湛,而且

[1] [英]弗兰西斯·培根:《培根论说文集》,水天同译,商务印书馆1983年版,第77页。

品行高尚。如英国著名法律改革家边沁、著名的国际法学家奥本海,我国清末民初时期的法学家梁启超和民国时期的著名法学家唐纪翔、王孝通、孙晓楼等都是举世闻名的法学家。我国当代著名的世界贸易组织上诉机构法官张月姣是中国资深国际贸易法学专家、对外开放法治建设的积极实践者,她说,"要做最好的法律人,要办最公正的案子",解决了二十年没有解决的世纪大案,震惊全世界。

(二)根据法学发展史,对法学生进行依法治国、建设社会主义法治国家的教育

"奉法者强则国强,奉法者弱则国弱。"[1]习近平总书记强调:"法治兴则国家兴,法治衰则国家乱。"[2]我国法理学家卓泽渊、行政法学专家胡建淼共同提出,"推进依法行政、弘扬社会主义法治精神,充分发挥法律促进经济社会发展的作用"[3]。由此可见,法学的发展与社会制度、政治、经济、文化的发展有着密切的关系。我国法学经历了曲折、坎坷的道路发展起来,逐步走上依法治国的道路。从1840年鸦片战争到1949年中华人民共和国成立,中国人民一直在为实现"法治"而奋斗,但都没有成功。中华人民共和国成立之后,中国共产党带领中国人民继续在寻求"法治"的道路上前进,1999年3月,第九届全国人民代表大会第二次会议通过了宪法修正案,修改后的《宪法》第5条增加了一个条款:"中华人民共和国实行依法治国,建设社会主义法治国家。"党的十八大将全面依法治国纳入"四个全面"战略布局,使我国社会主义法治建设发生了历史性变革。党的十八届四中全会对依法治国进行了顶层设计,描绘了宏伟蓝图;2020年5月28日颁布的《民法典》,是中华人民共和国成立以来第一部以"法典"命名的法律。党的十九大提出到2035年基本建成法治国家、法治政府、法治社会。

通过法学发展史教育,学生更好地认识世界,了解国情民情,掌握事物发展的规律,通晓天下道理,学会理性思考问题,理解法的理念、法的权威、

---

[1] 张敏盛、余再兴:《助推我国进入"奉法者强"的新境界——以习近平总书记讲话精神为引领全面推进依法治国》,载《理论导报》2016年第3期。

[2] 《中共中央关于党的百年奋斗重大成就和历史经验的决议》,载习近平系列重要讲话数据库2021年11月17日,http://jhsjk.people.cn/article/32284363。

[3] 何勤华:《中国法学史纲》,商务印书馆2012年版,第389页。

法的精神、法的民主、法的平等、法的正义,强化法律至上的观念。坚定走中国特色社会主义法治道路,努力让人民群众在每一个司法案件中感受到公平正义,以彰显公平正义的时代价值,提高司法公信力。

(三)采用案例教学法、“诊所式”教育法,培养学生的法律思维能力

为了使学生灵活掌握司法伦理原则与分析问题、解决问题的能力,采取案例讨论的形式激发其学习兴趣,使其灵活掌握有关的伦理准则,发挥学生创造性思维能力,了解伦理分析方法在实践中的具体应用。如:守密义务与公共利益的关系,诚实义务与守密义务以及真实义务关系;当利益相悖时,要遵守基本规则,要尊重事实。为了做好法律职业伦理教学还可以进行司法推理实践,对社会中引人注目的司法伦理问题进行讨论,如检察官客观义务论、准司法官论等问题,从而培养学生分析、解决司法道德问题的能力。

通过法律调查、法庭观摩、法律实习、法律志愿服务等形式,加强对学生实践能力的培养和训练。在夯实学生法律基础知识的同时,鼓励学生参与各类法律实践活动,在实践中训练学生的法律思维、涵养学生的法律人格,让学生真正领悟到法律的精神和原则。使法学生成为拥有专业法律知识、独特法律思维,具有强烈社会正义感和公正信仰的法律人。

三、加强法律职业伦理道德教育,培养法学生法律职业伦理素养

曾任教育部部长的陈宝生同志在新时代全国高等学校本科教育工作会议上的讲话中特别强调了“加快德法兼修的法治人才培养”的精神,作为高校法学教师提升法学生法律职业伦理素养迫在眉睫。我们认为:司法是社会正义的最后一道防线,司法公正是司法活动的最终目标和价值准则。司法公正,要求掌握裁判权力的法律职业人员必须时刻保持中立性、富有正义感,有着更高的职业道德观。对于接受法学本科教育的大学生而言,大学阶段的学习是为将来从事法律职业做准备,所以这一阶段的思想素质和道德涵养,在一定程度上会影响将来法律职业群体的整体职业道德水平,又由于大学生的思想正处在逐渐走向成熟的时期,可塑性强,这就为法律职业伦理教育的开展提供了广阔的空间。所以,应该在法律院校中加大对学生职业伦理道德的教育,使其掌握如何在将来的职业实践中保持职业

操守性和职业的廉洁性。

目前,各个法律院校已将法律职业伦理课程列为必修课。但在授课过程中,教师应尽量避免理论上的空调说教,通过一些具体、生动的案例,从正面引导、反面警示来感染、熏陶和激励学生增强从事法律职业的神圣感、自豪感、使命感,培养学生的公平正义情感和对法的理解。当然,单靠法律职业伦理课的讲解来全面提高学生的职业伦理道德修养显然是不可能的。通过一系列教育,使法学生认识到从事法律工作的神圣和光荣,使学生在潜移默化中得到熏陶和情感升华;培养学生法律职业伦理和法律人的社会责任感与法律信仰,成为一名具有政治素养、业务能力、职业伦理和从业资格要求的法律职业人才。教师在平时也应注意自己的言行举止,严格遵守职业道德,尤其是从事兼职工作的教师更应恪守职业道德,为学生职业道德的形成起到良好的表率作用,使学生将来在“权与法”“钱与法”的关系面前,做一个公正、无私、刚正不阿的忠实的法律捍卫者,以保障人民安居乐业,不断增强人民群众获得感、幸福感、安全感,促进社会和谐稳定。

总之,要打破传统的法学教育教学模式,深化教育教学改革,在办学思路上有所突破,质量上有所提高,使法学本科教育能适应社会的需要,培养出一大批合格的专业型、复合型、实践型、有担当的高素质的法律人才。

非法本法律硕士研究生培养方式的反思与探索

李　亘*

摘　要:近年来,各类用人单位对于法学毕业生的雇佣情况以及录用后用人单位满意度反馈显示,非法本法律硕士研究生的教育方式和结果值得进行反思和探索。非法本法律硕士研究生培养模式的反思应当建立在对于“复合型”和“应用型”人才内涵的深入探究基础上,以实现从法律人才到法治人才的转变。与此同时,如何保持非法本法律硕士研究生培养的连贯性亦是培养模式转型的重中之重。非法本法律硕士研究生的培养,应当在法治思维的培养、专业化培养模式的建立以及教学方式的革新方面进行探索和完善。

关键词:非法本法律硕士　复合型　应用型　培养模式

一、问题的提出:非法本法律硕士研究生为何成为我国就业市场上的“鸡肋”?

(一)毕业生现状

《上海市2020年度公务员招考简章》(招考职位表)中,上海市各级法院、检察院对于法官助理、检察官助理的招录,报考学历条件无论是硕士及以上的,还是本科及以上的,除上海金融法院、上海市崇明区人民法院外,均特别要求报考人员“本科及研究生阶段均为全日制法学类专业”。

有学者指出,培养者虽努力要求法律硕士研究生的法学水平接近法学

* 作者简介:李亘,南京审计大学法学院副教授,研究方向:经济法。

硕士研究生,但法律硕士研究生最终的实际水平甚至不及法学本科生;法律硕士研究生最需要的教育内容,即对专业领域中法律规定的认知和对实务操作技能的掌握运用非常缺乏,法律硕士研究生本身的经验优势和宽学科优势被这种培养模式覆盖地荡然无存。在这种情况下,法律硕士研究生知识多样性的优势难以发挥,法律专业知识难以同法学硕士研究生匹敌,甚至不如法学本科生系统扎实的缺点却暴露无遗,从事法律工作所需的熟练技能严重缺乏,法律硕士研究生被培养成为“四不像”、法学教育的“次品”。[1]

(二)原因分析

一是培养目标与市场需求结构性失衡。虽然毕业生数量很多,但整体质量偏低,真正的法律精英很少,远远不能满足当前司法实践的社会需求。不仅导致大量毕业生无法就业,更无法满足社会对高层次人才的强烈需求,严重影响了法学教育的信誉和社会认可度。

二是法学教育与法律职业互动不密切。我国的法律实务部门与法学教育界、法学教育与法律实践的联系与互动不够密切,不利于人才培养。法学教育基本停留在理论分析和法律诠释上,实践课程单一,见习、实习不到位,加之从业技能训练如案例教学、诊所式教学、讨论式教学等尚在尝试阶段,技能训练无法落实,与司法实践的要求差距较大。

三是师资力量与应用型人才培养矛盾凸显。学者苏力言:“也许更重要的问题不是法学院应当教什么,而是法学院的教授有什么可教的?”许多高校在开设法学专业和扩大法科招生的同时,没有对教师队伍进行科学的调整,师生比例失衡。缺少既有理论知识又有实践经验的“双师型”教师,相当比例的教师没有法律实务经验,即使担任过兼职律师,更多地是从事法律咨询,缺乏出庭和审判经验。

四是课程设置缺乏国际视野。虽然在理念上开始考虑诸多的国际因素,但是,课程设置上并没有相应变动,更缺少必要的配套课程设置和专业性训练,不能很好地满足人才培养的国际化需求。受课程设置影响,学生知识面较窄,国际视野受到局限,不适应国际竞争之需要。

五是单一的线性评价导致能力培养滞后。受传统人才培养影响,法学

---

〔1〕 参见董士忠:《法律硕士教育现存问题探析》,载《学位与研究生教育》2006年第5期。

教育追求专业知识课程体系的完整性,而轻视专业技能的个性化培养,对法学教育人才培养的评价亦如此。[1] 单纯依靠理论考核评价学生的方式,无法真正促使学生掌握扎实的理论知识和过硬的实践技能,更难以调动和锻炼学生的法律思维能力、创新能力与自主研究能力。

二、非法本法律硕士研究生教育的培养目标分析

(一)何为"复合型"法治人才?

从全国范围来看,仅有少部分院校进行了针对性的培养方案设计,大部分院校则沿袭着传统的学术硕士研究生培养方式:一方面,在非法本法律硕士研究生入学后,毕业于不同本科专业的学生都可以根据自己的专长或兴趣来选择导师,研究方向随之落在导师所在的法学二级学科点下,跟随学科点开展相关学习研究活动,无须与其本科专业相衔接;另一方面,未结合行业的人才需求来设置不同的培养方向,或虽结合实务领域类型设置了相应培养方向,但实际各培养方向的课程安排并无差异,学生可以凭借个人兴趣自由选择各实务领域的选修课程,未引导学生进行深入的体系性学习。[2]

(二)何为"应用型"法治人才?

迫于就业压力,近年来我国法学教育人才培养目标和定位在由通才教育向职业教育转型的过程中出现了功利化以及法学教育的目标和模式单一化等问题,法学教育过于注重理论知识的讲授和学生技能的提高,忽略法科学生品性和创新精神的锻造。对法律技巧的过于专注和专业的自我设限与封闭,导致学生信仰缺失、视野狭窄、创新能力不足。[3]

(三)从"法律人才"到"法治人才"

有学者认为高素质法治人才应当具备以下特征:(1)具备法律职业伦理;(2)立足本土兼具国际视野;(3)掌握法治知识和技能,全面覆盖法治体系。法治知识不仅包括部门法律的具体知识,而且涵盖立法、司法、执法等

---

〔1〕 参见张爱娥:《法学教育人才培养模式及其系统论分析》,载《教育评论》2016 年第 2 期。

〔2〕 参见郑春燕、王友健:《非法本法律硕士培养模式的体系性再造》,载《研究生教育研究》2020 年第 5 期。

〔3〕 参见冯果:《新理念与法学教育创新》,载《中国大学教学》2019 年第 10 期。

法治运行的动态知识;(4)具备法治思维。如果说法律思维是"根据法律进行思考"的话,那么,法治思维更倾向于"围绕法律进行思考"。法治思维包含底线思维、规则思维、系统思维等,需要通过必要的法学理论和其他社会科学理论学习,例如对哲学、社会学、经济学的学习以及大量的思维训练才能逐步掌握。法治思维有助于弥补传统法律思维的僵硬性等不足,避免机械性思维对法治的片面理解。[1]

三、非法本法律硕士研究生本硕教育中的连贯性

(一)按照现有的人才培养方案,学校是否能够要求非法本法律硕士研究生所选择的研究方向与其本科专业之间具有一定的关联性?如果完全没有关联,那么非法本法律硕士培养"复合型"人才的目标还能实现吗?

曾任中国政法大学法律硕士学院院长的方流芳教授认为,培养法学通才是法律硕士学院的教育目标,我们希望学生能够胜任法官、检察官、律师和法律顾问,法律服务市场的机会总是和其有缘,而不希望学生在从事任何法律职业之前就预先限定自己属于哪一个法律分支。教授应当努力让学生知道法律规则背后的原理——规则是如何形成的、规则有哪些局限性、规则未来的趋势是什么;教授也应当向学生展示"活"的法律——规则如何应用于个案。[2]

(二)研究生专业与本科专业不同,就等于"复合型"人才吗?法学研究生教育有能力引导学生实现从知识复合向能力复合的转变吗?

目前,大多数院校并未将非法本法律硕士研究生的教育教学与本科专业知识有机衔接起来,只关注法学知识的传授,而法律硕士研究生本科阶段的经验优势和跨学科优势被覆盖得无影无踪,无法实现知识的交叉与对接。缺乏实质的知识复合、能力复合机制,以致通过简单的多学科教育经历叠加所培养出的"外观"意义上的复合型人才,与行业所期待的具有真正复合知识运用能力的人才还有较大差距。

要发挥本科的专业优势,就要根据所招收学生的原专业并依托学校的

[1] 参见董娟、赵威:《从法律人才到法治人才:法律硕士培养目标的新转变》,载《学位与研究生教育》2019年第5期。

[2] 参见方流芳:《法律硕士教育面临的三个问题》,载《中国政法大学学报》2007年第1期。

资源开设系列选修课群。选择法律硕士教育的学生一般来自经济、管理、外语、文学等专业,应将选修课定位于这些专业与法学的交叉领域,由具有交叉学科经验的法学老师或其他专业老师授课。以经济、管理、法学为支柱学科的财经类院校,选修课程的设置可以借助这些学科资源与优势,开设"司法会计鉴定""法务金融""金融犯罪侦查"等课。选修课在研究生二年级上学期的时候开设,设置一定的学分要求,学生可充分自由地选择某一个或某几个方向的选修课,以获取自己职业方向所需的专业知识。

四、非法本法律硕士研究生法学教育的完善措施

法学教育的发展历程是在其双重性(职业培训性和学术研究性)之间的摇摆中推进的。法学教育从早期的学徒式的经验与技巧的传承和自行摸索模式转变到了学府内的独立学科型的科学和学院模式,随着时间的推移和人们认识的深化,实践性模式又作为系统和科学模式的矫正和补充机制受到了重视。[1]

(一)法治思维的培养

党的十一届三中全会后,我国法学教育进入恢复和重建时期,师资和教育经验的匮乏决定了恢复重建后的法学教育基本上是以法律知识体系的建构和传授为中心,确立了知识灌输式的法学人才培养模式。然而,法律工作,从来不是简单的、纯粹的,可以反复适用的技术性工作,其本质是一门关涉社会科学问题的专业活动。"专业活动本质并不体现在体力、仪器设备上""而隐含在专业实践中的真正核心特征是'思考的过程',是智识的运用"。[2]

诚如韩大元教授所担心,"如果我们过分强调职业教育,我担心不少法学院会把职业教育理解为非价值、非人文教育,强调法学教育技术能力的提高"[3]。过去不少同学即认为,法律硕士研究生作为应用型法治人才,只

---

〔1〕 参见王晨光:《法学教育的宗旨——兼论案例教学模式和实践性法律教学模式在法学教育中的地位、作用和关系》,载《法制与社会发展》2002年第6期。

〔2〕 王军:《智识作为专业教育的产品——弗莱克斯纳专业智识教育理论探析》,载《比较教育研究》2020年第2期。

〔3〕 徐显明、黄进等:《改革开放四十年的中国法学教育》,载《中国法律评论》2018年第3期。

要掌握个案的处理技艺即可,无须过多关注学术研究。殊不知,法学是"以处理规范性角度下的法规范为主要任务"的学科,"它关切的是实证法的规范效力、规范的意义内容,以及法律判决中包含的裁判准则"[1]。

在传统法律硕士教育中,法治思维培养长期被忽略,而法治思维的养成对于法治人才的培养是最为关键的,它的养成不是一个自发的过程,需要教育者主动地引导和教育。在法律人从业之后,仍然要以这种思维方法和技能去应对真实的案件。[2] 法律硕士研究生可以通过学习法律知识和通识知识,参与法治实践,进而养成法治思维模式,不断提升法治思维水平。法治思维不仅具有综合性、系统性和辩证性,而且是对法律思维的升华和超越。

法律硕士研究生法治思维的培养可以参考以下方式:(1)开设相关课程,例如"法律逻辑"、"法律方法"以及"自然辩证法"等。法治思维是一种科学思维方式,与历史思维、辩证思维、系统思维和创新思维等科学思维具有密切联系,互为补充。(2)开展法治实践案例分析教学。案例分析的过程就是思维展开的过程,在学生进行案例分析时,教师要积极进行法治思维的引导,以达到思维养成的目标。(3)加强通识教育。法律工作者必须首先是一位具有文化修养和广博知识的人士。[3] 法治思维具有综合性,法律硕士研究生的培养计划中要加入通识课程、跨学科的课程,例如政治学、经济学、心理学、社会学、历史学甚至文学等领域的课程。[4] 法治思维具有多元的社会文化基础,跨学科的知识积累可以丰富和涵养学生的法治思维,更好地服务于中国的法治建设。

(二)专业化培养模式

1.学科融合的培养理念

需要创新性地推进学科和专业建设,把新兴学科和交叉学科建设融入法学学科体系构建中。一方面,需要根据时代需要,以问题为导向,加强跨

〔1〕 [德]卡尔·拉伦茨:《法学方法论》,陈爱娥译,商务印书馆2003年版,第435页。

〔2〕 参见孙笑侠:《法律人思维的二元论兼与苏力商榷》,载《中外法学》2013年第6期。

〔3〕 参见[美]E.博登海默:《法理学:法律哲学与法律方法》,邓正来译,中国政法大学出版社2004年版。

〔4〕 参见王晨光:《法学教育的宗旨——兼论案例教学模式和实践性法律教学模式在法学教育中的地位、作用和关系》,载《法制与社会发展》2002年第6期。

学科建设,关注生态、能源、气候、知识产权、人工智能等新问题和新领域,开设环境法学、能源法学、家事和医疗法学、工程法学、网络与智能法学等具有时代特征的新兴与交叉专业,将法学专业优势扩张到相邻的交叉性专业领域;另一方面,要正确处理新兴专业与传统法学学科之间的关系,不能由于交叉融合而失去法学学科自身的秉性。更为重要的是,要在保持法学学科自身禀赋和思维优势的基础上,用其他学科的知识和理论反哺强化法学学科的核心优势,特别是用经济学、社会学乃至大数据、云计算等新的研究范式丰富既有的专业内涵。

2. 中美一流法律专业研究生培养模式比较

(1)第一学年:核心课程打牢地基

第一学年的重点在于构建法学基本框架,学院需要挑选一批核心课程作为研究生的必修课,不仅是为了传授基础知识,更是为了塑造法律思维。哈佛大学法学院的一年级课程包括6门必修课:合同法、侵权法、物权法、刑法、民事诉讼法、法律推理和辩论,其中法律推理和辩论重在培养职业技能,另有1门选修课以及参与模拟法庭比赛。课程改革后,该院新增了3种类型的必修课:立法与规制、国际与比较法、问题与理论。

北京大学法学院的法律硕士研究生在一年级期间以基础必修课为主,目前有11门课程。此外,学生还须在一年级或二年级从学院开设的2门法律写作课和4门案例研习课中各选修1门。基础必修课旨在搭建理论框架,夯实基础知识,培养学生较为扎实的法律逻辑思维。科目的设置与法学本科的必修课区别不大,但完成时间变短。

(2)第二学年:按方向精细培养

在人才培养方向上,哈佛大学法学院设置了7个方向:法律与政府,法律与商业,法律与社会变革,法律、科学与技术,国际与比较法,刑事司法,法律史等,同时为各方向提供了后续的支持机制,如配套了复合型的课程及模块,包括:①1门左右的初级课程,给此前没有法学基础的学生提供知识背景、分析视角和引导性材料;②2门左右的进阶课程,包括法律诊所,意在具体领域或者特定政策问题上进行熏陶;③1次左右的顶级(capstone)学习机会,包括研讨、高级诊所、其他院系学习经历;④其他培养方式,如研究项目、暑期工作机会、志愿者服务等。[1] 哈佛大学法学院经常会建议学生选修公司法、税法、会计学、宪法等课程，因为这些课程是理解现代商业社会的基础。

北京大学法学院在全国率先实行了分方向培养，目前共设置了 18 个方向，分别依托相应的研究中心培养学生。各方向均设有个性化的培养方案，所开设的课程强调专业性、实务性和应用性，经常外聘知名教授、实务部门的专家授课，采取专题研讨、案例分析、模拟法庭、现场观摩等多种教学形式。

(3)第三学年：结合就业突出学生特长

职业能力的提升是在 3 年内逐步完成的，无法一蹴而就。第三学年后毕业生直接对接就业，是前期综合努力的落地阶段。北京大学法学院的做法是将专业实习纳入培养计划，并制定专门的规范。具体而言，学生须在法律实务部门进行至少 4 个月的毕业实习，并完成实习报告，鉴定合格方能毕业。

哈佛大学法学院则没有在教学计划中设置专门的毕业实习环节。学生主要是在第一和第二学年的暑期进行实习，与用人单位双向选择达成雇佣意向。学院设有私营部门和公益服务两个方向的就业指导办公室，在职业发展、实习机会获取等方面提供很多支持。

清华大学法学院的培养模式与北京大学法学院基本相同，法律硕士研究生在入学第一学年不区分专业方向，集中学习法律基础必修课。清华大学法学院在遴选法律基础必修课时以培养学生的法学思维为导向，以搭建牢固的法学知识框架为目标，共选取了民法、刑法、民事诉讼法、刑事诉讼法等 9 门核心必修课，帮助学生掌握法学基本原理及部门法的核心知识，了解法学的概貌。与此相结合，法律硕士研究生从第二学年开始自由双向选择导师。这样的学习安排既发挥了学生的主观能动性和学科背景专长，又使学生的知识结构兼具广度和深度。[2]

---

[1] 参见汪习根：《美国法学教育的最新改革及其启示——以哈佛大学法学院为样本》，载《法学杂志》2010 年第 1 期。

[2] 参见邓海峰、杨如筠、张召怀：《法律硕士培养中的精耕细作与彰显风格——清华法学院法律硕士教育改革的新探索》，载《研究生教育研究》2017 年第 5 期。

(三)教学方式的革新

从各试点院校实际做法看,对于法律硕士研究生主要存在三种教学方式:一是以课本为主的法学本科教学方式;二是采用适用于法学硕士研究生对象的专题教学法;三是为迎合司法考试需要的培训式教学法。[1] 尽管近年来随着对我国传统法学教育方式的反思,越来越强调案例教学法、诊所式法学教学方法、模拟法庭教学法等,但是,这些教学方法往往是传统的填鸭式教学方法的一种点缀。即使有不少学校在做这方面的尝试和努力,那也主要是在法学本科生当中采用上述教学方法,而在法律硕士研究生教学当中很少采用。而且,与法学硕士研究生的讲授通常采用小课方式不同,教师对法律硕士研究生的讲授在绝大多数情况下均是采用大课方式。很难想象在教师普遍采用大课讲授的情况下,学生与教师之间还能有什么交流,如何形成良好的互动关系。[2]

1. 清华大学法学院法律硕士研究生教育改革的新探索可从两方面进行分析。在内容方面,其一,自何美欢教授任教于清华大学并开设普通法精要课程后,法学院一直坚持系统地开设"普通法精要"(1-4)系列课程(共14学分),该课程在课前让学生阅读大量案例,课堂上采取苏格拉底式教学方法,让学生回答与案例相关的问题并根据学生的回答进行不断追问,最终使学生掌握阅读判决的技巧与法律推理的能力。其二,借鉴德国法律教学模式,在部门法教学中配套相应的"案例研讨"课程。[3] 与其他学校采取"老师分发案例、课堂上组织学生讨论并辅之以一定的讲解"的模式不同,清华大学法学院的案例研讨课注重发挥学生的积极主动性。授课老师先通过具体案例讲解规范的案例分析模式,比如刑法中的阶层式分析方式和民法中的请求权基础分析方法;随后老师会给学生分发疑难案例材料,让学生在课下严格按照规范的分析流程完成案例分析报告,课上再由老师对学生作业中暴露出来的问题进行针对性讲解。

在教学形式方面,普通法精要课程和案例研讨课均采取小班教学,以便于授课教师和学生有效沟通和充分互动,更有助于教师对学生的指导。

---

[1] 参见何跃春:《对当前我国法律硕士教育的思考》,载《中国高教研究》2006年第5期。
[2] 参见朱立恒:《论法律硕士专业学位教育的现状与改革》,载《河北法学》2008年第5期。
[3] 参见葛云松:《法学教育的理想》,载《中外法学》2014年第2期。

2. 法学学科尤其需要利用新科技成果、新技术手段，开展以学习效果为目标、以问题为导向的课程体系重构和教学内容更新。需要适时开设计算机算法、工程法学、健康法学、伦理学、经济与法等跨学科的复合课程群，以知识主体为导向，培养学生形成独特的跨越学科界限的知识视野和思维方式。[1]

3. 在教学组织上，打破教研室之间的藩篱，实现由隔离走向协同，以问题为导向，设立跨学科研究和教学机构中心，建立没有“围墙”的、有助于学科整合的学术组织结构。此外，还要构建起产教融合、科教结合、校企合作、中外交流的多样化协同育人机制。[2]

4. 构建法律诊所。法律诊所的课程模式改变了学生被动接受知识的局面，使学生突破了课堂的局限，在职业道德、处理问题能力和综合素质等方面得到综合训练。

5. 构建科学的考核评价体系。法律硕士教育相对于法学本科的通识教育和法学硕士教育的认知型教育，更多地体现了法律教育的职业属性[3]：

(1)在课程学习上，考核评价应当以开放式案例分析作为主要考查方式。应用型法治人才的考核应当摒弃传统闭卷考试考核方式，同时也要防止滥用以结课论文的形式进行考核。

(2)在学位论文方面，应当突出对应用型论文写作的考核。新修订的《研究生培养指导方案》将学位论文的要求表述为：“学位论文应当以法律实务研究为主要内容，倡导采取案例分析、研究报告、专项调查等形式。”

(3)可以考虑取消将发表核心期刊论文作为毕业标准的要求，同时建立起防止偏离教育目标的制约机制，减少考核标准的盲目性和随意性。

---

〔1〕 参见冯果：《新理念与法学教育创新》，载《中国大学教学》2019 年第 10 期。

〔2〕 参见冯果：《新理念与法学教育创新》，载《中国大学教学》2019 年第 10 期。

〔3〕 参见霍宪丹：《中国法律硕士专业学位教育制度的实践与反思》，载《河南省政法管理干部学院学报》2008 年第 5 期。

案例教学法在法学教育中的运用*

漆鲜萍**

摘　要:案例教学法是高校法学教育的一种重要教学方法,一直以来受到高校教师的重视。如何通过案例教学法实现法学培育目标和素质教育目标,满足法律职业的要求,是法学教学方法改革的重要课题。一方面,我们要树立以学生为本的教育理念,激发学生的积极性和主动性;另一方面,教师要熟悉司法实践,选取典型案例,使案例教学法串联起法学教育的教与学两端,从而理论联系实际,发挥其在法学教育中的应有作用。

关键词:案例教学　法学教育　素质教育

一、案例教学法的界定

案例教学法广义上来说包括所有将案例应用于教学的方法,如案例教学、模拟法庭演练、法律诊所、法院或仲裁旁听、教学实习及其他法学专业实践课等。但一般认为,除了课堂上应用的案例教学法,其他应属于法学实践课程活动,不是严格意义上的案例教学,而诊所式教学,则是与案例教学、讲授式教学并列的一种教学方法。本文所讨论的仅限于课堂应用的案例教学法。目前,在高校法学教育中,案例教学模式运用最为普遍。

在法学课程的课堂教学中,案例教学法是通过对案例的分析,使学生理解和掌握法学的一般原理和知识,并通过对案例的讨论和总结,提高学

* 基金项目:本文系2021年南京审计大学高教研究课题“全球化背景下高校法学专业教学方法改革研究”(课题号:2021JG045)的研究成果。

** 作者简介:漆鲜萍,南京审计大学法学院讲师,研究方向:劳动法、社会法、经济法。

生分析问题、解决问题的能力，启发学生的创造性思维，[1]引导学生将法律运用于社会实践的一种教学方法。正如王泽鉴先生所说，为了培养法科学生的法律实务能力，需要强化法学院的实践性教学。法学实践性教学的内容广泛，并且处于不断的发展、变化当中，不过，案例教学在其中始终居于某种关键地位。纵观当今世界，影响较大的案例教学模式主要是以美国为代表的“个案教学法”、以德国为代表的“实例研习”以及起源于美国并风靡全球的法律诊所教育。[2]

教师根据教学目标和内容需要，在讲授理论知识时选取相关案例，用于课堂授课之中，通过案例的分析、讨论来帮助学生理解法学理论，运用法律规定，更好地让学生掌握理论知识、熟悉法律规定，从而实现理论联系实际，并通过案例的分析有效地反映学生对理论和法规学习的成效。法律源于生活，法律与社会紧密联系，法律无非情理，因此，必须将法律置于社会生活中，法律的说理才能具有鲜活的生命力，否则必将成为无源之水、无本之木。因此，通过案例来进行法学教学不仅能使学生对法律产生浓厚的兴趣，也能使学生更好地理解法律，贴近生活，理解社会现实。法律的生命在于实践，学以致用，通过法律解决社会生活中的问题，也使法律有了实际意义和社会目的。案例教学法运用具体法律案例进行分析、讨论，能够养成学生反思实践问题的精神，发展与提高学生解决实践问题的能力。[3]

实际上，一方面，在法学教育方法改革的进程中，大陆法系早就突破了理论教学的樊篱，注重法律职业者实际能力的培养。德国学者伯恩特(Bernte)就指出：“德国法学教育最出色的地方在于理论和实务的结合。”[4]另一方面，英美法系也开始注重理论教学的比重与施教方法的革新。无论是英美法系还是大陆法系的法律院校，都正寻求理论与实际的更佳平衡，[5]而结合了两者特点的案例教学法无疑受到广泛青睐。

---

〔1〕 参见程宏：《法学案例教学的方法与运用》，载《湖北社会科学》2008年第11期。

〔2〕 参见王泽鉴：《法学案例教学模式的探索与创新》，载《法学》2013年第4期。

〔3〕 参见刘天君：《法学案例教学法探究》，载《教育探索》2006年第3期。

〔4〕 [德]许迪曼·伯恩特：《为二十一世纪的中国提供法学教育的建议》，载中国人民大学法学院编：《走向世界的中国法学教育论文集》，中国人民大学出版社2001年版，第273页。

〔5〕 参见[美]格林顿等：《比较法律传统》，米健等译，中国政法大学出版社1993年版，第47页。

二、案例教学法实施的必要性

(一)法学教育培养目标的要求

法学教育培养的人才应当是具备扎实的法律知识功底,完善的人文知识背景,严密的逻辑分析能力和突出的语言表达能力,具备崇尚法律、恪守法律职业道德的精神品质,具有创新意识和创新能力,身心健康的应用型法律人才和治国人才。也就是说,法学素质教育的终极目标是培养高素质、高品质的法学人才。因此,高校的法学教育不能沿袭固有的教学方法,应该针对法学教育的培养目标创新教学方法,突出对上述能力的培养。改进教学方法除教学内容的调整外,教师教学方法的创新对于学生职业能力的培养尤为重要。在教学中要克服灌输式、填鸭式、经院式的教学方法,采取双向互动式、启发式、辩论式、研讨式的教学方法。案例教学法正是适应了教学方法改革创新的要求,可以普遍运用于高校法学教育中,以锻炼学生的综合分析能力、法律推理能力。案例教学法作为结合双向互动式、启发式、辩论式、研讨式的教学方法,能更好地实现高校法学教育的培养目标。

(二)素质教育目标的要求

高校教育尤其是法学教育非常重视并大力提倡素质教育,这既是对原有教育体制弊端的反思,也是为了适应现代化建设对高素质人才的全面需要,这推动着教育理念和指导思想的更新和转变。法学教育不仅仅是职业教育,还是一种素质教育。法学教育不仅要教授法律的知识、理论、制度,还要教授相关的人文科学知识,培养深厚的人文精神,并教授必备的技能、素质,特别是要培养法律职业者独有的批判性和创造性的法律思维和法律人格。法学素质教育既是一种培养目标与模式,更是一种教育思想与观念,旨在培养在任何一个法律职业领域都有能力开展工作的专业人才。出于素质教育的要求,对于人才综合能力的培养,理论知识的学习远远不够,必须通过对案例的分析、探讨、辩论,才能锻炼其严谨的逻辑思维能力,深化其对社会的深刻认识、对社会的深层次思考和对社会中人性的把握,才能培养其深厚的人文精神,独有的批判性法律思维和法律人格。更进一步来说,案例教学法就是通过社会实践来锻造法律人的各种基本素质和能力。

(三)法律职业的要求

作为一门与司法实践联系紧密的学科,法学与其他人文学科有较大的区别。法学教育不仅要传授法学知识,而且要担负起培养掌握各类法律技能、胜任实际法律工作的“法律人”的重任。由此观之,“实践性”“应用性”成为当前大陆法学教育的一个导向,可谓顺应了法学教育的内在规律。[1]案例教学法正是通过“实践性”“应用性”的法学教育方式,满足法律职业人才培养的需要。

法律工作的特质在于用法律解决复杂的社会问题,要求法律工作者具有独特的法律思维,能够从法律人的角度观察和分析问题。同时,法律工作者必须具备运用法律分析和解决法律纠纷、法律问题的能力,包括法律解释、法律推理等。有些法学毕业生对法律实务的运作方式不了解,如法律程序、证据运用、法庭辩论、法律文书制作等,而且,他们缺乏实际运用能力,只是单纯地硬搬、硬套法律条文,对案件的具体情形缺乏全面的分析,应对突发事件、疑难复杂案件的能力欠缺。案例教学法结合审判实践中的案例,以法律法规的具体运用、法官判案的过程和司法实务中需要注意的问题为主,指导学生们将所学法学理论知识灵活运用到司法实践中。而这也是法学教育的基本目标,培养既具有比较完整的法学专业知识逻辑结构和理论体系,又具有法律专业思维、法律职业伦理和法律应用能力的专门人才。

三、案例教学法实施的方法

(一)树立以学生为本的教育理念——激发学生的主动性和积极性

案例教学法实际上是激发学生的学习热情,促使学生积极主动地寻找解决问题方法的过程。其通过学生主动查找相关的法律法规,并寻求相应的制度原理来分析案例,巩固和考察学生的理论知识,在分析案例的过程中,锻炼学生理解、观察、分析和解决问题的能力。案例的研讨需要学生准确寻找案件的争议焦点,归纳判决要点,提升学生的逻辑推理、总结归纳和口头表达能力。

---

[1] 参见王泽鉴:《法学案例教学模式的探索与创新》,载《法学》2013 年第 4 期。

通过运用“苏格拉底问答式”的基本运作形式,学生在案例的研究、探讨、分析、思考和归纳中获取相应的法律知识和法律要点,教师再将这些法律知识进行理论总结和讲授,进一步拓展法律理论知识的广度和深度,使课程理论知识的完整逻辑结构和系统认识与实际案例的具体探讨结合起来,学生围绕案例,追问研讨,拓展思维,提升法律理解能力和法律逻辑推理能力。在此过程中,学生们像法律职业者一样思考。

分析案例的过程也是深化学生对各类具体制度的理解和法律精神的真切把握的过程,可以弥补理论教学的不足,从而训练其思维能力和判断能力,在此过程中,学生必须主动积极,学会融会贯通。

(二)加大教师投入,提升教师水平——熟悉司法实践、选取合适的案例

法学教育应当适应法律人才培养的需要,遵循教育规律,注重素质教育,所以,高校法学要进行教学改革,调整办学思路,包括合理设置课程、修订更新教材等,而提升教师整体素质是重点,这样才能提升整体办学质量,培养中国法律职业的专门人才。

一方面,教师首先要熟悉所讲授的内容,对于内容的体系和结构了然于胸,便于安排课程的内容和进度,安排适当的案例进行教学。其次,教师要熟悉相关理论问题涉及的法律法规,对相关法条信手拈来,能够将其运用于分析案例,并做到全面、准确,不遗漏、不滞后。最后,教师要熟悉司法实践,对于具体的法律程序、证据运用、法庭辩论、法律文书制作等都能直接上手,这样才能培养出符合法律职业人才要求的毕业生。

另一方面,法律与生活的密切关系使法学教育的案例随处可见。案例的选取应有真实性、代表性、典型性、启发性、疑难性。选取的案例应为真实的案件素材,假造以及虚构的案件无法实现教学的效果。具有代表性和典型性的案例能够体现问题焦点的冲突和理论分析的必要,可以引发学生的关注和兴趣,便于与相关理论知识相结合。疑难性案例既能使学生认识到实践中各类案件的复杂多样、也可以训练学生寻找案件主要矛盾、辨别案件关键证据的能力。[1] 同时,所选取的案例不能过于简单,否则,很难激

---

〔1〕 参见蒋大平:《“法学案例教学模式”的改革与创新研究》,载《教育教学论坛》2016年第7期。

发学生的兴趣。选取案例时,最好选取带有法院判决书的案例。法院判决书对于案件的分析和判决要点,是法学生学习的重点,它同时体现了法官逻辑思维推理的思路和路径。而且,案例的选择要有普遍意义,对于同类案例和社会公众才具有参考适用性。但不建议直接将法院的卷宗搬上书本,当案例过于繁杂,也会挫伤学生的学习积极性。[1]

对于所采用的案例,教师应熟悉案情,清楚案件发展的前因后果,能够将案例全面、完整、准确地呈现出来。而且,教师要引导学生对案例焦点问题的思考和讨论,尤其是对冲突强烈的争议部分进行辩论和思考。通过对案例的分析、探讨,推导出相关的法律制度理论,再通过对相关制度理论知识的归纳和讲授,进一步地拓展理论知识,并延展到对前沿理论问题的探讨和展望,不但实现了教与学的互动,还能形成学与学的相互促进,实现从实践到理论的回归,并进一步巩固、拓展理论知识。

结　语

我国的法学教育历史悠久,源远流长,尤其是高等学校大规模扩招之后,法学教育出现了速度型、规模型的发展态势。从各国高校法学教育的发展历程来看,对于学生质量的提升大多是通过相关教学方法的革新来引领人才培养的变革。因此,要实现法学教育和素质教育的培养目标,适应法律职业的人才要求,解决我国高端法律人才稀缺的问题,有必要改革现有的法学教育方法,创新性地运用案例教学法,使法学毕业生能够适应司法实践的需要,提高我国法学人才的培养质量。

〔1〕 参见张琦:《法学案例教学研究》,载《发展》2011 年第 1 期。

个案全过程教学法之提倡
——以刑法学的教学为例

施卫忠*

摘　要:一直被认为是实践教学手段的案例教学法在我国法学教育中事实上一直承担着理论教学的辅助性工具的作用,案例教学法在我国只是"案例说明法""案例举例法",而个案全过程教学法则是案例教学法的升级版,个案全过程教学法可以全方位地展示真实的司法案例,尽最大可能还原案件场景,可以使学生有真实的司法感受,是更契合实践性教学需求的教学方法。当然,个案全过程教学法在推广过程中可能存在诸如合适的案例不易得、学生积极性不高以及单一教师难以胜任等问题。

关键词:实践教学　案例教学法　个案全过程教学法

与文史哲这些传统文科不同,法学作为一门应用性学科,实践性是法学学科的基本特质,教育部、中央政法委员会在 2011 年 12 月联合发布的《关于实施卓越法律人才教育培养计划的若干意见》提出,法学教育培养计划的重点之一是"培养应用型、复合型法律职业人才,是……适应多样化法律职业要求,坚持厚基础、宽口径,强化学生法律职业伦理教育、强化学生法律实务技能的培养,提高学生运用法学与其他学科知识方法解决实际法律问题的能力,促进法学教育与法律职业的深度衔接"。中共中央办公厅、国务院办公厅在 2023 年 2 月 26 日印发的《关于加强新时代法学教育和法学理论研究的意见》则进一步指出"法学教育和法学理论研究承担着为法治中国建设培养高素质法治人才、提供科学理论支撑的光荣使命,在推进全面依法治国中具有重要地位和作用",明确要求法学教育要"创新教育教

---

* 作者简介:施卫忠,南京审计大学法学院法学院副教授,研究方向:刑法学。

学方法手段。强化法学实践教学”。一般认为,强化实践性教学的手段除增设各种实践性课程,如法律诊所、律师实务、模拟法庭等外,最主要的方法是在教学过程中充分运用案例教学法,案例教学法一直以来被认为是实施实践教学的重要教学方式,通过案例教学,可以使学生置身于具体的案件场景,训练基本的法律思维方式,可以有效锻炼法科学生的分析能力和沟通能力,使学生掌握基本司法操作,了解司法过程运作的一般规律。

案例教学法主要采用与实务紧密结合的案例教学模式来实施实践教学。随着法学教育的不断发展,法科学生掌握基本的司法操作、了解司法过程的运作已经成为一种基本要求。但是,案例教学法的目标设定和实际运作之间存在着巨大的落差,到今天为止,在多数法学院,案例教学事实上已经沦落为理论教学的一种工具,正如苏力所言,“由于教义学的传统,迄今为止法律教学中使用的所谓案例大多是高度简化的,是为了说明并帮助学生理解某个已有的法律概念或命题,而不是借助案例来发现复杂的法律问题,拓展法学的视野”〔1〕。

可以说,由于强大的教义学传统和应试教育(法考、考研等已使本科法学教学在相当程度上成为应试教育的一部分)的压力,“传统”的案例教学法的实践功能已大大削弱,因此,改进当下的案例教学方式已经刻不容缓。

一、案例教学法的由来

现代意义上的案例教学法源于19世纪70年代的哈佛大学法学院,早期美国的法律教学主要采用英国传统的学徒制,19世纪上中叶,大学法学院逐渐兴起,但其重要性在学术界与实务界均不值一提,进入律师行业不需要正规的法学院教育,法学院教育只是学徒制的补充而已,“当时法学院与大学关系松散,与其说是一个正经学术科系,不如说是为大学创收的盈利性培训机构”〔2〕,兰德尔就任哈佛大学法学院院长以后开始改革法学教育,在兰德尔看来,法学不仅仅是一门手艺,更应成为一门独立的学科,这门学科不应只满足于传授判例和诉讼技巧,而应当“以传授系统的、科学的

〔1〕 北京大学法学院编:《北大评案·法律思维》,北京大学出版社2010年版,第1页。
〔2〕 聂鑫:《美国法学教育模式利弊检讨》,载《环球法律评论》2011年第3期。

知识为目的”。当然,在普通法环境下,系统的、科学的知识主要是以判例的形式所呈现的,因此,兰德尔的“法律科学”主要是以案例为原材料,以法律原则为核心内容,以师生问答式交流为主要授课形式的知识体系。这种苏格拉底式的教学方法不需要学生背诵教材,而要求学生将主要精力投入阅读和思考指定的专题性案例,然后围绕案例所涉及的法律原则及其与其他法律之间的关系等问题展开课堂讨论。在这种开放式的师生互动过程中,学生自主研究、分析案例并由此获得法律知识。兰德尔认为,以判例为中心的教学方式可以让学生熟悉律师的思考技巧,培养其独立思考、分析、推理、表达以及解决问题的能力,这便是著名的“案例教学法”。[1] 在19世纪80年代,案例教学法和案例书在哈佛大学法学院得到全面采用,并很快风靡美国的其他法学院,一举奠定了美国现代法学职业教育的基础。

我国的案例教学法的推广则相对较晚,我国的教学体系整体上是在学习和移植苏联的教学制度中慢慢发展而来的,虽然法学教育在20世纪80年代以后才开始慢慢恢复,但其教学模式可以说与苏联的传统一脉相承。自20世纪80年代全面恢复法学教育以后,我国主要采用的是讲授式的教学方法,在教学过程中着重强调法学的系统性、抽象性、理论性、概念化及其形式结构。随着经济的不断发展以及法治建设的深入推进,传统的教学方法已不能适应社会及市场的需求,20世纪90年代案例教学法、诊所式教学方法开始真正进入法学界的视野,不仅学术界出版了不少有关案例教学法的著作,而且一些知名高校纷纷开始采用案例教学法开设某些法律课程。目前,案例教学法作为一种正式的教学方法已经被我国法学院全面认可,几乎所有的法学院均开设了诸如模拟法庭、模拟仲裁、法律诊所、律师实务等多种形式的案例教学实践活动。

二、我国案例教学法的基本特征——缺乏实践性

在现行教育体系和考核制度下,案例教学法处于相对次要的地位,最主流的教学方式仍是教义学的讲授式,我国目前的案例教学法“实践性”并

---

〔1〕 参见胡铭:《司法竞技、法律诊所与现实主义法学教育——从耶鲁的法律现实主义传统展开》,载《法律科学(西北政法大学学报)》2011年第3期。

不突出，只是理论教学的一种辅助性工具。在十分强调教学计划、课程设置、教学大纲、教学进度的今天，案例教学法主要呈现以下三种样态：

一是案例说明法。在传统的学科体系基础之上，教师按照理论体系教学的需要设置案例来对知识点进行说明，案例的设置完全是为了讲授知识点。比如在讲授诈骗罪构成要件的过程中为了说明处分行为，教师一般都会举例说明，但对于诈骗犯罪的证据要求、管辖、财产处置等问题肯定不会涉及，毕竟这只是刑法分论的课堂，课时不允许教师进行如此发散的讲述，而且也没有必要。

二是案例讨论法。教师在按照理论章节的顺序讲授完某个章节之后安排专门的案例讨论，用以巩固刚刚学过的理论知识。例如在刑法学的课堂上，在犯罪构成要件的每一章讲述完成后，教师都会布置一些案例分析题给学生，以加强对构成要件各知识点的学习。

三是案例课程法。教师按照学科理论体系对经典案例进行编排，再按照课程进度进行讲授和讨论，在讲授案例的过程中将法学理论知识点灌输给学生。比如在讲授客观主义刑法与主观主义刑法、共犯独立说与共犯从属说等相关理论时，为便利学生理解，教师也必须对案例进行一定的编排，如以教唆未遂为例进行详细的由案例到法条再到理论的阐述，如果没有案例相对照，只有枯燥的理论讲解，则学生的理解会大打折扣。

有学者从商法教学的角度出发，认为目前的案例教学法充其量算是“运用了案例的理论教学”而已，案例主要被用来解释或论证理论判断或者作为理论教学的辅助阅读材料。[1] 案例教学法在中美之间呈现出不同形态有其深刻的原因，第一，大陆法系的法律从来都是以“规范为中心”而不是以“案例为中心”，因此，在教学过程中当然需要更加注重抽象的概念、原则和特征的讲授，案例的选取和设置要更多地着重于对成文法知识点进行解释，这与哈佛模式的判例教学法有着本质区别。第二，是文化传统的不同，案例教学法是个开放的教学过程，强调师生的互动、沟通，学生要勇于质疑教师的观点，但中国历来强调长幼有序、尊师重道，多数学生已经适应

[1] 参见蒋大兴：《商法：如何面对实践？——走向/改造“商法教义学”的立场》，载《法学家》2010年第4期。

了被动式的学习,让学生主动去和教师沟通难度很大,更不用说在公开场合积极进行表达了。在中国的案例讨论课上,冷场是十分常见的一种尴尬现象。第三,法律教育的目的并不相同,普通法系的法律教育基本上是职业教育,法学院的任务是进行各种法律技能的训练,为将来的律师生涯做准备,在这种一元化的教育目的指引下,所有的教学手段都是为这一教育目的服务的,因此,相对而言,其更强调实践性。而我们的法学教育除了要培养将来的律师、法官、检察官等实务工作者,还需要培养法学研究人才,还需要进行国民素质教育、人文教育等,这种教学目的设定上的差异是导致案例教学法在中美不同的一个重要原因。

三、改革案例教学法的基本思路——个案全过程教学法

个案全过程教学法,是指采用教师精选的案例,分阶段将个案的相关材料全部发给学生,学生根据这些案件材料,去了解研究案件事实,并在此基础上查找和研究相关法律规定甚至类似案件的处理,确定案件的诉讼策略,撰写相关法律文书,参与小组和课堂讨论甚至模拟法庭的辩论、教师的点评等活动的授课方式。其目的是让学生以职业律师的思维,对案件进行全局性、整体性、综合性的分析与思考,从而加深学生对整个部门法理论和法律问题的理解和运用。[1] 个案全过程教学法肇始于章武生 2013 年编写的《模拟法律诊所实验教程》一书,在接下来的几年时间里,个案全过程教学法在国内法学界得到了一定的推广和普及。

传统的案例教学法立足于以部门法为基础的法学专业课程设置,并主要作为部门法知识的辅助训练手段而存在,在理论教学上,案例教学法功不可没,但是实践技能、职业能力的训练明显不足,而且传统的案例教学法所选取的案例通常是由教师进行有目的的剪切、编辑,在进行理论讲授时,原生态的案例通常不能满足效率的要求,因此,学生通过案例教学法所能获得的一些实践知识通常是碎片化的和理想化的。个案全过程教学法正是为应对案例教学法的不足而提出来的,至少可以在以下几个方面对案例教学法进行改进。

---

[1] 参见杨严炎:《“个案全过程教学法”的价值与功能》,载《法学评论》2013 年第 5 期。

(一)可以对学生进行整体的法律实践技能训练

今天的法学院有十几门专业核心课程,各核心课程的教师在讲授本课程时通常会使用到案例教学法,比如刑事诉讼法的教师一定会在讲授回避、管辖、强制措施等内容时举例说明,但对于所举案例在实体法的构成要件以及在诉讼法的证据之间的关联等则不一定会涉及,这就使学生对于刑事诉讼的实践知识的认识过于单一和零碎,案例教学法虽然便于学生快速掌握某一具体知识点,但对于刑事诉讼的全貌则可能了解不多,更谈不上有什么感同身受的体会。个案全过程教学法不会就某一具体的知识进行所谓的案例分析,而是对与典型案例相关的跨部门法知识和多种法律技能进行整体性训练。比如在交通肇事的情景下,个案全过程教学法就可以对交通事故从民事的侵权到刑法上的交通肇事罪的构成以及因此而涉及的赔偿、起诉、刑事责任、辩护、认罪认罚协商等一并进行讲解,相对于侵权责任法或刑法或诉讼法的单独案例,学生所能接受的实践训练无疑更为全面和彻底。因此,个案全过程教学法具有克服以部门法为基础的传统案例教学可能出现的法律知识碎片化的问题的整体性训练价值。在一个给定的个案中,个案全过程教学法会根据案件的实际诉讼流程,分别对其中涉及的实体法知识,程序法知识以及法律文书的写作、沟通技巧的掌握,法律论证逻辑等全方位进行学习和训练,教师一般只给出一个基本的方向,由学生去发现知识,并进行立论或驳斥,制定诉讼策略等,这种立体式的教学方法有利于学生实践技能的全面发展。

(二)可以对学生进行多种职业身份的训练

传统的案例教学法一般以法院的生效裁判为蓝本,比如在刑法学课堂上讲授正当防卫这一知识点时,常常会以影响力较大的“昆山龙哥案”和“于欢案”为例来讲授正当防卫的构成要件,如什么是防卫不适时、什么是防卫过当等。但是,法律职业共同体并不只有法官这一群体,还有检察官、律师以及众多公司法务等,如果总是以一种视角对学生进行训练,则不太有利于其后职业生涯的发展,因此需要从其他职业的视角对学生进行职业素养的培养,比如上述两个案例,如果站在辩护人或检察官、被害人的诉讼代理人角度该如何分析,而这些不同职业身份的训练在传统的案例教学的课堂上极为罕见。因为传统案例教学法为了保证相关案例的规范性和法律关系与法律逻辑的清晰性,通常只能使用以法院正式的判决书为基础形成的司法案例,单一的、中立的法官视角,难免会造成法学专业学生职业能力训练单一化的困境,在一定程度上制约了法学专业学生多元化职业视角的培养,大大降低了法学专业学生对于不同类型和层次的法律职业的适应能力。个案全过程教学法通过角色扮演的方式,使学生能够从案例中不同参与人的角度对相关案件进行分析和跟踪,不再局限于传统案例分析的法官视角,从而使其从逻辑上具有案例分析和跟踪的多元视角的重要价值。多元视角这一价值对于学生的重要意义在于,学生通过个案全过程教学法学到的知识和技能更加接近于现实中存在的法律职业相关的多样化知识和技能,而不再局限于现实中比例很小的法官职业所需要的法律职业知识和技能。

(三)可以最大限度地还原个案的具体细节,给学生以真实的司法体验感

传统的案例教学法一般会对案件事实进行高度抽象、概括,一些细枝末节如被告人家庭出身、社会阶层以及案发过程等通常不会出现在案例中,教师对案例精简无非为了提高案例教学中对相关部门法知识和法律技能训练的针对性和效率,以保证案例的事实和发展过程尽可能符合部门法或者法律技能课程开展的需要。对案件处理的理想化固然能够在一定程度上提高案例教学针对相关部门法知识和法律技能训练的效率和质量,但却很大程度上使相关案例同真实的案件情况发生了较大的背离,必然导致对相关案件还原的不真实性,严重影响了法学专业学生职业实践能力的培养,不利于法学实践教学整体质效的提升。个案全过程教学法不再是从案例中单纯地抽象出某一部门法的相关知识进行分析,而是按照案例的实际运行过程,按照时间顺序将与其相关的所有程序性和实体性法律关系及相关环节予以展开,个案全过程教学法这种尽可能还原案情的做法可以使学生在法学院接近最为真实的案件处理过程,这种“身临其境”的教学方式,使法律职业训练能够落到实处,有利于培养学生的“司法感性”,克服传统案例教学法远离司法实践的致命缺陷。

四、推进个案全过程教学法需要克服的一些障碍

(一)学生的学习积极性可能会存在一定的问题

法学院不仅有大量核心课程,还有越来越多的公共课和选修课,导致学生在理论学习上有些疲于应付,而个案全过程教学法对学生的时间和精力要求更高,与理论学习不同的是,个案全过程教学法需要学生去主动学习,学生在课前不仅要仔细阅读复杂的案例材料,分析案情,还要查找相关的法律、司法解释、类案判例甚至一些理论学说,在这些工作的基础上还要制定诉讼策略、写作文书、进行小组讨论等,并且在这些过程中经常需要进行补充阅读、修正思路、改变诉讼方案等,这些工作所需要的时间是理论学习的几倍。对于普通学生来说,“性价比”太低。另外,个案全过程教学法所设定的教学目标与多数学生的实际需求之间可能存在一定的错位,对于普通大学的法学院而言,就业或考研是第一需求,而专业对口的就业如从事法检行业或者做律师,都面临一个现实问题即首先需要通过国家统一法律职业资格考试,法考或考研都需要大量的理论学习,实践技能的习得对学生而言可能并不是“刚需”,因此,如何调动大多数学生的积极性是推广个案全过程教学法必须面对的问题。

(二)寻找合适的案例会有一定的难度

王泽鉴教授曾说过“中国大陆的判决书达不至案例教学的要求”,认为大陆案例教学的瓶颈是判决书问题,其理由主要在于“大陆的判决书说理部分过于简单,与美国、德国等国家案例教学对判决书的要求有很大的距离”,[1]虽然他认为个案全过程教学法采用经律师充分辩论的案例可以弥补这一缺憾,但笔者以为律师充分辩论的案例在样本上应该不太多,而且这种充分辩论的庭审笔录一般不易得。除非有些典型案例的代理人正好是授课教师本人或同事、朋友等。另外,在案例的选取上要综合考虑代表性、难易度和理论与实务的结合度等多种因素,过于简单的案例达不到训练的要求,而过于复杂、艰深的案例如果超过了学生所能把控的程度也同样达不到教学目的,因此,选择合适的案例对于教师来说是项颇费斟酌的

〔1〕 王泽鉴:《“个案教学法”的新探索》,载《法学》2013年第4期。

任务。

(三)单一教师的授课模式可能难以胜任

法学院的教师都有专业特长,一般来说,实体法教师对于程序法就相对陌生,反之亦然,而个案全过程教学法则涵盖了从程序到实体的全过程,可以想见如果由单一教师担任授课任务,这个教师在非专业领域的教学效果难免要打折扣。理想的师资配备当然是从诉讼法到实体法、从民法到刑法、从行政法到国际法的所有专业全覆盖,而且必须是有实务经验的各专业教师,显然,这种超豪华的师资配备在当下是不可想象的。因此,传统单一教师的授课模式与个案全过程教学法对跨部门法的不同法律职业知识和技能的师资力量需求之间存在非常明显的矛盾,并对个案全过程教学法的顺利开展形成了极大的限制,从根本上对个案全过程教学法相关价值的充分实现构成了严重的阻碍。[1]

〔1〕 参见陈和芳:《个案全过程教学法的价值逻辑与机制完善》,载《黑龙江高教研究》2021年第4期。

后　记

《法学教育评论》(第八辑)是江苏省法学会法学教育研究会2023年年会暨学术研讨会的重要成果。此次年会以"加强新时代法学教育研究,推进江苏法学教育现代化"为核心,以党的二十大精神为指引,深入学习贯彻中共中央办公厅、国务院办公厅印发的《关于加强新时代法学教育和法学理论研究的意见》,来自江苏省内各大高校法学院系的100多名专家学者会聚江苏南京,结合新时代法学教育新实践、新命题,坚持习近平法治思想,围绕新时代法学教育、涉外法治人才培养、传统文化与现代法学教育、法学教育与课程思政、纪检监察与法学教育、部门法学教育和法学实践教学改革等论题进行了富有成效的探讨,总结了推进江苏法学教育现代化的先进经验,提出理论创新、制度创新、实践创新的一系列建议,为新时代法学教育研究工作的开展贡献了江苏智慧。

借此文集出版之际,感谢江苏省法学会、南京师范大学法学院一直以来对于江苏省法学会法学教育研究会的支持;感谢江苏省内各高校法学院系、实务单位及法学教育界专家、教师和学生的积极参与;感谢北京观韬中茂(南京)律师事务所等单位的协助;感谢南京审计大学法学院(纪检监察法学院)承办江苏省法学会法学教育研究会2023年年会,并为研究成果的出版工作所做的努力;感谢法律出版社对江苏省法学会法学教育研究会年会论文成果出版工作的持续支持;特别感谢所有作者的辛勤付出,他们的研究成果为本书增添了丰富的学术价值。我们希望以《法学教育评论》(第八辑)的出版为契机,进一步推动法学教育领域的理论研究与实践创新,为培养更多具有坚定理想信念、强烈家国情怀、扎实法学根底的高素质法治人才贡献力量。期待更多法学教育工作者和研究者加入这一事业,共同为江苏乃至全国的法学教育现代化添砖加瓦。

编　者

2025年3月